图 1 美国领土扩张示意图

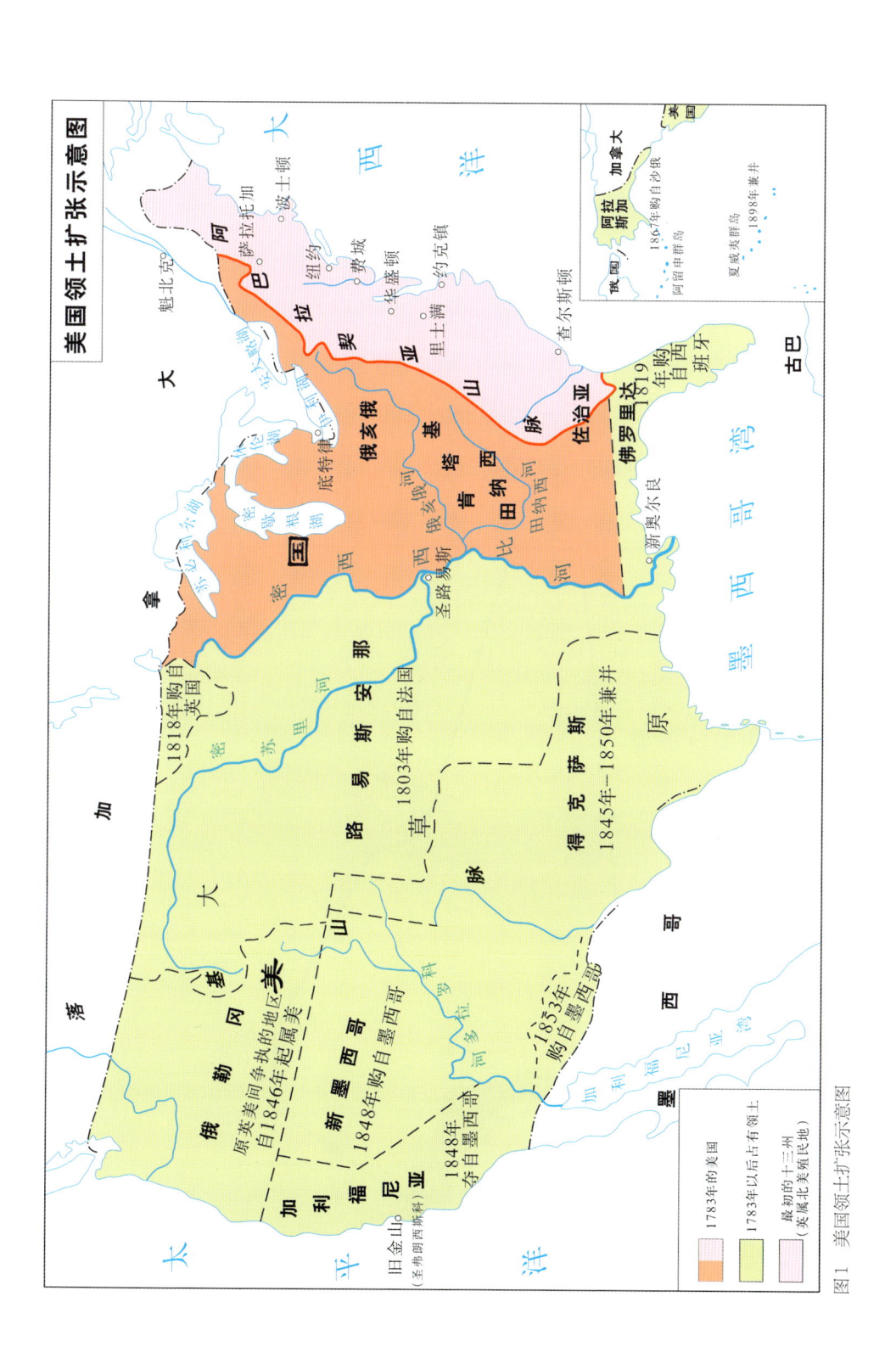

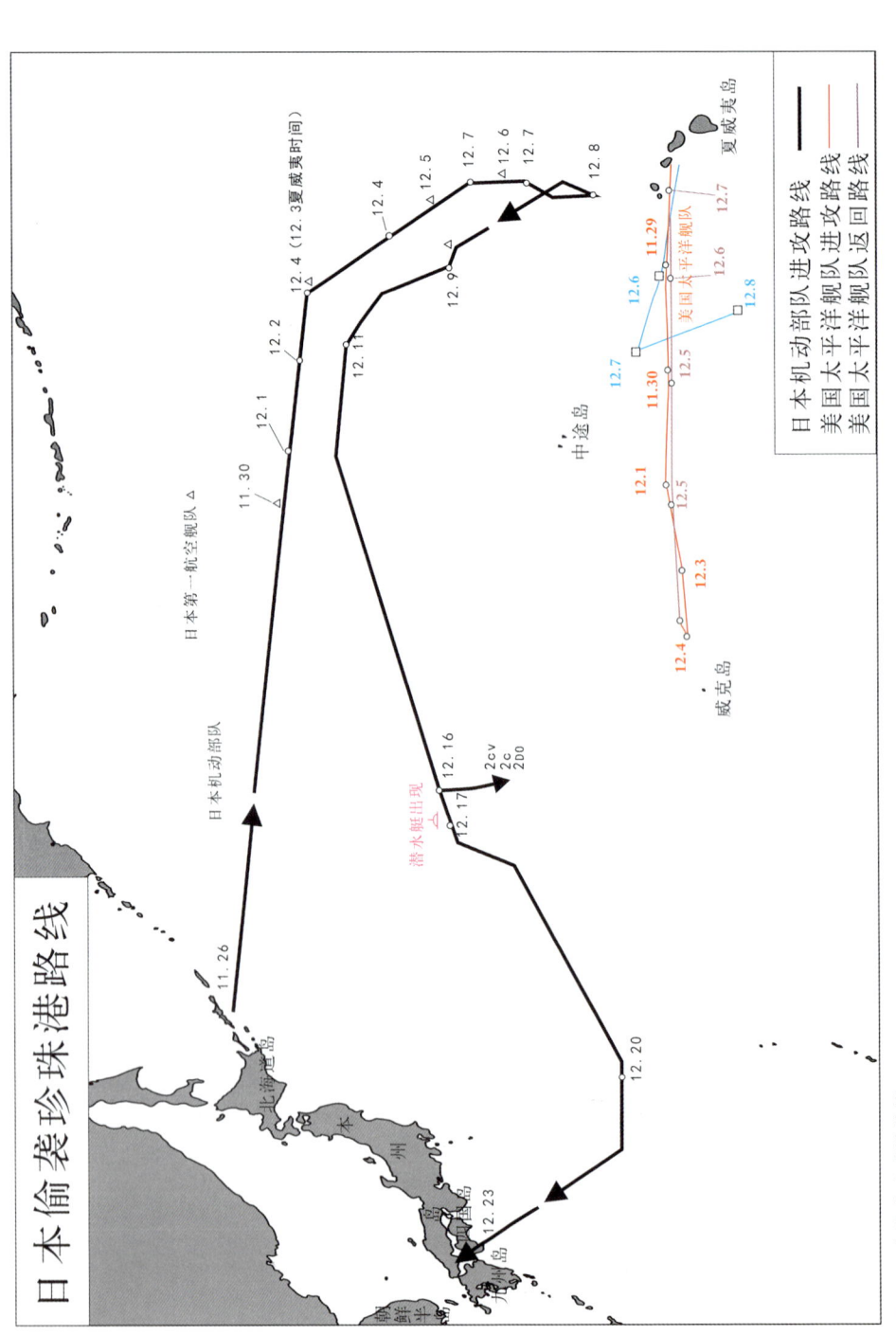

图 2 日本偷袭珍珠港路线

图 3 杜立特突袭东京

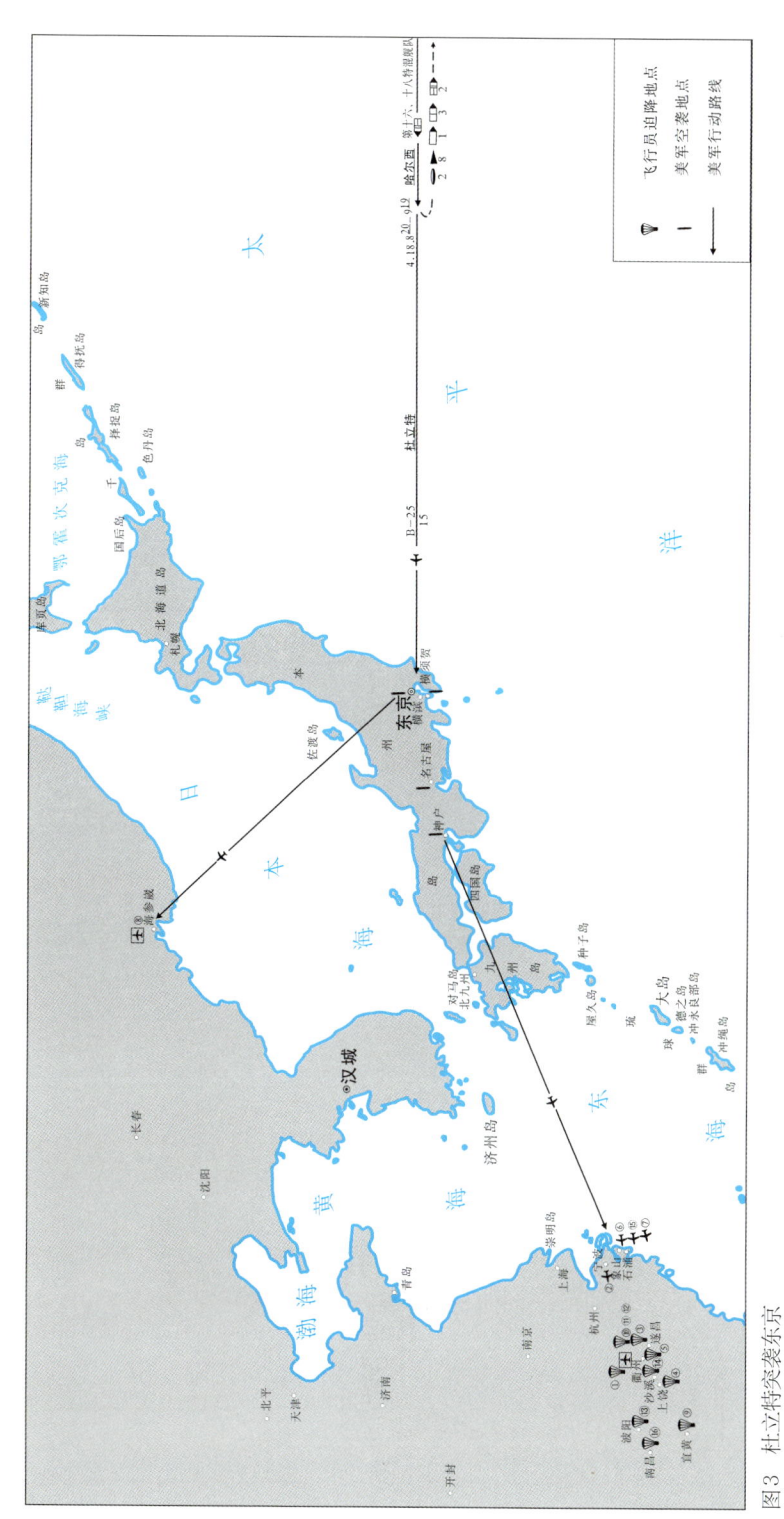

图4　日军在东南亚的扩张

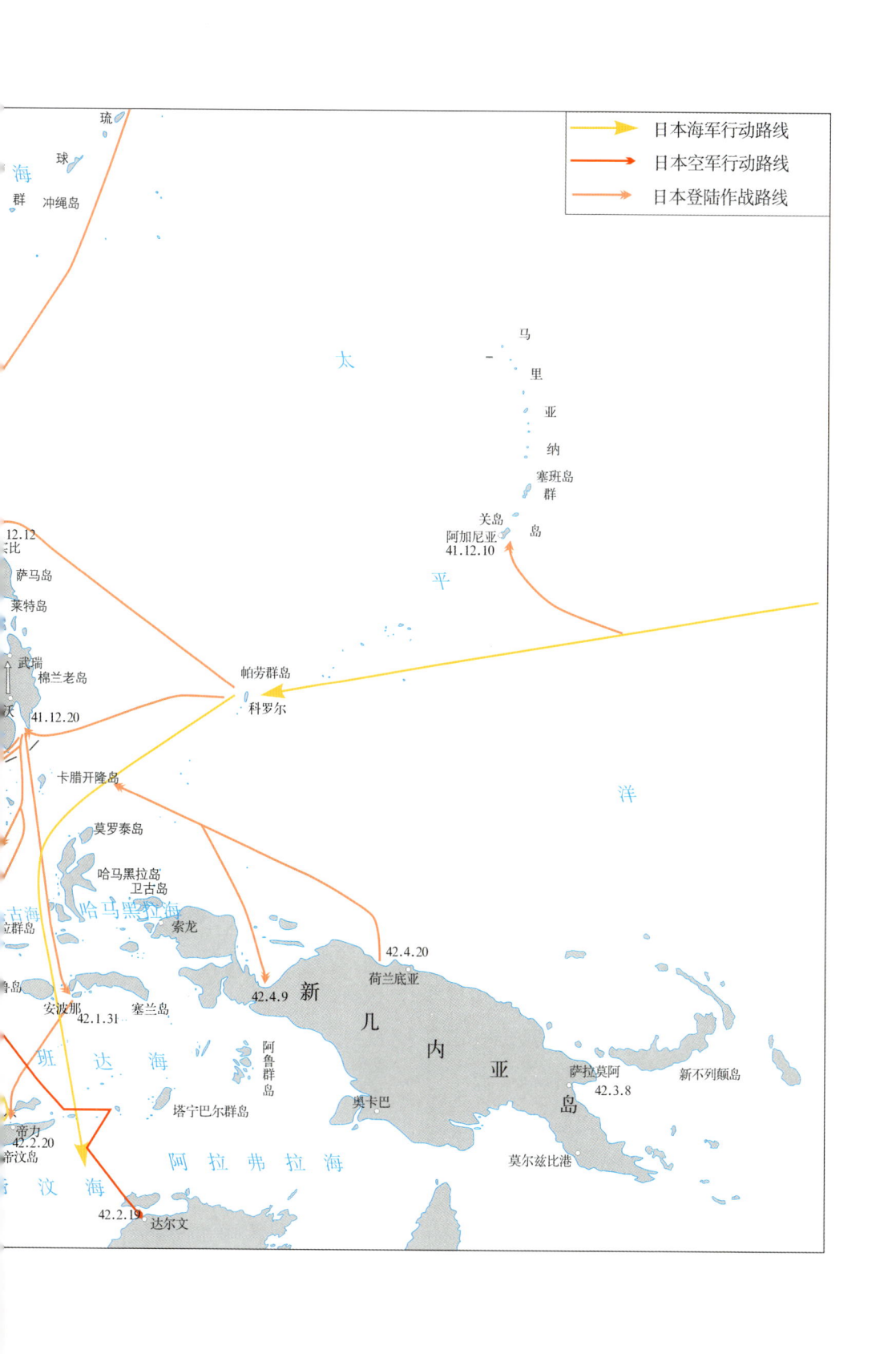

图例	
→	日本海军行动路线
→	日本空军行动路线
→	日本登陆作战路线

图5 珊瑚海海战

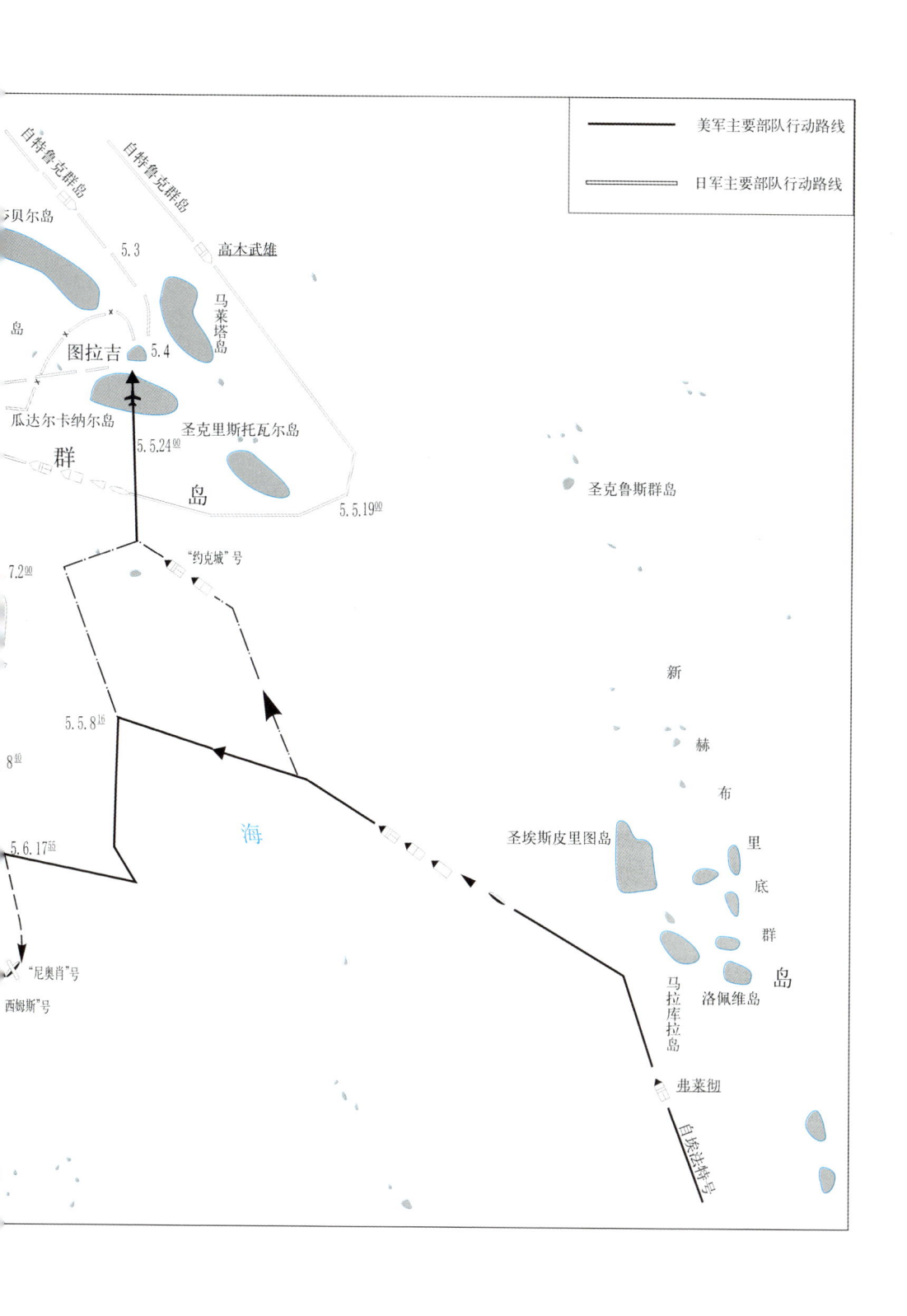

| ——————— | 美军主要部队行动路线 |
| ═══════ | 日军主要部队行动路线 |

白特鲁克群岛
白特鲁克群岛
贝尔岛
5.3
高木武雄
马莱塔岛
图拉吉 5.4
瓜达尔卡纳尔岛
5.5.24⁰⁰
圣克里斯托瓦尔岛
群岛
5.5.19⁰⁰
7.2⁰⁰
"约克城"号
圣克鲁斯群岛
新赫布里底群岛
5.5.8¹⁵
圣埃斯皮里图岛
海
5.6.17⁵⁵
洛佩维岛
马拉库拉岛
"尼奥肖"号
"西姆斯"号
弗莱彻
自埃达特号

图6 中途岛海战

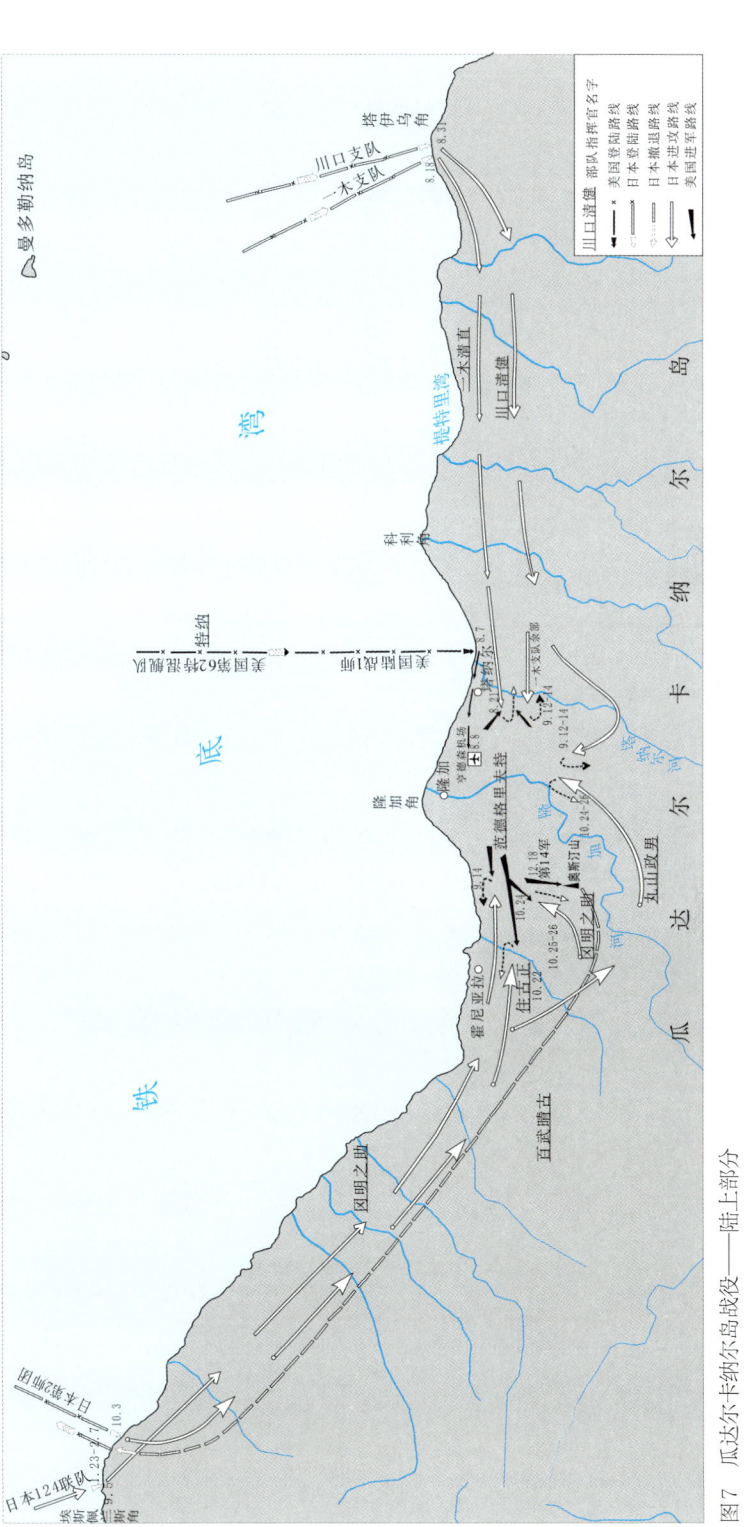

图 7 瓜达尔卡纳尔岛战役——陆上部分

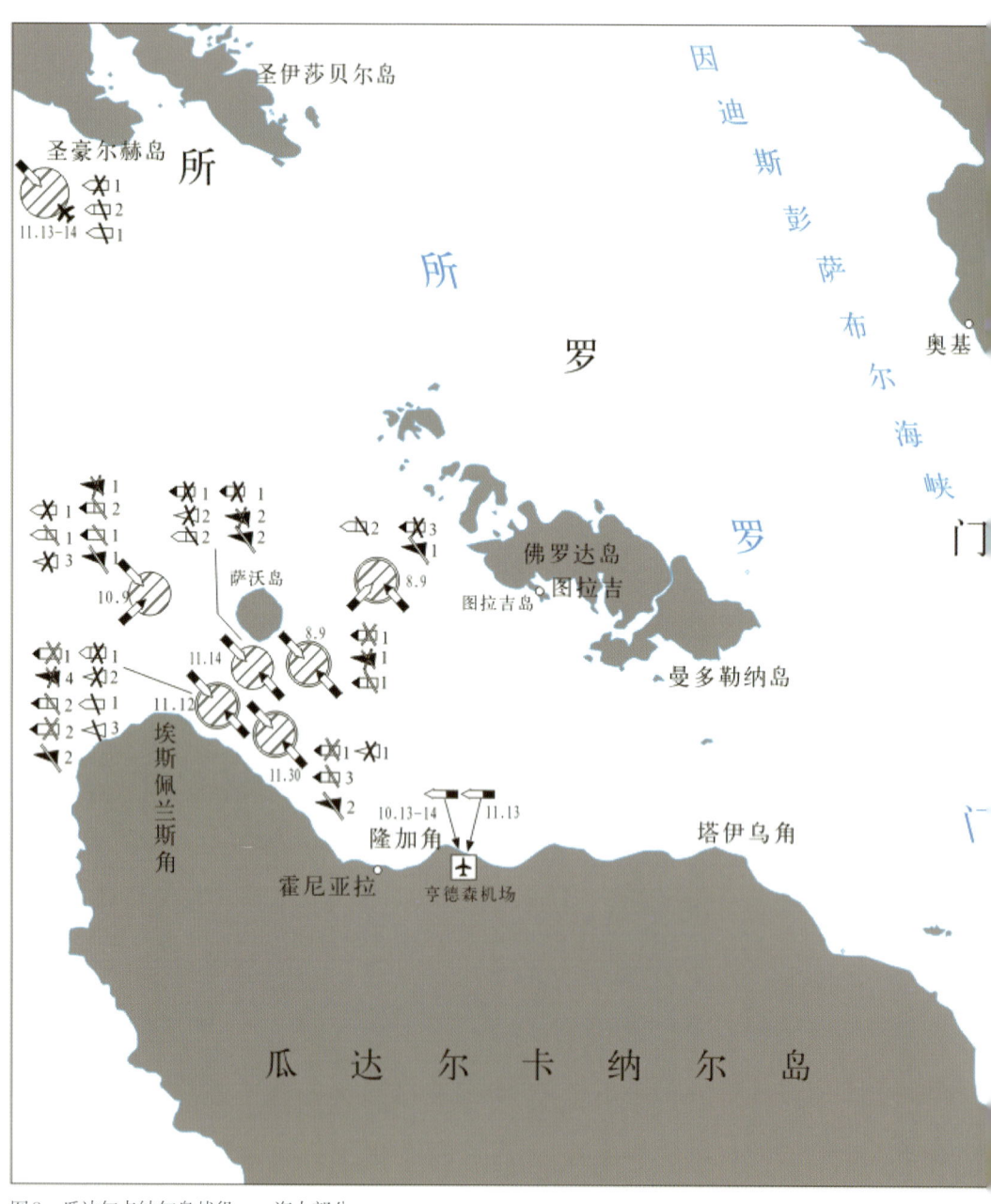

图8 瓜达尔卡纳尔岛战役——海上部分

1 "龙骧"号
1
1 "千岁"号
1   8.23

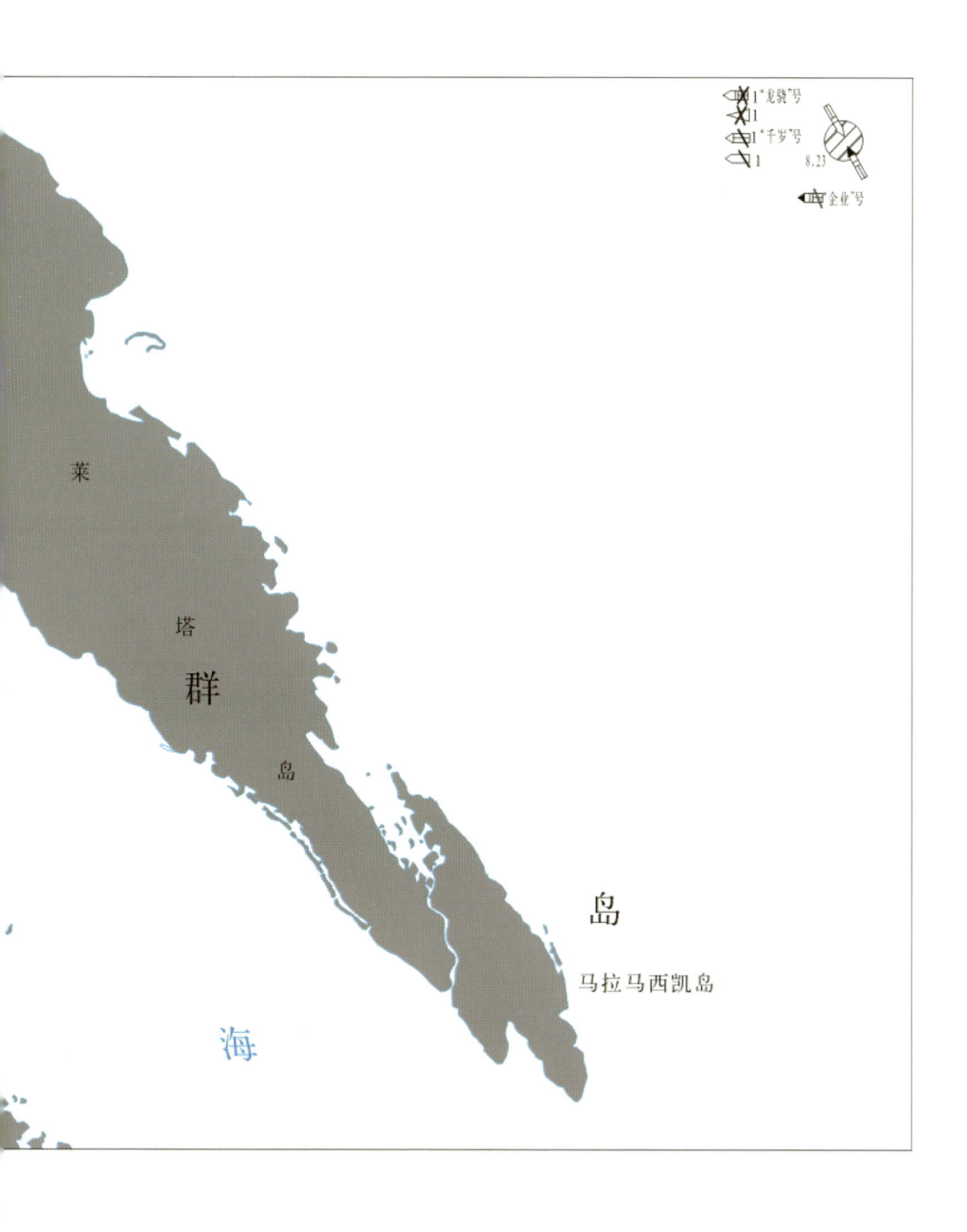

1 "企业"号

莱塔群岛

马拉马西凯岛

海

图9　盟军横跨太平洋进军示意图

太平洋

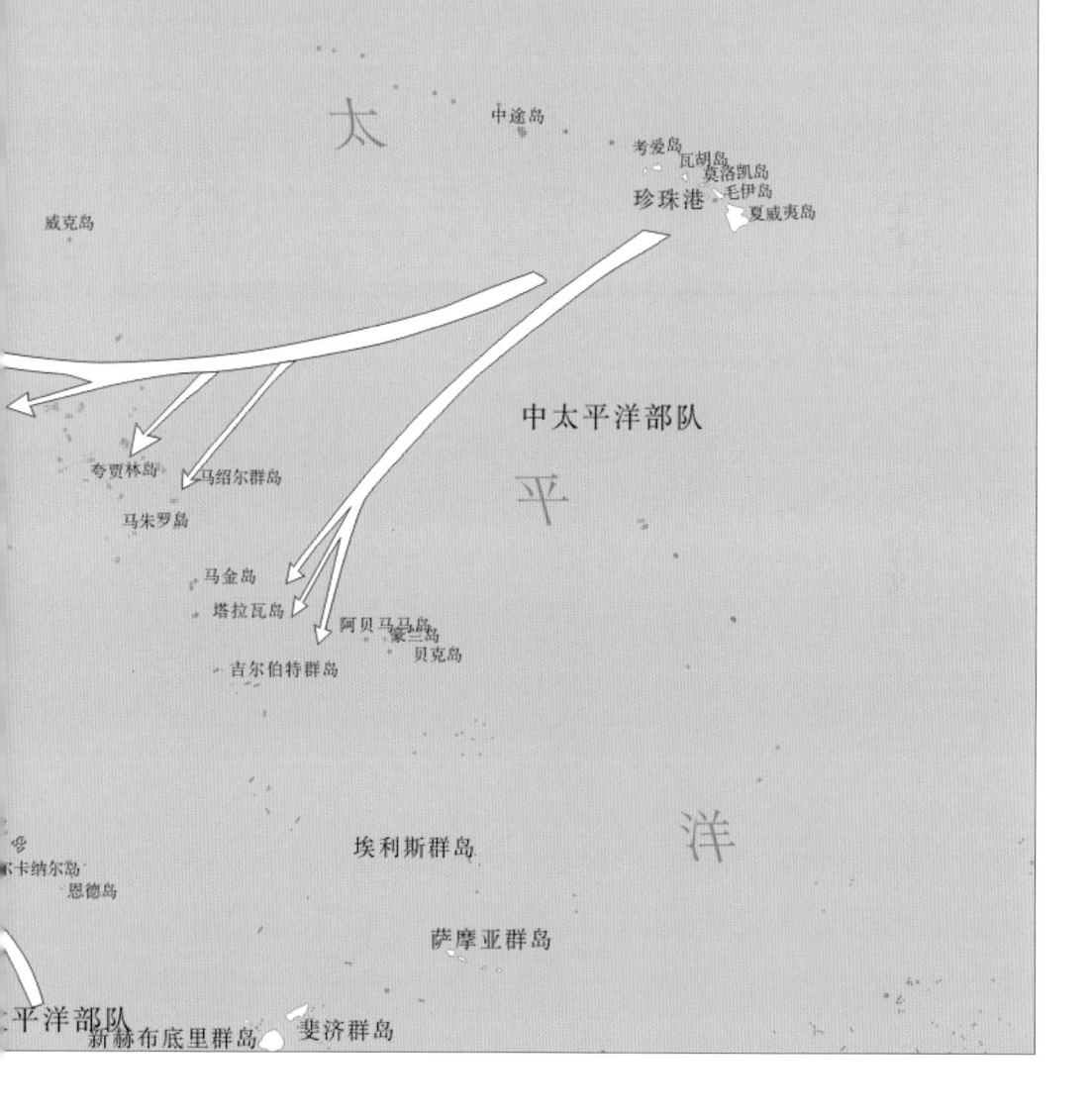

中途岛
考爱岛 瓦胡岛
莫洛凯岛
珍珠港 毛伊岛
夏威夷岛
威克岛

中太平洋部队

夸贾林岛
马绍尔群岛
马朱罗岛

马金岛
塔拉瓦岛
阿贝马马岛 豪兰岛
贝克岛
吉尔伯特群岛

埃利斯群岛

卡纳尔岛
恩德岛

萨摩亚群岛

平洋部队
新赫布底里群岛 斐济群岛

图 10　马里亚纳海战

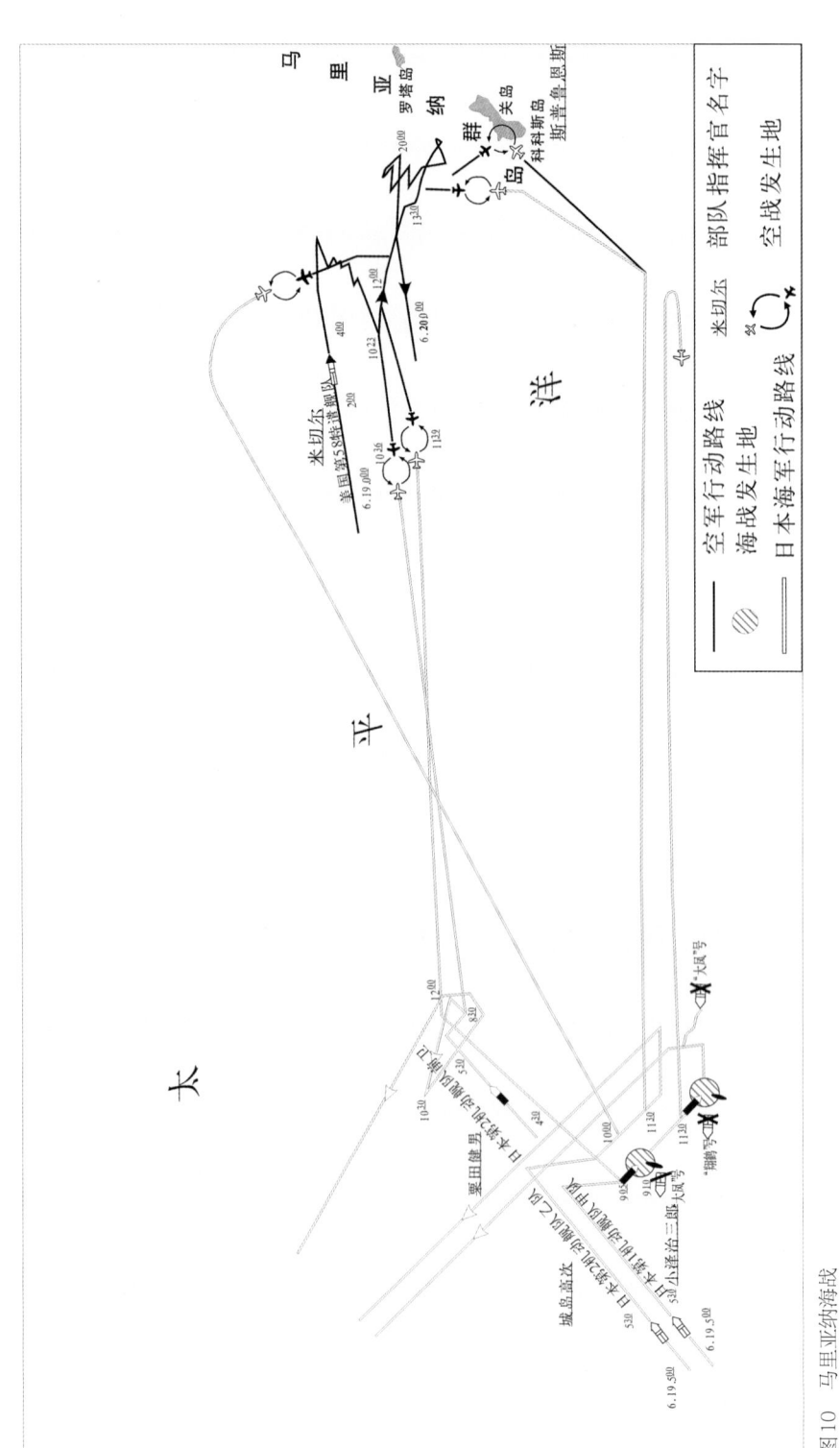

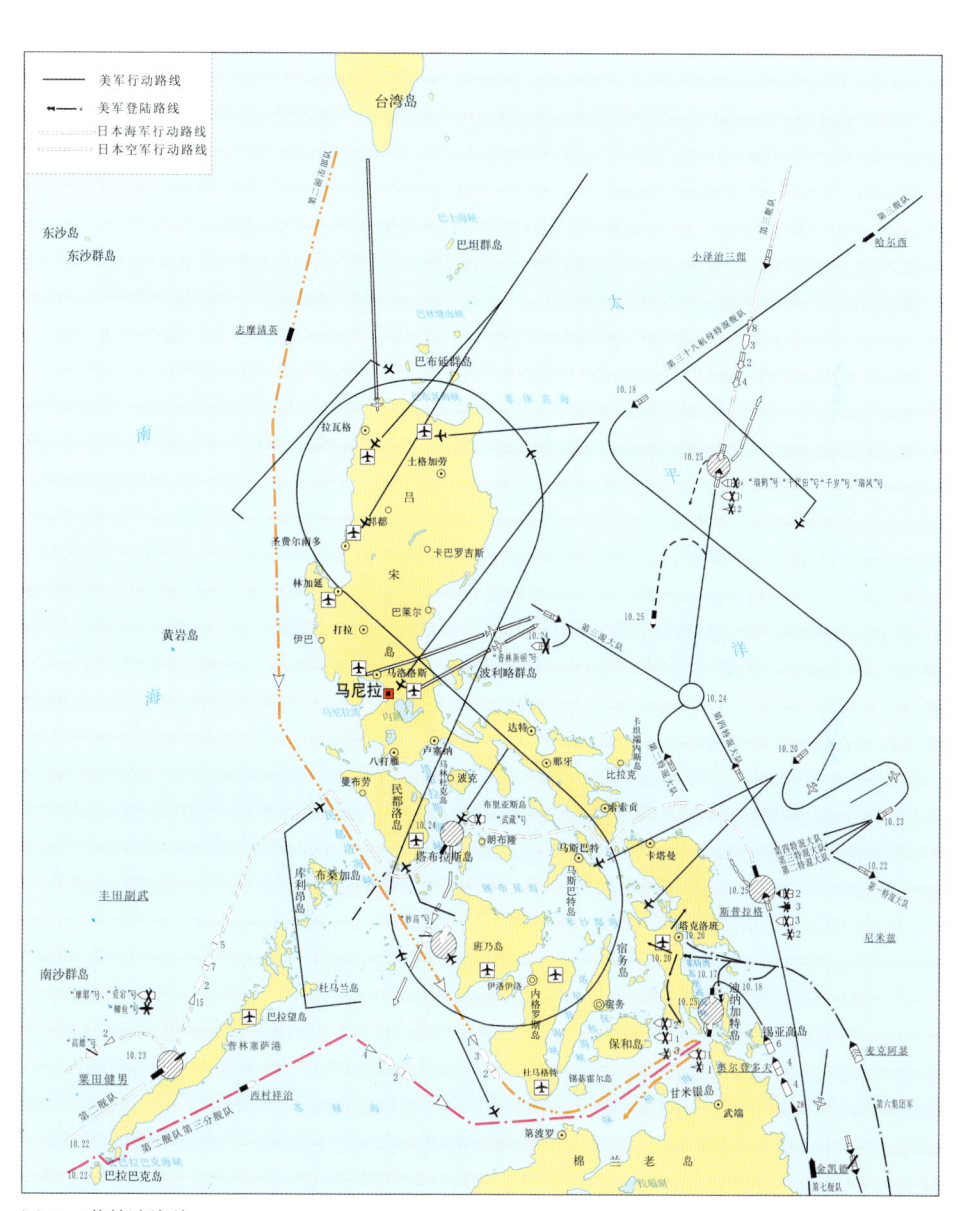

图11 莱特湾海战

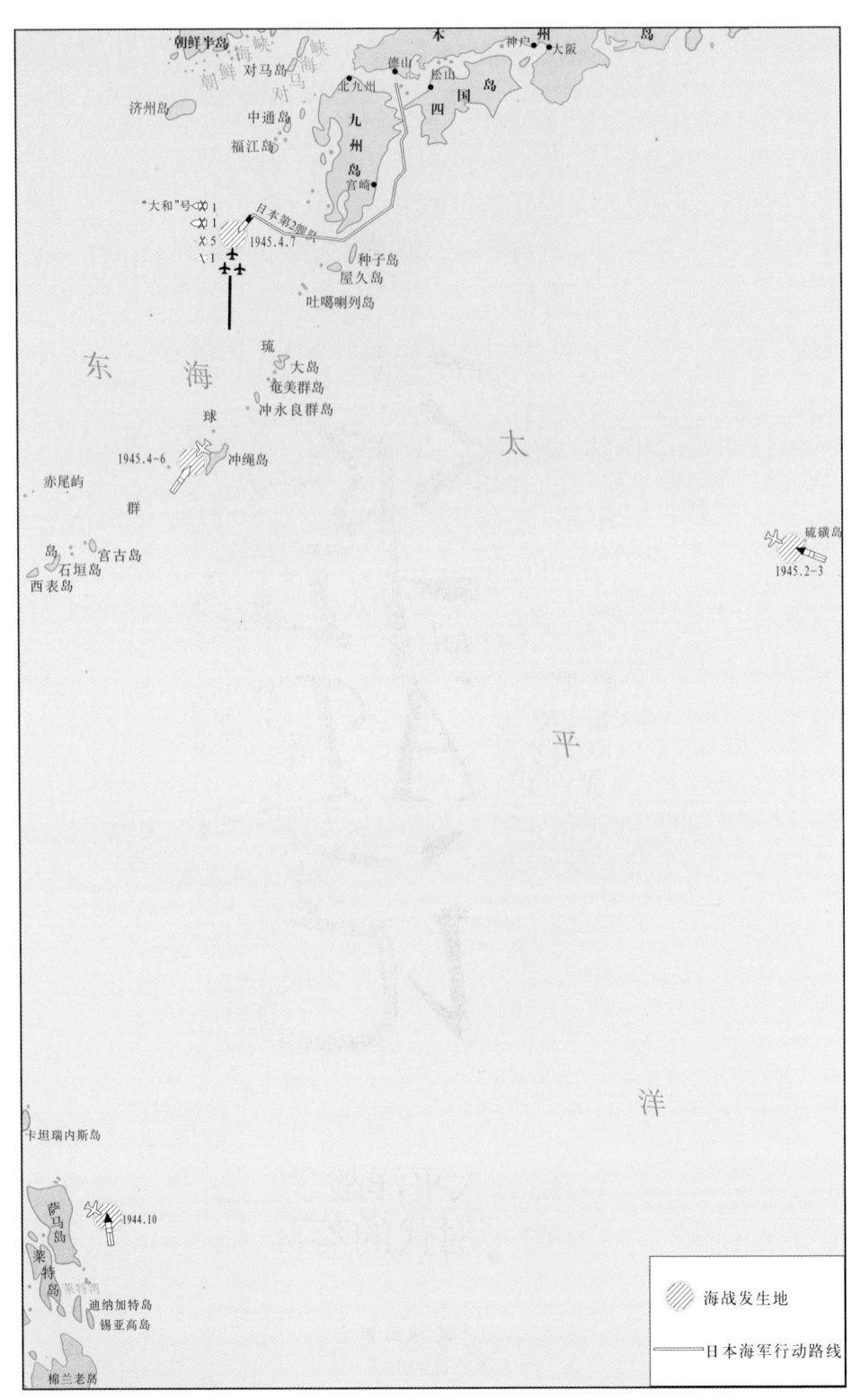

图12 "大和"号的沉没

后浪

曲飞 — 著

逐陆记
The Intercontinental
WAR 4
现代卷

美日太平洋战争
与帝国时代的落幕

民主与建设出版社
·北京·

从东京到珍珠港、珊瑚海、中途岛，
到燃烧的太平洋，
从马里亚纳、莱特湾、硫磺岛，
到蘑菇云下的核殇，
最广阔的海洋，最残酷的战场，
铁与血的搏杀，灵与肉的较量，
帝国时代的落幕，现代文明的曙光。

目录

Europe vs Asia
逐浪大洋
美日太平洋战争记

引子 乐浪海中		003
❶ 黑船的阴影		006
❷ 落幕		011
❸ 百事一新		018
❹ 手中无剑，心中有剑		026
❺ 开拓万里波涛		033
❻ 镀金时代		042
❼ 大人物		051
❽ 群魔		058
❾ 阴霾蔽日		065
❿ 野望		070
⓫ 迅雷风烈		075
⓬ 孤注一掷		079
⓭ 军港的夜静悄悄		086
⓮ 虎！虎！虎！		092
⓯ 伤心太平洋		099
⓰ 悬疑与演绎		103
⓱ 打响第一枪		107
⓲ 巨舰的丧钟		110
⓳ 孤独守卫		115
⓴ I shall return		120
㉑ 席卷千岛		125
㉒ 坐断东南		129
㉓ 死亡行军		134
㉔ 奉命于危难		138
㉕ 绝密飞行		144
㉖ 东京上空的鹰		147
㉗ 乱		152

❷⑧ 碧海追踪	156
❷⑨ 兑子之弈	161
❸⓪ 布局	166
❸① 拆招	172
❸② 拂晓出击	175
❸③ 雷动九霄	180
❸④ 屠龙	187
❸⑤ 中途已过	190
❸⑥ 重返南太平洋	194
❸⑦ 勇闯夺命岛	197
❸⑧ 所罗门之夜	201
❸⑨ 丛林猎场	206
❹⓪ 再决高下	210
❹① 老鼠特快	215

❹② 血岭	219
❹③ 铁底海峡	225
❹④ 万岁冲锋	230
❹⑤ 难以承受的胜利	236
❹⑥ 波涛如怒	242
❹⑦ 血肉小径	250
❹⑧ 细细的红线	255
❹⑨ 再见，瓜达尔卡纳尔	260
❺⓪ 蛙跳大洋	266
❺① 山崩	271
❺② 残局	279
❺③ 从「电流」到「燧发枪」	285
❺④ 命运对决	292
❺⑤ 猎火鸡	296

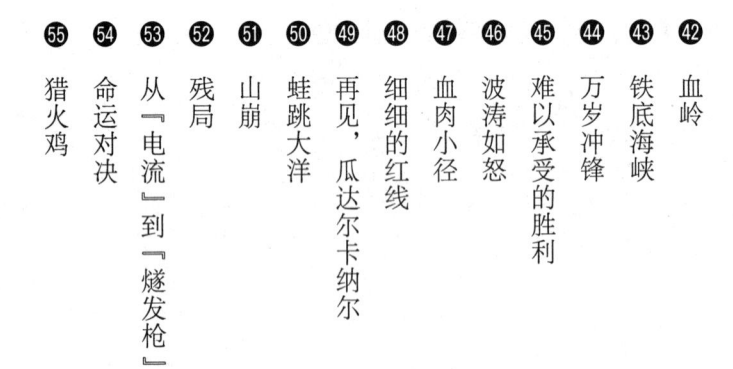

章节	标题	页码
56	一弹解千愁	306
57	将军令	312
58	得胜归	317
59	驶向莱特湾	321
60	火海	327
61	惊世一战	335
62	妖风	344
63	新图纸	350
64	地狱硫磺岛	353
65	旗帜飞扬	358
66	进击的巨人	365
67	黎明前的诀别	372
68	『一亿总玉碎』	376
69	『我就是死亡』	383
70	鹤唳残阳	390
	后记 末日审判	396
附表		400
①	第二次世界大战简要进程表	400
②	太平洋战争主要舰船性能表	412
	参考书目	415
	出版后记	420

Europe vs Asia

逐浪大洋
美日太平洋战争记

噫嚱吁!太平洋!太平洋!君之面兮锦绣壤,君之背兮修罗场。

——梁启超《二十世纪太平洋歌》

引子

乐浪海中

成书于东汉时期的《汉书》中,有这样一条记载:

> 乐浪海中有倭人,分为百余国,以岁时来献见云……(《汉书·卷二十八·地理第八》)

所谓乐浪海,当是得名于乐浪郡。公元前109年,即西汉元封二年,武帝灭朝鲜卫满政权。次年,于半岛北部设四郡,曰临屯、真番、乐浪、玄菟。乐浪郡本临黄海,后至昭帝年间,真番、临屯二郡并入乐浪,玄菟郡内迁辽东。由是乐浪郡之辖地横跨朝鲜半岛北部,与日本海相接,故而通常认为乐浪海即指今之日本海,而所谓"倭人",自然便是日本人。

根据现存的考古发现,日本列岛有人类居住的历史,可推演至万年以前。但由于孤悬亚洲海外,环境相对封闭,日本的文明发展较为缓慢,直至公元前4世纪,才进入青铜器时代。公元前2世纪,凭借亚洲大陆(主要是中国)传来的冶铁和水稻种植技术,日本实现了跨越式发展。之后一二百年间,日本列岛与大陆文明的沟通往来也愈加频繁。《汉书》的寥寥几笔,标志着日本这个亚洲边缘地带的岛国,自此被标注在了主流文明的坐标系上。

大约就在中国的汉朝终结后不久,日本诸国中的新兴势力大和国崛起于奈良,逐渐兼并了其他小邦。到了4世纪末5世纪初,早先"分为百余国"的各路倭人尽入彀中,本州、四国、九州等几大主要岛屿基本实现联合,未来的日本国雏形初具。又过了近200年,日本的氏族社会到了迈向王朝社会的转型期,此时他们明智地向大陆文明积极靠拢,学习经验。7世纪初,女帝推古天皇首开先河,向大陆的隋朝派出旨在考察学习的遣隋使。隋唐易代后,改为遣唐使,两百余年间连绵不绝，孜孜以求。处在秦汉以来又一个文明高峰的隋唐帝国是位好老师，宽宏开朗，又有些好面子，爱虚荣，得意地把自己的文明成果倾囊相授。日本也不愧是优等生，公元645年，孝德天皇仿照中国创制年号，建元"大化"，次年起推行"大化改新"，以中国为蓝本亦步亦趋，努力吸收先进以为己用，某些方面甚至青出于蓝。

中国的集权政治模式及其衍生的思想文化，也在日本发轫。不过，与中国"皇权兼并相权"的轨迹刚好相反，实行天皇制的日本，反倒是被视为神之后裔的天皇逐渐被牌位化，奉于高阁，行政权落入名义上的臣僚"征夷大将军"手中。从1192年武士豪门源氏的镰仓幕府开始，此后的600余年，大多数时间天皇都潜居深宫，将军及其各级臣属构成的武士集团成了这个国家事实上的主人。其间日本经历了短暂的南北朝对立时代、足利氏的室町幕府时代，在室町后期进入英豪辈出的战国时代。16世纪，两代枭雄织田信长和丰臣秀吉开创的安土桃山时代几乎终结了战国的割据局面。急于向海外扩张的丰臣秀吉入侵朝鲜，但遇阻于大明帝国援军，胶着之际，秀吉病死于大阪。这时，此前一直臣服隐忍的实力派诸侯德川家康坐收渔利。他风卷残云地出手收拾战国残局，于1603年出任大将军，开创了德川家统治的江户幕府时代。

日本战国后期，已初步完成地理大发现的西洋列强出现在东方海面上。1543年，日本人在国境南缘的种子岛从葡萄牙人手中买到第一支火绳枪（日本称之为"铁炮"），对新知向来敏感的日本人开始意识到这是一种新的文明。火枪的传入直接改变了战国的势力格局，日本人一度十分渴望接近并了解更多西洋之学。他们遣使远赴欧洲拜会罗马教廷，甚至搭乘西班牙船只，横渡太平洋造访墨西哥。他们有机会师从新的老师，学习当时正在悄然兴起的新时代之学。可惜，战国时代结束后，日本对新式武器的需求降低，同时，西班牙、葡萄牙这些早期欧洲拓殖者过于执着的宗教扩张欲也让日本当权者心存顾虑，担心他们带来的新的宗教会颠覆日本千年来积淀的文化与自我认同。1612年，当发觉天主教已经渗透身边的高层家臣圈子时，晚年德川家康愤然下令禁绝天主教，日本对外洋的态度由接纳转为拒绝。此后，家康及其继任者们先后五次颁布"锁国令"，尤其是1637年九州岛原半岛的本土天主教徒拥立14岁的少年领袖天草四郎时贞（著名电子游戏《侍魂》中Boss的原型），发起暴动，甚至提出在日本建立基督教王国，这让江户幕府下定决心彻底关闭国门，将危险的外来文化与思想拒之门外。

1639年，德川幕府出台"欧洲贸易帆船渡海禁令"，除了保留长崎一处专供荷兰与中国船只限量贸易，其他港口一律对洋船关闭，日本国民也不得出海，甚至在国外的日本人也不准回国。此后限制贸易的禁令几次加强，日本画海为牢，躲进小岛成一统。

从那时起的200余年间，乐浪海风平浪静。在世界其他地方，开创与掠夺并举的欧洲人正在跑步进入新时代；而东亚一隅，无论是大陆国家中国、半岛国家朝鲜，还是海岛国家日本，都在稳定至上的国策限制下，陷于停顿，躲在用闭关政策垒砌的看似坚固的围墙后，对周遭世界的变迁充耳不闻，任由自己被抛弃在陈旧过时的中世纪里，仿佛忘了时间的钟。

然而，在表面的休眠之下，日本人内心深处对搏击风浪的渴望并没有真的止歇，就如同江户时代著名画家葛饰北斋的浮世绘名作《神奈川冲浪里》。这幅诞生于承平之世的画作上，富士山前的神奈川，惊涛拍岸卷起千堆雪，日本渔人驾着一叶扁舟，出没风波里，正像这个民族血液里交织着的勇毅与野心。

1
黑船的阴影

1853年7月8日，日本嘉永六年，和历癸丑年六月三日。

这一日，江户幕府收到急报：江户湾的门户浦贺内海出现了4艘庞大的前所未见的黑色战船，巨炮耸立，凛然生威。其中更有两艘无帆无桨，喷出滚滚黑烟，伴着隆隆轰鸣，令人不寒而栗。来者严词坚称，要与将军商谈日本开放口岸事宜。闻报的老中（将军的首席家臣）阿部正弘等重臣面色凝重——这一天终于还是来了。

今日之果，早已种因于半个多世纪前。回溯18世纪后期，当时英国以印度为基地，在亚洲的经营已颇具规模，正在摸索进入中国市场之路，马戛尔尼等辈在封闭的天朝前徘徊，不得其门而入；不断吞并土地的沙俄也早将势力拓展到鄂霍次克海，并染指库页岛。当年马可·波罗笔下的"白银之国"日本，自然早被泰西列强列入菜单，不过，他们对中国这道大餐显然更为垂涎，至于日本，留作饭后甜点可矣。

故此，西洋人对日本的骚扰还比较轻微，不足以惊起沉浸在"二百年太平之梦"中的日本决策层。但在民间，自有先觉者一叶知秋。有位叫林子平的下级武士，从当时日本与西方唯一的交流媒介长崎的荷兰商馆处风闻，俄罗斯打算入侵日本的边境地区虾夷地（今北海道），于是著《海国兵谈》，提请幕府注意潜在的外患。

该书一度流行，然而，统治者对所谓盛世危言有着天然的憎恶。尤其是对当时承平已久的日本来说，"狼来了"或许还不算可怕，但满街去喊"狼来了"搞得人心惶惶，破坏和谐稳定大好局面，这才是信奉"民不可使知之"的统治者最担心的。就在《海国兵谈》出版的同一年，正式继位为第十一代幕府将军的德川家齐将该书观点斥为"可恶的说法"，书被查禁，作者被勒令蛰居。而碰巧书中的假想敌俄罗斯当时的战略重心在欧洲和近东，女沙皇叶卡捷琳娜二世正忙于敲打早已今不如昔的"西亚病夫"奥斯曼帝国，对东方的扩张只限于小打小闹，这更让幕府坚信林子平的海防之论是杞人忧天。

那一年是1787年，日本天明七年，刚打赢了独立战争的美国人正踌躇满志地筹划建国大业，立国基石美国宪法已呼之欲出；同一年，年轻的法王路易十六似乎对举国的民怨浑然不觉，如何增税仍是他最关心的议题，大革命的风暴正在法兰西上空聚集。世界如同一壶即将烧开的水，呜呜作响。可惜，再大的声响也无法叫醒装睡的人。

家齐本人还算幸运，在他整整50年的漫长任期内，欧洲经历了法国大革命、拿破仑战争的乱局，牵扯住了最主要的列强英法俄三国的绝大部分精力。日本海面出现的洋船以及涉洋事件虽较以往增多，但还不至于动摇百余年来奉行的锁国政策。不过，这段中世纪最后的宁静时光在他手里流逝殆尽。当1841年家齐病逝，其子家庆掌权（家齐于1837年卸任将军，由家庆继任，但家齐仍在幕后发挥影响）后，危机已在眼前。

1842年中英第一次鸦片战争结束，大清帝国三军败绩，割地赔款，日本高层闻之大感震惶。千年来的学习对象天朝上邦，在新时代的西洋列强面前竟不堪一击！日本人不禁担心起自己的命运。然而，毕竟隔岸观火，无法感同身受，"太平盛世"的梦乡太过温柔，让人不忍从中清醒。继位时已经44岁的德川家庆体弱多病，暮气深沉，虽尝试改革，但以失败告终。偏巧这期间闻腥而至的列强们都争着从清帝国被英国轰出的创口处吮血，俄罗斯在黑海的扩张也吸引着英法的注意。列强各忙各的，笼罩在日本头上的阴云迟迟没有落雨，家庆与其幕府尚且可以得过且过。

终于，时间不可避免地来到了这一天——1853年7月8日。

此时的浦贺内海中，驾驶着突然来航的"黑船"的，不是幕府此前最为担心的英国人或俄国人，而是美国人。

截至当时，即便从发表《独立宣言》算起，美国立国也不过短短70余年，在世界列国中，算是个新生儿。但这个新生儿的发育速度惊人，几乎在1783年赢得独立的同时，美国向西部的扩张就开始了，阿巴拉契亚山、俄亥俄河和五大湖都被划入版图。1803年托马斯·杰斐逊任总统期间，趁拿破仑在欧洲连年征战军费紧缺之机，以低廉的价格（1500万美元）购买了法国在北美的殖民地路易斯安那，美国的地盘几乎翻倍。操办此事的是时任驻法大使、当年曾辅助杰斐逊参与《独立宣言》撰写的罗伯特·利文斯顿。1812年美国与英国因为在北美的摩擦而再度开战，在这场被称为"第二次独立战争"的较量中，美国一度连新建的首都华盛顿都被攻陷，总统官邸被英军纵火烧焦，以致战后为了遮掩焦痕不得不涂上白色颜料，成为今日的"白宫"。尽管如此，最终停战时仍是美国获利，同时，战争中站在英军一方的印第安部落，也都被以此为借口打压铲除。

但这还远不是结束。1819年，美国又从江河日下的西班牙手中强购佛罗里达；1845年，策动得克萨斯脱离刚独立不久的墨西哥，建立"孤星共和国"，并立即接纳其为联邦一州，"孤星"变成了星条旗上的众星之一；1846年，从英国手里取得了俄勒冈地区（含今美国俄勒冈州与华盛顿州）；1848年，在打败墨西哥之后，美国又从墨西哥接收了"世界上最美丽富饶、有益健康"的加利福尼亚（含今美国加利福尼亚、新墨西哥、亚利桑那、内华达、犹他等州，美墨战争前美国已实际占领该地区）。至此，美国的版图从大西洋扩展到太平洋，当年的13块殖民地已变成横跨整个北美大陆的庞大国家，这一切，仅仅用了半个多世纪。

伴随而来的，是整个国家心态上的变化。那个在《独立宣言》里倾诉委屈的新生民族早已今时不同往日，"人人生而平等"的伟大理念没能泽及扩张路上的落后民族与弱小邻国，一种充满野心与骄横的"使命感"在滋长。1823年时任总统詹姆斯·门罗在年度国情咨文中，以"声援中南美洲独立"为名，要求欧洲列强不得干涉美洲事务，否则将被视为"对美国不友好"，这项被称为"门罗主义"的外交准则此后被美国长期奉行。继门罗之后上任的第六任总统约翰·昆西·亚当斯（第二任总统约翰·亚当斯的长子）则宣称："这块大陆剩余部分都应该是我们的。"为扩张主义正名的"天定命运说"（Manifest Destiny）甚嚣尘上。

在这样的背景下，美国人将目光投向广袤的太平洋就顺理成章了。担当先驱的是美国的捕鲸船。在那个石油尚未被广泛使用的年代，在世界的各大工厂里，充当工业用油的是鲸脂，正如梅尔维尔在《白鲸》开篇引用英国作家托马斯·富勒的话："那些巨鲸，身外是一片海洋的水，身子里则是一片海洋的油。"同时，对英国维多利亚时代的潮流人士来说，鲸鱼也是制作淑女们必备的、紧得勒死人的鲸骨束腰装的主要原料。有了这样的市场需求，地球上最庞大的生物在19世纪几乎被捕捞得靡有孑遗。航海水平最高的美英两国，也是当时捕鲸业的执牛耳者，他们的捕鲸船出没于四大洋。英国在大西洋和印度洋经营已久，树大根深，作为新生力量的美国，则着重开发太平洋，早在1820年，美国捕鲸船就首次出现在了日本附近的海面。（弗里曼《太平洋史》）

同时，1821年美国开始对华贸易，规模逐年加大，1842年的年均贸易额已超千万美元。1844年，趁着大清新败，美国不失时机地与之签订《望厦条约》，五口通商，进一步插足东亚。巨大的经贸利益和权力真空，让当时的美国战略家看到了诱人的前景：罗马的霸权始于打败迦太基，独占地中海；西班牙到英国的一系列殖民贸易帝国崛起，则得益于掌控大西洋；而远比那两片水域更广阔丰饶的太平洋，显然蕴含着更庞大的现时和潜在利益，这是美国人称雄下一个时代的天赋之资。

基于此，"太平洋帝国说"被提出，当时的参议员威廉·西华德（他后来任国务卿期间主持了从沙俄手中低价购买阿拉斯加购地案）是该派代表人物，其核心主张是通过太平洋控制亚洲市场，进而建立一个跨越大洋的伟大商业帝国。随着此后夺取俄勒冈和加利福尼亚，美国在太平洋拥有了漫长的海岸线，可以直通东亚，不必再绕行遥远的好望角或者麦哲伦海峡，这让太平洋帝国的蓝图一点点成为现实。

另一方面，自1807年工程师罗伯特·富尔顿在纽约哈得孙河试航蒸汽轮船成功以来，轮船迅速兴起。这种新型动力船的速度远胜传统帆船，但对煤炭燃料的依赖大增，这也使美国需要寻找一个介于本土和东亚大陆间的煤水补给点，日本列岛正是合适之选。

美国人相信，打开日本国门，势在必行。

在西华德等人的推动下，美国曾数度尝试与日本建立联系。1846年，曾派詹姆斯·贝特尔准将与日本接洽，但无功而返。1850年，接替病死的前任上台的新总统米勒德·菲尔莫尔几经推敲，决定再试一次——所谓推敲，敲之不开，遂改强推，这推门的任务，就交给美国海军来完成。

1852年11月24日，美国海军的7艘大小战船，自东海岸弗吉尼亚州诺福克港起航。统领舰队的，是菲尔莫尔钦点的"东印度舰队司令兼合众国遣日特使"马休·卡尔布莱斯·佩里准将，一位因在美墨战争中抢滩登陆墨西哥重镇贝拉克鲁斯港而闻名的战斗英雄，也是美国海军史上第一艘蒸汽船"富尔顿二世"号（1837年）的船长，人称"蒸汽战船之父"。佩里的舰队耗时大半年，渡过大西洋、绕过好望角、穿过马六甲，先后在香港、上海停泊休整，会合了此前在远东的3艘美国战舰，舰队规模达到10艘。佩里让6艘船留驻琉球，亲率其余4艘精锐战舰（蒸汽明轮船和帆船各2艘），驶往日本。

这4艘船，船身漆成黑色，威风凛凛，旗舰是佩里的"密西西比"号，其他3艘分别是"普利茅斯"号、"萨拉托加"号、"萨斯奎汉纳"号。普利茅斯是美国人的清教徒祖先在北美开辟的第一块殖民地；萨拉托加是美国独立战争中首个决定性胜利的战场（详见本丛书第三卷）；密西西比是北美第一大河，超值的"路易斯安那购买"后，肥沃的河流沿岸各州已成为美国的新领土；至于萨斯奎汉纳，则是美国白人西进路上征服的印第安部落之一。这四个名词连起来，几乎就是一部美国从创建到扩张的简明史。

显然，意气风发的佩里也希望以"征服日本"的功绩，为这部历史再添华章。

2 落幕

黑船来航，日本上下彷徨无计，从浦贺地方领主到幕府中央决策层，想出的对策就只有"拖"字诀。日本人一拨拨地来到"黑船"上，试图劝说这群不速之客离开，编了各种借口，态度忽软忽硬。而美国人的反应简单又坚决：非见将军、签订开港协定不可。当日本人装作声严色厉，露出"不走就打"之意时，美国人送给他们两面白旗，告诉他们：一旦开战，我们必胜，届时你们可持此旗来降。

美国人的口气傲慢可恼，却又不容得人不信，眼见是祸躲不过，幕府方面只好安排会晤事宜。

佩里此行身受总统重托，志在必得。在来的路上他已仔细研究过东方的政治与文化，对其中的等级观念很有心得，他明白排场越大，越能拔高自己的身份，而这也意味着，说出的话越不容辩驳。于是，美军拿出戏剧式的威仪。

7月14日，佩里率领250人，乘着小艇，在浦贺附近的久里滨登陆。上岸之后，荷枪实弹的美国大兵雁翅排开，一袭盛装的佩里腰挎指挥刀，从阵中阔步而出，登上日方临时搭建的迎宾台，顾盼之际神采飞扬，美军鼓乐齐鸣，海湾里的4艘战船跟着朝天鸣放礼炮，声势煊赫无比。冒充"帝国首席政治顾问"的浦贺地方长官（奉行）户田氏荣等一干日本官员相顾失色，本来他们在迎宾台下暗伏了十名带刀的武士，不用说，都是一等一的剑道高手，但佩里此等威势，他们又何敢造次。

在出征之前，美国军方已严令佩里不得首先动武，以免引发英俄等国介入，黑船上吓人的大炮，其实只能"引而不发"。但日本人哪里知道底细？此前几日的交涉中，日方代表已经意识到美国人不达目的不罢休的韧劲，再看佩里大张旗鼓地一番耀武扬威，心下早怯，只好代表日本政府接下了佩里递交的要求开放口岸的国书。日方请求佩里给予考虑和落实的时间，美国人倒也不为已甚，答应次年再来听取答复——当然，是能令他们满意的答复。

仪式完毕，佩里命手下勘测江户湾的地形及水深。此举甚是冒昧，日本代表鼓起勇气抗议。佩里语藏杀机地回答，他是在为下次来时寻找停泊点，到时候，他将带来一支比这次庞大得多的舰队。日本人听得头皮发麻。

7月17日，佩里带着4艘黑船扬长而去，留下日本举国惶惶。警报看似解除，危机延缓了一年，此时幕府发给下级的指示仍是"对他们的要求避免给予明确的回答，而同时保持和平态度"（罗兹·墨菲《亚洲史》），但谁都知道，这种苟且偷安的鸵鸟政策，今后怕是行不通了。

虽然江户幕府后期，德川家的将军也如天皇一样，逐渐牌位化，变成形式上的统治者，政务多操于老中为首的家臣手中，但将军毕竟是"日本守护者"，现在不能守护国家免于外患，自然难辞其咎，对幕府的不满之声四下泛起。江户城中，本就体弱多病的将军德川家庆惊惧忧愤，竟于7月27日病死。这让幕府更添继承人麻烦，内外交困，200多年来的统治秩序，再也难以为继。

转眼次年1月，佩里果然去而复返，这回带了9艘船，于28日驶进神奈川湾。名为谈判，实则根本没什么好谈，美国舰队林立的炮口已向日本表明，国书上的每个字母甚至每个标点，都没有讨价还价的余地，用后世美国小说《教父》的台词来说，"这是一份你无法拒绝的合同——不是你的签名，就是你的脑浆，将落在这张纸上"。

> 幕府见状惊恐万分，认为……谈判一旦破裂，江户将在美国人的大炮之下，化为云烟。从神奈川到江户之间，瞭望所比比皆是，告急的书信如雪花飞来。在将军所住城堡，忽然得知夷船向江户驶来，大恐，忽然又得知夷船向浦贺驶去，又放宽了一下心。就这样忽惊忽安，日达数次。（福地源一郎《幕府衰亡论》）

万般无奈地挨到3月底，日本只好接受美方要求，与之立约，开放下田、箱馆（今北海道函馆）两处口岸，允许美国在此两处设立领馆，答应向美国过往船只提供煤水补给，承诺救助美国遇难船员，此外还给予美国最惠国待遇，也就是说，今后其他列强再从日本获得什么特权，美国也都自动获得同等待遇。

这一次虽尚未言及通商，但有了最惠国待遇这一项，通商自是迟早的事，美国人甚至等着坐享其成就够了。

1854年3月31日，名称很带有讽刺意味的《美日亲善条约》正式签署，以英、日、中、荷四国文字写成，由于条约签字地点在神奈川（武藏国久良岐郡横滨村字驹形，今神奈川县横滨市中区神奈川县厅），故又称《神奈川条约》。6月20日，佩里又与日方签订《下田条约》，明确开放下田港的各项细节。使命完成，佩里尽兴而归，取道琉球，返回上海休整。行前，他代表美国政府赠给日本天皇和将军大批礼品，包括蒸汽机、电报机等当时最先进的工业文明产物。相形之下，日方回赠的漆器、纸扇、清酒之类"国礼"，就显得太过"乡村土特产"，这更令日本人惊诧于双方跨时代的差距。

佩里归国后，仍致力于对日外交以及通商的筹备工作，1857年从美国海军退役，次年在纽约死于痛风并发症。日本之行虽然未发一弹，却成为这位海军将领生平最值得骄傲的成就。而佩里不但成为美国军界的传奇，在日本，也被当作英雄，礼敬有加。日本人虽对他"粗暴踢开"国门有所怨愤，但日本后来的开放、维新、强大，追本溯源，一切莫不始于佩里叩关。故而，日本人在久里滨——佩里当年的首次登陆之地——为他竖立了半身像纪念碑，由一代名相伊藤博文题写碑文，"北米合众国水师提督佩里上陆纪念碑"。日本人每年还会举办"黑船祭"，以兹纪念。

再说《神奈川条约》签订后，英、俄、荷、法立即跟风而至，逼迫日本依样立约，日本谁都得罪不起，一一就范。1854—1858年，日本与上述几国谈判签约，敞开国门，尤以1858年最为集中，是岁幕府与美、英、俄、荷、法依次缔约，开放五港口通商，并给予系列特权。这一年是日本安政五年，故条约被统称为"安政五国通商条约"，此事标志着日本门户已洞开，虽然没有隔壁大清国割地赔款之窘迫，但列强强加的片面最惠国待遇和领事裁判权，使日本主权沦丧。国家危亡，已显端倪。

在"四夷交迫"下，"征夷大将军"却谁也征不了，威信大跌。偏偏继任将军的德川家定（家庆第四子）才识平庸，根本不具备戡乱济世的能力，于是幕府只好求助各地方领主（大名），以及久不问政事的天皇及其臣僚宗亲（公家），请大家集思广益，商讨摆脱危局之方略。

这一来，江户幕府把持了两个半世纪之久的政治垄断地位，实际已被打破。

日本人的思维随之活跃，僵化的政治格局也开始松动，日本社会上下各阶层，都开始思考并践行他们理想中的救国之策。一场划分新旧时代的变革，已是山雨欲来。

作为日本事实上的统治者，幕府此时的角色十分尴尬：一方面他们自知绝无力量抗拒洋人，尽量不拂逆其意，以免生患；另一方面，他们又为洋人在日本影响力的加大而担忧，唯恐西风一吹，民智尽开，同样危及其统治。于是，幕府在几方力量之间艰难周旋，如履薄冰。

权力中枢之外却是另一番光景。在尚武情结浓重的日本，幕府对外一味委曲求全，极大地影响了他们在武士阶层，特别是在本就不太臣服的西南诸雄藩心目中的威信。在地方诸侯藩国之间，"尊王攘夷"的呼声四起。这个主张又与下级武士及民众那种接触外来先进文明之初，出于落差感的排外情绪十分合拍，于是"攘夷"浪潮高涨。

这个口号令幕府大感担忧。须知，"尊王"固然政治正确，但幕府不是"王"，天皇才是，所谓"尊王攘夷"，实则暗含绕过甚至架空幕府之意。幕府曾大力镇压尊攘派，但适得其反，推行强硬政策的大老井伊直弼在任不足两年，即在江户城外樱田门被尊攘派志士刺杀（1860年），日本国内矛盾更趋激化。

当时日本名义上的最高领袖孝明天皇是守旧派，期望驱逐洋人，恢复锁国状态。同时，他也盘算着借幕府势弱之际，从其手中收回部分政权。总算多少有点利益交集，天皇与幕府视彼此为合作对象，孝明还将皇妹和宫公主下嫁给年轻的将军德川家茂（1858年继任，接替病死的德川家定），准备以"公武合体"（"公"指天皇及其宗室、臣属"公家"，"武"指幕府为首的武士集团"武家"）来稳定日本社会。

1860年以后，"尊王攘夷论"和"公武合体论"可算是日本两大主流主张。但公武合体毕竟只能肉食者谋之，相比之下，"攘夷"的门槛就比较低了。1858年的"安政五国通商条约"签订以来，来日本的外国人大增，美、英、俄、荷、法都不缺，有心杀"夷"的，只管抄起武士刀"攘"过去便是。1860年开始，"攘夷"之风愈烈，攘夷派以"天诛"为口号，见了洋人就杀，而被视为与夷人亲善的日本人士也都上了攘除名单，大有后世中国义和团"一概鬼子全杀尽"的豪气。此外，更有作奸犯科者借机浑水摸鱼，以"攘夷""天诛"之名，行抢劫勒索之实。

在癫狂的民族情绪下，日本社会治安大乱，在日的欧美人士人人自危。美国公使汤森·哈里斯（1858年《日美友好通商条约》美方签字代表）在写给国内友人的信中透露，由于担心被日本的剑道高手"攮"掉，他在使馆中贮藏了大量枪支弹药，并且无论公事私事，只要出门，必定枪不离身——这不像是在日本当使节，倒像是在西部当牛仔了。

然而，日本的攮夷志士们很快发现，洋人不是白"攮"的，每一次都需要幕府赔礼赔钱，为之善后。1862年，几个骑马观光的英国游客在生麦（今横滨附近）冲撞了萨摩藩主岛津久光的巡行队伍，被萨摩武士群起追砍，一死两伤。"生麦事件"直接导致1863年英国对萨摩藩开战，是为萨英战争。尽管萨摩人在战争中的表现可圈可点，但与英国的现代化军队实力相差悬殊，最终战败，赔偿2.5万英镑。

萨英战争后不久，日本西南另一雄藩长州，也因炮击洋船，与美英荷法四国联军开战，结果自不待言。

攮夷之说固然振奋人心，但实际操作起来结果却令人心寒。萨摩、长州这些有实力的攮夷论支持者，开始重新估量攮夷运动的前景，思考日本真正的出路。而对幕府来说，一方面他们为惹事的藩国善后，出资赔偿洋人，已近入不敷出；另一方面，汹涌的民族情绪使民众视擅启战端的攮夷派为英雄，又反过来归怨幕府对外软弱，幕府深受夹板儿气。

1863年，攮夷最为激进的长州藩策划劫持天皇，使其"脱离卖国的幕府之控制"，史称"八一八政变"。政变失败后不久，长州又被美英荷法四国联军重创，几乎陷入四面树敌的绝境。试图借机压制诸藩国、恢复幕府权威的老中小笠原长行等对内强硬派，于1864年发兵讨伐长州，史称"第一次征长"。与长州素有嫌隙的萨摩等藩也出兵助战，长州大名毛利敬亲只得屈服，承认与幕府为敌之罪，拆毁防御工事，撤换攮夷派以及反对幕府的家臣。

被迫开国十年来威风几近扫地的江户幕府，总算扬眉吐气了一次。然而，这也是他们最后的风光，因为征长之举改变了日本乱局中一直保持着的不稳定的平衡。本来幕府式微，地方自主意识渐已觉醒，但小笠原等人挟征长获胜之余威，试图重建幕府威权，甚至打算恢复200多年前德川家康时代创制的过时制度，将藩国大名的家属软禁在江户作为人质，这不仅令长州，也令萨摩等一批不甘人下的大名深感不满。

同时，攘夷运动的失败让一些先知先觉者意识到，盲目排外是取祸之道，自身进步开化才谈得上攘除外患。对待外洋的正确态度，既不该是攘夷派的狂热仇视，也不应是幕府的唯唯诺诺，应该做的是向这种先进文明靠拢，学习之，适应之，以改造自我，从而使自己成为与西洋一样的强者。然而国内纷乱，各派势力为了利益和政见彼此攻杀，在这样的局面下，国家的改革进步实是空谈。要布新须先除旧，必须结束藩国割据的封建体系。试图维系旧制的德川幕府是变革的阻碍，要实现团结统一，必须从推翻幕府主导的武家封建格局做起。于是，日本在野的有识之士，政治诉求由攘夷逐渐转为倒幕。

旧日的日本已经穷途末路，穷则思变，真的到了彻底变革的时候了，这一切，只待一个契机。

1864年底，被驱逐的长州藩士高杉晋作、伊藤博文等倒幕派人士发动起义，攻打在长州主政的亲幕派。幕府策划第二次征讨长州，镇压起义，并打算借机彻底压平长州。此时，日本近代著名的纵横家坂本龙马走上前台。他奔走串联，向在萨摩藩主政的西乡隆盛晓以利害，警告他一旦长州被灭，日本必将回到幕府一家独大的状况，各藩国都会被压制。龙马的反复斡旋使事态出现戏剧性的逆转。萨摩藩在第一次征长时协助幕府，与长州不共戴天，但正所谓没有永恒的敌人，只有永恒的利益，当幕府威胁他们的共同利益时，两藩放下前嫌，西乡隆盛和长州主持藩政的木户孝允（原名桂小五郎，时名木户贯次）秘密缔盟。此后，萨摩藩主岛津久光称病，退出幕府发起的征长之战。

强援萨摩藩临阵撤兵，打乱了幕府部署。洋人也感到落后陈腐的幕府无力掌控日本全局，反而支持曾经交战的长州等地方势力，向其出售武器。幕府陷于四面楚歌之境。1866年夏天，年仅20岁的将军德川家茂在忧愤之下染病去世（官方说法是"脚气攻心"），二次征长随之草草收场。而一心"公武合体"的孝明天皇，也于年底在深宫之中离奇死去，坊间传闻是被倒幕派的公卿岩仓具视唆使宫女毒死。尊攘派虽然打的是"尊王"旗号，但孝明天皇依赖幕府的保守立场实是他们的一大障碍，故而也都乐见其崩。

继任幕府将军的，是出身德川家远支水户藩的德川庆喜（此前名一桥庆喜）。继承天皇大位的，则是14岁的皇太子睦仁，也就是日后的明治天皇。

此时日本国内，西南的萨摩、长州、土佐、肥前等一干强藩，或公开反叛，或阳奉阴违，都已不受幕府控制，这样的乱局也使幕府成了众矢之的。形势日渐窘迫，1867年，上台不到一年的庆喜主动提出"大政奉还"，将幕府的行政权归还天皇，实则是以退为进，试图借助天皇的号召力为己减压，维系幕府，让虚名而保实权。这个办法一度奏效，但幕府稍做表面文章后，立即又镇压此前提倡倒幕的名望人士，坂本龙马等人都遭暗杀。

很快，在公卿岩仓具视、萨摩藩士西乡隆盛、大久保利通等人谋划下，一道诏书自京都的官中颁出，是为《王政复古大号令》。所谓"复古"，是指恢复12世纪镰仓幕府创立之前天皇亲自秉政的时代，等于完全否定了已实行近700年的幕府政治模式。诏书以天皇的名义废除了征夷大将军、摄政、关白等显赫的旧日官职，并令各藩出兵讨伐幕府。德川庆喜逃往大阪，组织力量准备反抗。

1868年初，倒幕战争（又称日本戊辰内战）爆发，西南诸藩的联军与幕府军正面交战。1月27日和1月30日，在京都附近的鸟羽、伏见两军展开激战，装备、组织、士气都更胜一筹的倒幕军以寡击众，以5000人大破三倍于己的幕府军。这是倒幕战争中的首次大规模会战，也是决定性的一战，战役后期许多原本支持幕府的藩国也临阵倒戈。经此一役，幕府陆军主力折损殆尽。对外方面，除了德川庆喜着力结交的法国仍站在他们一边，更强大的英国等列强也都支持倒幕的新政府军。幕府众叛亲离，大势已去。

3月，倒幕军挺进至江户城下。此时幕府的海陆军总裁胜海舟审时度势，与倒幕派谈判，最终于4月21日开城投降，江户免于兵祸。投降后的德川庆喜，虽一度被遣回原籍水户藩软禁，但毕竟保全了性命，后获封公爵，得享遐龄。

此后，同情幕府的东北诸藩相继投降。原幕府海军总裁榎本武扬、新选组（武士组成的半官方警察部队，受雇于幕府）副长土方岁三等人曾割据北海道，宣布成立"虾夷共和国"。然而次年，他们就被进剿的新政府军平定，土方岁三战死，榎本武扬投降，其他顽固派也都走死逃亡，幕府的残余势力基本肃清，不再构成威胁。

截至1869年夏天，历时一年半的内战结束，历经266年传承15代的德川幕府寿终正寝。武士的时代，也就此落幕。

3

百事一新

> 广兴会议，万机决于公论；
>
> 上下一心，盛行经纶；
>
> 文武一途以至庶民，各遂其志，人心不倦；
>
> 破旧有之陋习，基于天地之公道；
>
> 求知于世界，大振皇基。

这是日本的新政府即明治政府的《五条誓文》。1868年4月6日，当倒幕战争尚未最终获胜之时，明治天皇就督率新政府诸臣，郑重地在京都紫宸殿以此誓文祭告于天，随后公诸全国。

此时的明治天皇睦仁年方十六，他生于深宫之中，长于妇人之手，体质孱弱，在之前长州藩与幕府冲突的"禁门之变"中，曾被长州人的炮声吓晕，令知情者对他的身体素质担忧不已。不过，他性格刚强有魄力，年纪虽幼，已显出雄主风范。这五条誓文虽是以此前坂本龙马与后藤象二郎商议的"船中八策"为蓝本，算不得明治的原创，但文字风格很像他的性格写照：简洁直接。破旧立新之胆魄，发奋图强之豪情，更加明了直白地跃然于纸上，锐不可当。

推翻幕府后，日本百废待兴。在"维新三杰"西乡隆盛、木户孝允、大久保利通，以及伊藤博文、大隈重信、板垣退助、后藤象二郎、山县有朋、井上馨、松方正义、西乡从道等一大批年富力强、眼界开阔的才智之士的尽心辅弼下，以弱冠少年明治天皇为核心的新政府，根据誓文原则，对陈旧的日本社会展开全面改革。使日本跃居强国行伍的明治维新就此开始了。

对当时尚处在农业社会的日本来说，土地问题是一切改革的基础。幕府时代，日本是真正的"封建社会"：全国分为大小不等的300余块各级藩国领地，天皇—将军—大名—大名家臣，各有封疆，连带着土地上的人丁也都归领主所有。其中拿最大头儿的是日本事实上的统治者幕府将军，他有权赐予或剥夺大名甚至是皇室领有的土地。这样的土地所有制度，显然不利于新政府整合全国资源、统一颁行新政从而增强国力的构想。幕府倒台后，德川家及战争中为其效力的大名们被宣布为"朝敌"，领地顺理成章地被褫夺，但更多大名在倒幕战争中站在天皇一边，如何让他们也交出名下土地以利新政，又不至落下鸟尽弓藏之嫌，寒国人之心，这是新政府面对的第一个难题。

明治政府的对策是，先在此前没收的土地上设置新的行政单位，大城市及港口为府，小城镇村寨等整合为县，府、县的行政官员由中央任命，听命于中央，并且府、县的军政与民政分离。与此同时，参与倒幕战争和战争中保持中立的各藩，维持原有领地范围及藩主待遇、名号，但削弱他们的权限，比如不可再以爵位封赏家臣、不可再自行与外国签约缔盟、不可铸造钱币等。同时向各藩派驻中央任命的官员，以辅佐藩主为名，参与政务并实施监督。

从历史上看，这种带有明显权宜性质的中央集权与地方封建并立的制度，必定只能是特定阶段的过渡政策。代表新时代的县制必将取代落伍的藩制，待幕府旧秩序的影响进一步弱化，更大力度的整改就开始了。值得赞赏的是，明治政府选择了最适当的方式，从而使废藩的影响降到了最低。

出身长州的木户孝允从本藩入手，游说藩主毛利敬亲，劝其主动放弃长州藩的土地与人丁，将之献与天皇。有意思的是，木户的游说并不从"当下形势如何如何""西洋诸国如何如何"开始，而是搬出已经十分"陈腐"的儒学经典《诗经》，"普天之下，莫非王土，率土之滨，莫非王臣"。藩主多是旧脑筋，木户孝允因势利导，援引古之大义来占领道德高点：既然讨伐幕府是为了"尊王"，那么倒幕成功之后，功臣若仍割地自据，不奉王统，岂非大违初衷，又与幕府何异？木户此番说辞不免令后人感叹，谁说传统文化与旧道德观只会是改革的羁绊？阻碍改革者，实乃浅陋贪暴、愚蠢自私之既得利益团体，传统文化何辜？此辈遁词而已。

然后，木户又晓以时事，说以利害，阐明国家权力统一是实现富强理想的必由之路，同时告知政府的赎买政策会最大限度保证原藩主的体面和经济利益，并且优惠条件过期作废，顽抗到底恐怕重蹈德川家覆辙云云。在他坚决而恳切的反复游说下，毛利敬亲终于点头。

很快，萨摩藩的大久保利通、土佐藩的板垣退助、佐贺藩的大隈重信等人也都做通了各自藩主的思想工作。作为讨幕主力的西南四大雄藩藩主联名上表，"奉还版籍"，为日本大小数百藩主做了示范，余者纷纷影从。

这固然得益于木户、大久保等人出色的公关手段，以及藩主们的"深明大义"，但也有赖于明治政府格外明智的政策，授予奉还版籍的原藩主"藩知事"的新职位，等于变相地保留了他们的地位。后来整个日本废藩置县，旧有诸藩名号勾销，疆界藩篱也悉数打破，全国按照三府七十二县重新划分行政区和官吏体系。藩主们被免去知事之职，但政府同时给予他们贵族身份（华族）和相应待遇，将之安置在新的首都东京。虽然他们权柄不再，但从另一个角度看，他们"既可卸去治理一方的政治责任，又有现金收入的保证"（内田树《日本边境论》），因此大势所趋下，旧藩主们也多乐于接受改革方案，并没对废藩置县构成太大阻力。这些政策透出了改革者的政治智慧。

废藩置县的土地制度改革，于1871年秋天基本完成。藩主们旧日的私人领地变成国有，随之而来的就是土地可以不受限制地自由流转，使用者向国家缴纳赋税。此外，原先被固定在土地上、隶属于藩主的农民，也摆脱了人身依附关系，可以自由迁徙，自由择业。这样，新政府获得了税收，可以用作改革最急需的启动资金，新兴产业也得到了足够的劳动力资源。这使得明治维新三大目标中的"殖产兴业"，具备了可行性。

自安政开港以来，日本与西洋开始贸易，但二者工商业水平有着天渊之别，所谓贸易不过是西方国家单方面的倾销，仅开港第一年，日本金银就外流近百万两之巨，这让日本上下在肉痛之余，也切实感受到传统观念下被轻视的工商业于现今时代之重要性。从幕府末期到新政府上台伊始，日本曾多次派出使团赴欧美考察，彼时正值西方第二次工业革命，林立的现代化工厂是西洋工业化国家强大国力的最直观写照，也是最令初出国门的日本人惊叹艳羡的。因此，明治维新的决策者们将发展现代工业产业作为核心目标之一。

日本的工业化，最主要的着眼点在运输、矿业、军工三项，而要发展这些行业，需要长期的资本原始积累。此时，明治政府以地税、国债等资金进项投入基础建设，由政府出资兴建"模范工厂"，待先期投入完成，再转卖甚至无偿转交给有经营能力的私人资本。虽然此举起初耗资甚巨，但工业化进程就此铺开，政府也得以从经营环节中抽身。私人企业经营上轨后，就业、税收等问题都迎刃而解，得到政府扶持的三井、三菱，以及稍后的住友等首批企业，也借此成长为日本最早的财阀，对外可与欧美大企业分庭抗礼，对内也成为日本经济的支柱。

明治政府除了替私企垫付创业成本，还有若干后续的政策倾斜。得益于这些尽心关照，从明治维新初始到1893年（甲午战争爆发前一年），全日本的商业、农业、制造业、铁路、银行业所有公司的核定资本总和，由2544万日元增至2.9亿日元，增长10倍有余（数据出自赫伯特·诺曼《日本维新史》）。

日本工业奇迹的代价是由农民以及武士背负的。日本地税占明治政府早期财政收入比例最高时曾达80%，盘剥之酷，尤甚于英国对印度人民的剥削，以至于有的研究者称明治时期的日本农村为"国内殖民地"。然而，日本农民以东方人特有的接近麻木的韧性承受了苦难，老旧的农业为新兴的工业输血，居功甚伟。

明治维新的"新"，还不只体现在这些新兴的近代化产业，更体现为全新的思维方式与生活方式。在维新的三大目标中，"文明开化"排在"殖产兴业"之前。

在江户幕府时代，日本知识界将从荷兰人处管窥而得的西洋之学称为"兰学"，但倡导自制守序、服从等级的儒学（确切地说是儒学的日本分支）显然更符合幕府的闭关国策，因此在官方扶植下，儒学的国学地位不可撼动，兰学不过是末节的奇技淫巧。随着国门洞开，日本人才惊诧地发现，原来在当今之世，儒家典籍、道德文章已近乎无用，代表现代文明的西洋之学，才是经世济民所必需。

倒幕运动的不少骨干分子，如伊藤博文等都曾有过留洋经历。1871年（明治四年）12月，在他们的推动下，日本派出了规模庞大的使团，带着"求知于世界"的宏愿，出访欧美列国。使团由岩仓具视领衔，木户孝允（时任参议）、大久保利通（时任大藏卿，相当于财政部部长）、伊藤博文（时任工部大辅，相当于工业部部长）、山口尚芳（时任外务少辅，相当于外交部副部长）为副使，另有政府要员担任各级书记官，共计46名外交使节（另有16名随员和43名随行留学生），几乎带走了明治政府的半数精英。使团于次年2月抵达首站美国，之后遍访美、英、法、德、俄等欧美12国，与各国元首及精英阶层建立联系，考察当地政制、法律、科技、产经、财政、文化风俗诸方面，同时遍寻优才，不惜重金礼聘为顾问——付给外籍顾问的薪酬，最高时是明治政府高级官员的两倍甚至三倍。岩仓使团的访问历时近两年，全程耗资百万日元，规模之巨，花销之高，在当时全世界都十分罕见，占当时还不太宽裕的日本政府的年财政收入的近1%，堪称巨资。此后，终明治一朝，日本派往欧美国家学习深造的留学生及考察团绵绵不绝，大量汲取营养，反哺日本。

岩仓使团见识到的，可说是西方文明自文艺复兴、宗教改革，直至启蒙运动、工业革命近500年来积淀的成就，日本人纵然好学深思，也不能在两年之内就尽窥其奥义，他们的明智之处就在于认识到了引进西方的文明成果，不如引进他们的教育机制。

1872年，日本颁布《学制》（当时考察团尚未归国），打破了旧有的武士阶层（士）所受的精英教育与"三民"阶层（农工商）所受的粗浅的大众教育的界限，在全国划分学区，推行"大学—中学—小学"的全民教育系统。此后，游学欧美的森有礼、田中不二麿等教育思想者归国，总结欧美各国的教育体制，撷取精华用于日本。1879年，政府根据文部大丞（相当于教育部长）田中不二麿考察提出的方案，以新的《教育令》取代《学制》，进一步优化教学资源。至于课程内容，也破除了儒学的主导地位，代之以近代的自然科学与社会科学。但由于一些保守派故老的极力要求，明治天皇也考虑到儒学中的忠君色彩和等级观念有利于维系日本的天皇制政体，因此在政府干预下，教育部门仍将这一部分融合日本神道教的君权神授思想，以及当时盛行的国家主义思想，以"和魂"的形式纳入德育教育，这也为日后日本举国汹汹的法西斯主义种下恶因。

教育解决"开化"问题，"文明"还要在日常生活中践行。维新以来，为彰显新气象，明治天皇亲为表率，以西洋化的生活方式，示人以风气之新。他公开剪掉发髻，换上西服，并禁绝之前德川幕府时代的旧式官服，带头食用之前被日本人视为不洁之物的猪肉牛肉，并号召国民效仿，以增强体质。此外，明治政府还修建铁路、电报局、银行等西方文明的标志产物，城市景观上也引进西式建筑、园林风格，装配路灯（当时电灯尚未发明，路灯用瓦斯之类可燃气照明）。同时，旧日的标志性风俗，如蓄发髻、文身、男女混浴，甚至有"国技"之誉的相扑，都一度被视为"不文明行为"，严加取缔。

日本是善于学习新知又不惮否定自我的民族。在政府大张旗鼓的移风易俗工程之下，许多日本国民虽对"文明"究竟为何物还很懵懂，却也满怀热情地

投身"文明建设",蹒跚学步,咸与维新。日本前首相吉田茂所著《激荡的百年史》中,摘录了如下一段时人的描述:

> 最近一段时间人们已经将"文明开化"当作自己的口头禅了。可是真正掌握"文明开化"这一译语内涵而谈论的人却非常少。只是经常听到人们说:"听说把猪肉吃了就变文明了。""你看那位先生走在路上一直打着阳伞,真是一个文明人。""穿鞋走进屋子真是文明得叫人无法忍受。"这些都是不了解文明的原意,只是把胡乱一些听到的、看到的新鲜事物当作"文明开化",这样的确会出现意料不到的错误……

这段时评,现在读来令人忍俊不禁,但透过文字,社会转型期的日本人手忙脚乱、不得要领,却努力自新、向文明之境靠拢的形象,宛在眼前。

然而,任何改革都不可能毫无代价,尤其是这样一场事关近千年政治与文化格局的社会大变革。作别昔日之我,不会如挥一挥衣袖般轻松,这是一次"剔骨还父、削肉还母"式的自我割裂与剥离,是弃绝过往、斩断前尘的成人礼,注定要流血。

随着"大名(藩主)—武士(家臣)"结构的解体,失去主公的武士无处领取禄米,明治政府虽有一定的赎买补偿措施,但这笔一次性买断工龄费用尽之后,武士们就算彻底下岗了,再不能仅凭身份就有饭吃,而是需要和低下的"三民"农工商一样,通过出卖劳动力来讨生活。更令他们难以容忍的是,新的日本军制不再以武士为主,而是面向全体国民,统一征兵,统一待遇,习练西洋军事技法。这意味着战争不再是他们的专营领域,曾经引以为傲的武士身份和武艺也将就此变得没有意义。

对700年来一直是"武士之国"的日本来说,这个新变化来得太过突然,让人无法接受,以至于在倒幕战争近十年后的1877年,原维新三杰之首的西乡隆盛在萨摩故地聚集旧武士,试图对抗明治政府,双方于是年发生小规模内战,史称"西南战争"(有意思的是,许多幕府旧臣此时以政府军身份,反过来征讨昔日的倒幕主力萨摩人,也算报了当年之仇)。由于双方兵源、装备都相差悬殊,真正的战事只持续了三个多月。该年9月24日,兵败势穷的西乡隆盛切腹自尽,战争也很快随之告终。自此,政治意义上的武士阶层退出了历史舞台。

值得多说一句的是，西乡隆盛虽然在西南战争中扮演了"逆历史潮流而动"的反派角色，但由于他在倒幕维新中的显赫功绩以及超凡的人格魅力，不论当时还是后世，都名望颇佳，明治天皇下旨旌表其忠勇，民众更视他为旧时代精神的殉道者。后来中国的戊戌政变时，谭嗣同曾勉励梁启超，以西乡为榜样，留得有用之身以图将来。

过于迅猛的社会变革，也必将引起旧势力，尤其是在变革中失势的旧势力的反噬。1878年5月14日，以铁腕手段推动改革，并在西南战争期间实际掌控政府的内务卿大久保利通，在乘马车赴皇宫途经东京清泉谷时遭遇伏击，六名刺客手持钢刀，身着旧时武士赴死时穿的"羽织"，乱刃相加，大久保身中十六刀惨死。行凶者随后自首并被处决，刑前他们交代，刺杀大久保的主要原因是不满他主导的改革过于损伤民众利益，但这六名凶犯都是武士出身，利益受损尤甚于农民，并且他们普遍是西乡隆盛的同情者，因此他们的动机应不仅是"为民除害"，更是为己复仇。

大久保的遇刺，直接导致了日本"全盘西化"势头的放缓，知识界开始重新思索日本及日本文明的自我定位。一些日本原生的文化符号，比如和服、能剧、相扑、剑道、弓道、浮世绘等，此前被认为是应该摒弃的过时之物，此刻，人们却意识到，这些东西其实正是日本独特且必要的文化特质，于是又重新寻回，再加珍视。这也说明，汲取西方文明滋养壮大后，日本渐渐恢复了对本民族与民族文化的信心。

类似的心路历程也体现在政治方面。接替大久保出任内务卿的伊藤博文促成了日本立宪并创建议会，使日本政体由维新伊始的"开明专制"转向从形式上更接近现代国家的框架。但同样的，宪法中也体现了日本的传统与特质，可遗憾的是这些大抵都只可算作日本乃至东方文化传统中的糟粕，比如君权至上主义。

自1850年代被迫开国以来，原本一潭死水的日本被激活。从攘夷运动的风起，到西洋文明之大昌，关于国家民族的前途，各色人等提出各种主张，百家争鸣，并为之身体力行，殒身不恤。最终明治政府以"天命不足畏，祖宗不足法"的勇决气概，通过一场推倒重来式的彻底革新，征服了日本社会，改写了国家命运。尽管有着诸多不便与不甘，但变革的力量不可阻挡，正如改革的口号，"一洗旧弊""百事一新"，日本上下都在尝试着新的文化与生活，埋首于兹，醉心于兹，新的时代到了。日本社会逐渐恢复平稳，但不再是江户时代僵化静止的平稳，而是在上升通道中的平稳攀升。

阿诺德·汤因比的《历史研究》中，将一个文明成长的主要动力归结为外部的"挑战"与"刺激"，而挑战既不能太过微弱，也不能太过强烈，只有适度的挑战，才能推动一个文明的进步。以这个观点来看，西洋列强施于日本的挑战可说十分适度，既不像第一次鸦片战争之于大清，显得过于轻微而几乎没能触动这个老大帝国做出什么改变，也不像西班牙征服者之于美洲，挑战过于强烈，直接毁掉了美洲原住民的文明。日本受到的挑战不轻不重，刚好激发了日本人的危机感与上进心，并最终促使其从内部爆发出了改天换地的强大力量。

这挑战来得不但适度，而且适时。就在日本从倒幕到维新的19世纪六七十年代，欧美列强都各有家务事忙着料理。美国刚刚结束了旷日持久的南北战争（1861—1865），两军总伤亡超过50万，需要时间平复创伤。沙俄1856年兵败克里米亚，之后又经历了亚历山大二世废除农奴制的改革（1861年），虽仍在中亚侵占土地，但在远东的扩张势头暂缓。在欧洲，新崛起的普鲁士咄咄逼人，1864—1871年，连续击败丹麦、奥地利、法国，尤其是1870年的普法战争，开战两个月后普鲁士就在决定性的色当会战中生俘法军近10万人，法皇拿破仑三世都成了俘虏，次年法国新政府割地投降，法兰西第二帝国就此垮台。此后，胜者忙于建立新的"德意志第二帝国"，败者就更无力外顾。看似风景独好的英国，1865年起保守党人迪斯雷利任首相，推行内敛的"小不列颠主义"，即限制海外扩张，改领土占领为经济控制，到1870年代，又逢工人运动频发，政府更需专注于国内。至于荷兰、比利时、西班牙等次级列强，皆不足论。故此，作为落后国家的日本，外患压力之轻空前绝后，赶在恢复元气的法、俄、美，以及新兴的德国强势介入远东之前，抓住机遇深化改革，完成了文明蜕变与自我救赎。

明治维新如同一出日式励志剧，虽也不乏苦情戏份，但总的基调是阳光向上的，具有令人心生感佩的暖意。然而，它毕竟是由一场民族危机直接触发的变革，因此明治政府的维新，念念不忘以存亡续绝为宗旨，无论殖产兴业还是文明开化，都只是手段，二者为之服务的，才是这场变革的终极目的——富国强兵。

兵者凶器，以"兵"为追求的国策，与横向的强权政治格局、纵向的日本尚武传统结合，使日本所在的整个东亚都笼罩在了凶险的战争阴霾之下。

4
手中无剑，心中有剑

1876年3月，明治政府曾颁行一项在所有维新政策中反响最巨大的法令，即针对旧武士阶层的《废刀令》。法令禁止包括武士在内的全体国民佩戴刀剑（除了特定礼仪场合）。对政府而言，此举既为治安，也可以通过打压昔日的特权阶层武士来推进"四民平等"，实现社会结构的扁平化改造，为改革做铺垫；但对武士们来说，这等于废除了他们的维生之道，同时也剥夺了重于性命的荣誉与尊严。《废刀令》激起旧武士阶层的数次变乱，包括前文提及的1877年西南战争，但法令最终成功推行，日本人不再佩戴此前数百年间片刻不离身的武士刀。

然而，手中的刀剑放下了，日本人心中的刀剑却依旧锋利，并且时刻寻机，期待着出鞘饮血，宰割天下。

日本人是如何把"刀剑"铸就于民族灵魂深处的？

无论战时还是战后，无论从文献里还是从时事中，总不难发现，一些日本人对侵略战争抱有一种不可理喻的"使命感"，似乎认为日本高人一等，先天具有侵略的合理性甚至必要性。这种骄狂不只来源于明治维新以来国力激增所带来的自信与自大，更深一层的答案，应当到日本文明最原始的基因中寻找。

日本文明取之于中国，而在古代语境中，所谓"中国"，恰是相对"夷狄"而言。中国的传统思想观念中，"华夷之辨"乃是礼教大防，"中国居内以制夷狄，夷狄居外以奉中国"，此言虽系明初晚近之说，但体现的华夷观念却与上古一脉相承。华夷观念是古代中国长期作为东亚文化圈核心国家所产生的一种优越感，虽然汉唐以降的汉人王朝，除了明初曾短暂用兵于"夷狄"，其他时候多是讨讨口头便宜，找找心理满足，所谓朝贡大都是赔本赚吆喝，几乎从不主动"制夷狄"，反倒是被各种夷狄"制"的时候多些，但这种理念本身，仍是基于"民族不平等"这一理论根基的。

从汉魏时期的"初次见面请多关照",到大唐时代的"深度援助交往",日本与中国打交道时都是以"夷人"的身份,想必对"华夷之辨"有着很切身的体会。因此,作为华夷体系中的二等公民,他们不太可能会有"民族平等"的认识,甚至对同属夷狄序列的其他各种"夷",也往往心存轻蔑。比如在唐代,日本的朝贡使节就要求将自己的位置排在朝鲜半岛国家使节之前。

由于中国的存在,日本在东亚的"华夷"政治结构中始终无法获得核心地位,长久以来,也养成了在一种政治秩序中自觉与强者靠拢的实用主义习惯,并不以此为势利。对强势者俯首帖耳,对弱势者鄙夷觊觎。日本受列强之欺后,首先想的不是针锋相对,而是指望寻找更弱者欺压之,以"补偿损失",一定程度上就是这种自我角色设定的惯性思维使然。

奇妙的是,中国的华夷观念中,"华""夷"身份有时会发生转换。随着中国历史上的数次版图扩大,华夷的判别标准,也渐由地域、血统转为文化,如韩愈发挥孔子《春秋》思想所阐述的:"诸侯用夷礼,则夷之,进于中国,则中国之。"(《原道》)继唐之后的五代分裂时期,中国北方出过好几个"夷狄"血统的短暂政权,如后唐、后晋、后汉,宋代时也先后有"夷狄"政权辽、金、西夏割据"中华"故地。到了元朝,更是彻底由"夷狄"统治天下了。这些情况都使当时日本的思想界感觉到,正统的中华已经沦亡,而作为中华文明最出色的学生和继承者,日本已有资格承袭中华之道统。于是,即便当汉人的明王朝复起,日本不敢公开挑战其中华正朔地位,但内心并不十分买账。明代日本对中日关系的定位,已不再是宗主国和朝贡国,而是虽强弱有别却地位平等的两个邻国。再后来明清易代,日本更觉得有资格自居华夷系统中的"华"。连带而来的是,日本基于华夷理论,认为自己理当拥有凌驾于诸夷(甚至中国)的超然地位。幕府末期的排外运动以"攘夷"为名,也可以看作是这种华夷观念的体现。

1860年第二次鸦片战争大清再败,"中华"的光环尽褪,日本也在攘夷运动失败后,转而以"夷"为师。

此时的"西夷"欧洲戾气弥漫,霸道盛行。1873年3月,岩仓使团抵达刚刚统一的德国,接待他们的是这个国家事实上的缔造者和掌权人,铁血宰相奥托·冯·俾斯麦。不同于已经自成一统近千年的英法,德国作为地理概念虽也由来已久，但作为政治意义上的统一国家，其历史才刚刚开始（所谓德意志第二帝国，是针对被认作"德意志第一帝国"的神圣罗马帝国而言，但神圣罗马帝国不能算是严格意义上的统一政治实体）。并且由于主导德国统一的普鲁士在德意志诸邦中算是后起之秀，各方面的积淀都称不上悠久，因此其强势崛起，更多依靠的是集权化的国家主义策略。这种模式为日本人所熟悉，其效率更令他们艳羡，于是德国成了渴求富强、只争朝夕的岩仓使团的重点取经对象。

俾斯麦倒也开诚布公，3月15日这天的会谈中，他向求学的东方来客直言相告："方今世界各国，皆以亲睦礼仪交往，然此皆属表面现象，实际乃强弱相凌，大小相侮。""彼之所谓公法，谓之保全列国权利之准则，然大国争夺利益之时，若于己有利，则依据公法，毫不更动，若于己不利，则幡然诉诸武力，固无常守之事。"对铁血强硬手段近乎偏执的信任，是俾斯麦思想中最引人注意的部分，并且他一统德国之功，就是通过三场王朝战争奠定的，其间有违国际公法原则者，所在不少。

或许是说者无心，聆教的岩仓、木户、大久保等人却大感心有戚戚。他们此次出访，除了学习，原本还有一个目的，就是依照《万国公法》原则，与列强协商修改此前的各种不平等条约。可惜虽然法理在握，谈判却处处碰壁，正困闷间，忽闻此番高论，豁然开朗——原来能赖以维权并进而攫取利益的，不是法律，而是实力。道义不可靠，拳头才可靠，拳头硬了，才有资格和列强讨价还价，纵然讨价不成，也可以凭着实力再去欺负掠夺更弱小者来弥补损失——法律既然保护不了自己，那自然同样也保护不了自己觊觎的对象。会谈后，木户孝允认为，在西洋各国中，德国模式最适合日本效法。大久保利通更激动地写信给留守国内的西乡隆盛，称"听了俾斯麦的一席话，开始感到日本的前途大有希望了"。

经此一晤，大久保对俾斯麦五体投地，以之为师。俾斯麦除了"铁血"的总基调，还有一些配套的具体理论，如论弱肉强食之合理性，"如果文明没有对野蛮进行排斥打压，那么这种文明不是真正的文明"；再如论国家安全之基础，"国家的安全不能寄托于别人的恩赐上，历史总是在军刀上前进……要生存、要尊严，就需要有强大的军备"；还有论集权主义国家模式之细则，"斗争产生一切，美德寓于流血之中，领袖是首要的、决定性的"。从大久保开始，日本政府在国防、外交、军制建设上多半师法德国，以上种种典型的沙文主义甚至军国主义思想，都与日本政府此后半个多世纪的所作所为相吻合。

俾斯麦的铁血理论在当时世界也非孤论。19世纪后半叶起，原本属于生物学范畴的达尔文进化论思想被引入社会科学领域，乱作发挥，认为动物界生存竞争所造成的自然淘汰在人类社会中也是一种普遍现象，并基于此进一步认为，不同族群、文明，以及社会阶级之间的生存竞争，是不可避免的，"优等"族群、文明、社会阶级通过斗争淘汰和消灭"劣等者"，是合乎天理的。这种将人降格为丛林斗兽的理论就是盛行一时的"社会达尔文主义"，将其作为一个国家的外交政策指导思想，那必将导致灾难。不幸的是，当时的列强普遍奉社会达尔文主义为圭臬，弱肉强食几乎就是最高的正义准则。铁血主义和社会达尔文主义的世界观，与前述的日本依傍强者欺凌弱者的传统，几乎是无缝对接，一个群兽相食的世界，对他们来说没什么不妥——只要在食物链中找到自己的下线就可以了。

除了上述思想文化层面的分析，还应当考量自然与社会条件对日本军国野心的影响。许多研究者将日本人的扩张倾向归结为狭窄局促、资源匮乏的岛国环境所带来的压力。其实此言似是而非，岛国环境未必就一定会造就扩张狂，斯里兰卡就没入侵过印度，新西兰没入侵过澳大利亚，马达加斯加也没有入侵过非洲大陆。比起先天的自然环境，更应检索后天的时事环境的影响。

与17—18世纪的英美诸国自下而上的社会革命不同，日本维新由明治政府主导，自上而下，更多地体现出官方意志，更具明确的目标性和整体思路。因此，日本的经济发展也有别于其时西方（尤其是英美）盛行的自由主义经济，而是更突出国家的干预，类似于一个多世纪前欧洲的重商主义，更加着重"国"之进步与增收，"民"的福祉权益暂且无暇顾及。这种一条腿的改革，导致的最直接结果就是国民收入微薄，购买力低下，消费水平与得到国家扶植的大企业的生产水平无法匹配，国内市场难以满足经济发展所需，更不用说还有得到不平等条约护航的外国商团抢生意。于是，开拓海外市场势在必行，目标自然是发展程度更差的中国、朝鲜等邻国，而洋人的经验告诉他们，跟这些抱残守缺、颟顸自大的国家做生意，往往要枪炮开道，兵舰先行。

此外，日本开国后，民智亦随之渐开。维新之初，农民等底层民众麻木地埋首奉献，但民权意识不久后开始觉醒。从1880年代起，民权运动在日本兴起，日本人不甘心国家的进步只体现在当权者身上，纷纷要求分享改革成果，索取自己应得的权益。应当说，明治时期的日本政治家并不完全是无视国内民权民生的自私之辈，然而他们偏执地认为，对内的改善应该且只能通过对外的掠夺扩张来实现。早在1880年，首任参谋本部部长山县有朋以《近邻邦兵备略表》呈奏，言称"兵强则民气始可旺，始可言国民之自由，始可论国民之权利，……始可保国民之富贵"。在当时的国际环境下，此论即便不是本末倒置，也属偷换概念，似乎日本国民的"自由权利富贵"乃是受损于外部压力，而实则这一切是明治政府凡事以国家原始积累为优先的政策所致。但日本人对外洋的威胁记忆犹新，所以这种说法在当时很有蒙蔽性。由于山县有朋的提议，明治维新的目标从"富国强兵"改为"强兵富国"，军事优先的倾向趋于明朗。

1889年日本的立宪，很大程度上也是民权运动推动所致。然而讽刺的是，民权运动催生的宪法开篇第一条却是"天皇神圣不可侵犯"。虽然宪法对民权也有若干保障条款，但总体上确定的日本政体仍算是君主制，与现代的民主制，甚至君主立宪制，都相去甚远。这也致使日本的政治模式以国家主义为指导思想，国内民权与国家政权之间的矛盾只是缓解，而难根绝。日本政府的缓解对策，就是通过塑造外部假想敌来减轻国内民权运动的压力。短时间内，此举确有一定收效，但从长远来看，无异饮鸩止渴。日本国内政治、经济矛盾日益淤积，直至积重难返，终于到了非对外扩张转嫁而不可缓解的境地。

另一方面，日本扩张野心的抬头也可视为改革的后遗症。明治维新建立在全盘否定幕府各项政治主张的基础上，尤其是幕府实行了近300年的锁国令。为修正锁国之弊，不但要开国贸易，引进西学，对待邻国方面也要恢复到锁国令颁行之前的策略。

前文约略提过，德川幕府的开创者德川家康当年成就大业，很大程度上是摘了丰臣秀吉的桃子，丰臣秀吉推行侵略朝鲜乃至中国的扩张政策，力竭身死，这才给了德川家康机会。家康生性隐忍稳重，得国后，总结丰臣氏之失，放弃了对16世纪的日本来说不太现实的野心，换来200多年的太平。而日本开国后，新政府和思想界都有一种声音，认为应当全面修正幕府的对内对外政策，应当回归丰臣秀吉时代的扩张主义路线。于是，知识界纷纷怀念"文禄庆长之役"（1592—1598年丰臣秀吉发动的入侵朝鲜战争）扬威海外的荣光，大肆吹嘘那场事实上并不成功的战争。这种矫枉过正起初是批判幕府的政治需要，后来则逐渐被日本高层认同，以之为转嫁国内矛盾、宣泄民族情绪的必由途径。

事实上早在开国初期，甚至远在开国之前，日本思想界就不乏呼吁对外扩张之声。比如"海防论"的倡导者林子平就表达过对"有志一统五洲"的俄国女沙皇叶卡捷琳娜二世的赞许，言下之意日本应立志效仿。1820年代的学者佐藤信渊曾著《宇内混同秘策》，畅想"世界当为郡县，万国君长当为臣仆"。幕末的大思想家、西学前驱吉田松阴提出"海外雄飞论"，即割占北海道、朝鲜、琉球、吕宋（今菲律宾，当时属西班牙）、堪察加半岛（属俄罗斯），以及中国的"满洲"、台湾，以期弥补欧美列强带给日本的损失。木户孝允、伊藤博文、山县有朋等新政府重臣都是吉田松阴的弟子，因此吉田的扩张理论对他们掌枢的明治政府，影响甚为深远。

维新成绩斐然，上述的幻想与狂想有了实现的可能，日本思想界对扩张主义政策也有了更细化的构想。学者郭丽在《近代日本的对外认识》一书中，以明治时代日本第一流大思想家福泽谕吉为样本，梳理了日本人，尤其是知识界从呼吁开国救亡到叫嚣侵略邻国的心路历程：

1874年的《劝学篇》：提倡国家民族平等、批评西方人在日骄横跋扈；

1878年的《通俗国权论》：怀疑乃至否定条约与国际法之效能，提出将国家安全建构在军事实力上；

1881年的《时事小言》：主张"向外伸张国权"，鼓励日本官商士民以"东洋之魁首"；

1882年的《压制亦愉快哉》：无视同遭列强欺侮的东亚邻国的遭遇，公然为侵略张目，鼓吹"压制"邻国以满足日本"愉快"；

1884年的《东洋之波兰》：预言中国将成为"亚洲的波兰"被列强瓜分，号召日本不要错过良机；

1885年的《脱亚论》：直言不讳地宣示"我国不可有等待邻国开明后共兴亚细亚的犹豫，索性应脱其干系与西洋诸文明国家共进退，与支那朝鲜的交往也不必因是邻国而特别客气，应当效仿西洋人与之交往的方式处理。与恶友亲近者自身也难免恶名，我们从心里拒绝亚细亚东方的恶友"。

上述福泽谕吉政治观点的嬗变，几乎就是明治时代日本人对自身定位和对邻国态度的演变轨迹。福泽谕吉妙慧明辨，学贯中西，在近代日本思想界尤具开创意义，有"东洋卢梭"之誉。然而，即便是这样一位大知识分子，在对待邻国的问题上，也只有此等见解，则日本一旦实力增强便兴师海外，以刀锋对邻国，也就势所必然了。

以铁血政策为锋，弱肉强食为锷，专制余孽为脊，华夷之辨为镡，岛国根性为夹。包以文明，裹以开化，绕以忠君，带以爱国。制以洋才，论以和魂。开以舰炮，持以脱亚，行以入欧。

这就是日本人铸造在心里的刀剑，经过20余年的维新变法，自觉锋刃磨利之后，他们已不惮将之亮出示人。这把剑，也将就此成为悬于东亚乃至整个太平洋头上、随时可能斩落的达摩克利斯之剑。

5
开拓万里波涛

1889年12月，明治政府重臣山县有朋第三度出任首相。将近一年后，日本首届帝国议会在东京召开，山县领衔的内阁在会上发布《施政方针》，提出"主权线"与"利益线"概念。主权线即国家疆界，利益线则是"与我国主权线之安全紧密相关的地区"，具体说来，就是朝鲜半岛以及中国的东北和台湾。山县声称，维护日本的主权与安全，固守主权线还不够，非"保护"利益线不可。这就是日本以扩张为基调的大陆政策。研究者普遍认为，这一政策的出台，标志着日本侵略扩张的国策从意向谋划阶段进入实际操作阶段。

首当其冲的是朝鲜。日本对朝鲜的惦念已缠绵千载，从半神话人物"神功皇后"直到丰臣秀吉，日本稍有实力，就试图征服这个最近的邻国。

1873年，明治维新刚刚开始，政府中以西乡隆盛、坂垣退助，以及公卿三条实美为代表的激进派就主张"征韩"，西乡甚至极力自荐出使朝鲜，表示将设法激怒朝鲜人使其杀死自己，从而为日本制造开战口实。当时木户孝允、大久保利通、岩仓具视等相对稳健的"内治派"将征韩动议压制了下来，导致西乡的"征韩派"退出政府。但其实"内治派"当时的主要考虑是国内财力尚不足以支撑对外用兵，而非无意于朝鲜。1890年代，经过20余年的努力，日本的经济、军事已十分接近现代化水准，"隐士之国"朝鲜完全不是敌手。当年不够成熟的机会，此时已是瓜熟蒂落。

正巧这一年，美国准备接手陷入债务危机的法国公司，继续开凿巴拿马运河，一旦运河凿通，则东海岸纽约、波士顿等地的商船或兵舰可以更方便地进入太平洋。同时，沙俄也宣布将于1891年开始铺设横贯亚欧大陆的西伯利亚大铁路，铁路由日本海之滨的军港符拉迪沃斯托克（海参崴）开建，对东方的野心昭然若揭。虽然上述两项工程都要再过十几年才最终修竣，但当时日本已有了紧迫感，山县有朋借此大造舆论，称必须抢在美俄之前，将朝鲜半岛，乃至中国东北置于日本控制之下。

山县提高军费的动议被日本国会否决，他很快因之下野，随后出任首相的松方正义、伊藤博文两届内阁，也都因军费问题与国会闹得不可开交，直至明治天皇出面干预，并从皇室内帑拨款造舰，才终于协调了府院之争。天皇的"垂范"，让国会、内阁乃至百姓都感动得一塌糊涂。在"开拓万里波涛、布国威于四境"的扩张主义宣传下，狂热的日本民众把节衣缩食挤出来的微薄之资捐给政府，用于购买铸造杀人的利器，直到国会宣布加大拨款，不再接受民间捐赠为止。举国若狂的氛围里，日本对外侵略之势，已经箭在弦上。

早在1876年，日本就逼迫朝鲜签订《江华岛条约》，获得了在朝驻军之权，并一直与朝鲜的宗主国大清明争暗斗。1894年，自量武功初成的日本终于发难，借朝鲜内乱之机，渡海西征。并且通过对朝用兵，他们成功地将更大的侵略目标清帝国拉下水。中日兵戎相见，是为甲午战争。

事后检视日本的资料文献，几乎可以得出结论，这是一场爆发之前就注定结果的战争，并非如很多人愿意相信的那样，"只差一下就撞沉了吉野"。

开战之前，日本的军事实力已有相当规模。西南战争之后，日本国内平靖，军备的着眼点转向国外。1880年以来，明治政府每年的军费支出都占整个财政预算的30%以上，并且逐年攀升。这样的大额投入成效显著。1890年代初，军工方面，日本已经具备在本土制造中型巡洋舰的能力，钢铁、煤炭等重要战略物资的产量较之1880年代，增长了三倍左右。国内铁路总长度3200千米，十倍于大清，再考虑到两国的面积差距，日本的动员效率远远胜出。装备方面，陆军普及现代枪械，海军舰队总吨位超过4.4万吨，虽不及中国舰队的总吨位，但与各自为政的北洋、南洋、福建、广东四支舰队相较，超过其中任何一支，并且新舰更多，航速更快，在当时的新武器速射炮数量上，占有绝对优势（数字来自宗泽亚《清日战争》）。更重要的是软件方面，日本实行义务兵制，体制占优，军官全部学习西方最新的军事思想和技法，基层士兵经过严格的西式训练，又被"武士道精神"洗脑，战斗力远胜。此外，补给、通信、医疗、情报乃至对外舆论宣传等环节，较之中朝两国，都领先了一个时代。这仅仅是直接与军事军工方面相关的领域，没把间接的，却可能更根本的政治、经济、文教等方面的差距算进去。

其实近代中日两国几乎同时开展革新运动。中国是"仿其器用"、裱糊虚饰的洋务运动，日本则是全面革新、以先进国家为目标的"脱亚入欧"式的明治维新。这一切都是两种改革成果的较量——胜负已分，高下已判。

甲午战争日本完胜，一举击垮此前被一些欧美观察家评定为亚洲第一、世界前十，甚至世界前六的北洋舰队，震惊世界。列强对一意"与西洋诸文明国家共进退"的日本，虽还不算完全接纳，但已明显认识到，这群矮小的"东方野蛮人"有别于他们的邻居，不可等闲视之。日本通过《马关条约》勒索了巨额财富，又割占了台湾、澎湖列岛，控制了朝鲜，资源和战略空间都大为提升，而日本仅视此为帝国雄图的序幕，马不停蹄地开始了新一轮扩军备战。在甲午战争整整十年后，再一次震惊世界。1904年2月9日凌晨，未经宣战的日本舰队在朝鲜仁川港外伏击准备出港的俄国军舰，击沉炮舰"朝鲜人"号、巡洋舰"瓦良格"号，几乎同时，日本联合舰队司令东乡平八郎下令，以鱼雷猛袭旅顺港内的俄罗斯远东舰队。亚欧新老列强争夺东北亚霸权的日俄战争，就此打响。

在1895年的《马关条约》中，除了台澎等地，日本还要求清政府割让辽东半岛，清廷无奈之下本已打算就范，旁观的俄、法、德三国却不愿日本获利过巨，影响他们各自的在华利益，尤其是一向视东北亚为禁脔的沙俄。三国以排纷解难为名，劝日本放弃对辽东的领土要求，并以武力相胁，日本自知不是对手，只好将辽东"还给"清朝，同时勒索了3000万两银子"赎辽费"，俄、法、德则向清政府提供贷款以偿还赔款，换取各种利益。却说日本明明大占便宜，却因辽东得而复失，深以为耻，搞得全国上下比战败的清朝还要愤慨委屈，甚至喊出"卧薪尝胆"的口号，准备一朝向三国寻仇雪耻。三国中距离最近、对日本威胁最大的，当属俄罗斯。于是，这个当世第一大帝国被日本锁定为头号假想敌。

彼时沙俄的领土面积、陆军数量都居世界首位，海军舰船总吨位全球第三，至少四倍于日本（保罗·肯尼迪《大国的兴衰》）。日本海相山本权兵卫在1895年底提交报告称，如果同俄国开战，日本海军至少需要有6艘战列舰和6艘一等巡洋舰的配备，该提议被称为"六六舰队"方案。方案中的战列舰设想吨位为1.1万吨，接近甲午战争中日本海军主力舰"吉野"号及"三景舰"的三倍（"松岛"号、"严岛"号、"桥立"号，以日本三处著名景观命名，故称"三景舰"，排水量与"吉野"号相同，都是4200吨左右），即便是战前曾令日本十分惶恐的北洋舰队"镇远"号、"定远"号两艘巨舰，吨位也只在7300吨左右。因此，"六六舰队"对当时的日本来说，昂贵得近乎脱离现实。于是，甲午战争前的一幕再次出现，在明治天皇的直接干预下，国会不得不批准了海军的舰船计划。1896年，日本军费突破年财政预算的50%，反而高于甲午战时，日本媒体也号召国民节衣缩食，资助海军，甚至提出一日三餐减为两餐。终于，虽然比最初的预案打了折扣，但以9000吨以上巡洋舰为主干的日本"六六舰队"计划总算上马。

1900年，全新的20世纪如期而至。就在这一年，中国的义和团运动进入高潮，并很快转向失控。中国压抑了半个多世纪的民族情绪，在连年天灾和宫廷内斗的催化下一时迸发，狂热的排外主义席卷中国北方。慈禧太后也发出旨意，要与"彼等"列强同时开战。对同样陷于狂热——扩张主义狂热——的日本来说，此举正中下怀。尽管日本在义和团之乱中受损并不算严重，但看准了欧美一线列强集团准备向中国下手后，日本积极自荐，最终出兵八千，作为八国联军的第一主力，参与了侵华之战。

八国联军侵华战争，对日本来说是一份向列强俱乐部递交的入会申请，战争中日军以高效率和低姿态，赢得了列强认可。战后，清政府一纸《辛丑条约》，答应拿出4.5亿银两"结与国之欢心"。各国分赃完毕，本该皆大欢喜，但个头最大的沙俄胃口也最大，它占着中国东北，迟迟不肯如约撤兵。清廷虽敢怒不敢言，但对其他诸列强来说，对世界利益的瓜分是一场零和游戏，俄国人多占一块，其他人就势必少得一块，绝不可忍。此时，在亚洲国家中显得矫矫不群的日本，就成了西方列强，尤其是英美眼中制衡俄国的重要棋子。

1902年，首席列强英国主动找上日本，与之签订《英日同盟条约》，条约规定相互尊重和保护对方在华以及日本在朝鲜半岛的"特殊利益"。在此基础上，若一方受第三国攻击，另一方需保持中立；若一方受两国以上联合攻击，另一方需援助。盟约明显针对俄国及其潜在盟友法德，固然英国示好日本意在驱使其为自己牵制俄国，但同时也显示了日本在列强心目中，隐然已被视为同侪。

再说此时的俄国。虽不能说和大清一样外强中干，但内部同样也已严重腐朽，高层昏聩，权贵奢靡，民生多艰，两极对立严重，经济、科技全面滞后，军队待遇低下，装备落伍导致战斗力坏朽……专制政权濒死期的种种末世景象，都已浮现。加之马克思主义之风已东渐于俄，国内工人运动此起彼伏，局势不稳。而这种情况下，俄国高层仍抱定16世纪以来屡试不爽的法宝：以对外领土扩张来缓解内部矛盾，巩固政府威信。

已在俄军占领下的中国东北，是沙皇下一个吞并目标。俄国战略决策层甚至想以其为基地，吞并中国长城以北再加上新疆、西藏等地。而且俄国人出于一贯的对黄种人的轻蔑与敌视，极力想把日本势力排除出中国东北，连对已在日本控制下的朝鲜半岛也心怀觊觎，拒不承认日本在朝鲜（当时已改名"大韩帝国"）的"特殊权益"。新老帝国争雄东北亚，互不相让，必有一战。

1904年，局势已明朗。俄国虽军队庞大，但西伯利亚大铁路尚未完全贯通，运转不便，国内各革命党派活动频繁，政局不稳。英日同盟签订后，作为英国大债主的法国渐与俄国疏离，德国皇帝威廉二世性情难测，朝令夕改，也不是沙皇的可靠盟友。综合分析国际形势，列强更倾向日本。2月4日凌晨4时许，明治天皇于皇宫内室紧急召见伊藤博文，一度力主和解的伊藤此时反而劝天皇下决心开战，在俄国修通铁路压平国内之前将之击败，借此称雄东亚。随后明治天皇在宫中召集御前会议，伊藤的政敌山县有朋等人也都主战。2月6日，日本与俄国断绝外交关系。

紧接着，当反应迟钝的俄国军队还在自以为从容地等着见机行事时，战争就于2月8日晚至9日凌晨打响了。日本海军先声夺人，重创仁川和旅顺两港的俄舰，迫使俄国太平洋舰队主力龟缩于旅顺港内，日本陆军则几乎不受干扰地登陆朝鲜半岛。4月中旬，日军越过鸭绿江，侵入中国东北。

眼看国土被战火波及，奄奄一息的清政府却全无干预之力，只好宣布"中立"，听任日俄两军在中国国土内肆虐。可怜"祖宗龙兴之地"的辽东半岛，竟成外间强梁竞逐会猎之沙场，人民惨遭池鱼之殃。

此后，日军在海陆两线节节胜利。海军方面，4月13日，日军将旅顺的俄国舰队诱出港，发起伏击，俄军撤退途中旗舰触雷沉没，新任舰队司令马卡罗夫阵亡。8月10日，被困在旅顺港的俄太平洋舰队16艘舰船试图突围撤往符拉迪沃斯托克，途中被东乡率领的联合舰队拦截，俄军统帅中炮阵亡。舰队被打散，突围失败，6艘舰船逃回旅顺，余者负伤逃到山东、上海乃至越南等地，被当地的德、英等国军方解除武装。8月14日，俄太平洋舰队符拉迪沃斯托克支队的3艘主力舰，本打算去接应旅顺的主力舰队突围，却在朝鲜半岛蔚山海面被日本联合舰队第二支队候个正着，结果俄舰1艘战沉，2艘重伤逃回符拉迪沃斯托克，随后宣告报废。

陆军方面，5月1日，日军拿下中国边镇九连城；5月26日，以4400人伤亡的代价夺下大连门户金州；5月30日，占领大连湾，与海军一道从陆上包围旅顺口。8月底，日军向辽宁重镇辽阳发起总攻，与当地俄军展开大规模会战，最终血战八天。9月4日，俄军弃城而走。1905年1月1日，坚守了半年的旅顺俄军向围城的日本陆军第三军投降。历时半年，伤亡6万余人（投入总兵力13万余人），日军终于以"肉弹"攻克号称"远东第一要塞"的旅顺。抬棺出战的第三军总指挥乃木希典素以"武士精神"著称，在甲午战争中他就参与过攻陷旅顺之役，比之前遭，这回的代价惨痛得多，他的两个儿子也相继战死军前。俄军投降后，乃木作汉诗感叹："皇师百万征骄虏，野战攻城尸成山。愧我何颜见父老，凯歌今日几人还！"

3月中旬，历时一个月的奉天会战终见分晓，俄军伤亡6万人，被俘2.2万人，日军也有7万人伤亡。战后俄军已不能在南满与日本抗衡，残余部队撤往更接近中俄边境的北满休整待援。至此，海陆两线都在日本的控制之下。

日本的胜局是倾全国之力拼来的，但对沙俄来说，这样的挫折还不算伤筋动骨。不甘失败的俄国人出动了精锐力量——波罗的海舰队，将挽回败局的希望寄托在这支王牌军身上。

早在1904年8月，太平洋舰队的败报传回圣彼得堡，俄国上层大感震惊，便决定出动波罗的海舰队。随后，俄国从波罗的海舰队、黑海舰队等军中抽调骨干，组建了太平洋第二舰队，共计38艘大小战舰，外加20余艘运输舰、补给舰（有些运输船租自美英等国公司），军容浩荡。是年9月26日，舰队在烈韦里（今爱沙尼亚首都塔林）接受沙皇尼古拉二世的检阅祝福，10月15日驶出芬兰湾，驰援远东。

从欧洲东北的波罗的海之滨到远东交战区要绕行小半个地球，途经三大洋，全程近2万海里（1海里=1.852千米）。俄国舰队起航不久，就在丹麦海面闹出乌龙，将英国渔船误认为是日本鱼雷舰，开炮击沉1艘，险些导致英国直接对俄开战。此后，舰队途经的各处都在英国的压力下以"中立"为名，拒绝为俄舰提供补给维修，太平洋第二舰队的征程痛苦不堪。舰队于1904年11月绕过好望角，次年4月穿过马六甲海峡，进抵越南金兰湾休整，准备经中国南海、东海、黄海，一路北上，进入符拉迪沃斯托克，并以那里为基地，直接袭击日本本土。

由于航程漫长，俄国人的动向早在日军估测之中，日本海军料中俄舰将取道航程最短的对马海峡赶赴符拉迪沃斯托克，而非绕行日本本州与北海道之间的津轻海峡，更不会是北海道与库页岛之间的宗谷海峡。于是，日军在这条狭长水道中为远来的俄国舰队量身定制了"七段战"方案：不间断攻击以最大限度缠斗消耗俄军舰队，在其抵达符拉迪沃斯托克之前就全歼之。1905年5月27日凌晨，日军的哨舰发现了俄舰踪迹，接到报告后，日本联合舰队即刻全体出动，东乡平八郎的旗舰"三笠"号上升起Z字旗，意为"皇国兴废在此一战，诸君务必奋力努力！"

当天下午，两军在对马海峡相遇，东乡果断地指挥舰队在进入敌军射程前完成转向，阻断其逃跑路线，俄舰队趁机开炮，却因准头不够，没能造成杀伤。变阵完毕的联合舰队集中火力攻击俄军旗舰。由于此前英国作梗，俄国舰队沿途得不到煤炭供给，只能找到补给点后就尽可能多地采购煤炭，以防途中断供，以致战舰都堆满了煤。日军炮弹填装的又是燃烧性超强的独门秘器"下濑火药"，满载煤炭的俄舰一旦中弹，立成火船，舰队旗舰1.3万吨的"苏沃洛夫"号，以及"亚历山大三世"号、"奥斯拉比亚"号3艘战列舰被击沉，舰队总指挥罗杰斯特文斯基中将也重伤被俘。战斗持续到傍晚，海上起雾，残存的俄国舰队借机逃离战场，入夜后又被追上来的日本鱼雷舰袭击。到5月28日，俄舰19艘沉没，5艘被俘，损失舰船总吨位27万吨，而开战之前日本海军总吨位仅有26万吨，俄海军官兵战死、被俘共1.1万余人。只有约1/3的俄舰侥幸逃出对马海峡，多是些吨位较小、未被日军重视的次要目标，其中包括日后在俄国十月革命中大出风头的巡洋舰"阿芙乐尔"号。

日本方面只损失了3艘鱼雷舰，阵亡117人，伤587人。伤者包括一名21岁的战场记录员，他所乘的日军第一分队旗舰"日进"号在27日战斗接近尾声时中弹，百余人伤亡，这名记录员左手被炸断了两根手指。他就是未来太平洋战争中的风云人物，山本五十六。

5月28日傍晚时分，海面上硝烟散去，浩浩荡荡绕行了小半个地球的俄罗斯海军精锐，千辛万苦抵达战场，却一日之间就"樯橹灰飞烟灭"。这样的结果令欧美各国的观察家都大跌眼镜，感叹"日本小麻雀"竟能战胜"俄罗斯巨熊"。仗打到这份儿上，俄国固然是损兵折将外带丢人，日本却也到了强弩之末，除了巨大的人员伤亡（伤亡24万，仅死者就超过8万），弹药补给等军费支出也使日本财政濒于崩盘。因此，两国都急需停战和谈。

就这样，在美国总统西奥多·罗斯福的斡旋下，双方于9月5日在美国朴茨茅斯缔结和约。日本不敢像对大清那般对俄国狮子大开口，最终仅从俄国取得了库页岛北纬50°以南的一半，以及俄罗斯远东沿海的捕鱼权。至于其他，则由本就被无辜殃及的中国及朝鲜负担——俄国将辽东半岛租借权、长春宽城至旅顺段的南满铁路移交日本，同时承认日本在朝鲜的"特殊权益"，这意味着俄国及美国都默许日本未来吞并朝鲜。

从1894年的甲午战争到1904年的日俄战争，十年之间日本先是彻底摧毁了持续几千年的中国主导的东亚朝贡秩序，跃居亚洲头号强国，又打败了在军事领域堪称世界一流的俄罗斯，歼灭其两大舰队，使沙俄无力在远东再有作为。崛起之迅疾强势，令世人刮目相看。日本自幕末以来面临的外部威胁基本解除，此时本该刀枪入库，转而落实一直拖延的民权、民生等问题，使已有些畸形的国家发展路线转入正轨。但连续的战争获胜，使日本高层，尤其是军方人士沉醉其中，有些人更赖以为生财之道，因此在连年战争与战备中尾大不掉的军方继续发挥对政局的影响，鼓吹继续加强军备，并提出除了控制朝鲜半岛和中国东北，还应向南太平洋拓展实力。新的国家战略"南进论"就此出笼，日本在穷兵黩武之路上渐行渐远。

又过了十年，第一次世界大战爆发，自欧洲燃起的战火很快也波及东方。此时，明治天皇已于1912年患尿毒症病逝，皇太子嘉仁即位，是为大正天皇。（十分巧合的是，作为大正元年的1912年也正是中国结束帝制开始共和制的民国元年。）嘉仁和早年的明治天皇一样体弱多病，精神方面也不太健全，风格远不似乃父强势。不过，新的日本决策层不改军国路线，仍视世界大战为扩张良机。在英国要求下，日本于1914年8月23日借"英日同盟"名目向德国宣战，进攻其占据的中国青岛，并于该年底迫使当地殖民当局投降。之后，日本又扫荡了德国在南太平洋的殖民地加罗林、马绍尔、马里亚纳三大群岛，这些岛屿未来将成为日美竞逐的血腥战场。同时，日本舰队在战争中还远赴印度洋、地中海，甚至大西洋，协助盟友作战，真有点"开拓万里波涛"的味道了。

1918年末大战结束，对日本来说，这是一次投入产出比超高的战争。仅仅付出一艘甲午战争期间就服役的老舰"高千穗"号和数百人的伤亡，换来的却是新的殖民地，以及外贸和工业化的飞速成长，国内外订单和逃离欧洲交战区的国际游资纷至沓来。截至1919年，日本钢铁、造船、化工三大行业年产量比之开战前的1914年分别增长了2.2倍、7.2倍、4.4倍。本国军备方面，因耗资巨大而长期被国会反对的海军"八八舰队"计划，也借战争之机得以实现。战争的刺激不仅作用于军工产业，民用工业产品也趁着欧洲主要工业国打成一团，积极占领海外市场，以生丝、纺织为主的轻工业，生产总额也激增5倍有余。日本工业人口占全国劳动力的半数以上，城市化和工业化进程也带动了农业、第三产业的增收兴旺。

"一战"带给日本的更大收益，还体现在战后的战利品瓜分环节。在1919年的巴黎和会上，日本以委任统治名义，将三大群岛收入囊中，还想趁机吞并原为德国所占的青岛及整个胶东半岛，这个非分之想导致中国代表拒绝在《凡尔赛和约》上签字，消息传回中国国内，更激发了五四运动。

在1921—1922年的华盛顿会议上，中国代表据理力争，从日本手中收回若干山东的权益，日本也向与会的英、美、法等列强保证中国的"门户开放，机会均等"，不谋求在华的独霸地位。但同时，会议上签署的《华盛顿海军条约》(又称《五国关于限制海军军备条约》)，也使缔约的美、英、法、意列强承认了日本的海军大国地位，条约规定：美、英、日、法、意主力舰总吨位的比例为 5 : 5 : 3 : 1.75 : 1.75；五国航空母舰总吨位比例依次为 13.5 : 13.5 : 8.1 : 6.6 : 6.6。日本舰船的限额虽仍低于英美，但这个规模已是他们财政所能支撑的极限。

此时，作为后起之秀的日本海军，成了仅次于英美两霸的世界第三极。从当年面对佩里黑船的惊恐万状，到舟师称雄大洋参与瓜分世界，日本人仅仅用了不到70年。

6

镀金时代

"一战"改写了世界权力格局,日本不是唯一的受益者,更大的赢家是美国。

尽管美国付出了9.8万子弟兵客死欧洲的代价(其中过半数死于西班牙流感,据本内特《美国通史》),以致军队和民间的厌战情绪都空前高涨,但美国的国际地位还是获得了显而易见的提升,《华盛顿海军条约》标志着称霸海洋几个世纪的大英帝国,不得不默许昔日殖民地与自己在海权上平起平坐。除此之外,没被战火波及的北美洲大陆成了欧洲资本的投资天堂,从大战结束的1919年到1929年,整整十年间,美国社会虽然有禁酒令催生的压抑与不满,有黑帮、银行劫匪以及3K党频繁活动引发的治安动荡,但整个国家的工商、金融等行业,以及科教、文化乃至民权,都迎来了大发展。到1920年代末,美国GDP突破万亿美元,工业生产总值十年间的增长超过50%,农业增产,石油等新能源带来新财富,各种新技术不断被发明出来,城市化进展迅速,国民收入状况和健康状况(主要体现为人均寿命)都有提高,妇女获得了投票权,黑人等少数族裔社团获得了活动空间……以当时的眼光观之,简直臻于"物质极大丰富,精神极大提高"之境。

然而,好景不长,1929年美国经济悄然显露疲态。秋天,美国停掉了对欧洲战后重建国家(主要是德国)的贷款,同时,不祥的征兆在股市中显露出来。9月初,纽约股票交易所的指数冲高至452点的历史新高之后,已持续了五年的牛市行情开始陷入停滞。此后一个多月间,股指持续小幅阴跌,面对此前看来似乎只涨不跌的股市,投资者信心逐渐动摇。终于,10月24日这天,灾难降临。在前一个交易日股指再次下挫31点后,人们的恐慌心理忽然集体决堤。当天交易所的开市钟声刚刚响过,许多人抛售手中股票,挂出低价,只求尽快成交变现。在恐慌情绪的传染下，后来的人更不计成本地竞相杀跌，每笔挂单报价的落差往往达到5美元甚至10美元。尽管钢铁大王、摩根等产经巨子曾联手出击，试图护盘，但在丧失理智的抛售下，此时即便富可敌国的企业机构也无力回天，他们很快放弃了抵抗。纽约证交所如同在惊涛骇浪中漂浮的小舟，堪堪挨到闭市，11%的市值在一个交易日内蒸发。

这一天将以"黑色星期四"之名被永远铭记，美国股市遭受前所未有的重创。然而，这还仅仅是个开始，很快"黑色星期一""黑色星期二"接踵而至，尤其是10月29日的"黑色星期二"，1.6亿股票被抛售，指数再度下挫12%，刷新了"黑色星期四"的纪录。此时，柯达、美国电报公司、纽约中央铁路等往日绩优股，股价都接近腰斩，至于那些本就价格虚高的泡沫股，更从接近50美元的最高价跌到1美元。到了11月中旬，股指已降到224点，不及两个月前的一半，投资者损失达260亿美元，超过当时美国政府年财政预算10倍有余，股市已经无可挽回地崩盘了。

更可怕的是，所谓熊市不见底，未来两年中，股指甚至会降到30点。当时，美国的股民约有1500万人，在全国总人口中所占比例不算太大，因此股灾波及面还比较有限，但股市是国家经济的晴雨表，当华尔街发出预警，意味着暴风雨将席卷全国。

1930年12月，股灾一年多之后，又一场灾难袭击纽约：银行发生了挤兑风潮。事情起始于合众国银行的一处小营业点，一个储户读到《纽约时报》上关于银行信用基础并不牢靠的时评文章后，打算将自己的现金从银行提出。而此时美国大部分银行给企业的贷款都已随着股灾蒸发干净，回收无望，存款准备金严重不足，几乎要靠做假账来维持，因此每个提款或要求兑现股份的客户，都让他们心惊肉跳。银行经理人自作聪明地反复劝阻这个储户不要提款，结果此人愤怒地离去，并对排队的客户及银行外的路人宣称：这家银行拒绝付现。

这个声音是爆炸性的，作为全美金融之都的纽约，几乎每个居民都对金融异常敏感，股灾后就一直紧绷着的神经再受不了这样的刺激。人们像急着逃离沉船的老鼠，涌入银行，试图在灾难成真之前救出自己的财产。这个消息在纽约城里飞速传播，很快这家银行门外聚集了超过2万人，人群中的情绪交相感染，恐慌与愤激蔓延，局面失控，纽约警方不得不调集大批人手来维持秩序，这反而又加剧了冲突。最终，这家银行在全部的200万美元现金被提空后，关门歇业。次日，营业网点遍及美国的合众国银行宣布倒闭。挤兑和银行破产如瘟疫般在美国四散传播，1930年内就有700家银行倒闭，未来三年中，银行在美国过半数州的土地上绝迹，整个国家的信用体系破产了。

比之股市，银行系统崩溃的影响来得直接得多。没有了这条融资途径，许多中小企业很快破产，大企业也不得不裁员，失业率飙升。1929年"黑色星期四"之前，美国失业率仅为3%，1931年则增至16%，次年达到24%（黑人等弱势群体失业率超过50%），这意味着1200万美国劳动力丢了饭碗，连带他们的家庭，总共3400万人受到影响，在当时美国总人口中所占比例超过1/4。

由于此前美国人对经济形势过于乐观的估计，贷款消费盛行，同时许多家庭并无积蓄，失去收入来源后，完全无力偿付，只得变卖不动产，沦为流民。各行各业都受到波及：因为消费力下降，工业减产50%；农牧业方面，为了节省人力成本，发生了诸如任由丰收的棉花烂在田里、将过剩的牛奶倒入密西西比河这类事件。

这段悲惨的年月被称为大萧条时期。大萧条的波及面不仅限于美国，作为国际金融与国际结算体系中的重要枢纽，美国金融市场崩溃的影响很快扩散。自1931年起，奥地利、德国、法国在半年之间先后遭遇金融危机，英国也不得不于该年9月放弃金本位制，以加大货币供给。余波所及，日本、加拿大、阿根廷、巴西等新晋工业国家也或多或少被殃及，整个世界陷入一片愁云惨雾，其中作为"一战"战败国背负着沉重赔款压力的德国，受害尤其严重。

大萧条为什么如此突兀地出现在高速发展的美国？直至今日，经济学家们穷尽智力还在试图解答，然而莫衷一是，无人能给出令举世信服的答案。美联储前主席伯南克将对大萧条的研究誉为经济学领域的"圣杯"，而他认为，迄今为止人们对这段历史的研究"连圣杯的边儿都还没摸到"。

尽管理论说起来深得吓人，但如果对现存的各派观点稍作概括，就会发现最接近真相的一个词——脱节。

首先，股票市场的价格与价值脱节。20世纪以来，华尔街的证券交易红火，"一战"后投资之风更盛，股灾之前连涨五年，这也给了许多投机者和掮客机会。他们或通过做盘和媒体炒作，甚至制造虚假账目等手段将股价拉抬至十倍有余；或鼓吹渲染股市暴利诱使股民入场，以赚取佣金。风气所及，1927年起股市开始脱离实际地飞涨，从1926年的不到200点一路攀升到股灾之前的452

点。然而，股价的根基并不牢靠，已形成泡沫危机，但从中取利者还在不遗余力地鼓吹。就在1929年上半年，民主党总统候选人史密斯的竞选班子成员还曾撰文称："现在每月投资股市15美元，20年后就将赚到8万美元。"这利润远远高于储蓄或创办实业，对渴望一夜暴富者来说，是巨大的诱惑。后世的投资大师、"华尔街最会赚钱的经理人"彼得·林奇曾说，"不做研究就投资，就如不看牌面就玩牌一样盲目"。但在当时，强大的赚钱效应和宣传鼓动使得很多股盲顾不得做什么研究，就杀入股市，壮烈牺牲。

至于更多的没有涉足股市的美国人之所以也被殃及，很大程度上是因为消费与储蓄的脱节。约翰·凯恩斯在他出版于1936年的名作《就业、利息与货币通论》中，将人对货币的需求动机概括为交易、预防、投机三大类。很难想象这是以1920年代的美国人为研究样本得出的结论，因为在他们身上似乎看不到"预防动机"。由于经济连年向好，消费至上主义盛行，他们怀着"千金散尽还复来"的自信，不加顾忌地寅吃卯粮。截至1930年，美国人的贷款消费总额高达60亿美元，远远超出了他们的偿付能力。大萧条袭来时，他们此前用于抵押贷款的房屋等财产全部充了账，直至流离失所。如果说股民的问题在于过度投机，普通人的问题就可概括为过度消费——这与21世纪初的次贷危机的成因何其相似。

对企业来说，他们的麻烦来自生产力与市场容量的脱节。日新月异的新科技被用于生产，随之而来的是工农业产品的激增，增产的喜悦让人忘了考虑市场，企业主们的观念是，"有一个好的推销员，再多的产品都卖得出去"（本内特《美国通史》）。最终，生产能力远远地甩开了市场的消化能力，即便在前述贷款消费的情况下，仍然供大于求。随后产品滞销，价格下降，企业主和工人的收入减少，恶性循环，直至发生"倒牛奶"这类的极端结果。

从社会整体来说，美国各阶层财富分配比例脱节。经济发展最先造福了各方面资源都占有优势的富人阶层，而当时没有社会保障体系的制衡，在马太效应的反复作用下，必然是富者愈富，穷者愈穷。詹姆斯·马丁等人所著《美国史》中的数据显示，1919—1929年，美国人口中最富有的5%所占有的社会财富份额达到34%。1920年代的经济发展虽然也让美国工人家庭的收入增多，但社会财富分配仍不成比例。71%的美国人年收入仅有200美元，即便在地位最优越的美国土生白人群体中，也有半数人年收入不足500美元，两极分化已十分严重。并且此时美国中央银行出于对通胀的担忧，又采取紧缩性货币政策和稳健的财政政策，即减少货币供给，提高储蓄利率，这又使富人的财产更多流入银行储蓄，而非流通环节，危机袭来时，可供拉动经济的财富短缺。

大萧条爆发后，美国政府应对失策，他们采取的旧式贸易壁垒政策与前经济全球化时代的环境脱节。大萧条伊始，为了保护本土产业，美国政府几乎不假思索地使出传统的保护手段——提高关税。1930年，《霍利-斯穆特关税法案》出台，关税平均提高了3%，农牧产品的税率增幅超过10%。然而，当时已不同于美国独立时的18世纪，世界各国已被跨国贸易连接在一起，美国带有明显的以邻为壑意味的增税手段，后果就是以加拿大和欧洲为主的美国商品进口国也出台报复性的关税政策，这使得美国国内市场萎靡不振之余，出口市场再受打击。截至1933年，美国进口和出口比法案出台前都下降了30%，最严重时贸易额下降超过50%。作为大萧条应对政策的关税壁垒，最终适得其反，加重了危机。

此外，政府财政开支过大；新技术导致企业用工需求减少；1924年的《移民法案》限制外来人口，从而使美国房地产市场受损；过于僵化的抵押贷款法规束缚了作为美国央行的联邦储备委员会，使其不能及时向各会员银行提供贷款支持；全国性的医疗、就业等社会保障体系尚未建起；苏联国内恢复稳定，因人力成本低廉而具有价格优势的产品进入国际市场，加剧竞争……各种五花八门的理由，都被用来解释大萧条的原因。但在当时，痛苦与愤懑无处排遣的民众，无暇考虑这么多，他们自然而然地将矛头指向了美国政府，指向了时任美国总统赫伯特·胡佛。

这是一位作为工程师和慈善家而为人所知的总统，"一战"中他曾组织对滞留欧洲的美国人展开救助，战后又帮扶家园毁于战火的欧洲人，颇立功德，因此当选之前就深孚众望。在1928年的大选中，胡佛作为共和党候选人顺利获胜。1929年3月，他志得意满地入主白宫。法国波旁王朝的开国君主亨利四世曾许下宏愿，要让"每个法国人的锅里都有一只鸡"，胡佛的抱负则是"让每个美国人的锅里有两只鸡"。他踌躇满志地宣称，美国已无限接近"最终战胜贫困"，这样的激情与自信，使得美国人大受感染。可惜仅仅半年多，气泡就破了。为了稳定民众情绪，他在大萧条已显而易见地到来之后，还四处公开演讲，宣称"美国繁荣富庶的基础是稳定的"。这种欺人之谈更使得他的声望如股市一样，一泻千里。各种对他的讥嘲流行开来，比如胡佛曾宣布美国"消灭了贫民窟"，失去家园的流浪汉便把他们由帐篷板房构成的、比贫民窟还残破的宿营地命名为"胡佛之城"，乞讨用的口袋叫"胡佛袋"，露宿时盖在身上聊以御寒的废旧报纸称"胡佛毯"，空空的钱包则被高高挂起，是为"胡佛旗"，还有人创作歌谣编排胡佛及其政府要员，歌曰：

梅隆鸣笛，胡佛敲钟。华尔街一声令下，国家向着地狱冲。

梅隆是时任美国财政部长，值得一提的是他虽跟着胡佛挨骂，其实两人从政见到私交都不融洽。本内特《美国通史》里讲了一个恶搞他们的段子，说胡佛朝梅隆借5美分，说要打电话给朋友，梅隆掏出10美分，"拿去吧，够打给你所有的朋友了"。

以上种种揶揄挖苦，只是苦中作乐。对胡佛来说，讥嘲虽然难堪，却也不算大麻烦，真正让他焦头烂额的是大萧条激化的社会矛盾，比如1932年的"补助金远征军"事件。

1917年美国参加"一战"，总共动用了50万人，称为欧洲远征军。战争结束后许多退伍军人却没得到妥善安置，1924年国会通过法案，答允为他们提供退伍补偿金，但政府极不情愿，只发放了大约1/10，推说剩余的将在1945年偿清。当时美国经济尚好，生计不愁，退伍士兵们虽不满意，还是忍了，但大萧条以来百业凋敝，好多人也失去了收入来源。此时，同情退伍军人的得州议员波特曼提请国会，提前支付退伍补偿金。这笔钱连本带利总计超过20亿美元，当时胡佛政府正千方百计缩减开支，自然不能也不愿掏出这笔巨款，在他的大力游说下，国会拒绝讨论此提案。闻讯后，失望的退伍军人们从美国各地向华盛顿进发，打算到首都讨个说法。这支游民大军半数以上曾是当年"一战"的欧洲远征军，此时他们自称"补偿金远征军"。

1932年春夏之交，"远征军"陆续进抵首都，其中很多人拖家带口，行状甚是可怜，同情他们的华盛顿警方在距离国会山不远的废弃厂区辟出一块空地，供他们"安营扎寨"。毕竟是行伍出身，这群老兵们保持了一定的纪律性和自尊心，他们以退伍军官沃特斯为领袖，在其主持下约法三章：不乞讨，不酗酒，禁绝暴力行为。每日他们多是和平请愿，并集体祷告、出操、唱军歌，以此展示"军容风纪",争取各界的同情。

各地汇集到华盛顿的"远征军"越来越多,此外还有少数不是退伍军人的激进分子混杂其间,最多时达到两三万人。沃特斯要求与胡佛或其代表对话协商,但此时的胡佛政府已在重压之下变得迟钝又易怒,深恨这伙人添乱,胡佛唯一采取的举措就是加强白宫的安保,还调动了军队。至于"远征军"的请求则全不理睬,他甚至还大骂华盛顿警察局长,因为警局向"远征军"提供了食宿便利。

"远征军"人多了,食物就不够分了,问题长时间悬而不决,大家的情绪也愈发不稳,不满在滋长,首都的空气日益紧张。僵持到6月中旬,波特曼的提案终于被送交国会讨论,但受阻于参议院,"远征军"的失望达到顶点,有人离去,但更多的人不甘失败。沃特斯宣称,政府如果不偿付补偿金,他愿意"在华盛顿静坐直到1945年"。同时,政府也担心夜长梦多,和军方协调立场后,政府要求"远征军"在7月22日之前全部撤出,后来时限放宽至28日。但到了那一天,沃特斯通知来清场的政府人员,他们经过投票表决,"坚守阵地"。就这样,惨剧发生了。

美国著名记者威廉·曼彻斯特名作《光荣与梦想:1932—1972美国社会实录》,就以如下场景开头:

> 这天下午,8000名隶属美国第12、第34步兵团以及第13工兵团的士兵,全副武装,端着上了刺刀的步枪,挺进"远征军"示威的场所宾夕法尼亚大道,他们身后,竟然还跟着六辆隆隆作响的坦克车。指挥这支大军的,是美国陆军参谋长,52岁的道格拉斯·麦克阿瑟少将,这位个性刚愎的将军穿着挂满勋章的制服,得意洋洋,似乎十分享受自己策划的戏剧化大场面。他身边,是小他十岁的助手,同样一身戎装的德怀特·艾森豪威尔,他曾苦谏麦克阿瑟不要出面,可惜非但无果,连他自己也被命令必须到场。

面对这样的阵势,"远征军"有些蒙了,对方荷枪实弹,而他们自己手中,只有残破的标语牌和褪了色的星条旗。

时间接近16时30分,一些下班的市民路过宾夕法尼亚大道,驻足观望,现场围得里外三层，就在这时，原本只可能出现在中世纪的一幕，居然出现在20世纪的美国首都街头。200名鲜衣怒马的骑兵从美军阵中呼啸而出，冲向"远征军"的阵地，挥动马刀，迎头劈砍——总算他们还有底线，用的是刀背。人群顿时炸开，怒骂声四起，悲愤莫名的老兵们冲着骑兵喊："世界大战我们在欧洲为国血战的时候，你们在哪儿？！"但骑兵不为所动。当时骑兵已是濒于淘汰的兵种，因此本内特将此次行动戏称为"美国骑兵的最后一次冲锋"。指挥者是乔治·巴顿少校，日后的铁胆将军此时已表现出他招牌式的果敢与高效。

随后步兵也加入战团，麦克阿瑟下令向人群投掷催泪瓦斯。"霎时间，空气染毒，围观者四散逃走。一股带着甜熟果子味的烟雾笼罩着宾夕法尼亚大道，浓烟所至，退伍军人家属睁不开眼，透不出气来，拿着炊具，带着孩子，从房屋里跟跟跄跄地逃了出来。据美联社报道，'此情此景，就像1918年大战中的无人地带一样'。"（《光荣与梦想》）虽然上峰有不得开枪的命令，但对麦克阿瑟来说，抗命不是问题——后来的朝鲜战争中他也是这么干的。

"远征军"纷纷逃离现场，但一切没有结束，麦克阿瑟早打定主意，乘勇追"穷"寇。美军追到了"远征军"最大的宿营点安那科斯蒂亚主营地，将那里的简易帐篷付之一炬。当天24时之前，行动结束，"远征军"被从华盛顿市区肃清，共有5人在事件中丧生，包括3名在当天上午与警察冲突中重伤不治的，受伤者有百余人，其中不乏妇孺。《光荣与梦想》中还提到，有两名婴儿因吸入有害气体死亡，"远征军"为其中一个拟写墓志铭：伯纳德·迈尔斯，他只活了三个月，是胡佛总统下令毒死的。

此时，人道家胡佛总算表现出了一点人文关怀，拨出7万余美元帮助被赶走的"远征军"返乡。但此举远不足以洗清污点，次日的《华盛顿新闻报》评价道："伟大的美国政府，世界上最强大的政府用部队的坦克追击没有武装的男人、女人和儿童，这是多么让人可悲的景象啊……如果下令军队对没有武装的公民开战，这就不再是美国了。"（本内特《美国通史》）

动武是胡佛和司法部长米切尔、陆军部长帕特里克·赫尔利（后来他在1945年作为美国总统特使参与了重庆谈判）等高层商议后决定的。事后，政府大夸自己的维稳之功，麦克阿瑟也自得地宣称粉碎了潜在的安全隐患，甚至颠覆阴谋云云。胡佛政府还宣称，补偿金远征军都是游手好闲者，"十个里面没一个真穿过军装"。不过，美国退伍军人档案局的资料显示，远征军中94%是货真价实的老兵，更有67%曾出征海外。

为了混淆视听，胡佛的宣传机器还指认补助金远征军的幕后黑手是美国共产党领袖威廉·福斯特，这又是一切混账政府的惯用手法：将民众请愿的动因归结为某些"恶势力"的挑唆。补偿金远征军事件见诸报端后，纽约的一处寓所里，一个人坐在轮椅上，用悲欣交集的口吻断言："这件事将让我当选总统。"

他就是民主党的下届总统候选人，富兰克林·德拉诺·罗斯福。

7

大人物

因为西奥多·罗斯福的缘故,"罗斯福"(Roosevelt)这个姓氏在美国已近乎家喻户晓,以至于富兰克林·罗斯福出道之初,还被一些选民误以为是前者的儿子。

事实上,那位个性飞扬、毁誉参半的美国前总统与富兰克林·罗斯福还真的沾亲带故,他们有一位共同的六世祖先尼古拉斯·罗斯福。此公是罗斯福家族在美洲出生的第一代,再往前追溯,这个家族来自荷兰,早在纽约还叫作"新阿姆斯特丹"的时候就来了,之后世居于此。他们最初的姓氏还带着荷兰人中常见的Van字前缀,和凡·高(Van Gogh)、房龙(Van Loon)、范巴斯滕(Van Basten)一样。

富兰克林与西奥多年龄相差24岁。1898年,当西奥多在美西战争中纵马杀上古巴圣胡安山一战成名时,富兰克林还在念中学。1901年,当美国总统威廉·麦金利遇刺身亡、西奥多从副总统位置上转正时,富兰克林正在哈佛读书。1909年,西奥多卸任总统时,富兰克林当选了纽约州参议员,总算是迈出了仕途第一步,不过与共和党人西奥多不同,富兰克林加入的是民主党。1919年,当富兰克林在海军部门干得风生水起、深得时任总统伍德罗·威尔逊赏识时,西奥多已在这年1月与世长辞。

此外,这两个罗斯福间还有一层不能不提的关系,那就是富兰克林于1905年迎娶了西奥多的侄女安娜·埃莉诺·罗斯福,当时主持婚礼的正是西奥多本人。远房堂兄弟亲上加亲,成了准翁婿,虽然辈分有点乱了,好在新郎新娘血缘关系已出了五服,不会影响优生优育。

作为一个在纽约繁衍了几个世纪的大家族,罗斯福一门英才辈出,非止西奥多一人。富兰克林的父亲詹姆斯·罗斯福经商有道,广有家资,也当过纽约州议员，富兰克林从政初期，很借重父亲和家族的政治资本。有逸闻称，1887年，詹姆斯·罗斯福曾带着5岁的富兰克林去白宫，拜访当时的美国总统格罗弗·克利夫兰（也是民主党人），后者给了幼年的富兰克林一个忠告，"永远不要当美国总统"。不知克利夫兰何出此言，但这个忠告显然没有生效，反而"一语成谶"。1920年，富兰克林·罗斯福竞选副总统未果。次年，他因一场意外染上脊髓灰质炎，最严重时肩部以下都失去知觉，后经治疗虽有好转，但就此下肢瘫痪，终生与轮椅拐杖相伴。不过，罗斯福以乐观向上的姿态面对疾病，积极治疗恢复之余，还勤学苦读，著书立说，关注公益事业，这使他的公众形象十分阳光。1928年，罗斯福当选为纽约州长。1932年，他作为民主党候选人参加大选，这次瞄准的位置是美国核心权力的握有者——总统。

大萧条已让胡佛的共和党政府备受指责，补偿金远征军事件更使他民心尽失，罗斯福无悬念地赢下了1932年11月的大选，次年3月4日宣誓就任，成为美国第32任总统。

51岁的富兰克林·罗斯福在华盛顿首次以总统身份面对公众，发表就职演说，地点在白宫对面的拉法耶特广场。天不作美，雪雨霏霏，罗斯福在儿子的搀扶下从轮椅上站起，撑着拐杖来到讲台前，冒着冷雨，对他的选民们表达感谢，承诺将重振美国经济。他提到了要支持农产品价格，使农民获利；要尽快重建银行体系；要打击金融领域的过度投机；要加大货币供给，并削减政府开支；要统一规划调配资源，以更有效地救助困难人群。同时他呼吁奉献精神，"我们是互相依存的，我们不可以只索取，我们还必须奉献"。

大萧条以来百弊丛生，以上种种都只能是泛泛而谈，更引人注意的是，罗斯福此时已经暗示了他对打破常规的总统权限的要求：

> 人们希望行政权和立法权之间的正常平衡完全可以应付我们面临的前所未有的任务，但是，史无前例的要求和立即行动的需要，或许会使我们暂时背离公共程序的正常平衡。（罗斯福《向前看·在路上》）

非常之时须有非常之举。根据罗斯福的设想，他的重振经济计划将由政府主导，因此政府对经济的干预力度也较以往大大增加。

就职典礼次日，罗斯福开始推行他的旨在拯救美国的"新政"。这一系列政策被概括为"3R",即 Recovery(复兴)、Relief(救济)、Reform(改革)。

作为国家经济的动力之源,金融系统是复兴计划的入手处。自1930年的银行挤兑风潮以来,美国银行大多倒闭,货币供给陷于停顿,没钱自然一切都无从谈起。3月9日,罗斯福政府通过《紧急银行法》,命令全国银行一律停业4天,并责成财政部在此期间评估各银行资产,通过联邦储备委员会,授权资质合格的银行发行货币,以增发货币作为撬动经济死局的第一根杠杆。

印钞机飞转,20亿美元的新增货币印制完毕。然而,稍具金融知识的人都知道,纸币不是说印就可以印的,如果没有背后的实际资产做保障,那印出来的就是废纸。挤兑风潮以来,美国人对银行的信任已经破产,大家早把存在银行的黄金等硬通货提走家藏,为此美联储动员民众把黄金存回银行,甚至采取了一些非常手段,比如"威胁"在报上公布1933年2月以后从银行取过黄金者的姓名,于是,"几小时之内,只见多少床垫为之撕裂,多少铁罐因之出土,多少秘藏宝盒得以重睹天日"(威廉·曼彻斯特《光荣与梦想》)。

随着更多的钱流向市场,超过七成的银行重新开张,纽约的股市也罕见地上涨,尽管百业复苏还需时日,但大萧条以来的恐慌心态,可说已经开始消退了。

金融领域更重要的新举措还包括放弃金本位制,以及实现货币贬值。所谓金本位制,是指一国发行的货币与其储有的黄金挂钩,每单位的币值等同于若干重量的黄金,这样才能保证纸币的价值是货真价实的。在金本位制下,国家货币总量及单位货币含金量的多少,直接取决于该国拥有多少黄金。金本位制被视为国家富强的象征,穷国才用银本位制。早期的金本位制传承自古代的金币本位制,金币可以自由兑换,跨国流通,各国货币的含金量都明码标价,因此国际汇率一直相对稳定。但"一战"以来,欧洲的几个储金大户都拼命销金,战后重建需要真金白银,各国纷纷限制贵金属流出。于是,以自由流通为基础的金币本位制自然就玩不转了,各国改为采用纸币不能直接兑换黄金的金块本位制或金汇兑本位制。"一战"对美国的破坏性影响很小,因此战后仍能坚持金本位制,不过这样"一枝独秀"的代价惨重。1931年英国放弃金本位制后,美国成了唯一仍使用金本位制的大国,欧洲的国家和金融机构担心美国步英国后尘,纷纷在纽约的货币市场上减持美元,兑换黄金,仅1931年9—10月就有价值超过7亿美元的黄金从美国流出(弗里德曼、施瓦茨《大衰退1929—1933》)。

为了保证增发货币的基础，罗斯福政府已顾不得脸面问题，从1933年3月10日起禁止国内银行的美元兑换黄金业务，随后禁止黄金出口，4月19日，宣布放弃金本位制。尽管此举引发了大范围的争议，但华尔街的金融家们明白其中的积极意义，在他们的支持下，新政得以展开。

作为增发货币的必然结果之一，美元贬值的问题接踵而来，弊端自然是购买力下降，但好处则体现在出口行业的成本相应降低，在国际市场的竞争力增强。1933年春天，美元贬值11.5%，夏天贬值17%，这带来了不少的牢骚与怨怼，但因《霍利－斯穆特关税法案》而恶化的美国外贸却开始复苏，相关产业也都运转起来。货币贬值带来的通胀压力往往难以应付，但这是对此前持续三年的通缩的必要修正，同时罗斯福政府找准了时间差，美国出口商品恢复了竞争力，而货币市场也适时止跌，恢复平稳。

除了上述旨在远期效应的复兴计划，罗斯福还要立竿见影地解决美国人的吃饭问题，这也就是新政中的"救济"部分。

1933年5月，《联邦紧急救济法》出台，政府设立救济署，以行政之力在各州之间组织调配救济物资，效率比此前各自为政的救济工作，自然大为提升。罗斯福和他的智囊团明白"授人以鱼，不如授人以渔"，他们的救济是以工代赈，设立公共工程署（初名民政工程署、工程兴办署），由政府投资，兴建大量的公路、码头、桥梁、水坝等基础设施，雇用失业人员，给予他们收入来源，而这些工程修竣之后，自然也能提振当地经济。这项政策带来的是美国基础设施的全面大发展，田纳西河、哥伦比亚河上相继修建了水电站，科罗拉多河上的全美头号水利工程博尔德大坝也在该政策支持下提前竣工，这座始建于1931年胡佛时代的大坝，于1946年被重掌白宫的共和党人改名为"胡佛水坝"。这些水电工程不但在当时为失业者提供了就业机会，还在未来的战争年代里，为美国提供了雄厚的电力供应保障。此外，罗斯福还组建了著名的"公共资源保护队"，组织人力养护水土林地等生态资源，不但保护环境，更在短短三个月间就创造了30万个工作岗位。

罗斯福更大的手笔还要数6月16日出台的《工业复兴法》。上任之后，罗斯福和他的智囊团策划了一档非常成功的宣传节目"炉边谈话"。节目的演播室就是白宫的总统起居室，罗斯福坐在壁炉旁，以唠家常的姿态向美国人讲述他的施政理念，通报新政的进展与效果，解释新近出台的各种法规。讲话通过电台广播传递给全美听众，十分风靡。在7月24日的第三期谈话中，罗斯福阐述了《工业复兴法》的宗旨：

> 一个一半蒸蒸日上而另一半衰败不堪的国家不会有长久的繁荣。如果我们的所有国民都有工作可做，都能得到公平的工资和收益，那么他们就能买其他邻居的产品，情况就是好的。但如果你夺走了其中一半人的工资和收益，那么情况就只有一半是好的。即便那幸运的一半非常繁荣也于事无补。最好的方法是使每个人都过上幸福的生活。(《罗斯福炉边谈话》，张爱民、马飞译)

怎样实现共同富裕？罗斯福政府的对策是，政府加强对企业的干预，制定工人的最低工资和最长工时标准，最低工资定为12美元/周，最长工时由原来的55小时/周缩短至40小时/周。政府将这套标准推广到企业，愿意遵守的企业主发给"蓝鹰"认证标识，并在政策上给予相应扶持。

不难看出，《工业复兴法》秉承的还是新政的核心理念，即增加购买力（涨工资）和限制过剩的产品生产（缩短工时），以此来调节社会财富分配的两极分化，调和阶级矛盾，进而促进经济发展，并形成良性循环。长期来看，这种良性循环带来的益处将作用于美国社会的各个阶层，但从短期来看，必然是劳工阶层先获益，而雇主阶层则要面临薪资成本增加、产品减产的损失，相当于是他们为罗斯福的改革支付了启动资金。因此，《工业复兴法》一出台就受到了企业主的抵制，他们指责罗斯福干预市场，滥用政府权力，同时过于偏袒劳工，罗斯福也因此成了他们口中的"红色总统"。

当时，世界性的经济萧条使不同社会阶层的对立日益尖锐，而号称"工人阶级当家作主"的苏联的建立，似乎提供了可行的范例，欧美各国都不乏共产主义政党及工人运动，美国民间也出现了"走俄国人道路"的呼声（曼彻斯特《光荣与梦想》）。欧仁·鲍狄埃那首有魔力的歌正在全球传唱，"一切归劳动者所有，哪能容得寄生虫！最恨那些毒蛇猛兽，吃尽了我们的血肉，应该把它们消灭干净，鲜红的太阳照遍全球……"

在世界无产阶级革命激情的震慑下，"剥削阶级资本家"心惊胆战，他们唯恐罗斯福的新政最终会将美国引向革命的道路。然而，这些资本家是短视的，他们没意识到，罗斯福的举措正是弥合阶级对立、消解暴力革命土壤的必要手段。

美国《独立宣言》的核心观念是"人人生而平等"，可以说，平等就是美国的立国精神。但现实中经济地位的不平等，势必导致作为理念的平等变为空谈，一切附于其上的美好愿景如"生命权、自由权和追求幸福的权利"也只能是镜花水月，在雇主们占绝对优势地位的早期资本主义社会中尤其如此。这种经济上的不平等直接损害了弱势者本应享有的自由，进而威胁全社会的自由，正如罗斯福本人后来所说的，如果一个公民不能"维持一个可以接受的生活标准的话……一个民主制度的自由将不会是安全的"。

因此，对工人、农民等弱势阶级的扶助，正是拉近理想与现实、使不同经济阶层最大限度地实现平等的必由之路。这种平等，不是简单地向下拉齐，而要保证基本权益以及机会的平等，使人能获得从经济层面到人格层面的真正独立地位，而不致成为企业主的附庸。也正因为如此，这些获得了必要生存保障的人，一般就不会因走投无路而变成满腔怨愤的暴徒。从这个意义上说，看似"劫富济贫"的《工业复兴法》最终保障的是包括雇主在内的整个社会的安全与利益。2000多年前的雅典，大政治家梭伦也主导过类似的改革，梭伦说："要做一个手持盾牌的人，挡在贫富两个阶级之间，不许他们伤害彼此。"这也正是罗斯福在做的。

不过从另一个角度看，《工业复兴法》的核心毕竟是以政府手段干预市场经济行为，初衷虽好，但与美国自由理念的基础——自由市场原则——终究不协。在企业主们的不断抵制下，该法案于1935年被美国最高法院裁定为违宪，予以废止。后来几经博弈，行业公会获得了合法地位，有权与企业主就工资与工时问题进行谈判，较之政府规定的一刀切式标准，这样的磋商机制更加灵活，也有利于兼顾劳资双方的利益。

从1933年3月9日的《紧急银行法》到6月16日的《工业复兴法》，罗斯福政府在此期间通过了15项重要法案，法律出台之快、之密集，在美国历史上空前绝后，这段时间被称为"百日新政"，成绩斐然。1935年，《社会保障法》出台，以法律的形式保护老幼妇孺失业者等弱势群体的权益，美国的社会福利体系开始搭建。有了保障机制和与之并行的阶梯税率的调和，两极分化的局面得到一定程度的遏制，中下层获得了更多的机会和权益保障，各社会经济阶层之间的矛盾也随之缓和。福利制度并非美国首创，俾斯麦时代的德国就推行过类似政策，但自罗斯福始，美国政府越来越关注社会福利，如著名观察家沃尔特·李普曼所评论，"放任自由已经寿终正寝了……现代国家已经开始对现代经济负起责任，承担起保障自己人民生活标准的任务"。这堪称现代政府职能与认知水平的一大进步。

此外，罗斯福在基建和救济方面加大财政投资之余，还缩减了政府内部开支，白宫带头做起，倡导勤俭，服务人员大幅缩编，同时削减公务员工资。至于帮助他完成对胡佛政府最后一推的退伍军人们，罗斯福按照承诺发放了一部分补助金，同时也通过协商降低了他们对剩余钱款的要求，不过由于在公关、安抚方面的出色手腕，此举几乎没引起退伍军人群体的波动。

罗斯福的施政有惠于民，美国人则报之以选票。1936年的又一届大选中，罗斯福以60%的得票率成功连任。

这一年，正逢约翰·凯恩斯开宗创派的经济学名著《就业、利息与货币通论》出版并开始流行，政府投资拉动总需求以刺激经济发展的"凯恩斯主义"受到学界和商界越来越多的认可。事实上，1933年凯恩斯就曾造访白宫，向刚刚上任的罗斯福推销他的"赤字经济理论"，罗斯福虽一时无法接受，但他在百日新政中以政府投资来调控市场、创造就业的手段，很大程度也是受了凯恩斯理论的影响。在他的第二个任期内，罗斯福政府坚持凯恩斯主义理念，美国经济又有起色。截至1939年，美国GDP已突破2000亿美元，比1930年大萧条开始时增长了近三倍，失业人数也减少了一半。尽管还没完全摆脱大萧条的影响，但国家已恢复元气，找回了信心，更重要的是，打消了美国人因窘困和绝望而萌生的对强人政治模式的兴趣。

作为一次全球性的灾难，大萧条的危害远不仅限于美国，也波及欧洲，一些国家陷入了与美国同样的困境。和美国人选择罗斯福一样，这些国家也推出了他们赖以救难济困的大人物，然而这些大人物引领他们走上的道路，与美国人截然相反。

8
群魔

历史往往充满巧合。1933年富兰克林·罗斯福秉政白宫的同年,德国的权力中枢也迎来了新的主人——阿道夫·希特勒。

这一年希特勒44岁,比罗斯福小7岁,比他未来的另一大敌温斯顿·丘吉尔小15岁。不同于来自大富之家的罗斯福和出身侯门的丘吉尔,希特勒来自社会底层,早年的经历颇为艰辛,幼时混迹于故乡维也纳街头,学画不成,靠打零工糊口,少年从军参加"一战",在1916年的索姆河战役中受重伤,1918年的战争尾声阶段,又被英军施放的芥子气所伤,一度双目失明,伤愈后德国已战败。

战争摧残、割地赔款,以及战后成立的魏玛共和国政府的混乱,使德国社会陷于水深火热。一度以救国拯民为念的希特勒组建政党,纠集信众,于1923年11月在慕尼黑发起"啤酒馆暴动"。暴动遭到镇压后,希特勒被投进监狱,获刑4年,后减刑为13个月。牢狱之灾反而给希特勒带来了名望,民众出于对政府的不满,盲目地追捧一切反对政府者,将其视作为民受难的英雄,而他在狱中完成的一部政治哲学宣言,更为他吸引了大批的追随者。该书后经鲁道夫·赫斯等人笔录并编辑整理,以《我的奋斗》之名出版,很快风行德国。尽管只是一份浅薄粗疏的宣传材料,但《我的奋斗》堪称希特勒政治理念的集粹之作,未来德国的意识形态圣经。以理性见称的德意志民族很大程度上就是在这本书的鼓动下,陷入举国癫狂,因此该书也被称为"20世纪最危险的书"。后来,丘吉尔对这位死对头书中表达的思想有过很精当的概括:

《我的奋斗》的主题是很简单的。人是一种战斗的动物,因而,国家,作为战斗者的集合体,就是一个战斗的单位。任何有生命的有机体,如果停止求生存的战斗,那就注定要灭亡。一个停止战斗的国家或种族,也同样注定要灭亡。一个种族的战斗力,取决于它的纯粹性,因此,必须排除外来的玷污。犹太种族由于它遍布全世界,必然是和平主义的和国际主义的。和平主义是十恶不赦的罪孽,因为它意味着生存竞争中的种族投降,所以,每一国家的首要职责就是使群众国家主义化。在个人方面,智慧并不是首要的,意志和决心才是最主要的品质。生而具有指挥能力的人,比千千万万只配服从的人有价值得多,只有暴力才能保障种族的生存,所以军事手段是必要的。种族必须战斗,苟安的种族必定会腐化和灭亡。假使日耳曼种族能够及时联合起来,那它已经是地球的主人了。新的德意志帝国必须把所有散居在欧洲各处的日耳曼人集合在它的怀抱之中。一个遭受失败的种族可以因恢复其自信心而获得拯救。最重要的事情就是必须教育军队相信自己是所向无敌的。为了复兴日耳曼民族,必须使人们确信,用武装力量来重获自由是可能的。贵族政治的原则,在根本上是正确的。理智主义是不可取的。教育的最终目的,是要造就经最少训练就能成为军人的德国人。要是没有狂热的、歇斯底里的热情作为推动力量,历史上最伟大的惊天动地的激变是不可思议的。和平与秩序这种资产阶级美德,什么事也做不出来。世界现在已转向这样一种伟大的激变了,而新的日耳曼国家,必须使我们的种族时刻准备为地球上最后而又最伟大的决战而战斗。
（丘吉尔《从战争到战争》）

最能认清一个人的往往是他的敌手,正如丘吉尔总结的,如果要对希特勒狂热而杂乱的政治主张加以分析化验,会发现其中的主要成分有:

1. 种族主义。借助19世纪德国统一过程中形成的民族自我认同,将"民族"塑造为关乎每个人切身利益、又超乎每个人切身利益的超级概念,并在此基础上引入"种族"概念,辅以尼采的超人主义哲学,再杜撰历史,掺杂迷信,标榜日耳曼民族和雅利安人种具有高人一等的"神性"。想控制一个群体（无论是民族还是阶级）必先使其愚昧,而要想愚化之,要诀就是不停地向他们宣传他们有多么优秀,多么高尚、聪明。当他们真的相信了自己的"优越"之后,就会愈加痛感惨淡现实与本该拥有的"优越"地位之间的巨大落差,从而迸发出可以消泯理智的怨毒与狂热,渴求有人带领他们改变现状。这种激烈的情绪需要排遣的出口，希特勒选择的对象是犹太人。因为宗教原因，欧洲人对犹太人的歧视与打压由来已久，而犹太人天才般的经商致富能力也难免招人妒恨。希特勒根据一些莫须有的传说，将德国在"一战"中的失败归结为"犹太人的阴谋破坏"，以此将这个势单力孤的群体树立为假想敌。这是独裁者的必备品，有了假想敌，就可以通过渲染其可憎可怕，让愤恨与恐惧的民众团结在自己周围，再以"净化种族与文化"的高尚理由唆使支持者参与迫害掠夺犹太人，在这个过程中裹挟全民一起变为同案犯。

2. 复仇主义。它针对德国"一战"失败、200万青年死伤带来的民族伤痛以及《凡尔赛和约》巨额赔款造成的生活压力，煽动德国人心底的屈辱感与受迫感，进一步激发仇恨，进而以复仇雪耻为号召，吸引德国人的支持。

3. 铁血主义。这是俾斯麦时代的帝国遗产，希特勒加以发挥，赋予"斗争"以崇高意义，为实现斗争目的不惜一切，消除被他视为"懦弱的资产阶级美德"的人性之善，将人变成受其控制驱使的斗争工具。

4. 沙文主义。希特勒基于种族优越论，援引沙文为侵略张目的种种说辞，将对外扩张作为实现种族优胜和国家复兴的唯一途径，进而鼓吹德国重新武装——从现实意义上说，这个主张还有助于他拉拢财力雄厚的军火商集团。

5. 国家社会主义。这是希特勒政见的核心，也可视为前述几种主义的集合体。它以抽象的"国家"作为高于一切的概念，既优先于西方社会提倡的个人的民主、自由，又超越苏俄布尔什维克主义的"阶级"概念，强调超越阶级的"国家"在政治和经济领域的支配地位。希特勒及其核心团体则假借国家名义，攫取这种高于一切的地位。国家至上为形，自封"代表国家"的领袖至上为实。

这些具有煽动性的政治宣传在艰苦动荡的社会很有市场，缺乏知识和思考能力的不得志者趋之若鹜，浑水摸鱼者则推波助澜，试图乱中取利。就这样，各种层次的德国人云集于希特勒麾下，视他为民族救星。现代德国由普鲁士发展而来，普鲁士的底子则是中世纪的条顿骑士团及其后代容克贵族打下的，这个国家素有贵族政治的传统，西方式的民主政体和东方式的共产主义都令他们反感和担忧，因而希特勒既反右又反左的政治路线获得了德国有实力的工商业社会精英的支持，这更使他的夺权行动事半功倍。

获释后的希特勒放弃了直接暴动夺权的尝试，转而带领他的国家社会主义德意志工人党（即纳粹党）以合法手段赢得议会选举。

此时，美国大萧条的影响已波及欧洲，德国战败后为支付年均一亿英镑的赔款一直仰赖美国银行的借贷，美国自顾不暇，德国也就断了救济之源。自1929年起，三年间进出口额就从六亿英镑以上降到不足三亿，失业人数最高时达到600万（数据来自卡尔《两次世界大战之间的国际关系》），比例超过美国。魏玛政府1927年取消了俾斯麦时代开始推行的社会保障制度的危害开始显现，大批衣食无着的失业者造成社会不稳定因素激增。

欧洲各国在大萧条的影响下普遍采取贸易保护手段，补贴出口，提高关税，结果处处是关税壁垒。这种做法始于德国，到了1931年，时任德国总理海因里希·布吕宁想减轻政府干预，期待市场自我调节，却为时已晚。他试图同奥地利组建关税同盟，可德奥再联手（尽管只是经济意义上的）引起了他们"一战"时的死敌法国的担忧，牵头作梗将之搅黄，魏玛共和国最后的自救失败。国计民生都看不到希望，布吕宁受千夫所指，德国上下都渴望一个强有力的政治领袖出现，拯斯民于水火。此时的德国总统保罗·冯·兴登堡元帅已是85岁的耄耋老人，保守又迟钝，"一战"英雄的光环已尽褪去，德国从工商巨子到平头百姓都认为，与这个垂暮的过气人物相比，活力充沛的希特勒才代表了德国的未来。

1928年，纳粹党还是在议会中仅占28席的小党派，得益于德国的乱局，到1932年已成为拥有230个议席的第一大党。1932年布吕宁被迫辞职，次年1月，兴登堡在获得了纳粹党保证其地位的承诺后，正式任命希特勒为德国总理，组建"民族团结联合政府"。

很快希特勒就安排党羽控制了夺权所必需的警察部门，同时，他借助当时德国国内对苏俄共产主义的恐惧，打压议会第二大党德国共产党，以削弱其对纳粹党在议会地位的威胁。1933年2月27日，纳粹制造"国会纵火案"，嫁祸德共，不但以此为由将其解散，更成功地借机制造社会恐慌气氛，迫使议会于3月23日通过法案，授予希特勒不经议会同意签署法令的权力。这项《特别授权法案》（正式名称《解决国家和人民痛苦的法例》）标志着议会将本属于自己的立法权拱手让给希特勒，希特勒集行政权、立法权于一身，大权独揽。

随后，希特勒凭此权力解散了议会，取缔了纳粹党之外的一切政党和工会等组织。1934年，党外已无对手的希特勒又着手实施党内大清洗。6月30日夜，他新培植的私人势力党卫军突袭纳粹党最早的武装力量冲锋队，逮捕并于次日处死其首脑恩斯特·罗姆，此人曾是"啤酒馆暴动"时就追随希特勒的纳粹元老，后来双方逐渐出现分歧。经过这场被称为"长刀之夜"的大整肃，类似罗姆这种尾大不掉的功勋老臣以及上届政府中有影响力的人物都被清洗干净了。8月2日，兴登堡病故，希特勒趁机将总统与总理的职务合一，此时德国再也没有任何能制衡他的力量，希特勒成为真正的独裁者，德国两次世界大战之间的"魏玛共和国"被纳粹党的"第三帝国"取代（纳粹官方宣传中多自称"千年帝国"）。

不难发现希特勒登上权力之巅过程中的几个重要步骤：大讲崇高，美化苦难，自我神圣化并树立宏伟目标以吸引追随者；给党徒们配以统一而醒目的制服和标识，用群体性抹杀个体性，并不断用自己的思想给人洗脑，使人效忠，由具体单独的"人"变为组织的一部分；在党内发展忠于党魁的武装力量；拉拢工商界巨头等有实力的既得利益者，保证不触及或少触及他们的利益，以后再以各种威逼利诱获取其资助；对不满现状的社会底层，动用强大的宣传机器反复承诺将重振经济，恢复大国地位，并以不计代价的手段与短期好处为诱惑，博取民众的好感；塑造假想敌，煽动仇恨，制造恐慌，以加强公众对自己掌握的极权政府的依赖；挟工商界和民众的支持以攫取更大的权力，突破制度设定的制衡机制；以安定社会为名清除异己，树立威权，震慑潜在的反对者；逐步清洗昔日一起创业的"亲密战友"以防他们取代自己……这堪称独裁政权上位的标准化教程。

希特勒获取独裁地位后，政府权力空前膨胀，调配资源、恢复经济的效率远胜于政客互相倾轧的魏玛时代，德国的工业、科技、经济、民生等方面都有了长足的发展，国力激增。但与此同时，纳粹主义理论所附带的攻击性也体现出来：对内，基于种族主义，希特勒大肆迫害犹太人等少数族裔；对外，他于1935年5月宣布将常备军扩充为30万，这个数字是《凡尔赛和约》允许的德国军队最高限额的三倍，此举意味着作为"一战"战败国的德国已在公然违背和约，然而英法等国口头抗议了一阵之后，不了了之。同年9月，在纳粹党操纵下，反犹太的《纽伦堡法案》通过，对少数族裔的歧视与迫害开始在法律的名义下堂而皇之地进行。

1936年，希特勒挥兵挺进《凡尔赛和约》中规定不许德军设防的莱茵兰非军事区，修建永久性工事，英法再次默许。希特勒已经知道，这些昔日赢家再也无力阻挡自己称霸欧洲，并且通过这些举动，他已牢牢控制住军权，独裁地位更加巩固。但在当时的资讯条件下，希特勒与纳粹党的种种专权害民行径都被德国经济奇迹般的高速增长所掩盖。希特勒素来重视宣传，在宣传部长戈培尔博士等人的鼓吹下，"德国模式"赢得了许多不明就里的外国人的赞叹，包括美国家喻户晓的传奇人物、首位驾机飞越大西洋的"孤鹰"林白，都不自知地扮演了纳粹的宣传者。进军莱茵兰的同年，德国首都柏林还承办了第11届奥运会，借机炫耀国力。虽然其兜售的种族主义谬论在杰西·欧文斯等黑人运动员的佳绩面前成了笑柄，但宏大奢华的奥运盛况还是让萧条中的世界印象深刻，美国的《基督教科学箴言报》都不得不承认"德国利用奥运会达到了宣传目的"。

就在德意志戾气弥漫的同时，国境之南的意大利也在上演同样的事情。自476年西罗马帝国崩溃以来，这片土地直到19世纪晚期才重新实现统一。而此时，一个政治强人正在试图给意大利人带来暌违近1500年之久的大国感觉，他就是本尼托·墨索里尼。

由于后来在"二战"中的糟糕表现，墨索里尼在很多人印象中是希特勒跟班小弟的形象。然而事实正相反，与希特勒相比，他年纪更长、发迹更早，作为发展极权主义理论并付诸实践的大独裁者，更堪称希特勒的楷模与先驱。

"一战"中倒戈加入协约国阵营对抗昔日盟国德奥的意大利，虽然获得了战胜国地位，但在英法美主导的巴黎和会上获利甚微，大失所望。墨索里尼适时地利用意大利民众的不满情绪，发展了自己的组织。1919年，当眼疾初愈的希特勒还在为前途苦闷迷惘时，墨索里尼已经在米兰组建了他的"战斗法西斯党"，正式登上政治舞台。所谓法西斯，本是古罗马时代的一种仪仗用具，一把斧头捆在一束短棒当中，象征刑罚之权。墨索里尼选择法西斯束棒的图案作为党徽，将含义引申为"权力来源于群众"。

建党后的墨索里尼很快发展了准军事组织"黑衫军"，并于1922年遥控指挥这支"大军"从那不勒斯北上，"进军罗马"。面对黑衫军的逼宫，意大利国王最终选择以不流血的方式化解：任命墨索里尼为首相。墨索里尼就这样成了意大利的实权人物，此后他排除异己，攫取权力，与前述希特勒的作为大同小异。而且除了影响德国，墨索里尼开创的法西斯模式独裁政治还流毒于葡萄牙、匈牙利、克罗地亚，以及稍晚的西班牙等国。这些彼此间有着不小差异的极权政治模式，包括德国的纳粹主义在内，一般都被笼统地泛称为"法西斯主义"，墨氏也因此得意地自居"法西斯教父"。

1923年希特勒发动的慕尼黑啤酒馆暴动，就是以墨索里尼一年前的"进军罗马"为模板，而墨索里尼成功，他却失败了，这让希特勒一度十分崇敬这位意大利强人。1934年，他怀着近乎朝圣的心情飞赴意大利，在威尼斯与心目中的导师墨索里尼会晤，结果两人因同时觊觎奥地利发生争吵，会谈不欢而散。已经掌权十年、自我感觉极度良好的墨索里尼觉得希特勒土气、无礼又聒噪，"像个七碟连放唱片机，翻来覆去说起来没完"，希特勒则看出这位喜欢浮夸虚饰的前辈其实志大才疏，名不副实。不过冷静下来之后，这两个国家环视了周围一圈，发现最终能与自己结盟互助的，还真就只有对方了。

1936年7月西班牙内战爆发，墨索里尼和希特勒都插手援助政变军首领弗朗西斯科·佛朗哥。在此过程中，德意两国协调立场，关系增进，于该年10月结成外交同盟"柏林—罗马轴心"，两个各怀鬼胎的大独裁者迫于形势搭了伙。为了各自的侵略目标，接下来他们势必更紧密地勾搭成奸，而一个东方的加盟者不期而至，试图挤进野心家的圈子，一道瓜分世界。一个群魔乱舞的灾难年代，就要到来了。

9

阴霾蔽日

将目光从欧美再次转回东亚，转回日本。

"一战"结束后不久的1921年，日本大正天皇因脑出血不能理事，年仅20岁的太子裕仁出任摄政。1926年12月25日，大正天皇病逝，裕仁正式继位，取《尚书》中"百姓昭明，协和万邦"之意，改元"昭和"。

裕仁从摄政到登基这段时间，日本虽经历了1923年关东大地震这样的灾难，但得益于明治维新打下的基础，国家发展总体向好，经济增长，民生改善，政治上也正在向"政党化内阁"演进。外交方面，前后四度担任外相的币原喜重郎自1924年起推行"协调外交"政策，即以柔和手段为主，在列强之间协调各自的利益，以维护日本在朝鲜、中国等殖民地半殖民地的利益，以经济上的操控掠夺为主，武力胁迫退居辅助地位。故而日本在此期间，国内外情势都相对缓和。

但表象之下，暗流涌动。如前所述，明治维新的高速发展，很大程度上归因于牺牲底层，尤其是为数众多的农村人口的利益。截至1920年代，由此产生的各种社会问题都愈发凸显。例如，因医疗水平提高，人均寿命、生育率增加，从而引发土地紧缺；同时，农业和简单加工业在经济中的占比居高不下，无法实现产业转型和升级，新增人口没有出路；由于缺少土地，农家子弟除长子，多被分流吸收到军队，军需开支极大占用财政，并暗暗形成尾大不掉的好战的军方势力。苏联成立后共产主义思想的传播，也对日本工人阶级造成相当影响。

以今日的眼光回看，当时的日本处在一个国家发展的岔路口。一条路是调过头来，补上自明治维新以来被忽视的民主、民生等问题，协调因长期两极分化而积累的社会矛盾，积极发展工商业，以解决国土狭小所导致的土地、粮食紧缺等问题，从而实现国家转型；另一条路是依照甲午以来兴兵海外、侵占掠夺的"成功经验",继续在帝国的危途上前行。

其时不乏有识之士意识到军事立国的方略看似简单高效,终将害人害己。学者石桥湛山是这一派的代表,他师法英国迪斯雷利的"小不列颠主义",提出"小日本主义",主张放弃朝鲜、中国东北等地区的侵略利益,以节省庞大的军事开销,并借此弥合与中国等邻国的矛盾,开拓国外市场,增加贸易收入,以商贸代替军事,作为国家发展支柱。

事实上,"二战"后去军国化的日本也正是依照类似的思路重新崛起的,但在1920年代,石桥之论显然超出了多数日本人的认识水平,被斥为异端。因为它从根本上背离了日本思想界始自吉田松阴的视侵略邻国为拓展生存空间的唯一办法的观点,并且日俄战争的胜利"验证"了该理论的可行,同时,因战争胜利而高扬的民族主义也让日本人头昏脑涨,仅从感情上就难以接受"自我矮化"的"小日本主义"。

另一类主张显然有更广泛的市场。1919年,旅居中国上海并曾深度参与中国革命的青年学者北一辉,在近乎癫狂的状态下写出了他心目中的未来日本:废除贵族、官吏、宪法,废除一切现有国家机器,将实权归于天皇,全民通过普选行使直接民主权,选出辅佐天皇的新的行政机构;以国家强制手段,没收财阀的"超额"财产(以100万日元为界限),消除两极分化;建立以"忠君"为纽带的全民共同思想体系,在此基础上实现军事上的全国动员机制,打破传统藩阀对军队的控制,并以此实现领土扩张,使整个东亚甚至东南亚、南亚归化于日本主导的新秩序。

在另一位日本知名学者大川周明及其所属学术组织"犹存社"帮助下,北一辉的思想被介绍回日本,于1923年以《日本改造法案大纲》之名出版。显然,北一辉规划的日本前景更加诱人,其设想将明治以来神化天皇的神权政治、强军思想、法家权术,以及当时刚在欧洲萌芽的国家社会主义熔于一炉,尤其是切中时弊的"清君侧""均富贵"等新瓶装旧酒的思想,对深感贫富差距的民众和苦于既得利益阶层阻碍的政坛不得志者来说,更具吸引力。在犹存社等组织的推波助澜下,这部大纲对当时日本社会产生极大的影响,尤其在知识界和军方,大获共鸣。

到了1927年,日本经济发展出现滞胀,汤因比将之归结为日本经济增速跟不上人口增速(《国际事务概览:第二次世界大战》),几任内阁都束手无策。于是，裕仁起用了有军方背景的田中义一为首相。此人狂热鼓吹集权与扩张，视相对温和的币原外交政策为懦弱，一意重拾用对外侵略转嫁国内矛盾的老办法。1927年7月，田中组织召开旨在加大侵华力度的东方会议，会后出台《对华政策纲领》，提出吞并中国东三省，进而侵占整个中国的战略目标。

当时日本的中下级军人多出身农村，对经济滞胀之下家乡的困厄深有体会，同时又普遍缺乏文化素养和思辨能力，认准了侵略殖民是解困之途，尤其是对垂涎已久的中国东北。在田中等野心家的鼓动之下，以军方为中坚力量的扩张主义思潮渐成社会主流。尽管田中义一本人两年后就卸任并很快去世，但日本以侵略为基调的国策已经确定。

1930年，美国大萧条的影响扩大到日本。随着欧美各国纷纷出台贸易壁垒政策，日本赖以为生的生丝等大宗出口受阻，生丝及丝绸产品出口额由1925年的8.5亿日元，跌至1929年的3.84亿日元（吉田茂《激荡的百年史》），经济遭受重创。同时，从1920年代起，作为日本主要出口市场的中国也战乱频繁，不利于商贸；更有觉醒的民族主义者，抵制日本在内的外洋势力在华存在，中日关系又趋于紧张。在这样的危局下，日本政府曾尝试开拓东南亚、拉美的新市场，但成效缓慢，国人普遍不满，币原的外交政策被视为软弱误国，急躁的日本朝野已无耐心等待。

随后，意大利和德国的法西斯主义思潮传入日本，其高效强势令人艳羡，日本政界和思想界都萌生效仿之愿。对有着千年帝制史、天皇享有极高权威的日本来说，这种极权政治模式很容易接受，而且日本自明治维新以来的社会变革都是由上层主导的，号召民众为国奉献牺牲的宣传从未间断，因此国人也很容易接受法西斯理论中高于一切的"国家"概念，只需将之置换为更具体化的"天皇"即可。

于是，日本国内扩张的呼声更加高涨，作为其侵略政策的头号受害者，中国自甲午战争以来便遭受了无休止的欺侮，其侵略罪行罄竹难书。彼时中国正值乱世，无力抗拒外侮，日本自"九一八事变"以来连连得手，得意之下，国内的军国主义狂热日甚。

1932年发生了海陆军士官生冲进官邸袭杀首相犬养毅的"五一五事件"，日本刚开始尝试的、可能带领其向正常现代国家转型的政党政治就此夭折。四年后这一幕重演，军方内部的"皇道派"青年军官率千余名士兵攻打首相官邸，斩杀大藏相、内务大臣、教育大臣等要员，时任首相冈田启介侥幸逃脱，此事史称"二二六事件"。虽然裕仁天皇震怒，严惩了肇事者，被认为煽动事变的北一辉也因之被处死刑，但军国主义抬头的形势已不可逆转。

自明治时代起，日本为确保天皇权力，将军部从政府中剥离出来，直接对天皇负责，这样的制度设定极容易导致武人权力膨胀不受管束。例如，"九一八事变"本是关东军中的激进分子石原莞尔、板垣征四郎、河本大作等人擅自为之，根据其时日本军法，这甚至是死罪（日本历史学家秦郁彦，见读卖新闻战争责任检证委员会编撰《检证战争责任：从九一八事变到太平洋战争》），但事件进展之顺、日本获利之巨，令日本军部和政府惊喜，以致石原、板垣等人非但无罪，反获嘉奖。在日本国内，从"五一五"到"二二六"，军方以极端手段胁迫政府的行为也屡屡得手，这更纵容了侵略主义的猖獗。终于，以军部架空政府、以军人和财阀利益为首要追求、以天皇为幕后领袖、以对外侵略扩张为国策的日本式军人独裁秩序建立起来了。

就这样，日本选择了帝国之路。帝国模式在18—19世纪盛极一时，然而，在20世纪初的第一次世界大战中，无论是新兴的德意志、奥匈，还是老旧的俄罗斯、奥斯曼，这些落后于时代的帝国都土崩瓦解，"帝国"已被证明是明日黄花。不过作为"一战"战胜国的日本似乎没有从中获得启示，仍抱定已不合时宜的梦想，幻想凭借武力与领土扩张，"兼六合以开都，掩八纮而为宇"。战争阴霾，笼罩东方。

另一方面，1931年的"九一八事变"以来，国际社会虽未采取有效措施制止日本，但日本人的野心昭然，已经引起了英、美、苏联等国的警惕。对此，日本自己也有察觉，开始急迫地寻求盟友，而他们选择的，正是有着类似国家模式的纳粹德国。

早在19世纪末中日甲午战争后，德皇威廉二世就把崛起的日本视为假想敌，提醒欧洲各国共同防范。"一战"之中，两国更曾直接交兵，并且战后日本夺取了德国在亚太的殖民地。然而，此时的局势使他们顾不得这些陈年旧怨。1936年，德日签署《反共产国际协定》，组成外交同盟，1937年意大利也加入协定，"柏林—罗马—东京轴心"正式形成，三大军事独裁国家合流，极权主义政治在国际上的声势达到顶点。

虽然此时的轴心协定尚不含军事盟约内容，但当时日本已发动全面侵华的

"七七事变",意大利已于一年前正式吞并费了九牛二虎之力才打败的阿比西尼亚（埃塞俄比亚），希特勒也正磨刀霍霍，瞄准奥地利、捷克斯洛伐克、波兰等邻邦。正如不久后墨索里尼对来访的德国外长里宾特洛甫说的,"我们不可结成单纯防御性的联盟……相反，我们愿意缔结一个改变世界地图的联盟"。

10
野望

1941年（昭和十六年）12月6日深夜，白日里熙来攘往的东京已渐归沉寂，首相官邸"日本间"的灯光仍和前几夜一样，整宿亮着。一阵低泣声从某个房间里传出，飘在静谧的夜里。官邸的女主人、首相夫人东条胜子循声而至，虽然这声音她已经辨出，但当她拉开卧室的门，看到眼前的场景还是怔住了——自己的丈夫，刚刚履新一个多月的日本首相东条英机，正跪坐于地，埋首痛哭。

> 那时候我和在女子学校上学的三女儿就住在隔壁屋子里。记得是6日深夜，从丈夫的卧室里传出哭声。我想是否出了什么事？于是就起身打开走廊的门，窥视丈夫的卧室，只见他正坐在被褥上面，面向皇居哭泣……睡在我身边的女儿也听到了哭声，睁开了眼睛。她拉开移门，看到了东条哭倒在地的情景。我清楚地记得，我和女儿重新钻回自己的被窝，悲痛难忍地一起哭了起来。（保阪正康《昭和时代见证录》）

这是东条胜子在事发近40年后的回忆。当时她未必知道，丈夫看似不可思议的痛哭，是为了一场已经开始的、无可挽回的、以日本国运乃至全体日本人身家性命为筹码的疯狂豪赌，而她更加想象不到，随着这场赌局的开始，全世界将有多少家庭为之离散摧折，为之悲戚恸哭。

一切还需重头说起。

从这个时间点回溯四年，1937年，日本发动全面侵华战争。根据对中国军队战力以及当时国内局势的评估，日本军方乐观地认为"征服中国"三个月足矣。然而，事情的进展出乎他们预料，面对亡国灭种的威胁，此前不被日军放在眼里的中国军人鼓起了空前的勇气，虽然"枪不如人，炮不如人"，屡战屡败，死伤巨万，但仍负隅苦斗，绝不降服，以"一寸山河一寸血"的巨大牺牲和决绝气概，硬是将战事拖入了第二个年头、第三个年头，直至第四个年头，成为持久战。

这期间，日本人的盟友希特勒也终于在欧洲动手。继前一年先后吞并奥地利、捷克斯洛伐克后，1939年9月，德国"闪击"波兰，第二次世界大战就此拉开帷幕。德军凭借强大的空军、坦克集群和摩托化步兵，以及先进果决的战略战术，不出一个月就征服了曾令苏联红军无功而返的东欧大国波兰。此时，波兰的盟国英、法已对德宣战，却反应迟钝，贻误战机。1940年春，德军转头杀向西欧，4—5月席卷荷兰、比利时、卢森堡、丹麦、挪威五国。5月底逼得英、法、比利时34万联军弃守大陆，从法国敦刻尔克港撤往英国，丢弃了大批给养和精良装备，依靠着奇迹般的运气才得以逃脱。6月14日，德军开进不设防的巴黎，法国政府垮台，两天后，新成立的贝当元帅领衔的傀儡政权对德投降，国防部副部长夏尔·戴高乐等主战派流亡。22日，德、法媾和，法国三分之二的领土被德国占领。8月起，德国空军轰炸英伦，全仗临危受命的新任首相温斯顿·丘吉尔督率英国军民力战，勉强顶住。此外，意大利的墨索里尼也趁火打劫，向英、法宣战，袭击法国南部以及英属北非。

盟友接连不断的胜果刺激了日本。根据日本的侵略构想，吞并中国只是"称霸世界"的开始，之后的下一步行动，有"北进"和"南进"两个选择。所谓北进，是主张占据中国东北之后，进兵苏联夺取西伯利亚；南进派则主张将侵略重点放在中国东南沿海地区，进而以之为基地，向东南亚的中南半岛、马来亚、荷属东印度群岛（今印度尼西亚等地），甚至大洋洲的澳大利亚、新西兰扩张。两派的主张背后则是军方内部陆军与海军、一线部队军官与参谋本部官员、"皇道派"与"统制派"，甚至更古老的长州、萨摩藩阀间的钩心斗角，错综复杂。

原本陆军主张的"北进"战略占上风，日本与纳粹德国结好，很大程度上也是因为德国的反共立场，打算以之为奥援，制衡共产主义的苏联。1938年9月和1939年5月，驻扎朝鲜和中国东北的日军分别在中苏边境的张鼓峰、诺门坎两次与苏军发生冲突，都没占到便宜，诺门坎一役更吃了大亏，苏联强大的军事实力让日本深感忌惮。同时，1939年8月诺门坎战役进入尾声阶段，正逢德国准备入侵波兰，为防止苏联插手，德国与之签署了《苏德互不侵犯条约》，这就意味着日本若对苏作战，将得不到德国的军事支援，日方不得不与苏联谈判停火。此事直接导致主张联德攻苏的首相平沼骐一郎及其内阁下台，日本也重新考虑"北进"战略。而到了1940年，法、荷、英在欧洲节节败退，他们位于东南亚的广阔而富庶的殖民地几成无主之地，其中大量资源日本垂涎已久，包括荷属东印度群岛的石油和煤炭、印度支那（含今越南、老挝、柬埔寨，当时属法国）的铁矿石和木材，以及马来亚（当时属英国）的橡胶、稀土，现在正是夺取的良机。于是，"不要错过末班车"的呼声在日本决策层中响起，尽管中国战场仍胶着未决，日本已迫不及待地寻求开辟新战场。

1940年9月，日本加入德、意两国的条约，将三国轴心协议上升为军事同盟，准备从盟国的战争中渔利。同时，日本着力改善同苏联的关系，与之签订中立条约，甚至1941年初还曾试图牵线组成德、意、日、苏四国同盟，瓜分整个东半球。尽管这个异想天开的建议没能得到德国或苏联任何一方的回应，但从中不难看出，日本已将侵略目标从北方强邻转移到别处。1941年6月22日，局势再度大变。德国突然出人意料地向苏联发起全面进攻，围困列宁格勒（圣彼得堡），攻陷基辅，半个月推进200千米，势不可挡。仓促应战的苏联红军成建制地战死或被俘，之前苏联领导人斯大林在军队高层实施"大清洗"自损干城，恶果在此时显现。

对日本来说，这是他们又一次，其实也是最后一次面临"北进"还是"南进"的抉择。经过权衡，日本军方最终放弃了侵苏的念头，此后的侵略重心转向了南线——西南太平洋。

然而，不管南进还是北进，日本都时刻感受到一股强大的压力，如芒在背，那来自拥有全球最强实力的美国。

这一年，也正是罗斯福的第三个总统任期的首年。在1940年底的大选中，罗斯福打破了自华盛顿开国以来保持了一个半世纪的不成文规定，第三次竞选美国总统，并成功连任，而且这一次的投票人数创了历史新高，罗斯福的得票率达到55%。

面对当时已经如火如荼的"二战"，罗斯福并不想置身事外。从道义论，这是德意代表的极权主义政治与英美代表的民主自由政治的生死角逐，将在极大程度上影响未来全世界范围内的政治制度走向；从利益论，战争素来能极大地刺激经济，尤其是对军工、运输、能源等重要行业，这有利于美国彻底摆脱大萧条的余波；况且，这场战争把世界上最主要的国家都卷了进去，因此战争的最终获胜者，也必定会在未来获得世界领袖，甚至霸主的地位。

不过，好不容易从大萧条中缓过一口气的美国人自然不希望好生活再次毁于战争，"一战"的牺牲让美国人心有余悸，政客们也普遍支持固守美洲的"门罗主义"，民间和政界对参战都十分抵触。1940年正处在寻求连任关键期的罗斯福不得不顺从民意，几次向选民承诺，"绝不会把你们的孩子送到遥远的海外去打仗"。但当连任已经定局时，罗斯福向国内外亮明了立场。在1940年12月29日的"炉边谈话"中，他一边再次强调不会向欧洲派兵，一边又直言斥责德国的侵略行径和德意日"三国轴心协定"，宣称美国"必须成为民主制度的巨大兵工厂"，必须"像亲临战场一样"加强国防，并为遭受侵略的国家提供援助。在1941年1月的国情咨文中，罗斯福又提出了著名的"四大自由"（言论自由、信仰自由、免于匮乏的自由、免于恐惧的自由），将反法西斯战争赋予了捍卫自由的意义。这样一来，虽然没有出兵参战，但美国事实上已经站在了英法等同盟国一边，也就是说，站在了德意日的敌对面。

1941年，英国战事吃紧，丘吉尔频繁求助于罗斯福，美国人想出了一条折中方案。该年1月，美国国会通过《租借法案》，授权美国总统向其"认为与美国国防有至关重要之国家政府"提供战争物资，或卖或租或借，先交货后收钱。而根据此前美国实行的《中立法案》，向处在战争状态的国家或地区出售物资必须先收钱。罗斯福将这项新法案解释为，"把水管先借给家里失火的邻居，等灭了火之后，再谈收钱的问题"。

在当时反战呼声占主流的美国社会，《租借法案》已经是罗斯福能做到的极限。法案于该年3月生效，美国立即向英国提供了武器和贷款，为在德国猛攻下苦撑的英军雪中送炭。后来，法案的援助对象也扩展到中国（法案通过前美国也曾向中国提供过援助），甚至包括了此前因意识形态问题被欧美视为洪水猛兽的苏联。要知道，此前美国连在地理上都不愿承认苏联的存在，在1930年代的美国地图册上，苏联的位置被涂成一片漆黑，"就如同未经探明的非洲内陆某些地区一样"（威廉·曼彻斯特《光荣与梦想》）。

1940年，日本趁法国新败，出兵印度支那北部，法国已无力阻止，美国却反应激烈，停止对日本的钢铁出口，要求日本立刻撤军。1941年7月，日本再次突破美国底线，进军法属印度支那南部重镇西贡，同时将舰队驶进金兰湾。7月26日，罗斯福下令冻结了日本在美国的资产（德意在美资产已在一个多月前被冻结），两天后日本也报复性地宣布冻结美国及英国在日资产。8月1日，美国宣布对日本实施石油禁运，很快扩展到粮食和纺织品之外的一切物资禁运，与美国站在同一立场的英法等欧洲国家也纷纷对日本实施类似的经济制裁。

19世纪末，汽油机、柴油机等新发明出现后，石油已逐渐取代煤炭成为主要燃料。"一战"前后，英国率先将海军舰船改造成燃油驱动，航速和航程都大有提高，各国海军纷纷效仿，石油成了国防工业的命脉。日本石油资源匮乏，严重依赖进口。1935—1939年，日本从美国进口石油的份额由67%增长到90%（数字见《检证战争责任》），而1941年日本的石油储备约为800万吨，年耗约500万吨，这意味着美国石油断供后，日本只能支撑不到两年。因此，美国石油禁运对日本是致命的，这几乎就意味着战争先兆，同时也使日本更加垂涎东南亚的石油资源。另一方面，对美国来说，如果石油禁运这个绝招还不能迫使日本就范，那接下来恐怕只能动用经济制裁之外的手段了。

此外，美国也向日本发起政治攻势。8月14日，罗斯福与丘吉尔各乘军舰，在大西洋纽芬兰群岛附近海面秘密会晤，磋商欧洲局势之余也谈到了日本。会议后，美英联合发表了著名的《大西洋宪章》。同时，美国也与英国及荷兰（当时已向德国投降）一同向日本发出措辞严厉的警告，称美英荷三国将采取一切措施，以阻止日本在西南太平洋地区扩张，即便这些措施会导致与日本的战争也在所不惜。8月17日，刚回到华盛顿的罗斯福再一次召见日本驻美大使野村吉三郎，告诫他如果日本不放弃扩张政策，美国为保护其在亚太地区的利益，将不得不采取"一切必要措施"。日本试图与美国谈判，以德意日轴心协定为威吓，以共同瓜分世界为利诱，要求美国恢复贸易，不干涉日本在中国及东南亚的行动。但美国根本不为所动，不但要求日本撤出印度支那，还一反此前的听任态度，在明确将继续资助中国政府之外，更直接要求日本从中国撤军。双方的底线相差太远，谈判完全是白费唇舌。

至此，美国的态度已十分明确，决不允许日本触及关系自身重大利益的东南亚。日本骑虎难下，要么向美国屈服，放弃"南进"念头，并做出极大让步换取和解；要么破釜沉舟，与美国这个近一个世纪前将恐惧感带给日本的国家，一决高下。

11
迅雷风烈

1941年9月2日,日本陆军与海军经过近一个月的研究,提出《帝国国策实施纲要》。这份文件的总基调是主战,提出以美英荷三国(主要是美国)为作战目标,10月底前完成战备,在此期间与美国的谈判照常进行,若10月上旬外交手段仍不能奏效,即对美英荷三国开战。

此时的日本首相近卫文麿也是狂热的军国分子,他是侵华战争的鼓吹者和决策者。然而面对美国,近卫却全然提不起豪横之气,压力日甚一日,他不敢专断,只好谋及众人。

9月6日,在天皇宫中筹划国家大事的千种厅,一场重要的御前会议召开了。裕仁天皇亲临现场,参会人员包括政府首相近卫文麿、陆相东条英机、海相及川古志郎、外相丰田贞次郎、军方的陆军参谋总长杉山元、海军军令部总长永野修身、枢密院议长原嘉道,以及作为能源专家出席的企划院总裁铃木贞一等核心人物,议题便是讨论事关战和的《帝国国策实施纲要》。

《纲要》立足于战,近卫本人深知日美实力差距,颇怀顾虑,唯恐战败无法担责,因此已在会前将《纲要》呈送天皇,希望天皇出面否决。天皇态度暧昧,虽然要求备战、外交两手准备,要确保必胜才准许开战,但近卫觉察到,在杉山、永野二人的怂恿下,天皇隐然已有主战之意。

会上,原嘉道质疑《纲要》提出的备战将使美国认为日本缺乏诚意,必然导致和谈失败,将日本拖入战争。及川古志郎偶尔作答,本该回话的杉山与永野两位具体负责人则一言不发。

忽然,御座上的裕仁天皇开了口,这是御前会议上多少年都没有过的破例之举。按照惯例,天皇在御前会议上是不发言的,只待诸臣僚议定方略,再加盖国玺。此次他主动发言,实非寻常。众人立刻静了下来,聆听"玉音"。

裕仁先是称赞原议长问得有理，批评杉山与永野闭口不言，再次要求战和两策要齐抓并举，不可偏废，而当这些老调长谈快要结束时，他忽然从衣袋中取出一张字条，念道："四海本来皆兄弟，何事风雨起波澜。"

天皇特有的戏剧念白般的古韵，抑扬顿挫，闻言者却呆坐无语，有人眼露兴奋，有人额头冷汗涔涔。在座的都知道，这是明治天皇御制的和歌，听起来虚无缥缈，其实已经决定了日本的命运。这诗句看似悲天悯人，实则暗含杀机——当年明治天皇吟罢此诗不久，日俄战争就爆发了。

果然，裕仁接着说道，望诸君善体圣心，谨记明治天皇"热爱和平"之遗志，言毕离席，起驾回宫。大家心中雪亮：上意已明，原来天皇是支持开战的。

接下来《纲领》通过，战争已无可避免。迅雷风烈，巨变在即。

自感不堪重负的近卫文麿于10月16日率内阁总辞职，一天之后，天皇就任命曾任陆相的东条英机出任新首相。57岁的东条英机终于爬上了帝国的权力顶峰。他出身军人家庭，籍贯是本州岛东北的岩手县。其父东条英教就是狂热的扩张主义者，他于明治维新之后入日本陆军大学，以首届第一名的成绩毕业，后参加西南战争、甲午战争，颇立功勋。但由于他出身在边缘的陆奥地区，在长州萨摩两大派系把持的军界始终不受重用，日俄战争期间因过被贬。抑郁之下，英教退伍，将余生的大部分精力用来培养儿子英机。在英教严酷的训练下，东条英机自小习练剑道"神刀流剑舞"，形成坚忍好斗的军人性格，尚武情结深埋于心，更幻想如其父一般，"扬皇威于海外"。

成年后东条英机投身军界，就读于陆军士官学校第17期，后考进父亲的母校日本陆军大学，同样成绩优异。"一战"结束后，他被派驻德国，出任使馆武官，此时正逢欧洲社会动荡，法西斯主义已在德意等国露出苗头，极权主义、国家主义等主张令东条英机等日本旅欧军官深以为然。1921年在德国旅游胜地巴登巴登温泉，三位出身陆军士官学校第16期的日本少壮派军官聚会密谋，东条也赶来附学长之骥尾。几人约定，回国后要以法西斯思想改造日本，打破藩阀界限，整合军队，建立全国总动员机制，掌控政权并进而扩张海外。此次谋划被称为"巴登巴登密约"，参与者除了小弟东条，另外三位分别是日后"统制派"领袖、"九一八事变"的主谋之一永田铁山，"皇道派"核心人物小畑敏四郎，还有未来的侵华日军总司令冈村宁次。后三人被捧为"陆军三足乌"（三条腿的乌鸦，日本神话中象征太阳的神鸟），又称"巴登三杰"，有的说法中也将东条加上，凑成"四杰"。

不久后，东条任满回国，先后任职于陆军大学、陆军技术本部、参谋本部，其间他们将计划付诸实施，成立了少壮派军官为主的法西斯组织"一夕会"，以永田铁山为首，成员除了东条、冈村，还有板垣征四郎、石原莞尔、土肥原贤二、山下奉文……一干大小战犯尽在其列。在他们的影响鼓动下，日本的法西斯社团一时多如牛毛。1931年，东条进入日本陆军中枢机构参谋本部任课长，主管特务工作，任内镇压日本国内工人运动和反法西斯主义运动，因出手狠辣，得了"剃刀"的绰号。1935年，东条被派往伪满洲国，任关东军宪兵司令，残杀中国军民不计其数。在此期间，日本的军国主义倾向愈发猖獗，"皇道派"与"统制派"的争权夺利也不断加剧，永田铁山于1935年的派系冲突中意外地死于一名"皇道派"低级军官的刀下。身为"统制派"，东条英机也深恨"皇道派"，在1936年的"二二六事件"后，东条果断打击关东军中的"皇道派"，稳住了作为日本陆军第一重镇的关东军，赢得声望，因之晋升中将，"皇道派"自首领小畑以下，从此在日本军队中失势。1937年日本全面侵华，已升任关东军参谋长的东条欢欣鼓舞，并组织察哈尔兵团进犯华北。1938年5月，东条被调回日本国内，任陆军次长，此时过于自我陶醉的东条宣称要对苏联开战而引起轩然大波，"战争狂人"之名也尽人皆知。

1940年，东条进入近卫内阁任陆相。次年6月苏德开战，隶属陆军派系又极度仇视苏联的东条本来一直是"北进"鼓吹者，但此刻形势变化，东条提出"涩柿与熟柿"之论。他认为德军目前虽占上风，然而苏联尚大有潜力，胜负犹未可知，此时就冒险进攻苏联，相当于去摘取青涩的柿子，即便摘到也可能是颗苦果，不如待确认其大势已去，再出兵西伯利亚，摘熟柿子。此时更宜借着苏联忙于迎敌、北方边境安全的机会，腾出全力夺取东南亚。东条的主张对日本战略决策起了重要影响，最终日本提出的方针是"南北并进"，然而这更多是在安抚陆军中的北进派，从日后的实情来看，日本虽然在中国东北一直维持了相当数量的军力，但并不曾越过中苏边境"北进"一步。

近卫内阁试图以外交手段使美国不介入日本的扩张，但始终没能如愿，日美必有一战的局势日趋明朗。尽管组阁之初，近卫曾与东条以及当时的海相吉田善吾、外相松冈洋右达成"四相协定"——为了向东南亚扩张，"不惜对美英采取毅然决然的态度"。但事到临头，近卫畏缩，东条却跃跃欲试。1941年10

月12日，近卫借庆祝50岁生日之机将东条和海相及川、外相丰田邀来府上，最后一次讨论是否尚有回旋余地，东条和已经唯他马首是瞻的及川态度强硬，非打不可，近卫只好挂冠让位。

东条英机继任首相，同时仍任陆相，并兼任统管国内警察、治安的内务大臣，军阶也晋升为大将。东条以现役军人的身份拜相，政府、军队、警察三方面大权集于一身，他的内阁已是名副其实的军人内阁。裕仁天皇授予他这样空前的权威，也是以此表示对他的绝对支持。寒光闪闪的东洋剃刀已经出鞘。

此后，东条全力准备对美作战。其实，对日美之间的实力差距，东条英机并非不知。此前他的忠实追随者岩畔豪雄曾为他算过一笔账，当时美国和日本钢铁产量比是20∶1，石油储备超过100∶1，煤10∶1，劳动力5∶1，飞机5∶1，海运能力2∶1……岩畔据此得出的结论：日美实力有天地之别，纵有"大和魂"也绝难获胜。东条恼羞成怒地将岩畔发配到柬埔寨前线，岩畔临行时感慨，战后回到东京时恐怕只能看见一片废墟了。

岩畔的逆耳之言句句是实，即便如此东条英机还是决定对美国开战，这不禁令后人，包括日本人在内，都觉得难以理解，除了前文提过的当时日本国内外局势，大概只能归结为东条孤注一掷的赌博心理了。同时，东条也明白，这样一场事关日本帝国霸业兴衰的世纪赌局，需要一位真正的赌徒来坐镇推庄，此人便是日本联合舰队司令长官，海军大将山本五十六。

12

孤注一掷

山本五十六与东条英机同龄。不同于东条等人，山本出身乡下农家，原姓高野，其生父高野贞吉老当益壮，在五十六岁高龄时喜获此子，故名之"高野五十六"，以为纪念。

据说，高野少时便表现出军人潜质，经常带领本村孩童"大败"邻村，成年后他进入江田岛海军兵学校就读，参加了日俄战争，并负伤致残。战后高野因功受赏，荣归故里。他的家乡长冈还曾出过一位偶像级名人山本带刀，倒幕战争时期，此人曾率长冈武士与政府军作战，虽然站错了队，兵败被斩，但后来明治政府为效忠幕府的武士平反，山本更因其忠勇颇得乡人崇敬。山本带刀身后无嗣，他昔日的主公长冈藩主牧野氏不忍心这位忠臣就此绝后，一直在物色有资格承继山本声望的青年才俊，相中的就是高野五十六。高野与山本两家本是世交，入继山本家又意味着承袭"长冈第一名门"的荣耀，高野的父兄都很赞成。于是1916年，已获海军少佐军衔的高野返乡举行改宗仪式，从此高野五十六变成了山本五十六。

改姓后三年，山本五十六被选派赴美留学，就读于哈佛大学。初出国门的山本惊诧于美国的富强，在美期间，山本利用课余时间在美国及墨西哥四处游历，增长见识，两年后学成回国。不久他又出使欧洲，1925年底再次赴美，担任大使馆武官。这些经历使得山本眼界开阔，头脑灵活，易于接受新思想。

1928年山本又被调回国内，就职于海军系统，屡获擢升，到1939年时已是联合舰队司令长官，次年晋阶海军大将。出于对美国实力的深刻认识，在日本确立以美国为假想敌的国家战略时，山本就表达过不同意见，"仅看看底特律的汽车工业和得克萨斯的大油田就可明白，我们把美国当作对手，与其进行毫无节制的军备竞赛，一开始就是错误的，这不是我们的国力能够承受的……

日美发生战争，将给人类带来灾难，是世界的巨大不幸"（阿川弘之《山本五十六》）。基于此，山本还曾强烈反对日本与德意结盟的外交策略。

然而，山本五十六性格中还有同样重要的另一半：他是一个赌徒。山本自幼随父亲学将棋，后来又学会麻将、扑克、桥牌、围棋、国际象棋，总之各种可以决胜负的智力游戏，他几乎无一不通，无一不精。他最喜欢的是扑克，大概是因为这种胜负需要一定的运气，而非完全取决于技艺高下的游戏更加刺激吧。山本虽然反对日本对美开战，但1940年"南进"成为政府决议、与美决裂成为定局时，他也只能坐上赌桌，准备参与这场豪赌。

此前日本海军也一直以美军为假想敌，但战略都是立足防守，沿用对俄作战时的经验，制订了"七段战"战法，即诱使美军长途奔袭，在其必经之路上埋伏潜艇、鱼雷艇不间断地邀击袭扰，使美军舰船数目减少，力争消灭其三成兵力，然后由以逸待劳的日海军主力在马里亚纳群岛一带与美国决战。这就是日本海军中长期流行的"递减战略"。根据该战略构想，日本必须将海军舰船吨位至少提升到美国海军的七成。《华盛顿海军条约》将日本海军的规模限定在美国的60%，虽然1934年底日本退出了该条约，扩充海军，但毕竟军工实力所限，日本海军规模至少要到1941年才能达到美国海军70%的底线目标。更要命的是，随着日美关系紧张，美国开始修建新船，其造舰能力起码四倍于日本，也就是说，日本海军的舰船吨位很快会再被扩编的对手重新甩开，并且越甩越远。

基于这个判断，山本的想法是放弃消极防守的"递减战略"，要么不打，要打就趁早。趁着美国海军的主力还部署在大西洋——太平洋舰队相对单薄的时候，抓住这个日美差距达到最小的时间点果断出击，最大限度毁伤美军主要舰只，使其短期内无法恢复元气，日本便可以像德国闪击欧陆那样，迅速吞下东南亚，夺取资源，那么这场以小博大的豪赌，没准能赢。毕竟这也不是日本海军第一次面对这样的战略态势，日俄战争，甚至甲午战争，他们开战前都处于弱势。

因此，战略关键就是要在开战伊始扫清美国太平洋舰队对侧翼的威胁，再放心大胆地实施南进，而不能像一些"稳健派"打算的那样，先南进，再坐待美军来攻。一句话，要攻其不备，先发制人。具体目标，就是美国太平洋舰队的大本营，夏威夷瓦胡岛，珍珠港。

至于具体战术，山本及其智囊团的构想也十分前卫。他们主张以海军航空兵，也就是舰载机作为攻击主力。飞机发明于20世纪初，"一战"时才首次投入战斗，直到"一战"后期为飞机提供起降平台的航空母舰出现，飞机才开始参与海战。各国海军仍然更看重传统的大炮巨舰主义，日本也不例外，早期的频繁坠机事故让他们神经敏感，前任联合舰队司令吉田善吾甚至不敢乘坐飞机。此时日本海军寄予厚望的两艘6万吨级战列舰"大和"号和"武藏"号仍在修建，这两艘超级巨舰被视为未来柱石。

山本也怀有很深的战列舰情结，但在1940年3月日本海军的一次演习中，指挥航母的一方完胜指挥联合舰队主力的一方，此事给了山本很大触动，让他认识到飞机可以克制不可一世的战列舰。研究者认为，至少从这个时候起，山本脑中已经有了袭击珍珠港的初步计划。

接下来的半年多，这个计划一步步清晰：突破航母单独使用的惯例，将航母编队，最大限度地集中舰载机，分别用于攻击美军舰船和陆上机场，攻击的武器首选鱼雷。同时，山本也意识到美军航母将对己方构成同等威胁，因此将美军航母锁定为第一打击目标，接下来才是战列舰、巡洋舰、驱逐舰。1940年11月，意大利对英宣战后不久，英国皇家海军突然袭击位于塔兰托的意大利军港，击沉意大利战列舰1艘，重创2艘，加上其他斩获，"使意大利海军的一半力量至少半年不能动弹"（丘吉尔语），英军用的武器正是舰载鱼雷机。日本从盟友的倒霉中受到启发：塔兰托和珍珠港一样，是浅水港，鱼雷自空中发射可能会撞上海床提前爆炸。但英国人的成功让山本相信，只要尽可能降低发射高度，再改进鱼雷，这个技术障碍是可以克服的。

11月底，在近卫内阁还在试图用外交手段使美国让步时，山本找到海相及川，提出了自己的战略构想，并表示愿意辞去联合舰队司令长官之职，作为前敌指挥，亲率航母编队出征。这个计划没有马上得到答复。次年1月，山本又提交《关于战备之意见书》，再次敦促海军军令部。同时，他在联合舰队中改组航母编队，并从手下物色了对海军航空兵战法有研究的新锐军官大西泷治郎少将、源田实少佐，以及他最信赖的首席参谋黑岛龟人等人，共同筹谋，各种针对性的特训和武器开发也在秘密进行中。到了4月，作战计划基本成型：调用日本海军全部4艘航母"加贺"号、"赤城"号、"飞龙"号、"苍龙"号，加上轻型航母"龙骧"号，秘密接近珍珠港。集中全部舰载机发起突袭，高空轰炸、俯冲轰炸、投放鱼雷等手段并用，同时调集2艘战列舰、2艘重巡洋舰，以及驱逐舰、潜艇若干负责护航，外带油轮提供补给，进行高难度的海上加油。另外，一旦提前遭遇美军，就地展开决战。山本将这一计划命名为"Z计划"，取意当年对马海战时东乡平八郎打出的象征决战的Z字旗。

山本在其旗舰"长门"号上召集绝密会议，将计划交付相关将领讨论，他任命执行这一任务的第一航空舰队司令长官，是54岁的海军中将南云忠一。这是一位老资格将领，出身海军省机关，因常年出没海军省的红砖围墙内外，被称为"红砖派"。南云不但资格老，观念也比较老旧，他是鱼雷战的高手，但从未接触海军航空兵作战模式，并且他从心里抵触山本这个冒险计划，认为风险太大，不可控因素太多，一个小小纰漏就可能满盘皆输。如果一定要赌，与其压上几乎是日本海军全部家底的精锐去赌运气，他宁愿赌美国人不会出兵东亚，而是放任日本"南进"。

以南云为代表的保守派在会上质疑，计划的主要具体拟订者源田实一一解答，第二航空战队司令长官山口多闻少将则力挺源田。双方争执之际，一直坐在主位上闭目养神的山本五十六一锤定音：非打不可。

这一下争议全部终结，无论情愿与否，各人都只能去准备开战。源田负责督办浅水鱼雷的改进，他推荐了大学同学，当时日军中最出色的飞行员，渊田美津雄少佐。此人是南云忠一做巡洋舰舰长时的老部下，身经百战，飞行时间超过3000小时，十倍于当时美军飞行员的平均水平（马克斯·布特《战争改变历史》）。渊田负责训练飞行员，地点选在地理状况和珍珠港十分接近的日本鹿儿岛。

6月，改进的浅水鱼雷出厂，可以在入水13米后即水平运行，虽然与入水10米的预定目标还有差距，但也算不小的进步；能击沉战列舰的800千克重磅炸弹也研发成功，打击全比例仿照美国战列舰"西弗吉尼亚"号的目标船实验效果良好；更理想的是，2艘在建的航母"翔鹤"号和"瑞鹤"号于9月交付使用，可调用的航母增至6艘，凑数的轻型航母"龙骧"号也可以调去南线。此外，在渊田的反复魔鬼训练下，飞行员技术也突飞猛进，高空轰炸机可以将投弹高度降至3000米，俯冲轰炸机投弹高度降到极其考验技术的600米，鱼雷机更是降到20米，这已堪称"死亡飞行"，而带来的益处就是命中率大增。构成Z计划的拼图，正一块块地完整起来。

这期间，美日关系不断恶化，迫近开战的红线。9月12日，山本主持相关人员在东京的海军大学举行绝密的沙盘推演，结果代表日军的红方损失惨重，观战的海军军令部方面再度质疑，Z计划几乎面临搁浅，山本很是郁闷。10月17日，东条内阁上台，山本视之为Z计划的最佳也是最后的机会。次日，山本派首席参谋黑岛去见海军军令部总长永野修身，再次力陈Z计划之势在必行，并以辞职相威胁，永野只好点头。山本五十六赌上日本海军乃至整个日本国运的"乾坤一掷"，终于就要开局。

11月5日，《大本营海军部命令第一号》签署，令山本的联合舰队于12月初对美英开战，具体时间定在东京时间12月8日拂晓时分，夏威夷当地时间的12月7日星期天。根据惯例，这一天太平洋舰队的舰船会全部停泊在珍珠港内，士兵都会去度周末，正是攻其不备、聚而歼之的良机。随后，准备参加珍珠港作战的各路舰船先后驶离停泊地，沿不同路线向位于日本北部择捉岛（北方四岛之一，现在俄罗斯控制下）单冠湾的基地聚拢。11月17日，南云所乘的旗舰"赤城"号航母也自佐伯湾出发。行前，山本登上"赤城"号，为之把酒壮行。

到了11月23日，即将参加珍珠港行动的舰队在单冠湾集结完毕。主力是6艘航母（"赤城"号、"加贺"号、"苍龙"号、"飞龙"号、"翔鹤"号、"瑞鹤"号），六舰共搭载舰载机423架，攻击敌舰的主力机型是九七式舰载鱼雷机（简称"九七舰攻"），这是1937年底研制出的机型，最高时速达到362—378千米，航程790—980千米，一大优点是既能加挂炸弹，又能加挂鱼雷，兼顾了珍珠港海陆两方面的目标。用于护航的飞机更是日军的尖端武器，零式舰载战斗机（简称"零战"）。日本机型以服役年份尾数命名，零式机型1940年被海军采用，那一年是日本的"神武天皇纪年"2600年，故而得名。零战的巡航速度为296—370千米/小时，最大速度518—571千米/小时，升限10000米，航程3000千米。各项数据不但是日军翘楚，也优于当时任何一款美英的舰载战斗机。舰队还包括2艘战列舰、3艘巡洋舰、9艘驱逐舰、3艘潜艇，以及7艘油轮，还有5艘潜艇母舰各携1艘袖珍潜艇已经提前驶往夏威夷附近海域潜伏，为大部队打前站。

以上全部30艘舰艇，整编为第一航空舰队，具体构成如下：

表1　第一航空舰队构成表

编队	所辖舰船	舰种	负责人	任务
第一航空战队	"赤城"号、"加贺"号	航空母舰	南云忠一（中将）	空袭
第二航空战队	"苍龙"号、"飞龙"号	航空母舰	山口多闻（少将）	
第五航空战队	"翔鹤"号、"瑞鹤"号	航空母舰	原忠一（少将）	
第三战队	"比叡"号、"雾岛"号	战列舰	三川军一（少将）	护航
第五战队	"利根"号、"筑摩"号	重巡洋舰	阿部弘毅（少将）	
第一水雷战队	"阿武隈"号	轻巡洋舰	大森仙太郎（少将）	警戒
	"浦风"号、"矶风"号、"浜风"号、"谷风"号（第17驱逐队）	驱逐舰		
	"霞"号、"霰"号、"不知火"号、"阳炎"号、"秋云"号（第18驱逐队）	驱逐舰		
补给队	"极东丸""健洋丸""国洋丸""神国丸"（第一补给队）	油轮	大藤正直（大佐）	补给
	"东邦丸""东荣丸""日本丸"（第二补给队）			
潜艇队	伊-19、伊-21、伊-23	潜水艇	今泉喜次郎（大佐）	侦察
总计	各种舰艇30艘		舰队司令：南云忠一 参谋长：草鹿龙之介（少将）	

直至此时，南云才向舰队官兵宣布此次出征的目标，船上官兵，尤其是飞行员们，个个兴奋莫名。各舰长官趁机做最后的动员，第二航空战队司令山口多闻有"海军乃木希典"之誉，以狂热的武士道精神著称，此时他再发豪言激励士卒，要部下们舍生忘死，"即便只剩下一颗牙，也要狠狠咬进敌人的肉里"，闻言者无不热血沸腾。当晚舰队大宴，其时已经入冬，择捉岛雪山耸峙，单冠湾大海苍茫，景致冷峻，气氛肃杀，舰队成员们畅饮着很可能是人生最后一顿的美酒，不由得激发了易水风萧的必死之志。

在随后的两天里，南云又最后一次对各舰舰长面授机宜。11月26日，舰队起航。在参谋黑岛龟人的极力建议下，日本的进兵路线定在了北线，放弃风平浪静气候适宜的南太平洋路线，选择在隆冬时节穿越北太平洋鄂霍次克海的航线，尽可能避开途中的渔船、商船。同时，舰队保持严格的无线电静默和夜间灯火管制，只有旗舰"赤城"号每天从电台接收暗语信号，只收不发。舰队还决定，一旦途中遭遇外国船只，如是中立国的，将之暂时扣留；如是美英的船，不论军用民用，当即击沉。

舰队如幽灵般悄无声息地在北太平洋的阴风浊浪里穿行，日本国内也用一切手段为其提供掩护：自舰队进驻之日起，择捉岛居民对外的通信和出行就被切断，生活物资由海军提供；在鹿儿岛等此前的航空兵训练基地，仍调集大批训练机，每天飞过市区，使人不觉异常；在出动的各舰船原停泊地，伪造无线电信号，麻痹监听者；组织大批穿着海军制服的海军大学学生公开在东京游览皇宫，并登报，制造海军士兵都在国内的假象；在东南亚一带频繁调动军舰，吸引美国情报人员的注意力。

另一方面，直接针对美国最高层的麻醉武器也在不间断地释放。虽然东条内阁早已不对和谈抱有幻想，但为了掩护军方意图，直到南云舰队出发，在华盛顿的马拉松式谈判都没有停步。驻美大使野村吉三郎和专程赶来的"和平特使"来栖三郎还在与美国国务卿科德尔·赫尔没完没了地磨嘴皮子，仿佛不知这纯属徒劳。

11月26日，赫尔向日方使节提交被称为《赫尔备忘录》的文书，要求日本的海陆军和警察部队无条件撤出中国和法属印度支那；蒋介石的重庆国民政府为中国唯一合法政权；退出与德国、意大利的轴心协定。赫尔以上述三条作为恢复对日石油供给的条件，并表明这是美国的最终立场，不会有任何让步。

而这份备忘录注定不可能得到回应，因为就在这一天，南云的第一航空舰队已经出发，并且在障眼法的掩护下正全速驶向夏威夷，珍珠港。

13
军港的夜静悄悄

夏威夷群岛静静地躺在距离美国西海岸3700千米外的太平洋中。

群岛东西绵延近2500千米，但陆地面积仅有1.6万余平方千米。其中宜居的大岛8个，小岛百余，全部地处热带。18世纪末，英国著名探险家库克船长航行至此，这个天堂般的群岛才为白人所知。19世纪初，在英国人的介入下，群岛的原住民波利尼西亚人曾建立过统一的夏威夷王国，可惜这个王国生不逢时，创建未久就陷入欧美列强的争夺，英法都曾宣称自己是夏威夷的主人，但笑到最后的是美国人。1893年，美国侨民发动政变推翻了夏威夷末代女王，建立"夏威夷共和国"，并寻求与美国合并。1898年美西战争期间，打得顺手的美国人正式将夏威夷作为海外领地，收进版图（直到1959年，夏威夷才作为一个州加入合众国）。

夏威夷八大岛中，最为宜居的当属瓦胡岛。1941年夏威夷总人口为60万，75%居于瓦胡岛，夏威夷首府火奴鲁鲁（檀香山）也在那里。论战略位置之险要，仍首推瓦胡岛。该岛南部有一处环形海湾，凹陷于陆地环抱之中，几乎全封闭，海湾内是天然良港，水域面积32平方千米，可供数百艘船停泊，入口处却十分狭窄，仅三四百米，水位也浅，通常只有12—14米，而且港湾左右两侧有怀阿奈山脉和科劳山脉作为天然屏障，依山傍海，极尽地利。

山海相接之处就是珍珠港。从1920年代起，美国开始在那里建造太平洋舰队的训练基地，除了港口码头，还设有船坞、潜艇基地、大型储油库、武器库、修理厂、军用机场、指挥部、兵营，以及陆基防御设施，一应俱全。此外，瓦胡岛上还驻扎有美国陆军一个师的兵力，由陆军中将沃尔特·肖特统率，拥有飞机约300架。

夏威夷是保卫美洲本土的第一道防线，最主要的防范对象就是日本。正是在夏威夷，美国第一次感受到了这个新兴帝国的威胁。早在1893年夏威夷政变期间，日本就曾试图借保护侨民之机，派船来试探虚实，结果与美国发生摩擦。1897年，日本再次谴责美国吞并夏威夷，开来军舰与美国对峙，一度剑拔弩张。次年，夏威夷并入美国。面对既成事实，日本权衡之下最终退让，但其强势让美国印象深刻。1940年，美日关系紧张，美国开始加强对此前不受重视的太平洋舰队的训练。5月时更一反常态，命令刚结束例行演习的太平洋舰队留驻夏威夷，而非像往年那样返回加利福尼亚的基地圣迭戈。随后美国又增强了在菲律宾的军事力量，威慑日本的战略意图已十分明显。

1941年初，罗斯福命令太平洋舰队常驻珍珠港，并撤换了对此不满的原舰队司令理查森，换上的是59岁的海军少将赫斯本德·金梅尔。论资历，当时美国海军中至少有30人应该排在他之前，但高层破格提携金梅尔，看重的是他的严谨、勤勉和干练。金梅尔就任的同时，军阶晋升为上将，但这也意味着他的压力陡增，用当时美国媒体的话说，从那时起他要"为数百万吨的钢铁负责了"。

这数百万吨钢铁包括航空母舰3艘、战列舰9艘、轻重型巡洋舰各9艘、驱逐舰54艘、潜艇25艘，水面与水下的作战舰船合计112艘；此外，还有若干油轮、补给船、修理船，以及小型的快艇、炮艇等（航母"约克城"号以及若干驱逐舰在金梅尔接任前被调走）。金梅尔不敢不殚精竭虑，到任之后他意识到珍珠港自然条件固然极佳，兵力也不弱，但短板明显：第一，空中力量欠佳，海军航空部队中无论是飞机还是有经验的飞行员，都达不到必需的数量，防空能力也有待加强；第二，珍珠港虽设施完备，但孤悬海外，补给依赖本土，限于当时的运输和通信条件，隐含风险。金梅尔屡次示警，但罗斯福和海军部长弗兰克·诺克斯都认为大西洋方面更为重要，没有为太平洋舰队增调航母和轻型高速舰只。1941年5月，金梅尔面见总统，费尽解数争取到的也仅仅是罗斯福同意不再抽调珍珠港的舰船支援大西洋舰队。

在夏威夷，对美国太平洋舰队的虚实动静了如指掌的不止金梅尔一人，瓦胡岛掩映的椰林里，处处潜伏着窥探的眼睛。

在夏威夷，日本裔移民数量庞大，瓦胡岛就有8.3万人。日本军方早在1930年代就利用这一有利条件，派遣了大批谍报人员潜伏其间，刺探消息。其中，1932年美国海军在珍珠港进行的空袭军演引起日方高度关注，日本间谍也尽其所能打探到了该次演习的技术细节，这些情报很大程度上构成了日本袭击计划的范本。1941年，美日关系吃紧，日本也加大了谍报工作的力度，于该年3月向瓦胡岛派遣了海军情报部的王牌间谍吉川猛夫少尉。

吉川29岁，新近才经过短期突击培训上岗，却是个间谍天才。他的公开身份是日本驻夏威夷领事馆工作人员，化名森村正。他在当地时常以富家闲浪子的形象出现，用招摇的外表使人放松警惕，在瓦胡岛四处游荡，伺机窥视一切有价值的信息，例如港口内美军舰船数量、停泊位置、作息规律、飞机起降情况、大致巡逻半径、空中有无阻拦气球等。他还通过当地媒体、图书馆、民间观测者等一切途径，搜集水文气象方面的资料。此外，吉川还经常化装成渔夫、杂役，在夜间潜水探查珍珠港的反潜设施，或混进美军俱乐部，打杂之余窃听消息，有时也通过当地的艺伎，从前来消遣的美国士兵口中套取信息，只言片语中任何有价值的信息都不放过。吉川刺探情报时，从不在一个地方停留过久，以免引起注意，也从不使用望远镜之类的工具，一切都凭目测，更不做笔录，全靠练就的过目不忘之能。得到情报后，他通过当地广播或报纸，以暗语向日本方面报告。

1941年11月，开战前最后一刻，日本借撤侨之机，派间谍船"龙田丸"号邮轮赴夏威夷。船上潜伏着日本海军的高级军官，目的是实地勘察路线及珍珠港地形，同时也带去了山本发给吉川的命令，要他务必弄清对袭击计划至关重要的具体问题，共有97项之多。吉川也不负使命，通过极其冒险的勘察，最终一一答复，并由稍后到港的另一艘日本邮船"太阳丸"号带回日本。至此，日本对夏威夷珍珠港的情况，从天时地利到舰队部署，可说了然于胸。

另一方面，美国对日本的动向也有所察觉。

从技术层面上讲，美国的谍报工作做得虽不如日本那样细致入微，但也不算差。1940年他们研制出了能破译日本最高级别无线电密码"紫码"的信号截收器，称为"魔术"，日本绝密的军事和外交电讯，几乎无一漏网地被掌握。可惜科技的先进往往会滋长人的惰性，拥有"魔术"的美国人自觉料敌之先，反而疏忽了对这些情报的分析整合。美国人过于相信自己的威慑力，以为经济制裁加上太平洋舰队部署珍珠港，这样的姿态就足以使日本不敢妄动，或者起码不敢打夏威夷的主意，顶多会进攻美国控制下的菲律宾。

除了"魔术"，美国驻日本的使领馆人员也不断提供信息，加上一些友邦的情报共享，要理出一条日本战略意图的完整信息链并非无法做到。早在1941年1月，美国驻日大使约瑟夫·格鲁从秘鲁驻日本使馆方面获知日本可能对珍珠港动手，向华盛顿方面示警，但海军部长诺克斯认为该信息来源不确。此后，英国、荷兰都曾提供情报，但都未能引起华盛顿方面的留意。到了12月，美国收到了来自中国的情报。

日本的战略部署虽然极尽隐秘，但并非完全无迹可寻。1941年5月起，东京和驻檀香山领馆间的电报往来忽然激增，此时已和日本斗了四年的中国谍报部门立刻警觉，对这些电报加以监听破译。当时负责破译密电的中国军事委员会技术研究室的密码专家池步洲回忆：

（日本外务省）颁布许多隐语代号，例如："西风紧"表示与美国关系紧张，"北方晴"表示与苏联关系缓和，"东南有雨"表示中国战场吃紧……尚有其他几十个隐语代号实在无法追忆，唯有"女儿回娘家"和"东风，雨"表示"撤侨"和"与美国已处在交战状态"等二者，因印象特别深刻，至今记得清晰无误。外务省电令中还明白规定这些隐语代号在必要时都将由无线电广播电台播放，要求各领事馆随时注意收听。（池步洲《一片丹心破日密》）

日本要求檀香山方面提供珍珠港港内美国军舰详情的几封电报引起池步洲的关注，他觉得这可能是日本偷袭的前兆。12月3日，他破译了一封足以让一切明朗化的重要密电，电文发自日本外务省，要求驻美大使馆及各外交机构立即销毁密码本和机要文件，尽可能转移在美国银行中的资产。当年日本侵华的"八一三事变"前夕，日本外务省也曾向驻华使领馆下达过同样的电令，有过切身体验的中国情报人员几乎可以确定日本将突袭美国，"东风雨"即将来临。

此重大情报经蒋介石批示，急送美国驻渝领馆，同时通过中国驻美大使馆直接告知华盛顿方面。由于电报未涉及具体时间地点，池步洲等人虽结合此前的破译成果及经验，判断出可能是"本周日，珍珠港"（也确实料中），但毕竟兹事体大，中方的警告中没有提及细节，而本就对中国情报水平不大信任的美方未加重视。

事实上，"魔术"也截获了这封密电，分析员奥蒂斯·萨特勒断定，"这意味着日本即将同美国开战"。这一情报最终递到副国务卿韦尔斯手中，他也认为避免战争已几乎不可能，但美国人仍然没看出，战争不是"即将到来"，而是"已经到来"。这是美国决策层致命的判断失误。

华盛顿时间12月6日，美国人得到了最后的机会。这天下午，"魔术"截获日本外相东乡茂德发给驻美大使野村吉三郎的密电，告知他有一份至关重要的文件将会分14部分拍发，算是对美谈判的最后答复。

随后，文件的前13部分依次发出，美国情报人员和日本大使几乎同步阅读了电文。冗长的文本，主要是回顾日美谈判的过程，强调日本的"妥协忍让"，抱怨美国将自己的立场强加于人，损害日本利益，隐隐透出"后果将由美方负责之意"。13段发完，电报却戛然而止，只说最后一部分等凌晨时另行发送。

残缺不全的长篇电报通过海军情报部的克雷默上校直接呈送罗斯福，罗斯福看罢后对正在白宫做客的私人顾问霍普金斯说："这意味着战争。"罗斯福试图找诺克斯和海军作战部长斯塔克等人前来商议，但当时正值周末，大家都在各自休闲，联系不畅，只好作罢。罗斯福也多少心存侥幸：毕竟他们是通过"魔术"提前获知此事，日本方面纵有举动，也总得在将此文件正式提交之后。未来，他大概要为这个决定后悔不已。

次日凌晨，第14段电报如期而至：

> 日本政府不得不遗憾地通知美国政府，鉴于美国政府的态度，它不能不认为，已不可能通过进一步的谈判达成协议。

电文简短，内容也不出所料，但引起美国情报人员注意的是，东乡要求野村向美方提交此文件的时间是华盛顿时间12月7日13时。这个时间，正是夏威夷珍珠港的12月7日7时，星期天的早晨，最是放松无备的时候。显然这绝非随意安排，这个时间夏威夷必有大事发生。至此，日本已是图穷匕见。

这封电报是在美国西北华盛顿州的一处监听站被截获的，打字员电传华府，待得辗转交到陆军总参谋长马歇尔将军手上，已是华盛顿时间12月7日11时。

由于"魔术"是美国情报战中的绝密武器，可以接触这级情报的人很少，驻兵夏威夷的金梅尔和肖特都不在其列。此时，预感到危险的马歇尔犹豫再三，终于决定将此情报转交金梅尔，提醒他小心从事。

此时的夏威夷，还是凌晨5时，冬季夜长，天还没亮。海风轻轻地吹，海浪轻轻地摇，沉睡在黑甜乡里的军港一片宁谧。只有即将在头顶落下的鱼雷和炸弹，才能将他们从梦中惊起。

14

虎！虎！虎！

启航以来，南云忠一的第一航空舰队悄无声息地行进在北太平洋中。这一遭天公作美，本该风急浪涌的季节，海面却出奇地平静。在6600千米的行程中，南云忠一一行没有遇到美国船只，连第三国的船都没碰上，此前担心的航行隐秘性问题，竟是出乎意料地顺利解决。

11月30日，舰队完成第一次海上加油。12月2日，"赤城"号收到密电"攀登新高山1208"，意为袭击计划已不可撤销，按原定计划准时发起攻击（东京时间12月8日，即华盛顿时间12月7日）。12月3日，裕仁天皇在宫中召见山本五十六，诏令其对美开战。12月4日，南云下令舰队提速，以24节航速前进。12月6日，舰队第二次海上加油，之后油轮返航。是日深夜，当紧张又兴奋的东条英机在东京向隅而泣时，山本五十六从停泊在广岛的联合舰队旗舰"长门"号向南云舰队发去训令，做最后的战前动员。12月7日，作为哨探的几艘袖珍潜艇已先于主力部队在夏威夷海域就位。12月8日（夏威夷当地时间12月7日）凌晨5时，第一航空舰队抵达瓦胡岛以北230海里处的预定攻击点。

受命参加空袭的飞行员已在一个小时前被唤醒，享用了丰盛的饯行早餐，集结待命。按计划，空袭将分两波进行。第一波是主力，由渊田美津雄（已晋升为中佐）任总指挥，兵力为183架舰载飞机：49架携带800千克级重磅炸弹、进行俯冲轰炸的九九式轰炸机，由渊田自己负责；51架携常规炸弹、水平轰炸的九七式鱼雷机，由高桥赫一少佐负责；40架九七式鱼雷机，携带攻击战列舰的绝杀武器九一式改二航空鱼雷，由村田重治少佐负责；最后是43架负责护航的零式战斗机编队，由板谷茂少佐负责。最理想的攻击方式是"奇袭"：由鱼雷机先袭击首要目标战列舰，然后俯冲轰炸机轰炸港内其他军舰，再由俯冲轰炸机对机场等设施以及残存目标实施精确打击。这个计划建立在假定美军全无防备的基础上，有点过于理想化。如果美军发现了日本机群，派飞机拦截，就改为"强攻战术"：由战斗机与美机交战，同时以俯冲轰炸机突袭机场里的飞机，搅乱美军防空，为鱼雷机清场。在第一波出发1小时15分钟后，第二波171架飞机起飞。为追求一击必杀的效果，几乎全部精锐都排在了第一波攻击序列，因此第二波的任务只是清扫战场，扩大战果。

5时30分（夏威夷时间，下同），谨慎的南云考虑再三，还是派出了两艘巡洋舰搭载的侦察机，做最后的战前侦察。按计划，大部队将在半小时后出发。

作为空袭总指挥，渊田及其直属编队将从第一航空舰队旗舰"赤城"号上起飞，行前南云忠一亲来相送，与之握别，以壮行色。此时已无须多做动员，一天前接到山本训令后，"赤城"号就升起Z字旗，东乡平八郎在对马海战的胜绩刻在每一个海军官兵心上，此刻大家意识到自己将有机会像前辈一样被载入史册，个个热血沸腾。

此时海上风浪渐大，船体颠簸，按训练规定，条件不适宜起飞，但箭已在弦上。简短道别后，渊田迈步走向自己的座机。这时一位机师上前，双手捧着一条白色头带，这是传统的日本缠头布带，中间有一个红色太阳纹，两边写有"必胜"，这是代表全体地勤人员的祝愿。面对此情此景，渊田也不由得心潮逐浪高，他深鞠一躬，接过头巾系在飞行帽上，转身登机。6时整，"赤城"号上的蓝色指示灯亮起，各舰飞机看到信号依序渐次升空。大约15分钟后，机群在舰队上空编队完毕，飞往目的地，身后，是一片狂舞的手臂和雷动的欢声。

机群起飞处距离珍珠港约两小时航程。长夜将尽，对瓦胡岛上的美军来说，这个看似平常的夜晚终于露出了一些不平常的征兆。

是夜3时许，在珍珠港外执勤的美军巡逻舰发现1艘疑似潜艇，向巡洋舰"沃德"号报告，"沃德"号于6时45分发现并用深水炸弹击沉了该可疑目标，那正是日本提前部署到夏威夷水域的5艘袖珍潜艇之一。"沃德"号判断出该目标不是美国海军舰只，将此事上报，但上级部门并未警惕，加之程序烦琐，待这条情报递到金梅尔手上时为时已晚。

大约一刻钟后，危在旦夕的珍珠港又一次获得了自救的机会。当时，瓦胡岛上已经部署了尚不为人知的秘密武器雷达，可以通过电子信号发现目标。7时02分，瓦胡岛北部的一座雷达监测站里，已经下了夜班但仍在等待交接的哨兵埃利奥特和洛卡德发现了前所未见的强大脉冲信号，他们判断这是一大群飞机，便即刻向上级报告。听取报告的泰勒中尉却不以为然,他知道当天将有一队美军的B-17重型轰炸机从本土飞来珍珠港,又回想刚才在广播里听到了一贯被作为美军飞机导航信号的夏威夷音乐,就想当然地认为出现在雷达上的一定是这路人马。他告诉两个小兵,不要大惊小怪。

其实雷达探测到的机群数量和路线都与美军B-17有极大出入,如果埃利奥特和洛卡德把话说完整,泰勒也许不至于如此麻痹大意,但偏偏他们二人觉得既然领导有话,也就不必再多说,不如早点交班回去睡觉。这是珍珠港最后一次绝处逢生的机会,但美国人让它从指尖溜掉了。

雷达兵的判断没错,来的正是渊田美津雄。

风浪给机群起飞造成了一点麻烦,但升空后就一切顺利了。飞机爬升至3000米的高度,躲在云层中,向珍珠港逼近。7时,就在机群出现在雷达显示屏上时,空中的渊田也在搜寻地面上的蛛丝马迹。他打开定向仪和无线电接收器,试图搜索当地电台广播作为导航参照,他听到了电台播放的轻快的爵士乐,简直像是为他们献上的迎宾曲。接着,渊田又听到了天气预报,这实在是不敢想象的好运气,此前他最担心的就是天气捣乱,现在看来一切顺利。广播说,瓦胡岛当日中部夸卡拉山区多云,南部(即海港一带)晴,风向由北向南。渊田当即决定借着云雾掩护,从西侧绕过瓦胡岛,再由南向北袭击珍珠港。

此时机群已飞抵瓦胡岛上空,目之所及,不见一架美军飞机。此前弹射出的两架侦察机一直没有传回遇到美军飞机的消息时,渊田还不敢大意,此时他终于确信,这是一片开放的天空。情报里提到的8艘战列舰中,有7艘整齐排列在海港里,全无防备。

看来"奇袭"战术正合适。7时40分,根据事先的部署,渊田在指挥机上发射一枚信号弹,发出"奇袭"指令,但战斗机群没有做出"收到指令"的表示(为保证无线电静默,除了渊田的指挥机,日军袭击珍珠港的其他飞机都拆除了无线电系统,只能用信号弹联系)。渊田只好再发射一枚,结果此举却被俯冲轰炸机编队的高桥少佐误解为发动"强攻",由他的编队打头阵。当下高桥率领他的俯冲机群直奔陆军的惠勒机场而去。此时,比规定的开火时间提前了15分钟。

如此一来,渊田不得不下令开始进攻。好在面对无备之敌,渊田确信胜算十足,高桥的差错并不会影响战局,反而这种突如其来的状况激得渊田瞬间亢奋，他按捺不住心头狂喜，命机上的发报员水木德信提前发报，电文内容："虎！虎！虎！"——这是事先拟定好的暗号，意为"我奇袭成功"。键钮轻敲，简洁的电文片刻间飞越茫茫太平洋，历史定格在了这一刻：夏威夷时间12月7日7时53分。

电文传给了"赤城"号上的南云、"长门"号上的山本五十六，以及东京总部每个屏息凝神的等待者。"虎！虎！虎！"一时间闻讯者莫不雀跃癫狂，除了山本五十六。他手挂军刀坐着，面无表情，仿佛老僧入定，他知道，这个喜讯来得早了。

虎，正是39岁的渊田的生肖。此刻的珍珠港上空，完全进入状态的渊田指挥着日本机群，正如虎入羊群一般呼啸肆虐。7时55分，高桥俯冲轰炸机编队投下的第一颗炸弹在惠勒机场炸响，火光冲天，震耳欲聋，空袭珍珠港就从这一弹开始了。紧接着，俯冲轰炸机以迅雷不及掩耳之势向海军的福特岛机场、陆军的希卡姆机场连连发难，珍珠港处处火柱升腾。而就在十几秒钟前，福特岛机场航站楼里的海军中校罗根·雷姆塞看见超低空飞行的日本战机，还误以为是哪个不遵守飞行条例的冒失鬼，准备记下其编号投诉。

直到此时，各舰上的美国水兵们才意识到发生了什么，之前他们还三三两两地在甲板上闲逛，就和每个安闲的周末一样。执勤的"内华达"号战列舰上，仪仗队在准备升旗仪式，一曲《星条旗》未及奏完，鱼雷已当头落下。

若不是高桥的失误，这些舰船本该先于陆上机场成为打击目标，而当几处机场被炸后，鱼雷机的猛袭也接踵而至。第一个遭难的是战列舰"俄克拉荷马"号，该船停泊于一整排战列舰群外侧，目标明显。日军费尽辛苦的特别训练和武器改良，此时收获奇效。村田指挥的鱼雷机群以20米的高度，几乎贴着水面飞掠过来，特制的可在浅水中前行的鱼雷从机上射出，破浪而来，正中侧舷。这种为战列舰量身定制的撒手锏果然威力非凡，"俄克拉荷马"号厚厚的钢板护甲当即洞穿，船身剧烈摇晃，海水灌入，舰上爆炸起火，船体倾覆。紧接着遇袭的是"西弗吉尼亚"号，两枚鱼雷击中舰身，烈焰升腾，舰上乱作一团。

当时港内的最高级别军官、太平洋舰队作战部队司令威廉·弗朗少将正在布雷舰"奥格拉拉"号上，和大多数人一样，弗朗也是看见飞机投弹才知道是怎么回事，不过他立刻命令舰队全体出港。此时是7时57分30秒，命令刚从"奥格拉拉"号上传出，就有一颗鱼雷擦着舰底划过，紧跟着击中相邻的"海伦娜"

号轻巡洋舰并爆炸,"爆炸的作用力掀起了（"奥格拉拉"号）锅炉房的金属地板,撕裂了左舷船身"。

就在下一分钟,一条警告终于自福特岛机场的指挥楼里发出:"珍珠港遭空袭！这不是演习！"指挥发报的正是此前想投诉的雷姆塞中校。可惜,为时已晚。

基地的防空火力直到空袭开始5分钟后才做出还击,而且在全部32个高射炮部队中只有4个开火。极少数逃过日军俯冲轰炸机袭击的飞机虽然起飞了,但寡众悬殊,都被性能优异的日本零式战斗机击落。对日本飞行员来说,美军的抵抗微不足道,加之此前高度精确的情报和严酷的针对性训练,他们对珍珠港内的地形、设施和舰船停泊位置早已烂熟于胸。鱼雷、炸弹、机枪,诸般火力疾风骤雨般地倾盆而下,整齐停泊的7艘战列舰个个挂彩。

此时,金梅尔上将匆匆赶到办公室,军服的扣子还没有系好。刚奔到窗前,他就被眼前的景象惊呆了:3.1万吨级的庞然大物"亚利桑那"号战列舰如同巨鲸一般"跃出"水面,又重重跌下,溅起的水花还没落下,舰身已发生爆炸,伴随着巨响,黄褐色的气浪直冲云霄,重逾百吨的巨大炮塔被炸飞,金属残骸被抛上半空,连在该船上空盘旋的敌机都四散躲避。浓烟烈火将船吞没,烟幕中隐约看见"亚利桑那"号开始下沉。

后来的调查显示,"亚利桑那"号遭到日军水平轰炸机投放的800千克级重磅炸弹袭击,其中一枚炸弹击穿甲板,正中火药库,由此引发的大爆炸使舰上包括舰长在内的1177名官兵当场阵亡。此时是8时10分,日本的空袭开始仅仅一刻钟。

随后,严重干扰了雷达兵判断的那队美军B-17重型轰炸机也飞抵珍珠港,共有16架。这些不走运的飞机刚一降落,就发现自己已置身屠宰场,他们还没做好战斗准备就被日军全部摧毁了。

8时40分,日本第一波攻击机群差不多把携带的炸弹全部倾泻完毕,除了因修理而藏身船坞的太平洋舰队旗舰"宾夕法尼亚"号,其他7艘战列舰都不同程度受创,其中4艘已沉没或正在下沉。中小型舰船也都遍体鳞伤,漏出的油料漂在海上,遇火燃烧。整个珍珠港,一半是海水,一半是火焰,直如炼狱。

渊田的指挥机仍在高空盘旋,用高空照相机拍下现场画面,以供评估战果,其他飞机都按原定计划返回母舰。然而,还没等焦头烂额的美军稍加喘息,8时

54分，岛崎重和少佐率领的日本第二波攻击机群又出现在上空。与第一波不同，这次它们是从东北方向绕过瓦胡岛杀来。

这一批次的机群从数量、装备，到飞行员素质，都不及第一波，也没有鱼雷机，他们的任务仅是对前番攻击中受伤未死的目标"补上一刀"。机群对美军机场和港内残存舰只再次展开轰炸，但此时珍珠港上空浓烟弥漫，辨识目标极为不易，加之美军已从最初的慌乱惊惧中缓过神来，舰上和陆上的高射炮火猛烈还击，残存的飞机也升空应敌，因此第二波攻击收效不如第一波，最大的战果是击伤了此前受创较轻、试图出港的战列舰"内华达"号，使其搁浅。此外，日军还对"宾夕法尼亚"号发起攻击，但只造成轻伤。

第二波攻击持续了一个小时，然后全队返航，在高空盘旋的渊田接应掉队的日机，待其全部飞远，才最后一个撤出战场。至此，日军珍珠港行动结束，从第一波起飞到第二波返航，历时约六小时，其中空袭持续了两小时。

渊田回忆，此时"四艘战列舰肯定已被击沉，另外三艘战列舰已可以断定暂时不能动弹了，剩下的一艘战列舰也受到了相当损害。福特岛的水上机场起了大火，陆上机场在继续燃烧……机场和停机坪一带看不到一架完好的飞机。在空中待了三个小时，没有碰到一架敌机，这说明美军在珍珠港的航空兵力，确有一半左右已被歼灭"（渊田美津雄《袭击珍珠港》）。至于日军方面的损失，两波攻击中共有29架飞机被击落，74架受伤（包括渊田本人的座机）。此外，先期派出的5艘袖珍潜水艇都被美军击沉或下落不明，只有其中1艘被确认潜入珍珠港并发动了袭击，但效果不详，人员损失总计64人。

日军返回"赤城"号时已是13时30分。返航前渊田注意到，瓦胡岛上的机库仍有许多完好无损，里面很可能还停有美军飞机，此外还有船坞、油库、指挥部等重要目标没被攻击。因此，虽然原计划的两波袭击大获全胜，他的座机也被打了一身弹痕，但渊田仍兴头不减，在向南云汇报战况时，力主再次起飞，发起第三波空袭。

最早和他一同出发的第一波攻击人员已经返回近两个小时，休息得差不多了，也都跃跃欲试，想要重返珍珠港。"苍龙"号航母上狂热的山口多闻甚至来电请战，称飞行员已做好登机准备，只待南云忠一下令。"赤城"号上众位军官的目光都聚焦到南云身上。这位舰队司令皱眉沉思良久，做出决定：任务已胜利完成，不再发动攻击，返航日本。

此言一出，渊田及任参谋的源田实等少壮派军官均觉十分不甘，试图争辩，但南云态度坚决，山本十分亲信的参谋长草鹿龙之介也支持南云的意见，劝渊田等人不可盲目恋战。南云给出的官方理由是：一、空袭已达到预定战果；二、日军第一波攻击飞机损失9架，第二波增至20架，由此推算如果发动第三波攻击，损失势必更大，可能超过可承受范围；三、最关键的，美军的航母并未在珍珠港内，并且行踪不明，随时可能出现，对舰队构成威胁。综上，走为上策。此外，还有一层不便言明的原因，出征前永野修身曾越过山本，单独召见南云，陈以利害，要他"把每一艘航母都平安带回来"，这种多余的"领导关怀"显然又增添了额外的负担。

不过，理由虽多，南云的选择更主要还是性格使然。事后山本曾评价南云"像个小偷，作案时很勇敢，但一旦得手，就只想着如何带着赃物逃跑了"。此言确实言中，南云忠一生性保守甚至有些胆小，此次袭击他本不赞成，不得已背负了关乎"皇国兴亡"的重任，早就不胜压力，开打之前别无选择，只好跟着赌徒山本一起押上自己和整个舰队的身家性命，相当于已抱了必死之念，站在悬崖边上闭眼一跳，竟然得成大功。这场胜利太弥足珍贵了，他已足够惊喜，足够满意，不想再冒任何风险，只想保住这个胜果。决死的心气一泄，就再也鼓不起来。

据说，日本以"虎"为常胜象征，认为猛虎出猎总会平安而归，故以"虎！虎！虎！"为成功代号，祈祷胜利。此刻的南云忠一想做一头饱食而归的老虎，安全撤回老窝，慢慢消化胜果。当然，即便抛去政治立场仅从军事角度评价，也不能说南云的决定就是错的。但无论怎样，随着他的这一决断，珍珠港之战就以这样的结局收官了。

而美日角逐太平洋的一场洲际争霸战，就此开始。

15
伤心太平洋

归心似箭的南云忠一率领着第一航空舰队的得胜之师，全速返回日本。等待他们的将是隆重的庆祝与褒奖。

他的对手，美军太平洋舰队司令金梅尔上将，此时面对的完全是另一番光景。14时，当狂轰滥炸的日军已经打完收工，一位骑自行车的美国邮差自檀香山赶来。他翻山越岭，气喘吁吁，为的是将一份电报呈交金梅尔。电报是海军部长弗兰克·诺克斯发来的，内容是提醒金梅尔"日本人可能发动偷袭"。这是诺克斯和马歇尔等人几经权衡才终于拿定主意让金梅尔和肖特知晓的"绝密情报"。由于天气原因，美国本土到夏威夷陆军指挥部的军用电报专线出了故障，华盛顿方面又不能在容易被窃听的电话中提及绝密的"魔术"，于是该电报只能经民用线路发送到檀香山，并由美国西联电报公司驻檀香山分公司转送珍珠港。讽刺的是，这位送信的邮差还是个当地的日本移民后裔。

对金梅尔来说，这份迟来的警示实在堪称黑色幽默，看着身遭的一片瓦砾焦土，金梅尔笑不出来。随后的损失报告，更让他欲哭无泪。

报告显示，作为舰队主力的8艘战列舰中，沉没（搁浅）5艘，分别是"俄克拉荷马"号、"加利福尼亚"号、"西弗吉尼亚"号、"内华达"号（搁浅），以及在他眼皮底下被炸沉的"亚利桑那"号；2艘被中度创伤，分别是"马里兰"号（身中两枚炸弹，系由渊田指挥的水平轰炸机编队击中）、"田纳西"号（身中一枚鱼雷）；轻伤1艘，"宾夕法尼亚"号。另有驱逐舰、布雷舰（"奥格拉拉"号）、靶船各1艘沉没；轻巡洋舰1艘、驱逐舰2艘、修理船1艘受重创；重巡洋舰1艘、轻巡洋舰2艘受轻伤。海军被击毁飞机123架，击伤150架；陆军被击毁飞机65架，击伤141架。人员伤亡方面，海军2004人死亡，912人受伤；海军陆战队108人死亡，75人受伤；陆军224人死亡，360人受伤，另有平民68

人死亡，280人受伤。

比起这些冰冷的统计数字，一些悲惨的故事更令人揪心。比如被击沉的战列舰"俄克拉荷马"号先后被创12弹，舰体从侧面倾覆，把船舱里来不及撤离的士兵都扣在了船里，船翻时侥幸爬上侧舷的少数人被相邻的"马里兰"号救起。后来营救人员用电焊枪切开船身，救出了数十人，但他们不知道，船舱深处还有更多的受困者。营救工作草草结束后，被遗忘在水底的人陷入无粮无水、最后连氧气也耗尽的绝境，只能等着死亡慢慢降临，直到后来打捞该船时，才发现他们留在舱壁上的绝命书，其中有人被困17天后才身体不支而死。太平洋舰队，这股寄托着美国人在这片世界最广阔水域的骄傲与雄心的钢铁力量，开战之前就带着这样无尽的悲惨与委屈，沉入海底。

在日军的空袭中，金梅尔曾被流弹（一说爆炸碎片）擦伤，但伤势轻微，据说他当时苦笑道："如果这颗子弹打死我，那该是多么仁慈啊！"确实，虽然浩劫余生，但金梅尔十分清楚，他作为一线军人，尤其是作为太平洋舰队司令的职业生涯，已经终结了。这样的惨败不是他一人之败，但责任一定要由他带头承担。更令他内心悲凉的在于他已没有机会为自己雪耻正名，为死难的士兵报仇。他临危受命，赴任前敌，然而战争打响之声，于他而言竟已成了结束——还是以这样的方式结束！

不出所料，金梅尔的免职令也很快下达，军衔从上将直降为海军预备役少将。次年，新的负责人接手珍珠港后，他和肖特都被召回本土接受调查与质询，愤怒的舆论界认为是他们的大意与无能导致惨案发生。二人蒙受着莫大屈辱，比如金梅尔甚至被问及"是否曾通过不正当手段（指贿赂）获得了太平洋舰队司令这一与他能力不相称的职位"。一年后，他含恨退役，直到1960年代，已步入晚年的金梅尔才重新获得了历史研究界一些相对客观公允的评价。

对美国人来说，珍珠港事件不仅是切肤之痛，更是一次欺骗和愚弄。因为就在动手的前一天，日本的特使还在按部就班地与美国人谈判"和平"。

12月7日华盛顿时间14时许，大使野村吉三郎和特使来栖三郎匆匆赶到美国国务卿赫尔的办公室，向他递上宣战书，当时是夏威夷时间早上8时许，渊田已在珍珠港大打出手。赫尔已获悉战况，通过"魔术"他早已知道两位日本使节照会中的内容，因此他并不翻开，但事关"魔术"，又不能说破。赫尔狠狠逼视野村和来栖，眼中直欲喷火，甚至都没有按外交礼节请他们坐下。野村被他瞪得发毛,讪讪地说:"我们奉命在13时前递交这份照会……"

"但为什么现在才送来?!"不等他说完,赫尔就严声打断。来栖在旁还想解释,赫尔却挥手示意他闭嘴,跟着愤怒又沉痛地说:"过去九个月与你们的谈判中我没讲过一句假话,这都有纪要为证。现在我必须说,在我50年的公职生涯中还从没见过这种每个字都是谎言的照会,更难以相信世界上居然还有一个政府可以这样堂而皇之大言不惭地扯谎!"

两位日本使节尴尬地离开国务院,他们此时并不确知战争已经打响,但赫尔的态度让他们隐有所悟。其实这也并非他们所愿,从甲午战争围攻"高升"号,到日俄战争偷袭旅顺港,日本都是未经宣战就出手伤人,并因之获利。但这一回不同,久历欧美、谙熟现代政治文明规则的山本五十六坚持要先宣战再动手,这并不是说明日本文明了,而是因为奇袭珍珠港除了消灭有生力量,还旨在立威,恫吓美国人。如果这么一场漂亮的军事行动变成卑鄙的"偷袭",那么便会适得其反,激怒美国人,使其同仇敌忾,也使己方在国际上背负巨大的道义压力——要知道,不久前的谈判中,日本外相的松冈洋右还曾指责美国以护航为名攻击德国潜艇,是不宣而战,"非丈夫所为"。

基于此,日本决策层处心积虑地将宣战时间定在袭击开始前不到一小时,就是为了既保证奇袭效果,又避免"不宣而战"的污名。结果人算不如天算,一方面珍珠港上空高桥分队提前开火,另一方面日本驻美使馆也出了纰漏,打字人员接收了电报训令前13段就提前下班度周末去了,次日只好重新收报,再翻译、誊写,手忙脚乱弄完之后再匆匆赶去赫尔处,延误了时间,"不宣而战"的罪名坐实。这也是山本听到"虎!虎!虎!"信号提前发来时不喜反忧的原因。

果然,美国人悲戚之后继以愤怒。当天14时26分,就在野村和来栖挨了赫尔抢白离开的同时,西部广播电台中断正在实况直播的橄榄球比赛,播报了珍珠港事件,紧接着其他广播电视媒体也纷纷播发,消息飞速传开。傍晚时华盛顿民众包围了日本大使馆,高声斥骂,投掷石块和燃烧瓶,临时增调的华盛顿警察费了一番力气才阻止他们冲击使馆。当天20时,罗斯福在白宫椭圆形办公室召开紧急会议,海军部长诺克斯成了众矢之的,饱受指责。但毕竟大敌当前,无谓的愤激和内耗都于事无补,此时的美国需要用一个声音,公开而有力地表达自己的怒火和复仇的决心。

次日，罗斯福臂缠黑纱，在国会发表演讲，对日本宣战。国会中，无论民主党还是共和党的议员都抱以支持。当天16时，宣战书正式签署，并公诸于世。

同日，美国的盟国英国也对日宣战。次日，已经和日本打了四年多的中国政府也正式宣战，随后又有荷兰、澳大利亚、新西兰、加拿大等国陆续加入。12月10日，德国和意大利则站在日本一边，对美宣战。这意味着，业已燃遍欧亚非三大洲的战火再次升级，成为真正的"世界大战"，四海翻腾五洲震荡，太平洋也将因之风云变色。

> **按**
>
> 珍珠港事件后，为防止日本通过美国媒体的报道了解到确切战果，美国政府在一段时间内瞒报了损失，并夸大了击毁日本飞机的战果。所以罗斯福的演讲和此后的几期"炉边谈话"中都避谈具体数字。
>
> 1937年日本发动全面侵华战争，为避免美国援引禁止对交战国军售的《中立法案》停掉战略物资供应，日本决定不发布《宣战诏书》；出于同样考虑，中国方面也没有对日宣战。

16
悬疑与演绎

12月10日,对日宣战两天之后,罗斯福又一次坐在白宫壁炉旁,对收音机前的美国听众们开讲。罗斯福首先严厉谴责了日本的偷袭行径,并将此与轴心国集团此前的历次类似行为作类比:

1931年,日本入侵中国东北——未加警告。
1935年,意大利入侵阿比西尼亚(埃塞俄比亚)——未加警告。
1938年,希特勒占领奥地利——未加警告。
1939年,希特勒入侵捷克斯洛伐克——未加警告。
同年,希特勒入侵波兰——未加警告。
1940年,希特勒入侵挪威、丹麦、冰岛、比利时和卢森堡——未加警告。
1941年,意大利先后进攻法国和希腊——未加警告。
同年,轴心国进攻南斯拉夫和希腊,并控制了巴尔干半岛——未加警告。
同年,希特勒进攻苏联——未加警告。
当下,日本进攻马来亚、泰国,还有美利坚合众国——未加警告。
轴心国采用的都是一种模式。

以上种种,事发时当然也都曾见诸美国报端,但对彼时的美国人来说太过遥远,最多只是给予一点聊胜于无的同情,而此刻的切肤之痛才让他们对那些被侵略国人民感同身受,并且义愤填膺,想与之共同战斗。

当时的通信技术不比今日,华盛顿方面一时也弄不清珍珠港,以及菲律宾、威克岛、关岛等海外基地的切实情况,小道消息满天飞,美国人关心则乱,引起了一些不安。针对这种情况,罗斯福接下来向听众阐述时事艰难,政府为了适应战时需要，不得不实行一定程度的新闻管控，恳请民众谅解，并且"不造谣不传谣不信谣"，但同时他承诺，"只要满足两个条件就会尽快向公众公开事实：其一，消息经过官方证实；其二，收到消息时当即公开不致直接或间接对敌人有利"。

谈到战争，罗斯福声称政府已有决策，将会增产军需物资，扩建相关工厂。同时罗斯福提醒美国人，战争势必影响他们往后的生活，燃料、金属、粮食等战略物资都必须优先保证军事需要，不但用于供给美军，还需要支援同一阵营的盟国。这不但关乎现实层面的战事，更因为"强盗逻辑统治下的世界，任何个人、任何国家都没有安全可言"。罗斯福在此前的"炉边谈话"中就曾警告信奉孤立主义的美国人，一旦纳粹打败苏联和英国，日本吞并中国和东南亚，轴心国的力量就会远远超过美国，并对西半球构成威胁。在当时，这种论点被视为杞人之忧。然而，此刻血的事实已经证明了，"虽然远隔重洋，西半球并非高枕无忧，也同样会受到敌人的攻击"。

太平洋舰队的遭遇让美国人同仇敌忾，"为珍珠港复仇"是军方最佳的征召动力，但罗斯福此时强调，这场战争有着超越复仇的更深层次意义，"为了一个新世界：我们国家以及我们国家所主张的一切对我们的后代都是安全的"。

废奴运动的黑人领袖弗雷德里克·道格拉斯有句名言：一个人被奴役，所有人都不自由。其中的逻辑在于，奴隶制度的存在本身就是对所有人的自由理想与追求的威胁。罗斯福此番演讲的内在精神与之一脉相承：侵略成性的法西斯主义的存在，本身就是对所有国家和平与安全的威胁；如果容忍其蔓延，则没有一个国家可以独享太平，包括美国。

这次谈话收效极佳。"一战"时美国人雄心勃勃地出征欧洲，但战事的残酷使激情消退殆尽。战争的创伤和不久后的大萧条，让美国人再也提不起出兵海外的兴趣，"二战"开始后美国的孤立主义论调占据上风，极力主张置身事外。然而，在罗斯福的引导下，美国人终于明确了与法西斯轴心国不共戴天的立场，由此前的战争旁观者变成了参与者，甚至一跃成为反法西斯阵营的核心力量。

这样的转变，符合罗斯福政府此前多次流露的立场，可以说，是日本人偷袭珍珠港之举使罗斯福的主张得以推行。于是，从当时到后世，都不断有人提出一个阴谋论：珍珠港事件是不是罗斯福为了推动美国参战而使出的"苦肉计"？

质疑者的依据包括：美国对日军袭击珍珠港并非全无预知，为何仍然防备松懈？生死攸关的警报为什么要通过民用电报途径发给金梅尔和肖特？而要说全是疏忽所致，为什么真正"伤不起"的3艘航空母舰"偏巧"全都不在港内？这些疑问难免令人心生猜测。

在珍珠港事件中，美国政府包括罗斯福本人确实应对不力，难辞其咎，但若说这是他们有意为之，大概只能作为一种演绎。

首先，从战略上，美国从未忽视夏威夷的重要意义，并且美国的战略家们也不止一次设想珍珠港遭袭击，甚至一些国防方略都是建立在假设珍珠港被袭击的基础上推演的。但具体到可行性层面，日本发动袭击的技术难度太大：首先是航行问题，这也是日本最大的顾虑所在，全赖奇迹般的运气才涉险过关。其次，当时海军战略战术研究人员的"巨舰大炮主义"模式化思维根深蒂固。他们想当然地认为日本若进攻夏威夷，必是以战列舰为主的联合舰队倾巢出动，这样的规模绝不可能不暴露，即便途中不暴露，战列舰进入射程前，也会被活动半径更大的美军侦察机发现。他们没有想到日本人会突破常规，以海军航空兵作为主力，虽然有过英国航母奇袭塔兰托的战例，美国人自己也进行过类似演习，但和当时的实战经验比起来，那种战例和演习还是太"科幻"了一点。其实，这也是当时全世界海军的通病，没有认识到航母出现后，昔日的海上霸主战列舰已经落伍，濒临淘汰了。还有，美国过于信赖"魔术"，倚重其情报获取功能，但忽略了后期对情报的综合分析整合，并且过于注重保密工作，设计了极为繁复的流程，导致信息流通不畅。这种情报方面的错误，与第一条正相反，过于注重技术上的细节，却没从战略高度加以审视。最后，大概还有基于白人优越感的种族偏见，虽把日本锁定为假想敌，但内心深处并不相信他们有胆量和能力对美国动手。

以上，可以归结为盲目乐观，甚至官僚作风，但这些不足以作为"阴谋论"的实证。

至于美国航母的下落，"企业"号领衔的混合舰队受命向威克岛（属马绍尔群岛，美国辖下，位于夏威夷以西3200千米）的美军基地运送飞机。这支舰队的司令是哈尔西中将，该舰队离开珍珠港的时间是11月28日，恰好是南云的舰队从单冠湾出发的两天之后。后来南云在归途中得到总部指示赴东南亚支援战事，险些与哈尔西遭遇。渊田美津雄的回忆录《袭击珍珠港》中提到这一情况时连称"好险",其实以当时双方力量对比,如果碰上,"企业"号凶多吉少。另外两艘航母,"萨拉托加"号在美国西海岸接受检修,"列克星敦"号也在执行运送飞机任务,目的地是日后决定性的战场,中途岛。这些都是常规调度,不是袭击当天或前一两天离港的。如果说这是罗斯福政府处心积虑配合日本人演的双簧戏,那它们之间的配合也未免太过天衣无缝了。

打响第一枪

正如罗斯福在宣战演说中提到的,袭击珍珠港只是日本侵略行动的一部分,与此同时,日本海陆军也在以同样迅猛的速度,对觊觎已久的东南亚发起扫荡。

表2　日军东南亚战场部署表

部队	构成	兵力	负责人	进攻目标
第25军	第5师团、第18师团、近卫师团	11万	军司令:山下奉文(中将) 参谋长:铃木宗作(中将)	马来半岛、新加坡
第14军	第16师团、第48师团、第65旅团	5.7万	军司令:本间雅晴(中将) 参谋长:前田正实(中将)	菲律宾
第16军	第2师团、第56步兵混成旅团	10万	军司令:今村均(中将) 参谋长:冈崎清三郎(少将)	东印度群岛 (不含婆罗洲)
第15军	下辖第33师团、第55师团 (不完整)	6万	军司令:饭田祥二郎(中将) 参谋长:谏山春树(少将)	缅甸、泰国
其他	第38师团 第4师团 (隶属华南派遣军)	2万	酒井隆(中将)	香港
	川口支队 (南方军直属,以第18师团步兵第124联队为基干)	3500	川口清健(少将)	婆罗洲
	第55师团	6000	堀井富太郎(少将)	关岛、俾斯麦群岛

单以军事角度论,日本的战略部署可谓宏大,在12月8日这一天四面出击,打击面覆盖了英国殖民地香港、马来亚、新加坡、缅甸,荷兰殖民地东印度群岛(今印度尼西亚),美军的远东基地菲律宾、关岛、威克岛,以及东南亚唯一的独立国家泰国。这些军事行动基本同步,战事最长持续到次年三四月间,准备不足的美英荷等国失地丧师,日本赢得了战争初期的阶段性胜利。为方便表述,下面的章节将以地域为序分别介绍几个战场的战况。

日本的东南亚战略，首要目标锁定在新加坡。此处位于马来半岛南端，扼守印度洋通向太平洋的咽喉马六甲海峡，如能将之掐断，则意味着关闭了东亚的大门。在这里，日本将遇到的第一个对手是英国。英国人在新加坡经营已久，建有海陆复合的军事要塞，被称为"东方的直布罗陀"。新加坡背靠马来亚，也是英国殖民地，但欧战爆发以来，英国长时间独力与德国周旋，尤其1941年时正在北非与"沙漠之狐"隆美尔全力相拼，眼下实难顾及远东，防卫力量都较薄弱。坐镇新加坡的驻马来亚英军司令阿瑟·珀西瓦尔中将只能寄望于东南亚冬天的季风和浪潮，阻挡日军的推进。

12月2日，驶往珍珠港的南云忠一接到"攀登新高山1208"电令的同时，负责马来亚战场的日军也接到了南方军总司令寺内寿一的紧急指示："寿甲第5号为山形。"所谓"寿甲"，即寺内寿一签发的甲级命令；山形，则是日军最新编制的暗号，以十个日本城市名称指代12月1日—10日，山形对应的是12月8日。

奉命攻打马来亚的日本第25集团军堪称精锐之师，下辖3个师，总人数11万，战斗人员7万余。当时日本陆军有3个机械化师，该军独占其二。统领该军的是日本陆军中将山下奉文。

这位56岁的将军是日本军中的"重量级"人物，他体重超过90千克，与相扑力士相当，一米七四的身高在当时的日本人当中也堪称鹤立鸡群。由于这样的身形，他出道之初被称为"步兵炮"。和同时代的日本军官一样，山下也曾留学德国，他一度与东条英机亲近，也加入了一夕会，但不同于东条等人，山下奉文属于皇道派。"二二六事件"后皇道派失势，山下在军中被边缘化，和东条英机的关系也破裂。日本全面侵华后，山下被派往中国战场，除了一般日本军官的残暴，他还贪婪，在华北和东北都留下过贪图富户财产而将其灭门的暴行。1941年11月6日，战争箭在弦上，山下奉文被调回东京，并被委以第25集团军指挥之重任。山下十分兴奋，觉得这是个将功折罪的机会——他一直因"二二六事件"感到愧对陛下。山下摩拳擦掌，发誓拿下马来亚。

11月25日，山下来到日军占领下的中国海南岛，第25集团军已经在此集结。根据拟定的作战计划，第5师团、第18师团于12月4日从海南三亚出发驶向暹罗湾，目标是马来亚与泰国的边境一线。第5师团先抢占泰国境内沿海的宋卡、北大年，以及更靠北的那空，夺取这几处的航空兵基地，再由宋卡和北大年突破马泰边境西段，越过霹雳河，南下吉隆坡，直指半岛尽头的新加坡；另派一部越过马泰边境，袭击马来亚东北角的港口哥打巴鲁，并沿半岛东侧南下，配合主力包抄。第18师团作为支援，军中另一战斗序列近卫师团由此前占领的法属印度支那通过陆路进入泰国，并配合另一支部队第15集团军的行动。

转眼时日已至，日军各部依计行事。12月7日夜，山下奉文指挥几部都已在各自的攻击目标附近就位。其中负责攻打哥打巴鲁的是佗美浩少将指挥的佗美支队，当地时间7日23时45分，该支队的护航舰队向哥打巴鲁的英军滩头阵地开炮，此时是夏威夷时间7日5时45分，第一航空舰队渊田美津雄率领的机群正在准备起飞。本来马来攻略应同珍珠港行动互为呼应，但后来因为前述外交原因，珍珠港的攻击时间被押后了两个小时，而东南亚的日军却不愿放弃夜间偷袭的便宜，干脆维持原计划不变，也就是比珍珠港方面提前两小时动手。就这样，严格意义上的太平洋战争第一枪，就在哥打巴鲁打响了。

炮击之后半个多小时，日军开始第一批登陆。此时部署在哥打巴鲁的是英国第九步兵师，约6000人，以印度籍士兵为主，虽然几天来一直严阵以待，也铺设了地雷、铁丝网等防止敌军登陆的障碍，但毕竟战斗力有限，在日军悍不畏死的抢攻下，阵地失守。不过，当地的英国空军轰炸机也击沉了日本的运兵船"淡路山"号，迫使佗美放弃原定的登陆点，但这也只是稍稍延缓了日军的攻势。运兵船改换地点后，日军凭着拼命的打法，不计代价拿下了哥打巴鲁机场，并于9日攻入市区。

再说宋卡与北大年。这两处都属泰国，之前夹在日本和美英之间的泰国处境尴尬，谁都不敢得罪，宋卡的警察与日军短暂交火后，不得不屈服。随后第25集团军近卫师团开进曼谷，泰国政府被迫与日本缔盟，被硬拉进"共荣圈"。

8日当晚，日军飞机还轰炸了新加坡。由于当地准备不足，未实行夜间灯火管制，日军在居民灯火引领下打得十分顺手，炸死数百当地军民。

和在珍珠港一样，日军最初的打击目标瞄准了英军在马来亚的空军基地。英军的飞机数量本就处于劣势，雷霆之击下，许多飞机未及升空就被炸毁，以致英军的158架飞机只剩下10架老旧的美国造水牛式战斗机还能使用。

英国人能依仗的，仅剩下他们引以为豪的海上力量。

18
巨舰的丧钟

此时镇守东方的是英国皇家海军上将，远东舰队司令汤姆·菲利普斯爵士。12月2日，他临危受命抵达新加坡，到任之后立即赴菲律宾与当地的美国海军协商合作事宜，谈完刚返回新加坡不出24小时，哥打巴鲁战事打响。

8日17时许，菲利普斯率领6艘战舰组成的"Z舰队"自新加坡樟宜基地起航，绕过柔佛海峡，沿马来半岛东侧边缘北上，大概是想趁着日军尚未完全登陆，在海上袭击敌人的运输船。舰队主力是"威尔士亲王"号，一艘排水量3.5万吨的乔治五世级战列舰，英国尖端造船工艺的最新杰作。全船装配有95门舰炮，包括355毫米口径的主炮10门，所有舰炮同时开火时每分钟可发射6万发炮弹，筑起密不透风的弹幕，因此被誉为"不沉的战舰"。该船服役刚刚半年多，参与的第一战是1941年5月在北大西洋猎杀德国海军王牌战列舰"俾斯麦"号之役。此时进驻新加坡也才一月有余，欧战吃紧之际丘吉尔将该舰派来远东，实有厚望。此外，还有一艘3.2万吨声望级战列巡洋舰"反击"号，服役年限已长，但火力与"威尔士亲王"号基本相仿。除了这两艘巨舰，菲利普斯手中还有4艘英国和澳大利亚海军的驱逐舰。

出港后菲利普斯已被告知，空军受损严重，无法支援舰队，但两艘巨舰在手，这位海军干将信心十足。当晚海面阴云密布，夹着细雨，能见度很低，舰队在海上搜寻目标，一夜未见敌踪。次日清晨天气转好，舰队反而被日军侦察机抢先发现，随后日军轰炸机来袭，却因情报混乱没找准目标，菲利普斯也没发现日军舰船，其实两军最近时只相距5海里。到了9日晚间，菲利普斯觉得出航一天一无所获，多留无益，不如先回樟宜休整。21时5分，菲利普斯下令返航。次日0时40分，舰队正走到中途，忽然收到新加坡总部发来的电报：日军正在关丹登陆。

关丹也是马来半岛东部港口，几乎正处在哥打巴鲁到新加坡的中点，这说明两天之内日军已经将半岛的防御纵深突破一半，效率实在骇人。菲利普斯深感这个歼敌之机不容错过，于是命燃料快耗尽的一艘驱逐舰"特内多斯"号返回新加坡，一路亮灯吸引注意，自己则率另外五舰掉头再度北上，关闭照明和雷达，趁着夜色全速杀向关丹海域。

对菲利普斯的舰队来说，这是一个残酷的玩笑。因为情报根本不确，事实是当地一群水牛闯进雷区，无意间触响了地雷，杯弓蛇影的守军以为日军来袭，立刻电告新加坡总部，总部也在第一时间通知了菲利普斯。

舰队抵达目的地已是10日上午，预想中的敌军踪影全无，舰队派船进入关丹港察看，也没有动静。如果此时断然掉头，或许还有一线生机，偏偏菲利普斯对总部的情报深信不疑，认定日军的登陆部队必然就在附近，他命舰队继续北上搜索。这个决定使舰队万劫不复。一天前发现英军舰队之后，日军的侦察机和潜艇就天上海底地搜寻敌踪。10日凌晨，潜艇已发现了两艘巨舰领衔的舰队，并将其位置报告给西贡的日本第22航空战队基地。

10时左右，菲利普斯决定返航，但为时已晚。日军侦察机已将他们锁定，从西贡起飞的96架轰炸机和10架侦察机得到消息后，正全速围拢过来。11时10分左右，双方在关丹以南70海里处碰面，战斗开始。

"威尔士亲王"号和"反击"号火力全开，不计其数的炮弹如火山喷发，冲霄而起。但日军的飞行员技术高超，驾机钻进云层，舰炮的火力罕有命中。待射击稍缓，日军飞机忽然从云中杀出，从不同方向发射鱼雷。"反击"号首先中招，先后被四枚鱼雷击中，12时30分，舰体沉没。紧接着轮到"威尔士亲王"号。日军鱼雷机以超低空飞行躲避密集的弹幕炮火，寻机施放鱼雷，巨舰尾部的汽轮机中弹，航速降至一半，只能任人宰割。勉力又支撑了近一小时，身中六颗鱼雷的"威尔士亲王"号也沉入海底。这之前，菲利普斯下达了他作为舰队司令的最后一道命令：全员穿好救生衣并充气，准备弃船。但他本人遵循英国海军"船长与船共存亡"的传统，拒绝部下救助，身披米字旗殉国，"威尔士亲王"号的舰长里奇和他一道赴死。击沉2艘巨舰几乎耗尽了日机所携弹药，剩下的3艘驱逐舰以及落水官兵得以幸免。一个多小时后，6架英军水牛式战斗机赶到助战，日军早已得胜而还。

作为英国皇家海军干将，菲利普斯对战列舰的威力深信不疑，出发前他虽然意识到没有空中掩护的劣势，却还是怀着"飞机打不过战列舰"的坚定信心下令出航。然而，战役的战果却是英军两艘主力舰被击沉，870名官兵阵亡，日本只损失3架飞机、21人。一边倒的战果宣告了海军航空兵对战列舰的完胜，称雄海上几个世纪的大炮巨舰已近谢幕之时。一天之前，山本五十六曾告诫部下，虽有珍珠港以及塔兰托的胜绩，但那也只说明飞机能战胜停在港里几乎不能动的战列舰，如在海上，遭遇可以行动自如的战列舰，胜败仍是未知。这场遭遇战的结果，可以作为答案，并且这一结论将在未来的战事中不断被验证。

"威尔士亲王"号的沉没，令马来亚和英国本土都震惊沉痛，丘吉尔连称不敢相信，他也明白接下来在太平洋海域，美英将没有一艘主力舰堪与日本抗衡，这意味着大英帝国在远东的存在岌岌可危。英军驻马来亚司令阿瑟·珀西瓦尔更清楚事态的严重，开战两天，制空权和制海权就先后丧失，新加坡也凶多吉少了。

再说山下奉文。他的战略核心是"快"，师法德国人的闪击战，组织机械化以及自行车部队沿公路进军，以最快速度突破防线，决不缠斗，把残敌交给己方后续部队。日军以坦克开路，英方部署在马来亚北部各处的守军以印度兵居多，战斗力较低，更毫无与机械化部队交手的经验，往往见了坦克就望风而逃，日军沿半岛两侧南下，势如破竹。1942年1月11日，日军开进马来亚首府吉隆坡。1月31日，兵抵柔佛，海峡以北的英军抵挡不住，只好炸断堤道，全部撤过海去，退守新加坡。至此，日军攻占马来亚全境，从登陆哥打巴鲁算起，耗时55天；消灭俘获英军2.5万，仅损失4600人。

此时新加坡的珀西瓦尔已获得英国从澳大利亚以及中东调来的增援部队，兵力、火炮、装甲车数量优于山下奉文，但因守孤岛，回旋空间实在匮乏。

2月8日夜间，日军开始强渡海峡，从新加坡岛西北部登陆。海峡最窄处不足10千米，甚至有日本士兵直接游泳渡海，负责这一段防务的英军第22澳大利亚旅在滩头阻击，但作战能力有限，次日清晨，1.3万日军已经登陆，构筑工事。山下奉文明白，以新加坡的狭小地形，派更多的部队登陆也没有足够的空间展开，接下来加强空中打击来支援登陆部队。此时，英、美、澳、荷等国组建的西南太平洋同盟军总司令阿奇博尔德·韦维尔上将从爪哇飞赴新加坡督战，丘吉尔也拍发措辞激烈的电令，要求珀西瓦尔和驻新英军为了"帝国的荣誉"绝不可投降，要与敌人短兵相接。他还举例激励士气：美军在菲律宾以寡敌众，苏军在力抗德国最精锐部队，连没有现代化装备的中国军队都顶住了日本四年半，人数占优的英军要是在新加坡投降，帝国将颜面无存。可惜，开战以来节节败退的英军早就信心瓦解，这样的鼓励对他们没有实质帮助。

10日，山下奉文渡海，到新加坡第一线指挥战斗，珀西瓦尔也发动反攻，试图绝处求生，战事一度焦灼。11日是日本建国纪念日，山下原打算在这天拿下新加坡，献礼天皇，但未能得手，此时他也开始焦躁，因为狂飙突进两个月，他也已是强弩之末，燃油等重要补给都所剩无多。又僵持了两天，军粮都要断供了，山下使出狠招，命令不分军民目标，轰炸新加坡城区，借助当地居民的恐慌，向珀西瓦尔施压迫使他投降。山下奉文的毒计果然成了最后一根稻草，同样弹尽粮绝的英军再也支撑不住，韦维尔也不得不同意由珀西瓦尔等军官自行决定是否投降。军官们稍做商议，一致决定投降。

2月15日，珀西瓦尔和英国驻新加坡总督极不情愿地邀山下奉文商谈停战，后者赴约。谈判进展艰难，双方的翻译都很业余，交流不顺，山下更丝毫不留情面，对珀西瓦尔提出的条件一概否决，只要求他遵照日方条件投降，否则就继续攻击，最后干脆甩开翻译，直接用英语向犹豫不决的珀西瓦尔喊话："Yes, or no？"面对比自己矮30厘米的山下奉文，高大威猛的珀西瓦尔此时已威风扫地，终于低头，无奈答道："Yes."这一天又逢周日，从日军登陆新加坡到珀西瓦尔投降，刚好历时一周，利德·哈特评价，新加坡人连续经历了两个"黑色星期天"。

至此，马来亚战役结束，投降的8万余英印新马澳各部士兵都做了俘虏。山下奉文70天席卷马来半岛，征服远东第一要塞新加坡，一时威名大振，日本媒体送他新绰号"马来之虎"。然而，或许是日本自战国时代以来号称"XX之虎"的武将已经多到泛滥，正志得意满的山下并不喜欢这个大路货的绰号，他称老虎只敢攻击比自己弱小的猎物，言下之意，自己打垮强大的大英帝国，这荣耀自非老虎可比。

山下的凶残同样远胜虎狼，占领新加坡后，他在当地展开大屠杀，主要针对华侨，借口是华侨支持中国国民政府抗日。据估算，罹难的南洋华侨多达2.5万—5万人，日军和山下本人借机聚敛的钱财更是不计其数。因为门户之见，东条英机始终不太待见皇道派的山下奉文，1942年6月，建立奇功的山下被东条再次打发到侵华战场，第三度服役于关东军。此后两年多，山下一直被"雪藏"

在中国东北，待他再被调回东南亚时，战局早已天翻地覆，他也虎威不再。这是后话，暂且不提。

再说新加坡失陷之后，英国在东亚和东南亚的势力可说已被摧毁。香港与马来亚同日遭到攻击，早在1941年圣诞节就宣布投降，六个营的英国与加拿大守军被俘，抵抗仅持续了18天，而此前丘吉尔指望香港至少支撑半年。值得一提的是，香港守军中的四个营加拿大军是开战前自告奋勇来增援的，正因为他们进驻香港，才使英国决策层有信心决定坚守，但战局表明他们并没能起到自己和英方期待的作用，利德·哈特在《第二次世界大战战史》中评价他们，"无端地使人员损失增加了200%"。

在缅甸，日本也巧妙利用当地脱英独立的民族情绪，顺利占领。3月8日，开进仰光。3月22日，海军登陆可辐射缅印及斯里兰卡的孟加拉湾战略要地安达曼群岛。4月底，驻缅英军退入印度。中国国民政府为避免西方援华通道被阻断，组织远征军于1942年2月起入缅作战，但战事不利，中国远征军损失惨重，余部撤往印度，缅甸也为日本控制。

在美国属地关岛和威克岛，日军于1941年12月10日拿下关岛。同日，海军舰载机空袭威克岛，但接下来的登陆战受挫，两艘驱逐舰也被击沉。12月22日，在从珍珠港返航的第一航空舰队协助下，终于攻克。

同在这个时间段里，荷兰人、美国人也在印尼、菲律宾面临着比英国人更艰难的处境。

19

孤独守卫

  两个多月间，马来半岛和新加坡全境陷落。再回溯战役开始当天，本间雅晴中将的第14集团军也杀向了美军驻守的菲律宾。

  悬于西南太平洋的菲律宾群岛处在几大文明圈覆盖范围之外，发展较慢，直至14世纪才有地方性的国家形式出现，但很快被东侵的西洋列强占据，其名称就来自于16世纪显赫一时的西班牙国王腓力二世（人物见本书第三卷）。1898年美西战争后，这块殖民地的主人换成了美国，1935年获得自治领地位，但仍是美国在亚太地区的重要战略支点、美军远东部队的驻地。这支部队的司令是美国陆军中将，道格拉斯·麦克阿瑟。

  麦克阿瑟曾在1932年指挥镇压"补偿金远征军"，其实除去那一段，这位刚愎将军的一生，基本都是高光时刻。麦克阿瑟出身将门，其父亚瑟在美国南北战争中出道，其后从西进运动中对印第安人的战争，到美西战争、八国联军侵华，美国对内对外历次动武几乎阵阵不落，最终官至陆军中将。1880年1月26日，道格拉斯·麦克阿瑟出生在父亲的军营之中，地点在阿肯色州小石城，在比尔·克林顿之前，他一直是这座城市的头号知名人物。道格拉斯幼年时，父亲调任美墨边境戍边，全家随行。当地环境严酷，父亲手把手对他和兄弟小亚瑟进行严格的军事化训练。成年后兄弟二人顺理成章投身军界，分别效力于陆军和海军，表现不凡，尤其是道格拉斯·麦克阿瑟。1899年，他以第一名的成绩考取西点军校，四年后毕业时又是第一名，且分数高达98.14分，打破学校25年来的纪录，并成为首位在校期间获得上尉军衔的学生。美国参加"一战"期间，1917年10月麦克阿瑟率2.7万人的"彩虹师"出征欧洲，军纪严明，战功卓越，虽然麦克阿瑟因性格桀骜得罪了总司令潘兴，但后者也不得不赞赏他的能力。战争结束后，麦克阿瑟被晋为少将，年仅39岁，是美军历史上最年轻的将官。同年，他回到母校西点担任校长，后几度升迁，1930年出任陆军参谋长。麦克阿瑟自幼天资出众，个性强烈，军旅生涯又屡立功勋，越发目空一切，说一不二。

麦克阿瑟与菲律宾尤具渊源，美西战争中他父亲就曾远征至此，1903年从西点毕业后，他也被派往美军驻菲部队服役一年多，1922年他卸任西点校长后，又被任命为驻菲美军总司令。胡佛政府大赞麦克阿瑟在"补偿金远征军"事件中维稳有功，但罗斯福上台后，这功劳自然就作不得数。罗斯福对麦克阿瑟的印象很糟糕，视他为"美国最危险的两个人之一"（另一个是休伊·朗，曾帮助罗斯福竞选纽约州长的民主党政治家，后来成为罗斯福新政的激烈批评者，见威廉·曼彻斯特《光荣与梦想》），加上在裁军问题上麦克阿瑟也强烈反对政府主张，和罗斯福数次争执。1935年麦克阿瑟卸任陆军参谋长后，很快应菲律宾总统曼纽尔·奎松之邀，担任他的军事顾问，再次返回菲律宾，一年后被聘为菲律宾陆军元帅。这一回他还在当地结婚，娶了第二任夫人。1937年后，麦克阿瑟以少将军衔从美国陆军退役。1941年战云密布，罗斯福不得不倚重麦克阿瑟这样的宿将，7月26日，军方将他重新召回现役，晋为中将，但很快又被派回菲律宾，担任美军远东总司令。此时麦克阿瑟已经61岁，但他雄心不减，高兴地将这次复出称为"老骥配新鞍"。

来盘点一下此时麦克阿瑟手上的兵力。陆军方面，有美军一个师加两个独立团，总计1.9万人；菲律宾的国防军10个步兵师，总人数12.2万，但组建时间尚短，战斗力一般，除了1.2万正规军，其余11万人都是民兵，陆军重武器尤其缺乏。航空兵方面，有飞机150架，其中号称"空中堡垒"的B-17重型轰炸机35架，是麦克阿瑟手中最有威慑力的王牌，其他机型老旧，尤其战斗机远比不上日军犀利的零战。麦克阿瑟将菲律宾群岛划分为六个防区，首府马尼拉所在的最大岛吕宋是首要防区。总指挥部设在马尼拉，西北80千米处是克拉克机场，此处是吕宋岛唯一能供B-17起降的机场，35架轰炸机中18架部署在此，另外17架在南部棉兰老岛的德尔蒙特机场。海军基地在马尼拉东南的甲米地。海军以3艘巡洋舰为主力，还有驱逐舰和潜艇数十艘，部分潜艇装备有最新开发的秘密武器制导鱼雷，但总体实力较之日本仍处下风。而且海军是由托马斯·哈特上将统领，麦克阿瑟并不拥有海军指挥权。

根据美国军方的战略分析，菲律宾被认为是日本最可能首先攻击的目标，美军的应对方案"彩虹5号作战"计划就以此为基础：以菲律宾为先头阵地，拖住日军四至六个月，同时太平洋舰队运送增援给养，并攻击日本本土。麦克阿瑟起复后，陆军参谋长马歇尔答应加强菲律宾的防御力量，承诺在1942年派给他340架B-17和B-24轰炸机，以及130架新型战斗机。麦克阿瑟判断日本最快也要1942年第二季度才能做好开战准备，认为届时凭着本土增援和自己一手整饬的防御体系，美菲联军将足以在滩头击退日军入寇。因此，当马尼拉时间1941年12月8日凌晨，麦克阿瑟被电话吵醒得知日本空袭珍珠港时，着实吃惊不小，尤其是当他听说了双方的伤亡比例，真正意识到问题的严重——现在不可能有太平洋舰队来支援了。

大约50分钟后，华盛顿的电令传到马尼拉，授权麦克阿瑟对日作战。然而，麦克阿瑟的准备时间只有一个多小时，空军司令刘易斯·布里尔顿请令主动出击轰炸日军在台湾的基地，但考虑到航程和天气，麦克阿瑟担心美军的战斗机无法提供有效护航，没有批准。天明时分，一波波的日本军机信号出现在雷达屏上，美军飞机升空准备迎敌，但菲律宾上空浓雾弥漫，两军的飞机都没能找到目标。中午12时，美军飞机陆续返回克拉克机场，此时天气渐晴，飞行员吃过午饭正准备登机再去搜寻敌踪，忽然空袭警报大作，54架日军轰炸机杀到，炸弹狂投，来不及起飞的美军战斗机被炸碎在跑道上，少数升空还击的也被护航的30架零战击落。地面的防空部队，许多士兵还是第一次操作高射机枪发射实弹，抵抗效果微乎其微，战况与珍珠港如出一辙，一个多小时内克拉克机场被摧毁，18架B-17全部报销，72架战斗机损失了55架，日军则只付出7架飞机的代价。开战不到一天，吕宋岛的制空权就尽入日军之手。

得到情报后，麦克阿瑟审时度势，决定保存实力，命棉兰老岛的17架B-17退往澳大利亚的布里斯班基地，剩余的战斗机也渐次撤走。这样一来，菲律宾全境领空开放，日本登陆部队此前最担心的空中威胁已不复存在。

海军方面的情况同样糟糕。哈特上将自知水面舰只力量与日军相去甚远，索性将巡洋舰和大部分驱逐舰转移到荷属东印度群岛雪藏，打算只用潜艇攻击日军主力舰，以小博大。但日军以飞机开道，12月9日、10日，连续狂轰滥炸几乎不具备防空能力的甲米地，并在10日炸毁了存放制导鱼雷的仓库，撒手锏被毁，美国海军再无还手之力。

美国海空两军相继报废，日军再无忌惮。12月10日，日本第48师团的田中支队猛攻吕宋岛北部阿帕里的美军滩头阵地，同时菅野支队攻击阿帕里西南方的维甘。这两地是扼守吕宋岛北部的门户，虽说是麦克阿瑟最重视的防区，但毕竟驻菲美军的精锐力量有限，滩头防御部队以菲律宾士兵为主，数量质量都不及日军，阵地失守。两天后，从帕劳群岛出发的日军第16师木村支队又在吕宋岛东南角的黎牙实比登陆成功。

三支登陆的日军都属先头部队，接下来几天与美菲军的战事规模都不大，麦克阿瑟明白日军主力的真正攻击还在后头，决定先按兵不动，静观其变，但对日军大规模登陆之后的局面已做了打算。12月19日，帕劳日军又占领了菲律宾群岛南部大岛棉兰老的重要港口达沃，不但菲律宾全境受敌，荷属东印度群岛及澳大利亚也面临威胁。12月22日凌晨2时，本间雅晴亲率第14集团军主力登陆部队，趁着夜色逼近马尼拉西北约117千米外的林加延湾海岸。巡逻的美军潜艇"鲤鱼"号发现敌情，急报麦克阿瑟，并对敌船发射鱼雷，但日舰有85艘，仅运兵船就有76艘，"鲤鱼"号的抵抗无济于事。4时许，首批日军登上无人防守的海滩，向内陆推进时，迎战的是北吕宋部队，由麦克阿瑟最为信任的西点军校同学乔纳森·温赖特中将指挥。这是麦克阿瑟规划的六支防区部队中的最精锐者，但毕竟人员和装备都相差悬殊，抵敌不住。当天上午麦克阿瑟从马尼拉赶来督战，也无法扭转局面。

就在同一天，丘吉尔到访华盛顿，他和罗斯福磋商达成的共识是，确保欧洲优先，美英的人力物力都要向欧洲战场倾斜，但同时为了美国在亚太的权威地位，也为了坚定东南亚及中国抗日战场的士气，罗斯福要求驻菲美军坚守到底。至于菲律宾方面不断催促的支援，鉴于太平洋舰队的现状，本土方面爱莫能助。随后马歇尔向麦克阿瑟转达了命令，但后半段没有照实说明，而是仍在保证"想办法支援"。

此时的麦克阿瑟和驻菲美军，陷入了"打不过、撤不走、增援盼不来、投降不允许"的境地，只能无望地孤军作战，而他们中的多数人还不知道自己的真实处境。

12月24日，情况进一步恶化，日军第16师团7000人在马尼拉东南约97千米的拉蒙湾登陆，击溃当地守军，对马尼拉的合围之势已初步形成。自战争爆发之日，日军的飞机频繁轰炸马尼拉，麦克阿瑟位于当地的府邸是敌机重点关照对象。为了鼓舞军心士气，麦克阿瑟非但从不进地下掩体避敌，反而在屋顶高挂星条旗，仿佛有意叫板。这一天，他和3岁的儿子一起目睹房顶被敌机炸飞，麦克阿瑟意识到，不能再硬撑了。

按

美国空军起源于陆军航空队，在"二战"后的1947年才成为独立兵种。"二战"期间分属陆海军，本书中通常称"陆军航空兵"或"海军航空兵"，个别处出现"美国空军"或"陆海空三军"字样，系为表述方便之故，望读者注意鉴别。

20
I shall return[①]

麦克阿瑟是硬汉，却非莽夫。他对战况早备有后手，这就是"橙色3号"计划。

根据该计划，日军入侵菲律宾后，驻菲美军应撤到马尼拉西北的巴丹半岛，坚守待援。虽说此时无援可待，但多少可以凭借半岛的有利地形拖上一阵。

巴丹半岛扼守马尼拉湾，在西边与马尼拉隔海相望，面积虽仅有1250平方千米，但半岛上地形复杂，中部有海拔1400多米的马里伯莱斯山脉，遍布热带雨林，易守难攻，北部又有高耸的纳蒂布火山将半岛与吕宋岛其他地区隔开，正是天然屏障。当年美西战争，西班牙人在此据险而守，给美军造成了不少麻烦。据半岛南缘不到3千米的海中，有一座十几平方千米的小火山岛科雷希多岛，当地人称为"岩石堡垒"，岛上建有美军基地，炮台、掩体、机场一应俱全，与半岛互为掩护。撤出马尼拉后，麦克阿瑟就将他的司令部迁到科雷希多岛的地下掩体"马林塔隧道"中。

本来麦克阿瑟心高气傲，觉得"橙色3号"计划太过消极，一直主张将防御计划改为在滩头和外海击溃来犯之敌，但战争事出突然，也只能行此"下策"。

12月25日，圣诞节。罗斯福打电话与麦克阿瑟探讨战局，并宣布晋升他为陆军四星上将。不过，麦克阿瑟无暇庆祝临阵升职，他忙着转移司令部及家人，命令菲律宾其他防区的军队以最快速度向巴丹半岛集结，同时要求温赖特不惜代价拖住日军。

12月26日，麦克阿瑟与菲律宾总统奎松商谈后，宣布马尼拉不设防，以免这座铁定失守的城市枉遭战祸，随后他也乘船撤到科雷希多岛。美菲军负责撤

---
① 我会回来的。

退和阻击的各部都在争分夺秒，最终，1942年元旦，最后一批美军撤出马尼拉，奎松等菲律宾政府要员也随麦克阿瑟一起，撤到科雷希多岛上，躲进"马林塔隧道"。

这次败而不乱的大转移，不仅让麦克阿瑟挽回了颜面，更最大限度保存了美菲军的战斗力，被誉为"东方的敦刻尔克撤退"。之前美军筹备"橙色3号"计划，已在巴丹半岛上依托有利地形规划好两道防线，撤下来的队伍直接进驻，麦克阿瑟又将温赖特和此前南吕宋军指挥帕克中将所部分别部署在纳蒂布火山东西两麓，严阵以待。

麦克阿瑟的对手本间雅晴，满心以为占领马尼拉将意味着菲律宾战事胜利结束，全部注意力都集中在这座城市上，并不太在意美菲军的"溃逃"。等到1942年1月2日日军欢庆不费一弹拿下马尼拉时，本间才注意到，海湾对面的巴丹半岛上集结了8万美菲军。

从珍珠港起，日军步步顺利，信心也随之爆棚。拿下马尼拉后，南方军总司令寺内寿一大将觉得菲律宾大局已定，从越南西贡的指挥部里发来一通电令，抽调本间的精锐部队第48师团赴爪哇助战，而派出人员装备都较差的第65旅团来接手对巴丹美军的清剿，航空兵第5飞行集团也被调往缅甸。尽管不情愿，本间只得从命。1月10日，第65旅团向纳蒂布火山西段的防线发动进攻，但这个老弱兵团被美军轻松打退，损失惨重。随后几天依然如是，直到16日，一支菲军贪功冒进，日军才抓住机会迂回到其侧后方，楔进美军防线。温赖特亲自指挥的东段防线也顶住了日军10天的进攻。21日，另一支日本步兵联队（相当于团）翻山越岭，绕到美军防线背后，温赖特只好在退路被断之前放弃阵地，撤往第二道防线。26日，经过几天的撤退，温赖特和帕克两部全部进入了马里伯莱斯山脉防线，这里的阵地部署更早，也更完备，日军又数度进攻无果，试图从海上包抄也被打退。进入2月，双方都已乏力，战事稍歇。

在将近一个月的缠斗中，日军折兵7000人，更有万余人染上热带病，失去战斗力。此时，本间才深悔没有及时发现美军退守巴丹半岛的战略意图。他的参谋前田正实中佐劝他放弃强攻，改用长围久困，逼降美军，但此时政治压倒军事，日军各线捷报频传，唯独菲律宾迟迟解决不了巴丹半岛。东条英机十分不满，要求本间务必取胜，同时又拒绝增派部队，本间在参谋会议上接到东条电令，急得当场晕倒。

美军在巴丹最主要的作战意图是尽量迟滞敌人攻势，消耗其人力物力，这个任务他们完成得十分出色，但他们也面临着比对手更大的困境，那就是物资的匮乏。"橙色3号"计划设想的是3—4万美军进驻巴丹，但这一下涌进了近8万，还有3万多菲律宾难民，给养立时就不够用。上岛伊始，麦克阿瑟下令全员配给减半，但仍支撑不了多久，接着减到25%，每人每天只能领到约425克的食物。后来他们又杀战马充饥，还是无济于事，士兵不得不在山中猎取动物，饥不择食。另外，巴丹半岛是东南亚有名的疟疾高发区，此前储备的药物奎宁也不够用，军中疫病流行，士兵连饿带病，苦不堪言。燃料弹药之类军需更是紧缺。本来温赖特手里还有两个坦克营，但由于燃油不足，多数只能停在原地充当固定炮台。在这种情形下，虽然日军也减员严重，困守半岛的美军还是无力突围。更严重的隐患是部队的人员构成，联军包括美国和菲律宾两国士兵，人数更多的菲律宾士兵却只能分得比美国兵更少的配给，正是不患寡而患不均，这样的差别待遇让菲律宾人怨声载道，内部的矛盾也在一点点发酵。

科雷希多岛上的麦克阿瑟几乎每天都向华盛顿方面求助，罗斯福抱定了"先欧后亚"方略，虽然数度公开褒赞麦克阿瑟和驻菲美军的坚贞，却不能提供实质帮助，马歇尔则一如既往地大开空头支票，对麦克阿瑟保证，援兵、给养、飞机、舰队都正在积极筹备。麦克阿瑟也只能上行下效，糊弄巴丹的弟兄们说面包会有的。但望梅止渴之计偶一为之尚可，当前线的士兵们明显觉察长官在说谎时，怨气就更重了。

菲律宾总统奎松也被安置在坑道里。前线美菲士兵的隔阂他已有所闻，虽然大局当前，但他对同胞的遭遇还是深感悲愤自责，尤其是从广播中听到美国仍在向英国和苏联支援大量物资时，他恼怒地抱怨罗斯福，只顾着欧洲的远亲甚至无亲无故的苏联，却无视自家后院的亲生女儿菲律宾在遭人凌辱。

在东京，东条英机似乎也窥见了美菲裂痕，他公开向菲律宾方面提出，只要宣布脱离美国独立，加入"大东亚共荣圈"，日本就从菲律宾撤军，给予菲律宾中立地位。恼怒之下的奎松向罗斯福说明日本的意向，出人意料的是麦克阿瑟竟然也附议，称这不失为一个减轻菲律宾无谓损失的权宜之计。白宫方面大感震惊，本来在1935年美国已通过《泰丁斯-麦克达菲法案》，许诺让菲律宾10年之内独立，但现在战时自然另当别论。罗斯福一面使奎松相信美国没有放弃菲律宾，但同时也在考虑，万不得已的时候灵活处理，减少损失。罗斯福稍后致电麦克阿瑟，授权他在适当的时机可以让菲律宾军队向日军投降，但仍坚持美军必须战斗到底。

日军几次强攻不力，也放缓了攻势，但封锁围困、切断供给，这种钝刀割肉的滋味更是难熬。支援苦候不至，巴丹前线的美菲守军士气日益低落，尤其是他们通过广播收听到罗斯福在2月23日的最新一期"炉边谈话"。这一天是美国国父乔治·华盛顿的诞辰，罗斯福特地搬出独立战争时期华盛顿率大陆军在福吉谷战天斗地的故事（详见本书第三卷），鼓励美国军民克服困难，后面更直接说道："个人有时必须做出牺牲并且乐于做出牺牲，不仅仅是个人的享乐、私人的财物、与挚爱亲人的交往，甚至还包括个人的生命。"这些崇高的话语固然大振民心士气，但在巴丹前线士兵听来，无异于宣布了他们"弃子"的命运。悲观情绪在军中流传。

僵持之际，日军在新加坡、东印度群岛、缅甸等地相继得手，眼看亚太地区就要尽入其彀中，美国决策层觉得仅存象征意义的巴丹抗战也应让位于下一步的宏观战略：趁澳大利亚还没被日本染指，迅速整合美、英、荷、澳、新等国在东南亚的残余力量，转移该处筹划日后的反攻。2月2日，罗斯福再次致电麦克阿瑟，任命他为西南太平洋战区总司令，转移到澳大利亚。此时的麦克阿瑟，自感愧对因自己的命令而陷入绝境的巴丹守军，也割舍不下第二故乡菲律宾，并不想离开，甚至一度提出辞职，作为志愿兵到巴丹前线与部队共存亡。不过，美军正值用人之际，自然不会让他意气用事。

过了两天，冷静下来的麦克阿瑟终于奉命，同意离开科雷希多岛，赴任澳大利亚，行前他提名温赖特接替他的现职务。经过一番筹备，3月11日，麦克阿瑟启程。本来海军安排了潜艇来接他，结果麦克阿瑟的牛脾气再次发作，不屑"潜遁"，执意要乘鱼雷快艇，海军方面只能依从。当晚，麦克阿瑟携司令部人员和家属，以及奎松等菲律宾要人，登上PT-41号鱼雷艇，与其他3艘同型号艇一起趁着夜色驶出马尼拉湾。这一路险象环生，不但风高浪急，更有几次与日本的巡逻舰和飞机擦肩而过，只因为目标太小才没引起对方注意。最终船队昼伏夜出，关闭照明灯和无线电，耗时一天两夜，于3月13日早上7时许，抵达棉兰老岛仍在美军控制下的卡加延基地。麦克阿瑟以这样的冒险行动向世人宣告，自己不是逃离，而是突破了日本人的层层防线。

日本人得知麦克阿瑟脱离科雷希多岛，追悔莫及。原本他们视他为瓮中之鳌，志在必得，甚至在广播中宣称，要抓他回东京，在帝国广场斩首示众。17日，麦克阿瑟乘飞机飞赴澳大利亚，早就紧盯着的日军飞机紧追其后，但麦克阿瑟的座机临时改变航向，又躲过一劫。经过转机，当天13时，他登陆澳大利亚。

随后麦克阿瑟乘火车赶赴墨尔本，得到消息的各路新闻媒体蜂拥而至。3月20日，麦克阿瑟在中途的阿德莱德车站被记者们堵截，他简短有力的演讲通过新闻报道很快传遍世界：

据我所知，美国总统命令我冲破日本人的防线、从科雷希多岛来到澳大利亚的目的是组织对日本的进攻，其中一个主要目的就是解放菲律宾。我脱险了，但我还要回去！

I came through and I shall return.

21
席卷千岛

日美两军在菲律宾僵持不下之际，战火已经越过这里，烧到了更南边的东印度群岛。

这是亚欧、太平洋、印度洋三大地球板块交汇处，板块间千万年来的挤压造就了一片支离破碎的岛屿，其中大岛十余，小岛上万，总陆地面积约200万平方千米，七倍于菲律宾群岛。最大岛屿有五个，自西向东依次是苏门答腊、爪哇、婆罗洲（今称加里曼丹岛）、西里伯斯（今称苏拉威西岛）和新几内亚。其中最大的新几内亚和婆罗洲，分别是世界第二、第三大岛。但群岛中最首要的岛屿当属爪哇，那里文明发展最早，汇聚了群岛半数以上的人口，也是首府雅加达的所在地，因古代有巽他古国，故东印度群岛在中国古籍中被称为巽他群岛，爪哇以西的巴厘至帝汶的一系列小岛则称小巽他群岛。

因地处热带，群岛盛产香料，在16世纪地理大发现时代，寻香而至的欧洲航海家将这里命名为香料群岛。工业化时代，石油作为比香料更宝贵的财富在东印度群岛被挖掘出来。苏门答腊、西里伯斯、婆罗洲，以及小巽他群岛都蕴藏丰厚的石油资源，1930—1940年代的年均总产量可达800万吨，相当于同期日本年需求的1.6倍，这令石油匮乏（年产量仅40万吨）的日本极为垂涎，甚至可以说，东印度群岛的石油是日本"南进"战略的主要动力之一。

东印度群岛除了婆罗洲西北沙捞越地区属英国、新几内亚岛东段属澳大利亚托管，其余都是荷兰殖民地。1940年5月，荷兰本土被纳粹德国占领，政府流亡伦敦，日本便生趁火打劫之心，他们要求荷属东印度加大对日石油出口。10月，想缓和事态的荷印当局同意向日本增加40%的石油产品出口，但当时已加入德意轴心的日本，胃口已不止此。1941年日本占领法属印度支那后，荷兰与美英一道对日实施石油禁运，这下日本对已成无主之地的东印度群岛更是志在必得。无论马来亚还是菲律宾的战役，都只是外围，东印度群岛的石油才是核心目标。

负责该战区的是今村均中将率领的第16军团。东印度群岛地域广阔，且很多岛上原始丛林密布，交通不便，日本没有足够的兵力和时间将上万岛屿逐一占领，因此只能是对几个重要战略目标采取奇袭。加之路程遥远，兵力调配困难，日本的东印度群岛战役从1941年12月16日才开始，晚于马来亚等地一星期。是日，日军向婆罗洲北部发起进攻，川口清健少将指挥的川口支队（该部为日本南方军直属）攻占该岛北部港口米里和诗里亚。东印度群岛战役就此打响。

此时驻守东印度群岛的，除了荷兰殖民军，还有美英及澳大利亚的同盟军。1942年1月3日，美英荷澳四国组建了西南太平洋同盟军司令部，陆军和海军指挥部分别设在爪哇岛的万隆和泗水，由英国陆军上将阿奇博尔德·韦维尔任总司令，荷兰陆军中将普尔顿任陆军总指挥，从菲律宾战场撤下来的美国远东舰队司令托马斯·哈特上将任海军总指挥，英国空军中将皮尔斯任空军总指挥。辖下陆军兵力9.2万人，海军各种舰艇146艘，空军飞机300余架，单从数量上看，堪与日军一搏。但表象之下暗藏隐患：陆军中有7.5万人是被征发起来的当地人，对荷兰殖民当局素怀不满；各国将领也都更看重本国殖民利益，彼此间各怀心事；海军舰艇中缺乏主力舰和航母，最大的只是巡洋舰；海陆军的航空部队燃油储备也都不足。

1月10日，坂口静夫少将率领三个步兵大队和一个炮兵营，攻打婆罗洲北部的大油田打拉根。受过针对性丛林作战训练的坂口支队绕开盟军正面防区，从侧面登陆，穿越密林绕到守军背后将之击败，12日夺下打拉根。22日，坂口再攻婆罗洲东岸的全岛第一大港巴厘巴板，该地有美英荷的海空力量驻守。坂口仍是正奇并举，正面佯攻，同时在巴厘巴板北部丛林地带登陆，绕到城市西侧破坏水源，从侧后方杀出，守军大败。24日，守军放弃阵地，巴厘巴板的机场也被日军占据。2月2日，日军从巴厘巴板出发，进攻婆罗洲南部港口马辰，收到情报的司令部舰队尽遣主力出击拦截。4日，舰队在西里伯斯岛与婆罗洲之间的望加锡海峡遭遇日军鱼雷机，两下交手，舰队主力美国重巡洋舰"休斯顿"号、轻巡洋舰"马波海德"号被重创，舰队无力再战，只好返航。几次失败，本就带病的海军总指挥哈特上将挂冠回国，其职务由荷兰海军中将康拉德·赫尔弗里希接任。10日，日军攻下马辰，不到两个月征服婆罗洲。

另一条战线，出兵攻打打拉根的同日，日军进攻西里伯斯岛北部重要港口万鸦老，一天后得手，22日夺取该岛南部要地肯达里。这时，寺内寿一大将从菲律宾调来的第48师团已到位，1月31日占领西里伯斯岛东侧的安汶岛。该岛位于西里伯斯岛与新几内亚岛之间，可以威慑新几内亚、爪哇、小巽他群岛甚至澳大利亚，落子此地，满盘皆活。

2月14日，日本又袭击群岛最西端的大岛苏门答腊，空降兵和登陆部队配合，包围了岛东南部的重要石油产地巨港（巴邻旁）。一天后，山下奉文也在新加坡逼降了英军，整个马六甲海峡被日本控制，欧洲通往东亚的道路被切断。巨港守军只好渡海撤往爪哇岛，行前他们试图毁掉当地的炼油设备，但时间仓促，破坏程度有限，苏门答腊的石油还有很大部分落入日军之手。

两个月间，婆罗洲等诸岛相继失陷，盟军退守爪哇，加上马来、菲律宾等地撤下来的残兵败将，到1942年2月时，爪哇岛上的盟军已达8.5万。但群岛几大战略要冲都已在日军控制下，爪哇岛守军其实已成瓮中之鳖。

2月18日，日军进攻小巽他群岛中最靠近爪哇的巴厘岛，阿部俊雄大佐率领"朝潮""满潮""大潮""荒潮"4艘驱逐舰，护送2艘搭载一个陆军支队的运输船，自西里伯斯岛望加锡港出发，当日19时成功登陆巴厘岛，岛上的600名荷印守军一触即溃。

日军此次起航之前，盟军就已收到情报。赫尔弗里希认为巴厘岛是爪哇东面门户，不容有失，于是他动用了西南太平洋同盟军司令部舰队当时能调动的全部3艘巡洋舰、7艘驱逐舰、7艘鱼雷艇赶赴巴厘岛海域，试图趁日军立足未稳之际收复阵地。舰队仍由指挥了2月4日望加锡海峡之战的荷兰海军少将卡尔·杜尔曼率领，于19日晚间从大本营泗水出发，抵达巴厘岛海域时已经入夜。当时海上漆黑一片，杜尔曼知道己方舰船数量占优，根据之前的计划，他将舰队分开，搜寻目标。大约0时，"爪哇"号轻巡洋舰发现日舰"朝潮"号，与之交火，随后旗舰"德·鲁伊特"号也遭遇"大潮"号。由于此时舰队兵力分散，原本的数量优势发挥不了作用，加之天黑，指挥混乱，反被日本击沉1艘驱逐舰，占了先机。凌晨3时40分，盟军第二批舰队抵达战区，护送运输船返航的日军"满潮""荒潮"两舰也赶回，双方又是一场恶战，盟军轻巡洋舰"特罗姆普"号重伤，撤出战斗，但日舰"满潮"号也受重创瘫痪，后被日军拖船救出。

天明时分，盟军第一、二批舰队各有损伤，只得退走，非但没能完成驱逐日军的目标，更在舰船数量10∶4的优势下，1舰沉没，2舰被重创，这场巴厘岛夜战堪称完败。日军在巴厘岛站稳了脚跟，修缮了当地机场，至此爪哇全岛都已处在日军飞机轰炸半径内。加在爪哇岛盟军脖子上的绞索，又收紧了一圈。

22

坐断东南

巴厘岛失陷，爪哇岛三面背敌。就在登陆巴厘岛的同日，日军谋划的毕其功于一役的爪哇攻略也开始了。两支舰队分别从菲律宾霍洛岛和越南金兰湾起航，由东西两面向爪哇进发。两路都有强大的海军舰队护航，东路军有两艘重巡洋舰"那智"号和"羽黑"号，西路更有轻型航母"龙骧"号压阵。

爪哇岛是东西向的狭长岛屿，可供日军选择的登陆点甚多，因此盟军方面将手中的主力舰只编为东西两队，应对不同方向的来敌。两支舰队各拥有3艘巡洋舰和7艘驱逐舰（西部舰队后来又得到澳大利亚轻巡洋舰"珀斯"号增援），分别以杜尔曼和澳大利亚海军上校柯林斯为指挥官。

2月25日，盟军侦察机发现了日军自霍洛岛起航的东路舰队，海军总指挥赫尔弗里希中将令杜尔曼所部出海迎击，并从西部舰队抽调了两艘巡洋舰和三艘驱逐舰增援。26日夜间，杜尔曼舰队受命驶出泗水港，北上搜寻敌踪。此时，杜尔曼麾下集结了2艘重巡洋舰、3艘轻巡洋舰、9艘驱逐舰（另有一艘重伤无法出航）。其中"休斯顿"号巡洋舰在内的几艘经历过巴厘岛夜战的舰船，损伤尚未完全修复，更有1艘荷兰驱逐舰"科顿纳尔"号航速不足。此外，为节省燃料，舰队中的5艘巡洋舰都没有携带舰载机。

日本舰队东路军由海军少将高木武雄率领，舰队含轻重巡洋舰各2艘，驱逐舰14艘，编为第2、第4两个水雷战队，各辖两个驱逐舰中队，加上高木自己指挥的2艘重巡洋舰组成的编队，身后是41艘运输船，目标是爪哇岛东北部的港口克拉甘。

2月27日上午，日军舰队已接近与克拉甘隔海相望的白温岛。此时侦察机发现了正在附近海域巡逻的盟军舰队，担任护航任务的第4水雷战队指挥官西村祥治少将命2艘驱逐舰带运输船队向西避敌，其余舰只准备战斗，航行在他们东侧的高木等几个编队也都做好准备，并弹射舰载机巡逻。盟军舰队由于没有飞机，全赖爪哇岛的陆基侦察机指引，因此虽然发现了日军侦察机，但迟迟无法锁定敌舰位置，错过了攻击日军运输船的机会。双方整个下午在海上互相寻找试探，直到16时15分，才在相隔约两千米的距离上遭遇。

　　双方战舰数量相差无几，但日舰火力占优，凭借射程优势向盟军舰队开火，杜尔曼下令还击，同时舰队航向转向西北，试图与向西航行的敌舰接近。激战打响，日舰大炮鱼雷齐发，还使出射程超过20千米的秘密武器九三式长矛鱼雷，让盟军大感震惊，但该鱼雷准头奇差，无一命中。不过，盟军也好不了多少，双方互射半个多小时，都只有零星的弹片擦伤。在向盟军射出1000多枚炮弹鱼雷之后，日舰终有斩获，高木所在的旗舰"那智"号巡洋舰主炮命中了盟军的英国重巡洋舰"埃克塞特"号，导致其动力系统受损，退出战斗。同时，盟军舰队阵脚大乱，本就有伤的"科顿纳尔"号驱逐舰被一枚九三式鱼雷击中，剧烈的爆炸使其拦腰斩断，残骸迅速沉入海底。

　　杜尔曼所在的盟军旗舰"德·鲁伊特"号此前身中两弹，所幸都是哑弹，并未爆炸。此时虽然险象环生，但杜尔曼不打算退却，他命一艘驱逐舰掩护受伤的"埃克塞特"号返回泗水，其他各舰继续战斗。此时，日军的西村祥治舰队以生力军的姿态投入战斗，猛追"埃克塞特"号。英国驱逐舰"伊莱克特拉"号赶上来掩护，先后命中日军第二水雷舰队旗舰"神通"号和驱逐舰"朝风"号，但自己也身受重伤，锅炉被炸毁，停在海上动弹不得，随后被鱼雷击沉。这艘驱逐舰不久前曾参与马来海战，目睹了"威尔士亲王"号的沉没，因当时日本飞机弹药告罄而幸存，这一回在劫难逃。

　　战斗持续到19时左右，天色已黑，双方弹药都所剩无几，并且高木担心爪哇近海的水雷阵地，于是下令舰队北返。爪哇海战就此暂告段落。在持续两个多小时的战斗中，日军击沉盟军2艘驱逐舰，重创1艘重巡洋舰，己方仅有"朝风"号驱逐舰被重创，战绩领先。落了下风的杜尔曼不甘心罢手，因为他知道日军的大队运输船就在附近某处，能否在海上截击他们，直接关乎爪哇岛的存亡。他决定，舰队向西北方向行驶，搜寻日军运输船队。此时盟军的舰队只剩下10艘船。

　　大约半小时后，盟军舰队与日舰再度遭遇，又是一阵持续近半小时的互射，都无战果，各自撤出战区。此时，盟军舰队中的4艘美国驱逐舰已经用尽全部弹药，燃料也所剩不多，于是离开舰队自行返回泗水，杜尔曼的兵力更单薄了。祸不单行的是，又有一艘驱逐舰触到本方布下的水雷爆炸沉没，杜尔曼不得不又派一舰营救落水者后返航。这样一来，舰队只剩下了"德·鲁伊特"号、"休斯顿"号、"珀斯"号3艘巡洋舰，以及驱逐舰"爪哇"号。执着的杜尔曼依然不放弃，电告爪哇的航空兵部队，要求他们找出日军运输舰队的位置，在夜晚的海面上搜寻真如捞针般艰难。

另一边，高木却通过舰载侦察机掌握着杜尔曼的行踪。高木决定斩草除根，日本舰队开始搜捕杜尔曼，准备做个了断。当夜23时许，双方第三度遭遇，准备拼命的杜尔曼猛烈开火。经历了下午徒劳无功的狂射，此时同样弹药匮乏的高木则决定贴近敌船，精准打击。"那智"号和"羽黑"号两艘重巡洋舰冒着炮火欺近"德·鲁伊特"号，一轮鱼雷攒射，击中了"德·鲁伊特"号的弹药库，引发爆炸后，船只沉没，杜尔曼和船上300余名士兵殉国。几乎同时，驱逐舰"爪哇"号也被鱼雷击中沉没。剩下的"休斯顿"号和"珀斯"号逃离战场，撤往盟军西路舰队所在的丹戎不碌港。日舰判断错误，向泗水方向追击，盟军两舰逃出生天。至此爪哇海战结束，盟军损失惨重，而且损失的多是荷兰舰船，他们为保卫本国属地而战，自然拼尽全力，美英澳三国的客军却不可能这么投入，这场失败让盟军士气大衰。

"休斯顿"号和"珀斯"号抵达丹戎不碌港后才得知，此地的西路舰队已经撤离。被赫尔弗里希抽走一半舰船后，该舰队认为已无力对抗日军入侵，要求撤出战场自保。这些都是英国和澳大利亚舰船，荷兰人赫尔弗里希对他们也无绝对权威，只得默许他们撤往斯里兰卡，现在只剩了一艘带伤的驱逐舰"艾弗森"号仍在港内。友军未战先逃，苦战余生的两艘巡洋舰大感灰心，而盟军的舰队遭此重创后，也已无力再战，现实的目标只有避战保船。此时盟军的情报显示，日军尚未封锁爪哇与苏门答腊之间的巽他海峡。丹戎不碌港的3艘船决定取道此处，转移到爪哇岛南侧的军港芝拉扎，再转赴澳大利亚或斯里兰卡。另一边，"埃克塞特"号等舰返回泗水，只能就近强突巴厘海峡南撤。

28日19时，"休斯顿"号和"珀斯"号好不容易加满燃料，来不及多休息就从丹戎不碌港出发，尚未准备好的"艾弗森"号仍留在港内。是夜海上风平浪静，朗月当空，似乎预示着一切顺利，航行了四个小时后接近巽他海峡入口处。忽然，两舰发现西北方驶来了大批不明舰船。来的正是日本西路舰队，以舰队指挥官原显三郎的旗舰"名取"号轻巡洋舰为首，共一轻两重3艘巡洋舰，9艘驱逐舰，身后是10艘运输船，搭载着准备登陆爪哇的陆军部队，第16军团司令今村均中将也在船上。

日舰也发现了"休斯顿"号和"珀斯"号，虽不知两舰动向，但我众彼寡，很快便围拢起来，发动攻击。盟军两舰自知今日已难幸免，索性返身应战，全力攻击日军运输船。日舰形如围猎，炮弹雨点般飞来，一个个水柱腾起，海面如同煮沸。盟军两舰本就以寡敌众，弹药又不充足，陷入重围，已无生还可能。次日0时，"珀斯"号被击沉，包括舰长在内，700人中一半阵亡。剩下的"休斯顿"号又支撑了半个小时，最终被三枚鱼雷击中下沉。一小时后迟来的"艾弗森"号不幸撞进战场也被击伤，逃走后搁浅在小岛上。

至此巽他海峡之战结束。盟军三舰全军覆没，不过双方乱战中，日军也有四艘运输船被击沉，包括今村均所乘的"龙城丸"，这位集团军司令和副官田中都不得不跳海逃生，抱着木板游了好半天才被救起。更狼狈的是，这几艘船中有的是被己方的鱼雷击沉的。

就在同日，泗水的几艘舰船也分别撤退，爪哇海战中生还的"爱德华兹"号等4艘美国驱逐舰幸运地闯过巴厘海峡逃到澳大利亚，体型庞大的"埃克塞特"号无法通过巴厘海峡，只好绕远走巽他海峡，两艘驱逐舰为之护航，此时他们还不知道"休斯顿"号的遭遇。

在这场战役中，日军还收获了一个意外的战果。2月27日，日军的陆基飞机击沉了一艘大有来头的舰艇——美军的第一艘航空母舰"兰利"号。该舰原驻菲律宾，后撤往澳大利亚，虽然这艘年近三旬的老舰已经衰迈，无法上阵，只能作为运输舰运送飞机，但毕竟是太平洋战争中第一艘被击沉的航母。

3月1日，"埃克塞特"号等三舰陷入敌军包围，由于动力系统还没完全修复，不灵便的"埃克塞特"号被击沉，护航的驱逐舰"遭遇"号也一起殉葬，另一艘驱逐舰"波普"号逃出战区后被日军水上飞机击沉。至此，西南太平洋同盟军司令部舰队全军覆没。

爪哇的海上大门洞开。3月1日，日本陆军登陆部队兵分三路杀上爪哇岛。3日，攻占克拉甘，控制当地机场，荷兰守军出动120辆坦克和装甲车试图夺回，给日军造成不小杀伤，但最终被打退。5日，首府雅加达失守。6日，万隆要塞被包围。8日，日军攻陷泗水和芝拉扎，切断了通往澳大利亚的退路，眼见大势已去，万隆要塞只好投降。9日，荷兰殖民政府总督逃亡，陆军总指挥普尔顿中将宣布投降，荷属东印度群岛全境停止抵抗，西南太平洋同盟军司令部舰队的残存舰只全部自行凿沉。12日，荷兰政府正式签署投降书。

东印度群岛战役自1941年12月16日始，至此结束，耗时不足三个月，大大超出战前预期。整个战事中日军仅付出2600余人伤亡的代价，毙俘盟军8.5万余人，全歼西南太平洋同盟军司令部舰队，己方损失轻微。更重要的是，日本夺取东印度群岛后，石油等重要战略物资尽落其手，盟军从物质到精神都备受打击。2月19日，拿下爪哇岛后，日本第一航空战队的轰炸机编队从爪哇南部海域起飞，轰炸了澳大利亚的达尔文港，指挥行动的正是空袭珍珠港的渊田美津雄。随后南云忠一率领的第一航空战队（"翔鹤""瑞鹤"两艘航母被调走）又驶入印度洋，袭击英国殖民地斯里兰卡和印度沿海，大败英军舰队，击沉英国航母"竞技神"号（1942年4月9日）、重巡洋舰"多塞特郡"号和"康沃尔郡"号等。现在，整个东南亚也都被日本控制，除了菲律宾的巴丹半岛。

23

死亡行军

1942年4月，盟军在东南亚战场上仅剩的阵地，巴丹半岛。

麦克阿瑟先是许诺援兵物资，后又背着与巴丹共存亡的誓言溜走，这次信誓旦旦的"I shall return"在仍困在巴丹半岛的美菲士卒听来，却是另一番滋味。即便最终成真，也是远水难解近渴，艰苦却真实地日甚一日。

日本方面，麦克阿瑟的逃脱令日军高层震怒不已，本间雅晴的压力更大了，只能以更严酷的攻击为自己挽回颜面。3月底，重新调配的日军携带大量重武器从海陆三面对巴丹守军形成合围，美菲军虽然人数不落下风，但给养匮乏，又被压缩在半岛南段的狭小空间里，没有回旋余地，失守已成定局。

4月3日是日本的神武天皇祭，正是久战不下的日军士气最高涨的时刻。这一天，刚巧也正是该年的耶稣受难日，对美菲士兵来说，苦难降临。日军飞机大炮的弹雨持续五个小时不间断地倾泻在美菲军的阵地上，随后日军第65旅团和第4师团向美菲军西段防线发起冲锋，已在炮击中七零八落的防线很快被冲破，日军楔入守军身后。东段的守军也被日军远程火力牵制，无力支援。次日，日军攻占了马里伯莱斯山脉制高点，美菲军更无还手之力。美菲军拼尽全力抵抗到4月8日夜，此时防线已被肢解，他们撤往科雷希多岛的路线也被封锁，再打下去，结果只能是残存的7万余美菲士兵全部战死。尽管美国本土和麦克阿瑟的命令都是不准投降，但负责巴丹前线指挥的爱德华·金少将不忍士卒再做无谓牺牲，他下令炸毁弹药库，以免资敌，山崩地裂的巨响成了这场惨烈战役的尾音。

次日清晨，美菲军阵地上竖起白旗。由于无线电被毁联系不上科雷希多岛上的温赖特，金少将作为美军最高负责人驱车去见本间雅晴，本间得知来的不是温赖特，拒而不见，命参谋作战科长中山与之会谈。日本要求菲律宾全境的美菲军队停止抵抗，但金表示只能让自己辖下的军队投降，中山很是恼火，但最终同意受降。金问道："我们的军队是否能得到良好的对待？"中山回答："我们日本人不是野蛮人。"一天之后，指挥西段防线的琼斯少将也携所部投降，巴丹半岛持续三个月的鏖战终于停火。

美国士兵们如释重负，他们相信，根据国际公约，他们很快会被送到马尼拉，并在那里与盟军手中的日本战俘互换，接下来就可以光荣退伍，回到美国的家中。大家都满怀憧憬地谈论着回乡之后要做的事，但是，他们的梦想很快破灭了。10日清晨还不到起床时间，荷枪实弹的日军士兵闯进美军营房，喝令他们起床收拾行李，日本兵翻动美军的私人物品，包括香烟、饼干、罐头，看中的就据为己有，美国兵稍有抗拒，立刻会遭到一顿枪托暴打。俘虏们被集合起来，排成四行十列的方阵，按日军命令逐批开拔，不许携带水和干粮，不许交谈，也不被告知目的地。

战俘队伍被押送着，逶迤向北。脚下的路是巴丹国道，但连日来坦克卡车通行，路面早就被压毁，处处砾石外翻，坎坷难行。战俘们几个月来缺吃少穿，不少人还带着病，这天没吃早饭就启程，很快有人支撑不住掉了队。有些人带了大包小包的个人物品，但走出不远就都为了减负抛掉了。队伍旁是负责看押的日军，见稍有人走慢了便拳脚相加，还有的拿木棍绳索抽打。死尸沿路倒毙，日本的运输车辆路过时毫不避让，直接从尸体上碾过，有时车上的日军还会抛出套索，对待牲口一般随便套住某个士兵在地上拖曳，以此取乐。

日军一路上不给饮食，也不许战俘之间互相扶助，看守时常换班，几乎每个新来者都迫不及待地虐打战俘，花样百出，似乎格外享受。行进途中任何情况都不许停留，便溺也只能在裤子里解决，只有日本看守休息或换班时队伍才会停下。看守吃喝纳凉，战俘队伍则被勒令在烈日下暴晒，虽然当时是4月，但热带的阳光足以让人中暑。路边有水渠和自流井，但看守不许俘虏取水饮用，违者立斩，只有遇到水牛泡澡的泥塘时，才让战俘们下去喝污水。

沿途不时有人支撑不住倒下，但押送者不肯放慢速度，无力前行的都被杀死，有些人一息尚存，日本人命美军战俘挖坑将之活埋，不肯从命的一起被埋。有试图逃跑的，被抓住后日本士兵就将他们斩首，有时几人轮流主刀，较量刀法，美菲战俘们被逼令观看。

过夜时，上百人被赶进只能容纳二三十人的房屋，外面拉上铁丝网。黑暗之中战俘们坐在地上，摩肩接踵，恶臭在不通风的封闭空间里蔓延，让人难以呼吸，疫病也随之传播。到处是病重者的呻吟和抽泣，直如炼狱。

走到第四天，日军才发放食物，每人一个高尔夫球大小的饭团，个别运气好的编队发盒饭，但仍远不足以补充艰苦行军消耗的热量。途中经过城镇，同情美军的菲律宾民众趁看守不注意时，向战俘们投掷食物和削好的甘蔗，一旦被发现，轻者毒打，重者斩首。

从4月10日到22日，美菲军战俘经历了疲惫、饥饿、疾病、羞辱、殴打、屠杀的地狱之路。其实这段行程仅有136千米，按正常的行军速度，两天之内足以走完，但在种种折磨下，多数人都耗时四五天。此后，战俘们被安置在集中营中强迫劳动，还有些人被押到日本充当劳工。投降时，美菲军有7.6万人，经过这趟旅程，2.2万人死亡，至少有一半死于日军的直接杀戮。因此，"巴丹死亡行军"与1937年南京大屠杀、1943年"修筑缅泰死亡铁路"，并称日军远东三大暴行。当时战俘们以为，日军施暴是因为记恨美菲军在之前的战斗中给他们造成的伤亡，但后来的调查证明，处决行动迟缓的美菲军战俘不是日军看押人员的个人行为，而是得到上级明确授意的。在死亡行军中幸存的美国坦克兵列斯特·坦尼后来在回忆录《活着回家：巴丹死亡行军亲历记》中写道："如果（投降之前）我们知道今后将受到怎样的折磨，并且知道这种折磨将持续多长时间的话，我们一定会在巴丹半岛死战到底，战至最后一个人，拉更多的敌人陪葬。"

当时美国国内对战俘们的遭遇一无所知，近在科雷希多岛的温赖特也不了然。巴丹投降后，他只剩孤岛一座，岛上的守军仍在日本不间断的轰炸下坚守了近一个月，直到5月3日，日本的首批登陆部队才攻到岛上。此时，岛上的美菲军及随军人员还有1万左右，继续抵抗只能玉石俱焚，除了投降已别无他法。

针对局势，罗斯福也修改了命令，授权温赖特自主决定是否投降。5月6日17时，温赖特走出马林塔隧道，与日方的本间雅晴会谈，展开投降谈判。本间要求温赖特签署命令，要菲律宾全境的美菲军队停止抵抗，但温赖特表示自己的指挥权仅限于科雷希多岛及马尼拉湾几个小岛屿，不能命令其他地区投降，谈判没能达成协议。盛怒的本间将他送回科雷希多岛，称日军将继续进攻，并扬言攻陷科雷希多岛后将杀死岛上所有人员。该日夜里，温赖特不得不冒着战后上军事法庭的危险接受日方条件，签字同意菲律宾全境投降。次日，温赖特被带到马尼拉，以驻菲美军最高长官的身份宣布投降。随后科雷希多岛上的美军及后勤人员走出掩体，在日军押送下被转移到战俘营，所幸这一次日军准备了足够的交通工具，死亡行军的惨状没有再现。温赖特不久后被转移到日军占领下的中国沈阳战俘营，与此前投降的英国驻新加坡军司令珀西瓦尔做了难友，直到战争尾声阶段才被苏联红军救出。

此时，棉兰老岛的美军夏普部仍在抵抗，尽管温赖特投降之前已经宣布放弃了对夏普的指挥权，理论上他的部队可以不理会温赖特的投降，但日方以全体美菲军战俘性命相胁迫，夏普只好就范。5月10日，棉兰老岛的美军投降。18日，班奈岛的美军投降。至此菲律宾战事结束，全境沦于日本之手。

从1941年12月8日算起，到棉兰老岛最后一支正规抵抗力量投降，日军半年之间相继占领香港、马来亚、新加坡、缅甸、关岛、威克岛、东印度群岛、菲律宾，加上开战前已控制的法属印度支那，以及拉进己方阵营的泰国，整个东南亚和西南太平洋都落入其手。日军征服的土地超过400万平方千米，10倍于日本本土，控制超过1.5亿人口，侵占大批石油、天然气、稀土、橡胶、有色金属以及木材、粮食等资源，消灭、俘获盟军近30万人，己方损失不足2万人。此外，他们更能以东南亚为基点，向西进入印度洋，向南威胁澳大利亚，获得更大的战略主动性。这样的战果与效率，堪比其盟友德国在1939年的闪击战。

但菲律宾战场上盟军的坚守，堪称对日本的有力还击，日军原打算55天结束战役，结果战事迁延近半年，超出原计划一倍。尤其是巴丹半岛和科雷希多岛的战斗，盟军虽然付出惨痛代价，但消灭日军近1.5万人，不但在日军气焰最嚣张的战争初始阶段起到振奋士气的作用，更为美军在太平洋的重新部署赢得了时间。事实上，就在4月18日美国战俘们经历死亡行军的同时，一队美军的B-25轰炸机已在夜色下飞向日本的心脏，东京。

24

奉命于危难

珍珠港事件后，美国参战。虽然"先欧后亚"的战略次序已经明确，但远东战场的反击事宜也提上日程。欲谋大战，先择良将。倒霉的金梅尔被解职后，太平洋舰队需要新的领军人物，美国海军部长弗兰克·诺克斯很快找到了理想人选。1941年12月，美国海军中将切斯特·威廉·尼米兹成为太平洋舰队司令。

尼米兹时年56岁，来自美国最盛产硬汉的得克萨斯州。1885年2月24日，他出生于一个名为弗雷德里克斯堡的小镇，从名字不难看出，这是一个德裔移民聚居地。尼米兹也有德意志血统，祖上来自德国萨克森，据可稽考的族谱，他的祖上曾是条顿骑士团成员，有过贵族封号。19世纪中期，尼米兹祖辈的三兄弟移民美国南卡罗来纳，尼米兹的祖父查尔斯加入当时的西进大军，后来和一些德裔同胞一起在得州建立了这座小镇。尼米兹是遗腹子，在他出生前父亲切斯特·伯纳德已经病逝，母亲安娜和爷爷查尔斯共同抚养他长大。老查尔斯早年在德国商船上当水手，来到腓特烈堡后开了间旅馆，房子建成轮船的形状，十分别致，是当地一景，接待过名将罗伯特·李、作家欧·亨利等不少文武名流。尼米兹就在祖父的"轮船旅馆"中长大，这大概算是他与"船"的最初结缘。尼米兹祖孙感情极深，查尔斯生具德国人的坚韧，又有得州牛仔的浪漫与大胆，这些品质都遗传给了尼米兹。晚年的查尔斯经常回想他的水手生涯，对海上的艰辛既觉难忍，又念念不忘，他曾说自己厌倦了大海，不会再出海，作为补偿，愿把一个孙子献给海洋——去做海军上将。当时他一定想不到，这个半玩笑半认真的许愿，真的在他最喜爱的孙子切斯特·尼米兹身上应验了。

尼米兹的海军之路始于1901年，这一年他考取了位于马里兰州安纳波利斯的美国海军军官学校，尽管这是他试图报考西点军校没能成功，退而求其次的"第二志愿"，但也足够光耀门楣，因为这是弗雷德里克斯堡第一次有人考上军校，全镇乡亲都为他感到骄傲。毕业后，尼米兹进入海军，最初在"俄亥俄"号战列舰上实习。该舰曾在1905年日俄战争期间出访日本，抵达时正赶上日本联合舰队对马海战大捷，包括尼米兹在内的美国舰上军官受邀参加了庆功会，席间尼米兹见到了东乡平八郎，从那时起他就意识到了日本海军将是一个劲敌。

在远东服役三年后，1908年尼米兹奉调回国，同年当上了"迪凯特"号驱逐舰的舰长。此后他多次换岗，在水面舰艇、潜艇，以及后勤船只上都服过役，也作为参谋参加过"一战"。接下来的20余年中，尼米兹尝试了诸多岗位，时而在部队一线统率战舰，时而又被调回后方做机关干部，他也参与了1920年珍珠港潜艇基地的修建。1939年4月，尼米兹被任命为海军部航海局局长，掌管"海军官兵的招募、训练、晋升、任免、纪律"，尽管他本人不喜欢远离海上的机关工作，但不可否认这个职位让他得到了更全方位的历练，尤其获得了处理复杂人事关系的经验，从而较之一般武将，更具战略高度与全局眼光。

罗斯福也对尼米兹的才干十分赏识。珍珠港遭袭的消息传到华盛顿，尼米兹等海军官员都在第一时间赶到海军部待命，诺克斯于12月9日亲赴珍珠港视察，归来后他向总统呈递报告，说明事态比预想的还要严重。在商谈收拾残局的人选时，二人都提到了尼米兹。12月16日，获得罗斯福首肯后诺克斯招来尼米兹，宣布了对他的任命。

这是真正的受任于败军之际，奉命于危难之时。虽然为了尽量维持国民情绪稳定，美国政府对新闻媒体瞒报了珍珠港的损失，但军方自己心里有数，出发赴任之前，尼米兹悄悄告诉妻子，自己要去指挥的舰队其实已经沉在海底了。

随后，另一位海军干将，原大西洋舰队总司令欧内斯特·约瑟夫·金上将被选定为美国舰队总司令（12月30日正式就任），成为尼米兹的上司。不同于随和平易、外柔内刚的尼米兹，金将军作风强势，性格傲慢而严苛，属下人人畏惧。但金将军和尼米兹彼此欣赏，日后二人将通力合作。

12月19日，交接完毕的尼米兹化名便装，自首都登程，乘火车横穿美国，三天后抵达西海岸港口圣迭戈。12月24日，他乘水上飞机奔赴夏威夷，当晚抵达莫洛凯岛转机，于圣诞节当天早上，在瓦胡岛降落。

此时的珍珠港满目疮痍，机场被炸得一片狼藉，医院里伤兵爆满，被炸沉的战舰斜立在水中，海面上尽是泄漏的油污，有时还会漂起被泡得浮肿变形的死尸。迎候尼米兹的是已被解职的金梅尔等人，个个情绪低落。尼米兹与金梅尔私交很好，后者的处境令他慨叹，此外他跟"亚利桑那"号战列舰的舰长艾萨克·基德上校也是故交，此时才确知他已在战舰沉没时殉职，更是难过。

时局艰难，尼米兹和金梅尔只能互相安慰勉励。12月31日上午，尼米兹正式就任太平洋舰队司令，简短的升旗就职仪式在一艘潜艇甲板上举行，这是因为当时的珍珠港已找不到一块完好的水面舰艇甲板。因陋就简的仪式草草行过，次日就到了1942年。盟军根据战况重新规划了战略部署，尼米兹又被任命为盟军太平洋战区三军总司令，负责马绍尔群岛（今马绍尔群岛共和国）—吉尔伯特群岛（今属基里巴斯共和国）一线以东的整个太平洋地区，与麦克阿瑟负责的西南太平洋战区相衔接。

此时，从西欧到北非，从俄罗斯到太平洋，抢得先机的轴心国气焰正嚣张，盟军勉力支撑，金将军要求尼米兹尽可能对太平洋上日军控制的海岛发起袭击，以牵制敌军兵力，缓解东南亚压力。虽然自知力量远远不足，尼米兹也只能掂酌手牌，拟定反击计划。尼米兹到任时，珍珠港还拥有3艘侥幸躲开日军偷袭的航空母舰，分别是"萨拉托加"号（USS Saratoga，舷号CV-3）、"列克星敦"号（USS Lexington，舷号CV-2）、"企业"号（USS Enterprise，舷号CV-6）。

作为美国独立战争的光辉里程碑，"萨拉托加"不止一次被用来命名美军舰船，包括随佩里闯入江户湾的"黑船"之一。但这艘"萨拉托加"号航母是同名船中的佼佼者，它始建于1920年，根据设定，这本是一艘战列舰，但开工次年美国签署了《华盛顿海军条约》，战列舰数量受限，于是改建成条约没有明确限制的航空母舰，算是钻了个小空子。该舰排水量3.87万吨，设定最高速度33.25节，配备武器有CXAM-1雷达、4座双管8英寸/55炮、12座单管5英寸炮、24挺.50机枪、2座升降台、1座弹射器，舰身装甲5—7英寸，第三层甲板2英寸，舵机3—4.5英寸，舰载91架飞机，定额乘员2122人。

"萨拉托加"号于1925年建成下水，1927年11月16日编入海军开始服役，是美国海军第一艘快速航空母舰。在1938年那次著名的演习中，"萨拉托加"号参与模拟攻击珍珠港并大获全胜，正是这次成功启发了山本五十六。1941年初，"萨拉托加"号返回华盛顿州的布雷默顿海军船坞更换武器装备，随后被派往夏威夷，但11月时因一点损伤返回圣迭戈检修，幸运地躲过了珍珠港浩劫。美日开战后，"萨拉托加"号再次驰援夏威夷，并奉命增援威克岛，但由于护航舰船和油轮没能在第一时间配齐耽误了行程。12月22日，没等它进入战区，威克岛已经投降，"萨拉托加"号只得于当天返航珍珠港。

"列克星敦"号，得名于打响美国独立战争第一枪的"列克星敦"之战（详见本书第三卷）。该舰是"萨拉托加"号的姊妹舰，身世相仿，也是战列舰中途改造，开工于1921年，建成下水和服役都略晚"萨拉托加"号月余，各项参数和装备都与之相同，金将军曾任该舰舰长。珍珠港事件爆发时，"列克星敦"号正在赴中途岛执行任务，幸运逃过一劫。

"企业"号是约克城级航空母舰的2号舰，比起前述两艘航母，该级别航母体量略小，满载排水量2.55万吨，舰长246.7米，比列克星敦级短了10%，但包括舰载机在内的武器配备大致相当，续航能力更强。该舰1934年于纽波特纽斯造船厂开工，1936年下水，1938年5月12日服役，1940年4月移驻珍珠港以威慑日本。

在日本第一航空舰队起航的同日，"企业"号领衔的第8特混编队离开珍珠港，往威克岛运送飞机。按照原定日程，本该于12月6日返回，偏巧当天返程航线上暴风雨大作，"企业"号只好暂避，阴差阳错躲过了珍珠港的灭顶之灾。事实上，次日清晨日本机群发动攻击时，"企业"号距离他们很近，舰上派出的飞机在日本第一波空袭的尾声阶段飞抵福特岛机场，并在第一时间向"企业"号报告珍珠港遭袭，"企业"号也迅速派出舰载机升空，搜寻日本舰队，并击沉了日本的一艘潜艇，可惜并未寻获南云忠一的主力。

"企业"号为主的第8特混舰队司令是即将成为美国海军传奇的小威廉·弗雷德里克·哈尔西。时年59岁的哈尔西出身纽约的一个海军世家，和尼米兹一样，是海军军官学校的优等毕业生，比尼米兹高一届，有20余年的驱逐舰、战列舰服役经验，"一战"期间曾与罗斯福在同一条船上服役。但这样的经历并没使他成为顽固的巨舰大炮主义者。1927年，哈尔西开始接触飞行，自此与海军航空兵结缘，历任"萨拉托加"号航母舰长、彭萨科拉飞行学校校长、第2航空母舰分遣舰队司令、第1航空母舰特混舰队司令。1940年春，他担任航空母舰特混舰队司令，指挥太平洋舰队所辖的全部航空母舰，晋升为海军中将。哈尔西为人豪迈刚直，其作风令目中无人的麦克阿瑟都十分欣赏，在珍珠港事件后挫败感弥漫于军中的艰难时刻，他的存在对尼米兹而言是十分有益的臂助。

上述三舰及以之为主干的第14、第11、第8三支特混舰队，就是尼米兹到任珍珠港之初手中的全部家底。不久后，金将军又将1941年初调离珍珠港的"约克城"号航母（USS YorkTown，与"企业"号同级，舷号CV-5）派回。这四艘航母，将成为美军太平洋反攻大计的基石。

尼米兹的计划依托航母而制订。当时盟军在东南亚战场节节失利，高层的战略分析已经看出，一旦东南亚沦陷，盟军只能以澳大利亚作为未来的反攻基地，而澳大利亚及新西兰都缺乏必要的人力物力，要依赖盟国，主要是美国的运输。因此，金将军下达给太平洋舰队的首要使命就是在保证夏威夷在内的美国本土安全前提下，保护美国到澳大利亚的航线畅通，这需要力保澳洲东北门户斐济和萨摩亚不失。

1942年1月10日，尼米兹找来哈尔西商量作战计划，二人议定，由"企业"号和"约克城"号去占领萨摩亚岛，并在此基础上攻击马绍尔群岛和吉尔伯特群岛上立足未稳的日军。次日上午，哈尔西率舰队出发（包括"企业"号及三艘重巡洋舰、六艘驱逐舰、一艘油轮）。当天下午就传来一个坏消息：在夏威夷海域巡逻的"萨拉托加"号遭遇日本潜艇偷袭，被鱼雷击中，不得不返回美国西海岸大修。屋漏偏逢连夜雨，尼米兹不得不在几天后的新闻发布会上对美国记者们实话实说，现在我能告诉你们的消息全是坏消息。

1月20日，哈尔西的舰队抵达萨摩亚海域。24日，弗兰克·弗莱彻中将指挥的"约克城"号航母编队也赶到与之会合。次日，美国海军陆战队在萨摩亚顺利登陆，同时，美军侦察发现马绍尔群岛和吉尔伯特群岛的日军防御力量没有事先估计的强大。31日，哈尔西指挥两个航母编队对马绍尔群岛发起攻击，舰载机轰炸日舰，斯普鲁恩斯少将率领的"北安普敦"号和"盐湖城"号两艘重巡洋舰也对日军在马绍尔群岛的主要防御阵地沃特杰岛开火。

单纯从战术上说，这场战斗其实难言胜负，毕竟美军仅击沉了1艘日本运输船和2艘小型舰艇，炸毁了一些不太重要的陆上设施，己方则有13架飞机被击落，79架带伤，"企业"号也遭到攻击。值得一提的是，让它挂彩的是一架径直撞过来的日军飞机，这是有记载的第一次日军自杀式攻击，尽管这更可能是飞行员个人的即兴操作。

但这场战斗为美军赢得了战场之外的高额附加值——珍珠港事件以来低落的士气得以重振。另外，航母的作用也得到了一致肯定。此前仍有保守的军方人士认为，珍珠港及塔兰托的案例仅证明航母可以在突袭战中发挥作用，此时，这种质疑声音明显被压低了。2月5日，"企业"号编队高举胜利旗帜，凯旋珍珠港，受到热烈欢迎。在媒体的围堵下，尼米兹向记者们隆重介绍哈尔西，后者一战成名，被媒体赠予"公牛"的绰号，捧为日本人克星。同时，由于观测误差，哈尔西宣布的战果远高于实际，这更令媒体欣喜若狂，稿件发回美国本土，编辑们大肆渲染，不吝笔墨，甚至声称美国已经洗雪了珍珠港之耻。虽然言过其实，但美国军民看到一度被打败的太平洋舰队终于又重新走上战场，民心士气大振。

不过，毕竟马绍尔群岛战役没能起到围魏救赵之功，设想中的调动日军缓解其东南亚攻势的作战意图并未奏效。二三月间，尼米兹又先后调派三个航母编队袭击日军太平洋阵地的外围。2月24日，"企业"号和"约克城"号空袭威克岛。3月4日，袭击马尔库斯岛。3月10日，"企业"号和"列克星敦"号袭击向新几内亚岛运兵的日本运输船队，轰炸日军在该岛北部的据点。这些行动都收效甚微。与此同时，盟军在东南亚的情势再度恶化，西南太平洋同盟军司令部联合舰队覆灭、荷属东印度群岛投降、麦克阿瑟逃离菲律宾等都发生在这一时期。

小打小闹的袭扰反响平平，参加袭击的美国军官都认为，"日本人对袭击可能毫不在乎"。既然如此，一个更为大胆的计划提上日程，美军方面相信这次的打击将足以震撼敌人的神经，因为这次锁定的目标正是敌国心脏——东京。

> **按**
>
> "约克城"号航母，得名于1781年美国独立战争的最后一战约克镇战役，本书第三卷中有详述。YorkTown一词前文中译为"约克镇"，此处为从众，写作"约克城"。限于篇幅，本书对舰船英文名标注仅限于航母。

25

绝密飞行

1942年4月2日，一艘巨舰自美国西海岸的旧金山港起航，朝着西北方向驶入茫茫太平洋深处。这是美军约克城级航母中最年轻的"大黄蜂"号（Uss Hornet，舷号CV-8），服役仅半年。该舰规格配备都与同级航母相当，但不同之处在于舰上携带的飞机——用钢索牢牢缚在甲板上的不是常规的航母舰载机，而是个头大得多的陆军轰炸机。

1941年底，在罗斯福与海军部长诺克斯、海军作战部长斯塔克、陆军航空兵总监阿诺德等人的高层会议上，他们就明确了要轰炸日本本土。在军方的备选方案中，罗斯福对空袭东京的计划最感兴趣。作为政治家，除了军事价值，罗斯福更看重政治宣传效果，显然，东京比所有其他目标都更具象征意义。美国迫切地需要这样一次行动，内振民心、外寒敌胆。

方针确定，进入细节讨论环节。当时美国控制的离日本最近的航空兵基地中途岛，距目标东京也有近3000海里，超出当时世界上任何军用飞机的作战半径。很显然，想轰炸日本本土，只能师日本之故智——动用航空母舰。不过开战以来，日本已在本土以东600—700海里处建立警戒线，航母上常备的F4F战斗机、SBD俯冲轰炸机、TBD鱼雷机等，飞行距离都只能达到300海里左右（单程），海军方面实在没有把握靠得这么近。阿诺德提出构想，由航母搭载飞行距离更长的陆军飞机。这个方案讨论通过后，金将军责成手下研究细节。最终，综合考量体积、重量、航程、载弹量等诸多因素，陆军B-25米切尔中型双引擎轰炸机被选定执行任务。该机型的单程飞行距离可达1300海里，改装增加燃油之后，距离还可再延长，符合任务要求，飞机可携带900千克炸弹，也能保障空袭的打击力度。

但仍有两个问题。第一，B-25升空所需要的最低滑跑距离约为366米，大黄蜂号的甲板长度约为238米，这个起飞距离对飞行员是极大考验。第二，更为严重的是，B-25勉强可以自航母起飞，但体积和重量决定了该机型不可能在航母上降落，也就是说，只要起飞，这些飞机将有去无回。

1942年1月，负责该计划细节的海军航空参谋唐纳德·邓肯上校提出构想：B-25起飞轰炸日本后不返航，而是继续飞向西南，穿越日本本土上空，飞赴中国浙江衢州的丽水机场，由当地的国民党军队接应美国飞行员。休整加油后，飞行员转往重庆，再赴印度，由当地英军送回美国，飞机则捐赠重庆方面。

方案通过，美方联系重庆，寻求支援（并没透露袭击目标是东京）。对这个要求，蒋介石很有些为难。首先，从地图上看，衢州在国军控制下，但事实上这一带国军和日伪军势力犬牙交错，很难保证提供有效支援。更重要的是，蒋介石明白空袭最多伤及日本的颜面，不会带来实质性的伤害，到时候恼羞成怒的日军抓不到美军飞行员，必会将邪火发泄在中国军民身上，不知会造成多大灾害，这等于牺牲中国来成全美国人的姿态性复仇。然而，毕竟分属同盟，中国战场还要仰仗美国的物资援助，最后关头蒋介石还是不得不同意。

美国在做外交努力的同时也在改造飞机。B-25轰炸机的炸弹仓和机炮下方加装了3个油箱，总容量约1428升，舱尾还放了10个约19升的备用小油箱，飞机携带燃油比正常情况下多出了约1514升。每架飞机携带4颗炸弹，包括3颗高爆弹和1颗子母燃烧弹。这些改装意味着飞机的重量比常规多出近一吨，因此还需要减负。飞机拆除了空战用的机枪，连舱尾的机枪也拆除了，以木制假枪迷惑敌人，同时卸掉了先进的诺顿瞄准具，以免飞机被击落后技术被日军窃取。为了保证无线电静默，电子通信设备也被拆除。3月1日，改装工作完工，面貌一新的B-25轰炸机被运往佛罗里达州埃格林基地，等待它们的驾驶者。

要完成如此有挑战性的任务，必须动用美国的王牌飞行员詹姆斯·哈罗德·杜立特。这是"孤鹰林白"之后又一位美国偶像级的传奇飞行员，履历表上全是光辉纪录：他是首个驾机在24小时内飞越美国大陆的飞行员（用时21小时19分），曾赢得水上飞机竞速赛施奈德杯冠军，第一个无需地面指挥全凭机上仪器完成起降和飞行的人。此外，他还拥有麻省理工学院空气动力学博士学位，在航空燃料方面也有相当造诣。杜立特1917年入伍，次年晋升为陆军航空兵部队教官。但他行伍生涯的前半段都是和平时期，上述飞行纪录都是他在这段时间内完成的。1930年，杜立特退伍，此后十年一直从事航空燃料研发工作，直到1941年，45岁的杜立特又被重新征召入伍，此时的军衔是上校。论飞行经验、技术、胆识、声望，杜立特在美军中都堪称首屈一指，空袭东京的行动总指挥，非他莫属。

1942年3月初，杜立特领衔的120名美国空军精英在埃格林基地集合，驾驶改装过的B-25轰炸机进行特训，主要练习项目是在238米的滑行距离上起飞，这是正常滑行距离的1/3，难度之大可想而知。经过半个多月的特训，杜立特亲自挑选了90人（包括他本人，另含10名替补人员），5人一组，共16架B-25轰炸机，这就是参加空袭东京行动的最终班底。此时，除了杜立特，其他入选者都不知道任务的真正目标。

在杜立特团队特训的同时，空袭东京计划的制订者之一邓肯3月19日飞赴夏威夷，与尼米兹会商，要求太平洋舰队为"大黄蜂"号提供护航。尼米兹本人并不完全认可这项政治意义大于军事意义的计划，但还是遣出精锐，他推荐风头正劲的哈尔西率领以"企业"号为主干的新编第16特混舰队参与行动。"大黄蜂"号计划在4月初出发，4月14日与第16特混舰队在中途岛与阿留申群岛之间美国控制的海域会合，之后一同向西行驶。4月19日下午进至距离日本500海里处，放出机群后撤退。杜立特团队飞行500海里，于当天夜间抵达日本上空开始空袭，10架飞机轰炸东京，另外6架分别袭击横滨、横须贺、名古屋、神户，然后向南飞越日本列岛和琉球群岛，再转头向东越过中国东海，飞向指定降落点衢州丽水机场。

4月2日，一切就绪。"大黄蜂"号驶离旧金山，16架B-25轰炸机几乎占满了甲板，庞大的航母显得狭小局促，其他舰载机只能折叠起机翼，停到甲板下面。直到此时，任务仍是绝密，不但飞行员们不清楚真实目的地，连"大黄蜂"号的绝大多数士兵都不知自己将航向何处。大家普遍以为是要到珍珠港换防，但不寻常的气氛也让一些人猜出此次任务必然事关重大。4月3日，美洲大陆已被远远抛在身后，此时，杜立特才将他的团队召集起来，公布谜底："如果你们中有的人还不知道，或仍在猜测，我告诉你们，我们现在正直接前往日本，我们将轰炸东京、横滨、大阪、神户和名古屋。"对很多人来说，这将是一次单程飞行，不是每个人都有机会平安回家，但杜立特团队此时个个摩拳擦掌。接下来的几天里，任务仍对海军人员保密。"大黄蜂"号上有驻日经历的史蒂夫·朱里卡少校给飞行员们做突击培训，介绍几个目标城市的大体情况，与飞行团队一起确定具体轰炸目标。飞行员们则抓紧最后时间熟悉地图，调试飞机，最主要的是设计燃料使用的详细计划。

26

东京上空的鹰

4月14日,"大黄蜂"号进抵指定会合点,哈尔西率领的第16特混舰队已等在那里。会师后,两艘航母领衔的16只大小舰船并驾西行。行动已进入倒计时。16日,杜立特又召集全员,最后一次询问是否有人想退出。箭在弦上,飞行员们虽紧张不安,但没人在这个时候选择放弃。到了18日清晨,结束例行的早间备战后,飞行员们正走进餐厅准备吃饭,忽闻炮声轰鸣,"大黄蜂"号的船体也晃动起来。众人慌忙冲上甲板,只见远处海中黑烟滚滚,一艘日本船正在下沉。

开战之后日本在本土以东600—700海里处设置警戒线,征调了大批改装渔船在这一海域巡逻,防备美军来袭,这天舰队碰到的就是其中一艘,"日东丸23"号。美军护航的"纳什维尔"号轻巡洋舰立刻开炮猛打,不消3分钟渔船就中弹沉海,但这时间已足够船上的监测人员发报示警。

行藏已露,不但全盘部署被打乱,而且日军的飞机随时可能赶来劫杀,舰队防空能力不足,甚至有步"威尔士亲王"号后尘之虞。此时是早上6时30分,比预定起飞时间提前了一天有余,但间不容发,要么立刻掉头撤退,放弃空袭,整个计划前功尽弃,要么临阵变计,让飞机立刻起飞。

美国人选择了后者。哈尔西签署起飞命令,"大黄蜂"号上广播响起,"陆军飞行员即刻集合"。一个多小时后,一切就绪,担任领航的杜立特率机组成员登上一号机,发动引擎。舰上指挥人员不断用旗语示意杜立特继续加码,引擎轰鸣,仿佛随时要燃出火来。已是早上8时,海面上风浪甚急,浪头不时拍上甲板,硕大的航母被巨浪掀得来回颠簸。杜立特已经把油门推到底,算准时间的海军人员撤去飞机起落架的轮挡,前方令旗一挥,杜立特的飞机起动,在甲板距离内瞬间加速到起飞速度,借着船身被巨浪抬起的一股推力冲天而起,此时飞机距甲板尽头甚至还有几英尺。

杜立特的一号机迎风展翼，在舰队上空稍作盘旋，向西飞去。其他15架飞机依样升空，虽然摇摇晃晃，但都有惊无险，16架飞机全部起飞，整个过程耗时59分钟。舰队欢声雷动，甲板上无数手臂望空挥舞，机群飞远，舰队也掉头全速返航。

此时距离日本列岛还有620海里，也就是说飞机要比计划多飞120海里。油料更加紧张，因此飞机来不及编队，就分头飞往目标城市上空。为保证隐秘性，彼此也不能用无线电联系，相当于单兵作战，只能尽量遵照既定计划行事，完成轰炸后分头飞向指定集合点。

再说日本方面。6时30分"日东丸23"号被击沉的同时，示警电报已经传到联合舰队司令山本五十六的手中。山本有自己的打算。此前他曾公开承诺日本本土的"绝对安全"，如若美军飞机飞临日本上空，则无论陆基防空能否应付、造成的破坏有多大，他都信誉破产了。因此，他第一时间想到的是在外围将美军歼灭，而非通知东京方面警备，因为那样将会造成恐慌，而恐慌很快转化为对他的质疑和愤怒，更会让军界内部的反对派借题发挥。

山本又一次做出赌运气的决定。奉他的命令，日本海军第二舰队出横须贺，第一战列舰队出广岛，此时正在台湾南部巴士海峡一带的南云忠一的第一航空舰队也奉调赶来，三支舰队准备合围，拦截美军，在本土察觉之前将敌人攻势泯于无形，建立奇功。可惜美国人的非常规打法让他措手不及，美军航母搭载的是B-25，而不是航程只有300海里的常规舰载机。美军舰队的提前返航使奉命来拦截搜索的日舰扑空，零式战机在高空巡航也没发现身下1000多米处几乎贴地飞行的B-25。山本惊觉上当时，东京上空已响起了空袭警报。

杜立特的座机直奔东京，身后跟着10架飞机（有一架原定轰炸横滨的飞机走错航线也飞向了东京）。美国机群中午时分闯进日本领空，即将大祸临头的日本人浑然不觉。是日天气晴好，美军从低空飞行的飞机上可以看清地面情景。先是近海捕鱼的渔船，接着地平线出现亚洲风格的寺庙，陇亩之间农夫正在劳作，偶尔还会看到学校里的孩子被飞机的马达声吸引，抬头观望，挥手欢呼。异域的田园景致让飞行员们心情复杂，此行的目的不是游览，而是摧毁——这只能归咎于地面上一杆杆高扬的太阳旗，正是在这旗帜的引导下，日本人狂热地将自己的家园变成了修罗场。

12时30分，杜立特的战鹰第一个飞临东京上空，他很快找到了目标——东京城东北的一座化工厂。4颗炸弹依次投下，巨响声中，地面上烈焰升腾，人影乱窜。杜立特顾不得详细观察空袭战果，全速向西飞去。

身后的其他飞机，与杜立特相隔不过十几分钟航程，此时也赶了上来，机群从不同地点，以不同高度杀入日本领空。其中，7号机（"跛脚鸭"号）的飞行员泰德·罗森中尉后来在回忆录中记述这段经历：

> 我看到第一个目标时，几乎已经到了正上方。我把油门推到底，达文波特（副驾驶）调整了螺旋桨倾角，以增加升力。我们按照此前一个月的训练和之后三星期的讨论，以最快的速度将飞机爬升到了一千五百英尺。爬升、平飞、打开炸弹舱、短短的俯冲、投下第一颗炸弹。仪表盘上的红灯闪了一下，我们便知道第一枚500磅的炸弹已经落下去了。

接着是第二枚、第三枚，以及最后一枚子母燃烧弹，它下落过程中会甩出数十枚小型燃烧弹。7号机的攻击目标是东京城南部的一座钢铁厂，罗森回忆投下最后一弹之后驾机急速俯冲，"在我俯冲时，我朝身后看了一眼那颗500磅炸弹所留下的壮观场面。钢铁厂的四壁全都炸向了空中，随后慢慢消散，只剩下一团红黑色的云"。4枚炸弹投下，用时仅仅30秒，和之前几个月的精心部署魔鬼特训比起来，短暂得不成比例，所以罗森那本著名的回忆录起名为《东京上空三十秒》。

此次出发前，罗森等飞行员最为担心的是夜间空袭，因为飞机可能会撞上东京的防空气球钢缆。由于计划突变，行动在白天进行，不但无须担心气球干扰，甚至出奇好运的是，连预计中的日本战斗机和地面防空炮火都没构成什么威胁。

此前在"大黄蜂"号上朱里卡少校曾对飞行员们介绍，日本的工厂经常隐匿在居民区中，因此飞机虽然选定了轰炸目标，但很难做到精确打击。炸弹倾泻而下，不少平民遭池鱼之殃。东京虽然开战以来每天都进行防空演习，但真实的战争完全不同。此时东京满城警报声大作，珍珠港的慌乱重现，甚至连广播都十分相似——"这不是演习！"准备不足的防空部队发炮还击，杜立特团队早已完成任务，全速逃离，日本的防空炮响在身后，仿佛为他们鸣放送别的礼炮。

然而对美军来说，真正的大麻烦在后面。脱离险境后，飞机的油料所剩无几，爱德华·约克驾驶的8号机只能飞往最近的机场，苏联的符拉迪沃斯托克。出发前杜立特曾告诫队员们，切不可飞往与日本签有互不侵犯协定的苏联。果然，约克等5名机组成员被苏方扣押，半年后才在英国帮助下取道伊朗逃到印度，辗转回国。其他15架飞机也都没能到达指定的衢州机场。飞抵中国领空时已是当天21时许，天色全黑，难辨方向，各机组只好放弃既定计划，有的在江苏及浙江沿海择地迫降，有的弃机跳伞。3人在迫降时身亡，13人受伤，8人跳伞落到日占区，被俘虏。本来8人都被日本判处死刑，但裕仁天皇"法外施恩"，建议法庭将"情节较轻"的5人改判无期徒刑。6号机飞行员迪恩·霍尔马克中尉等3人被枪决，另外5名俘虏收监，6号机副驾驶罗伯特·米德尔中尉不堪虐待，瘐死狱中，其他4人在日本战俘营里饱受折磨，直到终战。

更多的人在善良的中国乡民的帮助下，与中国军队或美国在华机构取得联系，终获平安。而中国军民救助美军飞行员的义举激怒了日本，作为报复，侵华日军对美国人藏匿过甚至只是经过的村庄大肆屠戮，共有超过20万中国平民遭毒手。日军还发动浙赣战役，加紧入侵力度，战事中7万余中国军人伤亡。蒋介石此前的担忧不幸成谶，中国人为美国空袭东京付出了惨痛代价，许多枉死的乡民甚至不知自己的一刀之厄究竟所为何由。如罗森在回忆录后记中所写：

> 我不断想起那些勇敢、坚忍、忠诚的中国男女。他们将我们救起，用自己的身子背负我们，给我们吃，照顾我们，并且帮助我们逃生。我不知他们在被日本人拖去杀戮时是否会想，他们救起的那些人中，有人会回去一遍又一遍地轰炸日本。希望这能给他们一丝慰藉。而那些无辜的中国人，也许根本不曾听说过我们，没有听说过我们实施的轰炸，只是因为身处我们逃离的路线，就被日本人无情灭绝，这又有什么话可说呢……（《东京上空三十秒·后记》）

杜立特机组在浙江天目山一带跳伞，后来聚拢各机组人员经重庆回国，在渝期间接受了国民政府授勋，宋美龄亲手为杜立特佩戴勋章，杜立特回国后被晋升为少将。一些参加行动的飞行员后来又加入"飞虎队"，协助中国抗日。

美军的空袭持续了半小时左右，除了东京，还轰炸了横滨、横须贺、神户、名古屋等城市。单纯从军事角度看，这次空袭收效甚微，日方被炸毁了一个炼油厂和几座油库，其他被炸的工厂最多也只伤及皮毛。50人死于空袭，另有近300人受伤，若干民房被毁。美军的16架飞机则全部损失。但从战略层面上看，空袭完全收到了他们预期的政治宣传功效。这是开战以来盟军首次直接伤及日本本土，对日本造成的心理震慑无可估量。而且日本内部的战略部署因之打乱，接下来他们战略优势的葬送，就从东京上空那30秒后开始。

27

乱

杜立特空袭东京的爆炸性新闻轰传世界，在遭受沉重打击之后，美国竟有能力神不知鬼不觉地对万里之外的敌国首都发动袭击，着实令人惊叹，想象不出他们是怎么做到的。华盛顿的媒体招待会上，罗斯福得意地向询问详情的记者说："这是来自香格里拉的空袭。"

另一边，日本的宣传机构极力淡化空袭的影响，拆解杜立特的名字Doolittle来做文字游戏，称空袭的成效也不过是Do little——微乎其微。从物质损失上来说，此言固然不虚，但日本人的表态实属打落牙肚里吞。东太平洋的开阔水域无遮拦难防范，本就是日本的心病，敌人第一次来袭就轰炸了首都，证实了他们的担心。更难堪的是在接到预警的情况下仍没能组织好防御，甚至没能击落一架敌机，追击美军舰队也一无所获，这样的糟糕战绩令人灰心。

山本五十六显然也很受打击，他几次向天皇上表谢罪，不过这个挫折也让他因祸得福：在接下来的战略决策上，他获得了更加不容置疑的发言权。

东京被袭之时，东南亚战场的战事已进入收尾阶段，日本胜势早早确立，因此下一步的计划也在制订之中，不过意见并不统一。海军军令部主张"大南进"，即南下澳大利亚，追剿盟军在西南太平洋的残余力量，吞并广阔的澳大利亚，夺占其铁矿资源和航空基地，以断绝盟军以澳大利亚为基地反攻东南亚的可能。然而，这个一举数得的计划只是看上去很美，拿下700多万平方千米的澳大利亚显然不是只靠海军就能完成的，而日本的陆军被拖在中国战场，防备苏联的关东军也不敢轻动，无论如何提供不了占领澳大利亚所需的兵力和补给。在陆军的反对下，"大南进"计划被修正为"有限南进"，即夺取东印度群岛与澳大利亚之间的新几内亚，以及澳大利亚东北的所罗门群岛、新喀里多尼亚、斐济、萨摩亚等一系列岛屿，封锁澳洲，割断美澳联系。军令部根据这一构想制订了"FS作战"计划，这也是陆军能接受的折中方案，已经接近日本作战半径的极限。

但海军中也有人对南进不以为然。这一派以山本五十六和他的参谋长宇垣缠为代表，他们认为，美国太平洋舰队虽遭重创，但1942年以来美军航母在太平洋上的频繁活动证明，他们的战斗力仍能构成威胁，尤其美国具备强大的军工能力，随时能造出新的舰队投入战斗，这让山本如芒在背。因此，山本始终认为日本本土面临着来自东面的威胁。基于此，山本主张将防线向东推进，具体目标：中途岛。

那是太平洋中部的小岛屿，由三组珊瑚礁组成，面积不足5平方千米，但位置正处在太平洋东西航线的中点，西距美国旧金山2800海里，东距日本横滨也差不多2800海里，故名为"中途"。19世纪后期美国占领该岛，20世纪初在此驻军，1940年修建了军用机场和潜艇基地。在美军手中，这里是袭击日本本土的前沿阵地，而若能夺取，这小岛也就变成了日本觊觎夏威夷的跳板。山本打算以中途岛为基点建立防线，进而推进到约翰斯顿岛、帕尔米拉岛一线，防止本土遭袭的情况再度发生，再伺机进攻夏威夷，夺取或者彻底摧毁之，其间寻机诱出美国太平洋舰队进行主力决战。联合舰队此时占有兵力优势，如能取胜，则可望迫使美英讲和。

这基本算是联合舰队方面的主张，对珍珠港始终耿耿于怀的渊田美津雄、源田实等人都力主此计，但军令部的战略分析家认为，美国已吸取了珍珠港的教训，再想袭击夏威夷极难得手，因此以夏威夷为目标的中途岛攻略并不现实。况且即便夺取了中途岛，鉴于该处与日本本土的距离，也很难防守，意义不大。军令部方面也不相信，美军会为了这么一个小岛与联合舰队决战。

此外，山本十分看重的参谋黑岛龟人提出"西进"战略，即将战略重心转向印度洋，进攻波斯湾，夺取当地石油储备，同时将英国与东方殖民地隔离开，采用在缅甸和印尼的做法，借助渴望摆脱英国的印度、阿拉伯政治力量，助其独立，同时彻底切断西方援华路线，日后再配合东进的德军，会师西亚。这个方案着眼于轴心国整体的战略高度，十分宏大，但对日本来说，成本太高，不可控因素太多，收益也不够直接，显得太超现实，讨论后被否决。虽然南云忠一的第一航空舰队一度进入印度洋，空袭斯里兰卡，但并没走得像黑岛方案那么远。

1942年初讨论便开始了，各方争执不下，决策权掌握在海军军令部，因此南进方案占了上风,政府也倾向于南进。1942年3月,东条英机公开向澳大利亚和新西兰喊话,要求它们"改变对日本的态度",语露威胁,似乎针对大洋洲的军事行动就在眼前。

包括山本在内的联合舰队方面都不愿放弃东进主张。东京遭袭,山本一再提及的"东面的威胁"变成了现实。军令部也不得不重新考虑"东进"。山本手下的参谋们往来奔走,游说军令部,还有人诈称一旦方案再被否决,山本将考虑辞职。最终,军令部不得不做出让步。4月15日,中途岛作战计划(代号MI)正式获批,为了确保吸引出美军主力,同时还批准了与之配套的AL计划,即进攻阿留申群岛,既迷惑敌人,又能分散中途岛主战场的压力。

很大程度上,MI计划是军令部对联合舰队甚至是山本本人妥协的产物,但杜立特空袭之后,这一计划的必要性陡增,山本有了更大的发言权,在兵力、时间等细节上都更向MI计划倾斜。4月20日,海军军令部总长永野修身宣布,将进攻新喀里多尼亚、斐济、萨摩亚一线的FS计划延迟到7月,确保定于6月初的MI计划顺利实施。为求必胜,山本提出以联合舰队能动用的全部主力舰倾巢而出,进攻中途岛为饵,钓出美国太平洋舰队主力,毕其功于一役。山本的设想中,珍珠港立功的第一航空舰队仍将扮演主角,6艘航母要悉数到场。

不过,海军军令部方面仍不愿放弃FS计划,因为该计划已进入准备阶段,如果此时半途而废,必将给盟军喘息之机。这两项计划最大的冲突在于时间。FS计划有两个先导部分,即攻占莫尔兹比港和所罗门群岛的首府所在地图拉吉岛,分别被称为MO计划和RZ计划。当时日军已经占领新几内亚岛西部和北部,澳大利亚军正以该岛东北部的莱城、萨拉莫阿,以及东南部重镇莫尔兹比港为据点继续抵抗。尤其莫尔兹比集结了许多盟军飞机,麦克阿瑟视此地为未来反攻的基地。该地与新几内亚岛上的日占区之间有海拔4000米、横亘全岛的欧文斯坦利山脉阻隔,山高林密极难通行,陆军无从下手,连日空袭也未能解决问题,于是才有了海路出击、两栖作战拿下莫尔兹比港的MO计划。如能成功,就拔除了澳大利亚与日本占领区间最后的盟军基地,控制了新几内亚全岛,进而东南的新喀里多尼亚、斐济、萨摩亚等小岛都可望一一拿下,也就达到了封锁澳大利亚的战略意图。

按照设计,MO和RZ的发动时间在5月初,与中途岛计划间隔甚短。这使得兵力配备问题变得棘手,尤其尼米兹上任后,美军航母在西南太平洋活动频繁，军令部认为MO和RZ计划需要航母压阵才稳妥。加上东京遭袭后MI计划势在必行，连带着MO和RZ也得加快进度，更需增强兵力，期乎必胜。

军令部第一部（作战部）部长福留繁少将提出，将此前从第一航空舰队中分出的"翔鹤"号、"瑞鹤"号两艘航母及其附属舰组成的第五航空舰队借调来助战。翔鹤级航母诞生于日本航母制造技术成熟期，航速、续航能力、装甲厚度、舰载机数量等方面集纳了之前的赤城级等几款航母的优点，两舰下水服役虽然才不到一年，但被认为是日本最优秀、最现代化的航母舰型，福留繁非常希望在MO计划中借重双鹤之力。负责该计划的总指挥日本海军第四舰队司令井上成美中将也向老朋友山本求助，他担保5月初就会顺利完成MO和RZ计划，届时二鹤归队，必不至影响MI计划的实施。面对两人的提议，山本无法拒绝，一则当时日军已控制了东印度群岛大部，包括新几内亚岛西北部，照这个态势来看，MO计划实非难事，暂借两艘航母，料也无妨；二则之前军令部让了一步，山本也得礼尚往来，助他们成功。

4月23日，计划最终确定：4月30日RZ计划发动，日军出动"菊月"号、"夕月"号两艘驱逐舰，掩护运输船（编为RZ攻略部队），自此前占领的位于新几内亚岛东北的新不列颠岛的拉包尔要塞出动，去占领图拉吉岛，夺取该岛的水上飞机基地；与此同时，机动部队出俾斯麦群岛的特鲁克环礁基地，在所罗门群岛以北巡航，防止敌军来援，这支部队包括原忠一少将指挥的"翔鹤"号、"瑞鹤"号领衔的第五航空舰队和"妙高"号、"羽黑"号重巡洋舰领衔的第五战队（编为MO机动部队），指挥官是之前在爪哇海战中大败美英荷舰队的高木武雄少将；5月3日，解决图拉吉之后，真正的主力部队（编为MO攻略部队）再从拉包尔出发，进攻莫尔兹比港，"祥凤"号轻型航母等大批舰船担任护航。井上成美坐镇拉包尔，通盘指挥整个作战计划。

政治是妥协的艺术，但军事问题绝不可如此。日本人东南兼顾的方略看似面面俱到，实则战略重点模糊，主次不分，尤其分割使用最大的优势武器航空母舰，实属自乱阵脚。混乱的战略指导下，太平洋战局即将逐渐脱离日本人的掌控。

28

碧海追踪

从拉包尔到莫尔兹比港，航线处在珊瑚海上。这是一片广袤的热带海洋，铺陈在澳洲大陆和新几内亚、所罗门群岛、新喀里多尼亚岛等岛屿之间，是世界上面积最广阔的海，千百年间罕有人类活动，周围又没有大河流注入，因此海水湛蓝澄澈，水下是经年累月筑起的密密层层的珊瑚礁。接下来，人间仙境的碧海将变成血火翻涌的炼狱。

4月下旬，日军的MO和RZ计划已箭在弦上，西南太平洋将再度战云密布。但此时让我们先回顾四个月前，1942年1月20日的一次规模不大的海上遭遇战。

是日，南云忠一的第一航空舰队正在猛袭新不列颠岛，同时，日军也在窥探下一个目标，澳大利亚。一艘编号为伊-124的日本潜艇在澳大利亚北部达尔文港水域被发现，盟军驱逐舰将其击沉。这算不上大战果，但从打捞上来的潜艇残骸中，盟军发现了价值连城的战利品——日军的密码本。尽管只找到了战略、战术、商业密码本，没能获得最直接的军机密码本，但这些已足够让盟军的情报人员激动不已。这种JN-25B密码有别于此前美军已基本掌握的"紫码"，释读一直是难题。美军作战情报小队的约瑟夫·罗彻福特少校和他的25名团队成员在密室中加紧破译，经过几个月夜以继日的努力，1942年3月，他们已基本弄懂密码。3月25日，美军情报人员从截获的电码中得知了MO计划，经过缜密研究，罗彻福特向尼米兹呈交他的判断：

1. 日军在印度洋的作战任务已结束，舰队将返回国内基地，并转投入太平洋战线。
2. 日军没有入侵澳大利亚的计划。
3. 日军下一步行动，将是重兵进攻新几内亚岛东部，攫取重要港口。

4. 随后他们很可能在太平洋中部发动大规模战斗，动用联合舰队全部主力。

（波特《尼米兹》）

后来的事实证明，这些分析全部料中。4月15日，日本方面通过MI计划。17日，计划及分析详情已经递到尼米兹手上。经过分析，虽然还没完全搞清MI，但基本可以确定MO指的是莫尔兹比港。几天后，盟军又根据新的情报分析出日军行动的详细日期。

开战之前，尼米兹已经知己知彼，占得先机，但此时空袭东京的第16特混舰队的两艘航母还在归途中，能动用的兵力有限。在珊瑚海海域活动的只有弗兰克·弗莱彻少将指挥的、以"约克城"号航母为核心的第17特混舰队，不足以抵挡日军的两大一小三艘航母。尼米兹急令弗莱彻向东撤往汤加，休整以备大战，同时派奥布里·菲奇少将率"列克星敦"号领衔的第11特混舰队出珍珠港，驰援珊瑚海。此外，麦克阿瑟也调遣手中为数不多的舰队，准备协同作战。

双方调兵遣将，时间已经到了日军RZ计划的发动时间。4月30日夜间，准备攻占图拉吉岛的运输船"东山丸"在两艘驱逐舰掩护下自拉包尔起航，舰队并没直扑目标，而是待其他部队依次就位后，于5月3日夜登陆图拉吉岛。该岛上建有水上飞机基地，原有澳大利亚军队驻守，探明日军动向后，守军已于一天前弃岛撤走，临行仓促，岛上设施未及完全破坏，兵不血刃登上小岛的日军工程部队立刻抢修布防。4日拂晓，日军已基本在岛上站住脚，而此时，美军的"约克城"号航母正在朝他们驶来。

5月1日，日军发动计划的同日，兼程赶来的美军第11特混舰队也抵达指定海域，同第17特混舰队会师整编后，由弗莱彻少将任总指挥，菲奇负责指挥两艘航母。舰队在海上监测敌军动向，远道而来的"列克星敦"号加油休整。3日夜，图拉吉岛失守的消息传来，此时美军舰队正在所罗门群岛东南、新喀里多尼亚岛以北海域，弗莱彻率"约克城"号编队北上出击，4日凌晨4时30分抵达图拉吉岛东南100海里处，进入航母舰载机的攻击半径。此前派出的侦察机发回消息，日军已经登岛，正在修理岛上设施、卸载物资，防御力量薄弱。

弗莱彻急令舰载机起飞，发起首轮攻击的是28架SBD无畏式俯冲轰炸机和12架TBD"毁灭者"式鱼雷机。两小时后，首批轰炸机飞抵图拉吉岛上空，岛上的日军高射炮阵地尚未搭好，全无还手之力，只能任美军狂轰滥炸，护航的"菊月"号驱逐舰被一枚1000磅炸弹命中，爆炸沉没，鱼雷机赶到后又对海港里的日军舰艇发射鱼雷，现场炸成一片。接着美军又发起两次空袭。截至当天下午，三波飞机轰炸图拉吉岛，打得十分顺手，飞行员发回战报称，击沉日军2艘驱逐舰和1艘水上飞机母舰。其实，现场的混乱局面使他们高估了战果，日军只损失了"菊月"号和几艘小船，外加5架水上飞机，图拉吉岛上的设施也未被完全毁坏。15时，觉得任务已完成又担心日军航母威胁的弗莱彻下令收兵。图拉吉岛受创，但仍在日军控制下。

这次空袭正式引爆了珊瑚海之战，先声夺人的弗莱彻向南撤走。途中，他又决定在日军赶来救援图拉吉岛之前，掉头向西，劫杀驶往莫尔兹比港的运输船队。日军方面，收到情报的高木武雄也率领MO机动部队赶来对付美军航母。双方在大海上摸索对方的行踪，胜负取决于谁先找到对方。

5月6日，"约克城"号与"列克星敦"号重新会合，当夜，向南直追的高木舰队曾一度非常接近弗莱彻，如果弗莱彻没有掉头向西，必定会被追上，但绰号"黑杰克"（即扑克牌游戏21点）的弗莱彻果然运气极佳，他的忽然转向使两支舰队擦肩而过，最接近时航距仅有60海里，但黑夜中他们都没能发现彼此。

7日5时50分，MO机动部队的侦察机回报，在东南方向发现"一艘美军航母和一艘巡洋舰"，由于早就认准了美军必将向东南撤退，已追了一天多的高木欣喜之下来不及多想，就下令"翔鹤"号、"瑞鹤"号两艘航母的舰载机出击。

机群起飞不到一小时，又有情报称，舰队西北方发现美军航母，高木有些错愕，但此时他已知道，美军在珊瑚海加派了一艘航母，料想是两船分开行动。自恃兵力占优的高木没有召回机群，打算先干掉东南方向的"航母"，再掉头杀向西北。8时35分，最先"发现航母"的侦察机发回报告，修正此前报告，称之前发现的目标并非航母，而是一艘油船。听到消息的高木大失所望，这才意识到，第二次情报发现的才是真正的美军航母。高木深悔失机，但仍不死心，既然发现了油船，美军舰队很可能就在附近，或许还能找到有价值的目标，他命令攻击机群继续搜索。

日军发现的是美军的"尼奥肖"号油轮，该舰在5月2日为美军舰队完成海上加油后，弗莱彻命其返回美国，并派"西姆斯"号驱逐舰护航，这两艘船不幸被日军侦察机发现。"尼奥肖"号在美国海军中被称为"胖贵妇"，这是因为为了增加储油量，船身被建造得格外宽，以致被建功心切的飞行员误认为是航母，轰炸机群飞到近前才看清。虽然目标不是预想的航母，但既然看见，总不能空手而归。短短15分钟，日军机群炸沉了"西姆斯"号，又过了20余分钟，"尼奥肖"号也中弹倾斜，日军损失一架飞机。后来"尼奥肖"号在海上漂到5月11日，被美军船只发现，幸存的百余名船员获救。这两艘小船的霉运换来了美军整个战局的好运，它们吸引了日军最主要的航空火力，使美军舰队逃过了MO机动部队的狂追，否则美军兵力处在下风，一旦遭遇，凶多吉少。

与此同时，美军也在全力搜寻日本的航母。8时50分，弗莱彻接到"尼奥肖"号遇敌的消息，借此他意识到既然日军出动了大量飞机，"翔鹤"号和"瑞鹤"号的防御必定薄弱，正是发动突袭的好时机。不出5分钟，美军侦察机发回报告，称在新几内亚岛以东的路易西亚德群岛发现敌方舰队，有"2艘航母，4艘巡洋舰"。

弗莱彻和几个小时前的高木武雄一样大喜过望，其实从该地与"尼奥肖"号遇袭地点之间的距离不难判断出，这不太可能是日军的MO机动部队，但弗莱彻还是下令"约克城"号和"列克星敦"号上的93架舰载机起飞，扑向目标。

果然，美军也受累于不实情报，机群飞抵情报地点，发现只有两艘巡洋舰和两艘驱逐舰。不过他们比日本人幸运，因为这正是五藤存知少将指挥的、驶向莫尔兹比港的日军MO攻略部队，主力有4艘重巡洋舰、1艘驱逐舰和"祥凤"号轻型航母，正驶向目标。"祥凤"号下水还不足半年，由潜水母舰中途改造而成，吨位1.12万吨，不及"翔鹤"号、"瑞鹤"号的一半，仅有28架舰载机，且不能搭载鱼雷机，动力设备不佳，航速仅有20节，因此不能与两鹤协同行动，只能为登陆部队做掩护。MO攻略部队行进途中，侦察机也发现了美军主力，向拉包尔总部报告后，井上成美命令MO攻略部队的运输船掉头航向西北暂避，并命令高木武雄立即派飞机支援。

MO攻略部队准备迎战。9时15分，美军机群飞临舰队上空，日舰防空炮火齐发，空中弹网交织，美军飞机在炮火间穿梭，5分钟后，机群发起进攻。"祥凤"号自知不敌，开战前本打算后撤自保，但发现目标的敌机已将其锁定，只好掉头，准备迎战。就在"祥凤"号寻找顶风方向，准备放飞舰载机的瞬间，美军的无畏式俯冲轰炸机抓住它减速的机会从高空猛冲下来，第一轮投弹，"祥凤"号就被命中两弹，基本丧失动力。美军飞机不给"祥凤"号喘息之机，围拢过来炸弹鱼雷齐施,片刻间"祥凤"号的防空火力被击毁,甲板上尸骸枕藉。9时35分,美军攻击仅一刻钟,身中13枚炸弹和7发鱼雷的"祥凤"号被炸翻,沉入海底。舰上士兵死伤700余人,几乎全军覆没。"祥凤"号不幸成为太平洋战争中第一艘战沉的现役航母(此前被日军击沉的美军"兰利"号航母已退役)。美军在战斗中只损失了3架飞机,珊瑚海之战的第一次正面冲突结束。

消灭敌军航母的喜讯传回美军舰队,三军开颜,虽然此时他们还不知道击沉的只是一艘"小航母",但这样的战果足够振奋人心。由于MO攻略部队的运输船已经撤出战区,美军机群不与其他战舰缠斗,返回航母。

另一边,终于结束了徒劳搜寻的MO机动部队也正在赶来。高木武雄已于10时10分左右获知"祥凤"号沉没的消息,深悔错过机会,没能在已经发现敌人的情况下抢先攻击。此时,战局成败便依赖他舰队中的两艘航母,高木更觉此战只许成功,不许失败。接下来,两支航母编队即将在珊瑚海上展开正面碰撞。

29 兑子之弈

待"翔鹤"号和"瑞鹤"号收回全部舰载机已是5月7日13时30分左右，此时的最新情报显示美军舰队已在430海里外，加之海上刮起大风，不利于飞机起降，这意味着如果舰载机休整之后再次出击，可能要在天黑之后才能飞抵目标，与敌军展开夜战。

高木武雄和负责两艘航母的原忠一少将都颇感踌躇。日军飞行员素质优于美军，而且受过夜战特训，如果大胆发动夜袭将有机会建立奇功；但反过来说，"祥凤"号战殁，原本3∶2的航母数量优势已不复存在，如果再兵行险招，一旦失败，己方的航空作战力量将落于下风。权衡之下，原忠一还是决定冒险一搏。他调集第五航空战队的精锐力量，派出12架九九式轰炸机（"翔鹤"号和"瑞鹤"号各6架）、15架九七式鱼雷机（"翔鹤"号6架，"瑞鹤"号9架）参加袭击行动，飞行员都是精英骨干。为保证效率，不派战斗机护航，也不设先导机侦察，以搏命的姿态发起进攻。

此时珊瑚海上浓云密布，飞机隐匿在云团中向指定方位疾驶。16时15分，云层缝隙里透出美军舰队的身影，正当日军飞行员们见猎心喜准备动手时，忽然一排排机枪子弹从头顶的高空射来，36架"野猫"战斗机从云间直扑而下，机翼的机枪火舌狂喷。这是来自"列克星敦"号的舰载战斗机群。当日军的飞行员凭借肉眼搜寻敌舰时，美军已通过舰上的雷达发现了这群不速之客，战斗机立刻升空，爬升至3000米高空，隐身云后，迎候敌机，没有防备的日军机群刚到战区就落入埋伏。日军的轰炸机和鱼雷机都携带了攻击舰船用的重磅炸弹或鱼雷，现在这些武器不但无暇投放，反而成了累赘，慌乱中只好随便丢弃，结果无一命中，机群也在"野猫"的撕咬下遍体鳞伤。不到十分钟，9架飞机被击落，余者队形散乱，分头逃回母舰。

6架轰炸机组成的编队在高桥赫一少佐（在珍珠港提前发动攻击的那位）带领下遁逃，凭着过硬的飞行技巧在空中盘旋躲避美军战斗机的追杀。17时许，高桥忽然看见海面上停着两艘航母，连忙打出请求降落的灯光信号，随即飞向航母甲板。忽然，旁边一艘船射出照明弹，亮光一闪，高桥这才发现居然是美军的"约克城"号航母，一时间航母上的防空炮火猛向这群自投罗网的日机招呼。总算高桥技艺过人，急忙拉起操纵杆，飞机又冲向空中，其他来不及反应的飞机纷纷中弹，一架当场坠毁。

　　最终，20时许，日军27架飞机组成的精锐部队仅有6架返回航母，10架被击落，11架在归途中燃料耗尽坠海，夜袭大败而归。高桥的飞机在"翔鹤"号上着陆，刚一停稳他就跳出驾驶舱，对原忠一大喊，现在弄清美军的位置了，请再发动大规模袭击。但此时日军显然已是心有余力不足，能做的只有让机师抓紧抢修飞机，加满燃油，以备来日天明正面交锋。

　　珊瑚海之战，美军再胜一回合，但真正的较量还在后头。傍晚的战斗结束后，两军舰队各自后退避敌，飞行员被要求抓紧时间补充睡眠，军官及勤务人员则通宵达旦分析情报、检修武器，准备次日更艰苦的恶战。

　　经过这次试探性的较量，双方知己知彼。美军舰载机数量占优，日军损失了21架飞机，但在飞行员素质和飞机性能上仍稍占上风，尤其是美军的"毁灭者"鱼雷机航速较慢，远不如日军的九七式，因此双方基本还算旗鼓相当。胜负的关键还是在于谁先发现对方。8日清晨，天刚透亮，美日两军就各自派出多架侦察机，搜索对方。

　　天气仍不见好转，热带的积雨云一片一片压在海上，对侦察机来说，这既是视线障碍，却也是难得的保护。6时20分，美军侦察机飞行员史密斯少尉和狄克逊少校先后发现了日舰行踪。狄克逊的飞机躲在云中持续跟踪，将日舰的坐标和动向发回美军舰队，同时借助云团掩护尽可能延缓自己暴露的时间，直到他发出的电报信号被日军捕捉、见零式战斗机向他杀来时才掉头返航，最终带伤逃脱。而就在狄克逊报告日舰方位后两分钟，日军的侦察机也发现了美军舰队。这一来，双方虽相距200海里以上，但都已显出身形，不需再继续躲闪，是时候正面交战了。

　　虽然情报晚了两分钟，但日军效率更高。7时10分，高桥赫一的指挥机率先升空，随后共计69架飞机自两艘航母上起飞，包括九九式轰炸机33架、九七式鱼雷机18架、零式战斗机18架，一同杀向信号指定的海域。美军首批39架飞机于7时15分自"约克城"号起飞，包括"野猫"战斗机6架、无畏式轰炸机24架、"毁灭者"式鱼雷机9架。15分钟后，"列克星敦"号上的9架战斗机、22架轰炸机和12架鱼雷机也随后出击。美军共计出动82架飞机，分为两批次5个战术编队。

美军机群后发而先至。8时50分，第一批的24架无畏式轰炸机出现在日军舰队的头顶。编队没有急于进攻，而是等待航速稍慢的鱼雷机群到位，准备从不同的高度发起全方位进攻。放飞机群后，日军第五航空战队就改换队形，"翔鹤""瑞鹤"两舰分开，彼此相隔两海里。此前舰载机损失较多的"瑞鹤"号躲在一大片积雨云下，防止敌机的俯冲轰炸，这一招果然令美军飞机无计可施，因此他们的轰炸目标只能是"翔鹤"号。

5分钟后，鱼雷机群到场。又过了5分钟，上午9时，美军机群的攻击正式开始。之前已在上空完成编队的机群向"翔鹤"号投弹发雷，"野猫"战斗机与拦截的日军零式战斗机交手，另一边"翔鹤"号和护航的"衣笠"号、"古鹰"号两艘巡洋舰也齐发防空炮火。美军的鱼雷性能较差，鱼雷机从航母两舷一同发动攻击，但鱼雷速度太慢，"翔鹤"号在海面上扭动硕大的钢铁身躯，一颗颗鱼雷擦身而过，无一命中。美军的俯冲轰炸机扮演了战场主角，为躲避密集的防空炮火，它们几乎垂直地向日舰俯冲投弹。距离目标较远的就在"翔鹤"号的移动路线上投弹，数枚炸弹近失，虽未精确命中，但在目标附近爆炸后产生的冲击波也有杀伤力，海面上掀起一根根巨大的水柱，"翔鹤"号被震得颠簸摇摆，这给了轰炸机可乘之机。9时05分，终于有一枚1000磅航空炸弹命中"翔鹤"号舰艏，钢制的甲板被炸得翻卷起来，"翔鹤"号无法起降舰载机了。两分钟后，"翔鹤"号舰艉又中一弹，一座高射炮塔被爆炸掀翻。此时，美军机群所携弹药已所剩不多，不少飞机也被日军舰炮所伤，空袭持续了不到20分钟，"约克城"号的3个编队相继撤出战斗返航。

不出片刻，"列克星敦"号机群赶到，发起第二波袭击。不过，该机群途中遭遇雷雨，许多飞机被迫返航，飞抵战场的只有15架攻击机和6架护航的战斗机。这样的力量不足以和日军舰队交手，但"翔鹤"号身带重伤，已成了移动靶，美军飞行员实在不甘心放它逃走，他们冒险发起进攻，最终又一枚1000磅炸弹击中"翔鹤"号，使其彻底丧失战斗力，提前撤出战斗，原忠一下令隶属

"翔鹤"号的飞机在"瑞鹤"号上降落。美军付出的代价则是指挥侦察轰炸机编队的奥尔特中校座机受伤，返航途中坠海失踪。到10时20分，美军机群的攻击结束，开始返航。

美军在"翔鹤"号上空大打出手的同时，日军的舰载机攻击部队也锁定了他们的猎物。9时05分，日军机群发现目标。由于10分钟前美军已通过舰载雷达发现了日机逼近，两艘航母上所剩不多的"野猫"战斗机全部升空迎战，舰队的高射火力也做好了准备。9时15分，日军机群全部就位，发动袭击，双方交火，战况与"翔鹤"号上空如出一辙。日军飞机重点攻击"约克城"号和"列克星敦"号，"约克城"号同样灵巧地避开了最致命的鱼雷攻击，但头上挨了一击，一架日军九九式俯冲轰炸机投下的250千克的炸弹击穿了"约克城"号三层甲板，在第四层储藏室炸响，船上燃起大火，但"约克城"号的损管人员迅速控制住了局势。"列克星敦"号受创更重，先后挨了两颗鱼雷和两枚炸弹，船体一度倾斜，但损管人员也解决了问题。9时50分，日军机群用光了所携弹药，结束攻击返航。战场重新归于平静。

中午，完成了任务的美军飞机纷纷归队。截至此时，美军两艘航母带伤，但经过抢救，都无碍继续作战，总的来说情形好过日方。第二批次的飞行员们返回"列克星敦"号报告战况，称"翔鹤"号已是重伤垂死，大家建议再次出击，彻底击沉它。菲奇少将也打算乘胜追击，命令机师检修飞机，但中午时分，"列克星敦"号的舱底忽然传来爆炸声，船身被震得发颤。起初美军以为遭到了敌军潜艇的攻击，检查之后才发现是刚才日军的近失弹把"列克星敦"号的油舱炸坏了，油气弥漫出来渗入了发电机室，被火花点燃。随着油气在船舱里扩散，整艘航母变成了一个随时可能爆炸的大炸弹。

损管人员迅速开始处理"列克星敦"号的情况，到15时，眼见回天乏术，舰长谢尔曼只好下令弃船。全员整齐有序地转移，顺着绳梯登上救生艇。果然，撤退行动开始后不到一小时，船舱里又发生大爆炸。按照谢尔曼舰长的要求，美军"菲尔普斯"号驱逐舰连发四枚鱼雷将"列克星敦"号击沉，舰上来不及抢救的三十余架飞机也随之一同沉入海底。

在珍珠港的尼米兹通过电报一直关注着珊瑚海的战况，听到"列克星敦"号沉没的消息，他下令弗莱彻撤出战斗。几乎同时，井上成美也从拉包尔发来指令，命令高木武雄率MO机动部队撤退，鉴于护航力量大损，他叫停了准备登陆莫尔兹比港的 MO 攻略部队。这意味着日军放弃了 MO 计划。随后,"翔鹤""瑞鹤"二舰返回日本军港大修。修理和配备舰载机需要至少一个月的时间,"翔鹤"号受伤尤重,还需多花时日,也就是说两艘航母已赶不上中途岛作战了。

随着两位司令的命令,双方各自息兵罢斗,太平洋战争中第一次航母对航母的珊瑚海战役就此告一段落。在"列克星敦"号沉没之前,美军尽占上风,日军第五航空战队的双鹤在他们的打击下,一个重伤丧失航空作战能力,另一个虽然舰身无伤,但舰载机损失严重,加上之前击沉的"祥凤"号,可说战果辉煌。另外,美军损失飞机66架,阵亡543人,日军损失飞机77架,阵亡1074人,且包括许多经验丰富的优秀飞行员,算下来仍是美军占优。但美军一艘大型航母沉没,另一艘也带伤(当时日军分析认为,"约克城"号伤势严重,不会出现在即将发动的中途岛战役中),这让胜利天平又趋于平衡。双方参战的航母都是"一沉一伤",算是一场兑子战,日军沉的是小航母,美军沉的则是大家伙,小卒子兑了大车,似乎便宜不小。此外,日军在图拉吉岛损失一艘"菊月"号驱逐舰,但也击沉了美军"西姆斯"号驱逐舰、"尼奥肖"号油轮,从击沉吨位来看,反倒是日军占了上风。

因此,日本方面将珊瑚海战役定性为一次胜利,加上媒体的大肆渲染,这成了日本海军的一次辉煌胜利。MO 计划被迫中止,南进战略无限期搁置的结果被选择性忽略。但山本五十六十分恼火,因为这场得不偿失的战役,不但没能达到既定的战略目标,更把他寄予厚望的两艘最优质航母直接打进了修理厂,在接下来生死攸关的中途岛海战中,他会更加痛感这个损失。

按

由于相同规格的"列克星敦"号和"萨拉托加"号航母外观上十分接近,日军误以为在珊瑚海战役中击沉的美军航母是"萨拉托加"号,而此前被潜艇击伤的"萨拉托加"号被错认为"列克星敦"号,并且日军判断该航母已被击沉。这些错误在中途岛战役之后才被发现订正。

30 布局

珊瑚海之战让两艘主力航母伤停倦勤，但下一步的中途岛作战计划已是箭在弦上，对山本五十六这样的赌徒来说，赌局既已设下，无论牌面如何，断无提前下桌的道理。

山本谋划的中途岛作战计划是这样的：首先，以偏师袭取美国阿留申群岛中的西部几个岛屿，建立航空兵基地以为策应，同时吸引一部分美军太平洋舰队兵力，为中途岛主战场减压。其次，第一航空舰队全部主力空袭中途岛上的美军机场，消灭其航空兵力，为陆战部队夺岛扫清障碍。最后，运输部队将陆军和陆基飞机运到岛上，部署航空基地。同时，以夺岛行动吸引美军主力来援，并集合日本海军全部力量与之决战，一举歼之。

具体兵力配备如下表：

表3　日军中途岛作战计划兵力配置表

编队	所辖舰船	负责人	任务	行动日期
先遣部队	（1）第三潜艇战队 （河野千万城海军少将） "靖国丸"潜艇供应舰（旗舰） 伊-168、伊-169、伊-173、伊-174、伊-175潜艇	小松辉久 （第六舰队司令，中将） 旗舰： 轻巡洋舰"香取"号	提前潜入夏威夷与中途岛之间海域，设置三道警戒线，监控美军太平洋舰队动向，寻机袭击。	N-5日 （N日为预定的登陆战发起日）
	（2）第五潜艇战队 （醍醐忠重海军少将） "里约热内卢丸"潜艇供应舰（旗舰） 伊-156、伊-157、伊-158、伊-159、伊-162、伊-165、伊-166潜艇			
	（3）第十三潜艇分队 （宫崎武春海军大佐） 伊-121、伊-122、伊-123潜艇			

(续表)

编队	所辖舰船	负责人	任务	行动日期
北方部队	（1）北方部队主力 （细萱戊子郎海军中将） "那智"号重巡洋舰（旗舰） 2艘驱逐舰 （2）第二机动部队 （角田觉治海军少将） "龙骧"号轻型航空母舰（旗舰）（16架战斗机、21架鱼雷机） "隼鹰"号航空母舰（24架战斗机、21架俯冲轰炸机） "摩耶"号、"高雄"号重巡洋舰 3艘驱逐舰 （3）阿图岛攻略部队 （大森仙太郎海军少将） "阿武隈"号轻巡洋舰（旗舰） 4艘驱逐舰 1艘扫雷舰 1艘运输船（载陆军登陆部队，共1200人） （4）基斯卡岛攻略部队 （大野竹二海军大佐） "木曾"号（旗舰）、"多摩"号轻巡洋舰 "浅香丸"辅助巡洋舰 3艘驱逐舰 3艘扫雷舰 2艘运输船（载海军特别陆战队，共1250人） （5）潜艇部队 （山崎重晖海军少将） 伊-9（旗舰）、伊-15、伊-17、伊-19、伊-25、伊-26潜艇	细萱戊子郎 （第五舰队司令，中将）	攻占阿留申群岛中的阿图岛、基斯卡岛，摧毁埃达克岛的航空兵基地和位于群岛东端乌纳拉斯卡岛的美国海军基地荷兰港，之后增援中途岛战场。	N-3日
第一机动部队	（1）航空母舰部队 （甲）第一航空母舰战队（南云忠一海军中将） "赤城"号（旗舰）、"加贺"号航空母舰（共42架战斗机、42架俯冲轰炸机、51架鱼雷机） （乙）第二航空母舰战队（山口多闻海军少将） "飞龙"号（旗舰）、"苍龙"号航空母舰（共42架战斗机、42架俯冲轰炸机、42架鱼雷机） 注："翔鹤""瑞鹤"所在的第五航空战队本来也在计划中，珊瑚海战役后两舰退出作战计划 （2）支援部队 （阿部弘毅海军少将） "榛名"号、"雾岛"号战列舰 "利根"号（旗舰）、"筑摩"号重巡洋舰	南云忠一 （第一航空舰队司令，中将）	在登陆战之前袭击中途岛，摧毁美军岛上设施，掩护登陆部队，准备与可能出现的美军太平洋舰队主力展开决战。	N-2日 （该日进抵中途岛以西北300海里）

30 布局 167

（续表）

编队	所辖舰船	负责人	任务	行动日期
	（3）警戒部队 （木村进海军少将） "长良"号轻巡洋舰（旗舰） 11艘驱逐舰			
中途岛登陆部队	（1）攻略部队主力 （近藤信竹海军中将） "金刚"号、"比叡"号战列舰 "瑞凤"号轻型航空母舰（12架战斗机、12架鱼雷机） "爱宕"号（旗舰）、"鸟海"号、"妙高"号、"羽黑"号重巡洋舰 "由良"号轻巡洋舰 8艘驱逐舰	近藤信竹 （第二舰队司令，中将）	掩护陆军登陆并占领中途岛，在岛上建立基地，同时吸引美军太平洋舰队主力来战。	N日
	（2）近距离支援部队 （栗田健男海军中将） "熊野"号（旗舰）、"铃谷"号、"三隈"号、"最上"号重巡洋舰 2艘驱逐舰			
	（3）输送船团 （田中赖三海军少将） 12艘运输船、3艘运输驱逐舰（载中途岛登陆部队，共5000人） "神通"号轻巡洋舰（旗舰） 10艘驱逐舰			
	（4）水上飞机母舰部队 （藤田类太郎海军少将） "千岁"号水上飞机母舰（16架水上战斗机、4架水上侦察机） "神川丸"水上飞机母舰（8架水上战斗机、4架水上侦察机） 1艘驱逐舰 1艘巡逻艇			
	（5）扫雷部队 （宫本定知海军大佐） 4艘扫雷舰 3艘猎潜艇 1艘供应舰 2艘货船			
主力部队	（1）主力（山本五十六海军大将） "大和"号（联合舰队旗舰）、 "长门"号、"陆奥"号战列舰 （柱岛舰队） "凤翔"号轻型航空母舰（18架九六式战斗机） "川内"号轻巡洋舰 9艘驱逐舰	山本五十六 （联合舰队总司令，大将）	指挥统筹战役全局，增援中途岛及阿留申群岛战役，参加与美军太平洋舰队主力决战。	N-2日 （该日进抵南云忠一所部以西300海里）
	（2）警戒部队（阿留申警戒部队） （高须四郎海军中将） "日向"号（旗舰）、"伊势"号、"扶桑"号、"山城"号战列舰 "大井"号、"北上"号轻巡洋舰 12艘驱逐舰			

168　逐陆记4：美日太平洋战争与帝国时代的落幕

(续表)

编队	所辖舰船	负责人	任务	行动日期
陆基航空部队	（1）中途岛派遣航空队 （森田千里海军大佐） 36架战斗机（由第一、第二机动部队的航空母舰携带） 10架陆上轰炸机（威克岛） 6架水上飞机（贾鲁特岛）	冢原二四三 （第十一航空舰队司令，中将）	占领中途岛后在该岛及周边岛屿上部署航空兵机场，并监控珍珠港美军动向。	
	（2）第二十四航空战队 （前田稔海军少将） （甲）千岁航空队 （大桥富士郎海军大佐） 36架战斗机、36架鱼雷机（夸贾林岛、威克岛） （乙）第一航空队 （井上左马二海军大佐） 36架战斗机、36架鱼雷机（奥尔岛、沃特杰岛） （丙）第十四航空队 （中岛第三海军大佐） 18架水上飞机（贾鲁特岛、沃特杰岛）			
总计	水面、水下舰艇共206艘，舰载飞机470架，陆基飞机216架，登陆作战及工程部队1.68万人。	总指挥：山本五十六大将 参谋长：宇垣缠中将		

（数据及日军战斗序列据渊田美津雄《中途岛海战》）

  这几乎是日本联合舰队的全部家底，动员规模之大，在日本海军史上空前绝后，称得上是倾国之兵。至于中途岛战役之后，山本也有宏大的构想：他计划拿下中途岛和阿留申群岛之后，将战列舰部队之外的主要兵力派往俾斯麦群岛的特鲁克集结，7月上旬襄助南方派遣军占领新喀里多尼亚和斐济群岛，并以航空兵袭击澳大利亚东南的悉尼等要地，迫使澳大利亚退出战争，从而完成军令部的FS计划。待再次获胜后，8月上旬调集联合舰队全部兵力攻打约翰斯顿岛和夏威夷。山本五十六规划的不是中途岛一场战役，而是整个太平洋战争的大战略。所以计划出笼之后，山本信心满满地宣称要"倾尽全力，一击取胜"。

  然而，这个宏大的计划在讨论阶段就遇到不小的麻烦。4月15日，MI计划通过。4月22日，斯里兰卡战役结束后从印度洋得胜而归的南云忠一，征尘未洗就被山本叫到"大和"号告知了计划。南云本人没有表态，倒是一贯狂热的山口多闻击节叫好，随后，第一航空舰队的草鹿、源田等智囊团队都对计划表示担忧。他们认为在第一航空舰队已被抽调两艘航母的情况下再开辟阿留申战场，将进一步导致己方的兵力优势被抵消，实属画蛇添足。

  4月28日，军令部、联合舰队，以及将参加行动的各舰队司令和主要参谋

30 布局　169

人员齐聚"大和"号，为中途岛作战计划的第一次图上推演做准备。进入正式议题前，会上总结了从珍珠港开始的海军第一阶段作战情况。由于这一阶段日本海军顺风顺水，总结会变成了庆功会，大家互赠高帽，人捧人高，气氛十分欢快，作战计划讨论还没开始，会场就弥漫着醺醺欲醉的气息。受命担任中途岛登陆部队司令的老将近藤信竹认为，攻打中途岛将面临美军航母和岛上陆基飞机的两面打击，腹背受敌，对日方不利，他提议还是先完成南线作战，但山本对他的败兴之言不以为然。

5月1日，图上推演正式开始。计划的主要设计者之一、联合舰队参谋长宇垣缠执青，代表日军；松田千秋执红，代表美军。不过荒唐的是，宇垣作为推演一方，竟还兼任裁判长，所以当兵棋推演到不利于自己的情况，他就以裁判长身份要求重来。比如模拟美军航母在中途岛海面出现时抢先攻击"赤城"号和"加贺"号，按照图上局面，日军两舰都不能免于被袭，掷骰子判定两航母中九弹，都被击沉。恼怒的宇垣竟说不算，称实战中航母不可能被命中这么多次，硬是把结果改成了中三弹，"加贺"号沉没，"赤城"号轻伤，反败为胜。这让对手和裁判员都十分无语，甚至到后来，宇垣连"'加贺'号沉没"也不愿认账，让它"复活"参加了中途岛之后的新喀里多尼亚作战。总之，整盘兵棋推演成了宇垣一个人的游戏。兵棋推演本是模拟实战中可能出现的各种情况，以此发现问题，并制订相应策略，但宇垣缠胡搅蛮缠，在日方形势不利时就以"日本海军经验丰富""武士道精神"为由要求重判，一定要以日军获胜为结果。宇垣似乎意识不到，未来的实战中不可能按照他的愿望随时重来。

5月4日，兵棋推演结束，结果显示MI计划必将大获成功，但参与者对这样的"成功"显然都不大敢当真。推演中暴露出的最大问题就是近藤之前提出的，一旦第一航空舰队遭遇美军航母和岛上飞机的腹背夹击，将如何应对？和宇垣一同参与计划制订的黑岛龟人将此作为亟待解决的问题列出，但无论宇垣还是南云，包括山本，都没有给出明确答案。

另一个问题是山本五十六亲自率领的"主力部队"距离南云的机动部队太远，一旦南云遭袭，根本来不及驰援，这又是个令人费解的设定。这些战列舰本是为了对付美军战列舰而建造，被视为最后的底牌。珍珠港战役和马来海战已经消灭了美英在太平洋上的全部战列舰，日本方面却还将自己的战列舰藏在濑户内海，这导致这些庞然大物开战以来一直无所作为，如今既然调动战列舰出击，却又将其部署在远离前线300海里之外。一种解释是说山本在"大和"号上，离得太近可能遭受美军舰载机袭击，不能让总司令以身犯险。但这个理由也说不通，因为这还是建立在航空舰队必能击败美军航母的假设之上，那样战列舰才能发挥清扫战场、扩大战果的作用，而一旦失败，战列舰就只能逃跑，或是变成美军航母的靶子。总之，对战列舰的部署使其只能充当鸡肋。同时，战列舰远离航空舰队还有一大弊端，就是情报工作受损。"赤城"号等航母监听美军电报的设备在甲板两侧，在舰载机起飞时只能将监听设备收到甲板下，影响情报收集效果，对战局十分不利。限于无线电静默的需要，全部情报的汇总地"大和"号又不能将收到的情报发给第一航空舰队，身在第一线的南云将更加被动。

这些问题都在会后才被提出，已来不及解决或修正。因为日程排得很紧，计划中发起登陆作战的N日选在东京时间6月7日（中途岛当地时间6月6日），主要原因是当天是月圆之夜，利于夜间登陆，若错过这次月圆，就要再等一个月。其实若真的延后一月，非但能进一步讨论完善计划，双鹤也有望伤愈归队，但山本坚持认为"时间利于美国不利于日本"，唯恐夜长梦多，不能接受这样的延后。

计划看似周密，实则经不起一点差错。和偷袭珍珠港一样，此次计划中包含太多不可控因素，这又是山本的一次豪赌。但计划还是通过了，作战研究会结束时，山本为大家打气：

> 由于第一阶段作战进展顺利，我们已经建立了不可战胜的战略地位。但是，如果我们采取守势，这种战略地位是不能维持的。为了牢固保持这个战略地位，我们必须连续攻击敌人的薄弱点。这就是我们在第二阶段作战的中心目的。（渊田美津雄《中途岛海战》）

无论闻言者作何感想，他们接下来的命运都不再由自己掌握。

31

拆招

1942年5月，山本五十六部署他的中途岛大赌局时，他的对手尼米兹也在想着应对之策。由于美军情报人员意外获得日本海军密码，他们大致知晓了日军将在太平洋中部有所行动，但对具体日军目标的确定还是颇费了一番周折。在日军的MI计划中，中途岛的代号是AF，罗彻福特的情报团队通过比较日军袭击珍珠港和威克岛之前的电报，总结出A开头的行动代号通常意味着进攻美国在太平洋上的部署，从电文中又能隐约看出，日军提到行动要避开来自AF的飞机侦察，范围又缩小到建有航空兵基地的美方岛屿，再经筛选发现，最符合条件的就是中途岛。

为了确认，罗彻福特的团队玩了一手欲擒故纵的小把戏，他们以简易密码编发了一条"情报"，称中途岛上缺少淡水，故意让这条电报被日军窃听。果然，很快就从日方的电报中收到反馈，"AF缺少淡水"——日军目标确定为中途岛无疑。

5月16日，罗彻福特团队向尼米兹提交了分析结果，包括日军的目标和将用于中途岛及阿留申群岛的兵力。25日，该团队又提交最终报告，推断出日军将在6月上旬发动攻击。罗彻福特表示，情报团队已经无法提供更多帮助，因为按照惯例，日军会在开战前几天更换作战密码，时限之内不可能完成破译。

是否采信罗彻福特的报告，这是尼米兹和他的参谋团队面临的抉择。这不仅是破译技术方面的问题，更在于山本的这步棋实在让人看不懂：为何联合舰队要倾巢而出进攻两个战略意义并不明显的小岛？最终尼米兹窥破了对手的意图，他认为，山本攻打中途岛，夺岛尚在其次，其醉翁之意在于以中途岛为饵，钓出美军太平洋舰队的主力与之决战。尼米兹决定将计就计，索性借助情报先机，将手中的主力提前部署在中途岛周围，打日本人一个措手不及。尼米兹力排众议，以罗彻福特情报准确为前提布置对策，一一拆解山本的招数。从5月中旬起，尼米兹加强了中途岛守卫力量，将驻岛的海军陆战队兵力由750人增至3500人，飞机由52架增至200架，同时部署高射炮阵地，但真正的主角，还是需要海军来担纲。

此时，协助杜立特空袭东京的哈尔西第16特混舰队两艘航母正在南太平洋活动，他们本是遵照尼米兹之命去支援第17特混舰队，但赶到时珊瑚海战役已经结束。尼米兹调两支特混舰队火速返航珍珠港。哈尔西是尼米兹计划中指挥中途岛之战的不二人选，但当这位爱将于5月26日回到珍珠港时，尼米兹不由大吃一惊，原本身材健壮的"公牛"瘦了一大圈，脸上手上皮肤皲裂。由于长时间在阳光强烈的赤道海域航行，哈尔西的皮肤被灼伤，患上了严重的皮炎，病情蔓延全身，虽不致命，但皮炎发作时全身奇痒，实在影响作战状态，急需休息治疗。

尼米兹只得另择良将。哈尔西在回忆录中为缺席这样一场伟大战役而抱憾，称这是他"一生最痛苦的失望"，但其实他还是为中途岛战役贡献了力量。正是他向尼米兹推荐了替代者，此人就是他麾下的巡洋舰队司令，海军少将雷蒙德·斯普鲁恩斯。

斯普鲁恩斯时年56岁，和哈尔西一样毕业于海军学院，此前在海军中的履历并不显眼，为人也低调，不喜多言，更讨厌抛头露面，因此在海军中不大引人注意，而且他没当过飞行员，对海军航空作战算是外行。但斯普鲁恩斯也有优点，他谨慎冷静、心细如发，又柔中带刚，坚强有韧劲。尼米兹明白，当前的复杂局势需要斯普鲁恩斯的冷静，甚于哈尔西的勇猛。

5月26日当天下午，尼米兹就招来斯普鲁恩斯，告知他日本人的计划，并请他暂时代理第16特混舰队司令一职。虽然在整个作战序列中，第17特混舰队司令弗莱彻的指挥权限最高，但弗莱彻手中只剩下一艘带伤的"约克城"号，因此，斯普鲁恩斯是中途岛之战美军事实上的核心人物。斯普鲁恩斯对这样的任命有些意外，因为还有很多资历和航空作战经验都优于他的军官，但形势紧迫，尼米兹破格起用了斯普鲁恩斯。

5月27日，斯普鲁恩斯进入角色，指挥第16特混舰队的舰只抓紧补给弹药和饮食。同一日，"约克城"号也带着一身伤痕驶进珍珠港。尼米兹登舰迎接，为立功人员授勋，为不能在珊瑚海战役后按惯例为他们安排假期而向士兵们致歉，然后面见弗莱彻，告诉他中途岛的事。完全修复"约克城"号需要3个月，但尼米兹只能给弗莱彻三天时间，时限一过，必须出征。

次日，在最后一次战前高层会议上，尼米兹、斯普鲁恩斯、弗莱彻，以及参谋人员商讨了作战计划，议定破敌之策，大要有三：首先，敌军大举自西而来，因此，美军舰队切不可在中途岛以西接战，避免以寡敌众，要发挥航母的作战半径优势，从侧翼出击，袭击敌军肋部。其次，在敌军主力舰进入射程之前，尽可能多地凭借舰载机杀伤消耗敌人，避免与敌军大型战舰正面冲突。最后，避免冒险，在敌人的优势被削弱前，避免暴露自己。

为实现上述作战意图，尼米兹能凭借的只有手中的情报优势。趁日军尚未探明美军航母动向之际，美军航母前出至中途岛东北位置，同时避免进入日军舰载机侦察半径。搜寻敌军的任务交给中途岛的陆基侦察机。在敌军放出第一批飞机轰炸中途岛目标还未返航之前，抓住这个敌军航母最脆弱的时间窗口，一击必杀。用尼米兹的要求来说，"未予优势敌军重创之前，避免暴露自己的位置，一旦暴露，就要给敌人以较大的杀伤"。这样的战术计划对细节要求极高，所幸，冷静与精确度正是斯普鲁恩斯和弗莱彻的共同优点。

5月28日，斯普鲁恩斯率第16特混舰队先行出港。此时，珍珠港船坞里的修理人员还在夜以继日地抢修"约克城"号，来不及细修之处只好先草草对付，以不影响使用为要。5月30日，虽未最终修好，也必须出发了，因为情报显示，若再晚一天，"约克城"号就有可能在途中遭遇日军派到中途岛与夏威夷之间的潜艇先遣部队。机械师们将设备和材料搬到舰上，继续修理。这天清早，第17特混舰队也出发了。

同时，尼米兹还在搜寻一切能用的飞机往中途岛增派，包括已经快要淘汰的老式飞机，如在美军中被称为"空中棺材"的常败机型水牛式战斗机也被派上岛，吸引日军舰载机的火力。尼米兹要求驻岛士兵务必死守阵地，阿留申群岛方面也有人去应敌，尼米兹将计就计，要求北方战线尽量牵制日军，分担中途岛压力。同时尼米兹还命令珊瑚海战役后提前返回美国本土的菲奇少将率领尚未修好的"萨拉托加"号航母编队即刻增援珍珠港，以备不测。

大战已一触即发。送走两支舰队后，连日殚精竭虑、疲惫不堪的尼米兹稍松一口气，但兴奋感让他辗转难眠，在这一天写给妻子的家书中，尼米兹说，"总有一天，我们的业绩会载入史册"。

32

拂晓出击

6月3日，中途岛西北的海面上笼罩着一团浓雾，几束探照灯光从雾霭深处透出，一支舰队正在大雾裹挟之中缓缓航行。

> 在队形的中心，四艘航空母舰排成两路纵队，"赤城"号和"加贺"号在右，"飞龙"号和"苍龙"号在左，它们周围是由警戒舰组成的双层警戒圈。在内警戒圈，"筑摩"号和"利根"号重巡洋舰在航空母舰的左右斜角前方，"雾岛"号和"榛名"号战列舰在左右斜角后方。"长良"号轻巡洋舰和十二艘驱逐舰组成外警戒圈，以"长良"号为前导舰。（渊田美津雄《中途岛海战》）

这正是南云忠一统率的日本海军第一航空舰队。时隔半载，这支从珍珠港凯旋的精锐之师再度东进，路线不再是苦寒的北太平洋航线，此次出征的情状也已大不同于前番。

一个星期前，5月27日清晨，舰队的21条大小舰船自濑户内海的联合舰队基地柱岛拔锚出征，那一天正是日本的海军节。1905年5月27日，东乡平八郎一举击败沙皇俄国太平洋第二舰队，赢得了日本海军史上最辉煌的胜利。1942年日本海军在太平洋战场上节节胜利，出尽风头，因此海军节的庆祝之隆重奢华远胜往年。裕仁天皇身着海军大将军服出席在东京举行的庆典（天皇在公共场合一般穿着陆军元帅军服），首相东条英机和海相嶋田繁太郎先后登台演讲，豪言"大东亚圣战必胜"，嶋田甚至不惮宣称，对美英更大规模的打击"即将进行"，听众们欢欣鼓舞，如醉如痴。这样的热闹排场仿佛在为倾巢而出的联合舰队壮行，遥祝成功，气氛远不是当初奇袭珍珠港时的战战兢兢、偷偷摸摸了。

作为舰队司令，南云忠一的心境与前一回相比既相同又不同。相同的是，他仍然谨小慎微，舰队时刻警惕着可能出现的美军潜艇、侦察机，一丝不苟；不同之处在于，此番南云多了几分听天由命的放任。偷袭珍珠港之前，他和参谋团队几乎确定了每个细节，成败都在算中，留有后招；这一次则不同，他提出过，中途岛作战可能面临敌人航母和陆基飞机的夹攻，一旦出现这种局面，将如何确定攻击顺位？这个问题山本没有给出明确答复，在作战会议的推演中也没能得出共识。大概是受了会上乐观情绪的感染，南云本人竟也将这道解不出的难题搁置脑后，似乎只寄望于美军航母行动迟缓，在自己消灭中途岛守军后再撞上来，按部就班地送死。

此外，比之珍珠港行动，南云舰队还缺了两大王牌——飞行长渊田美津雄和参谋源田实。渊田在出航后急性阑尾炎发作，只能由军医做了切除手术，在舰上病房疗养，不可能赶上作战日期，源田得了重感冒，也卧病休息，做了渊田的病友。这二人虽然常与南云意见相左，但能力都是不可替代的，他们无法出战的影响堪比双鹤航母的缺席。

在南云舰队的身后，近藤信竹的中途岛攻略部队遥遥跟随，相隔大约两天的航程，再后面，就是山本亲自统率的主力部队。这是开战以来被作为最终家底的战列舰部队的首次上阵，此前一直躲在柱岛基地寸功未立，被讥笑为"柱岛舰队"，舰上官兵们正憋足劲头，准备为自己正名。在他们航线的北方，是角田觉治的北方舰队第二机动部队。这支舰队早在5月26日就离开本州岛北部的大凑港，是本批次舰队中动身最早的。6月3日，他们已经攻占了两个目标小岛，正准备按照计划空袭荷兰港。南面则是自塞班岛和关岛出发的田中赖三指挥的运输船队，正以10节的航速向目的地进发。"大和"号上的山本五十六仍然每天只睡四五个小时，除了晚饭后下棋放松神经，其他时间多是阅览情报。山本情绪十分高昂，自信必将一战功成。

然而，越是庞大的计划，越是难免某些细节出现纰漏。按照计划，作为先遣的潜艇部队应该在6月1日之前就在中途岛和夏威夷之间部署三道警戒线，监视珍珠港美军的动向。但由于第五潜艇战队出现故障，延误了出发，没能及时到位，待他们赶到时，美军航母已经越过日军原定的警戒位置进至中途岛东北海域，对此日军潜艇还茫然未觉。

日军的侦察计划还包括派出两架"贰式"水上侦察机自太平洋中部的沃特

杰岛起飞，飞经潜艇部队部署的弗伦奇-弗里格特礁脉，由潜艇为其加油后飞往夏威夷，实地侦察美军动静。按照计划，飞机应于5月31日完成加油，6月1日返航沃特杰岛发回可靠情报，但当天潜艇部队在指定会合点发现美军巡逻舰（后来确认是油船），担心暴露，叫停了水上飞机的侦察计划。如此一来，山本和参谋团队无法确知美军太平洋舰队的位置，只能从情报中的蛛丝马迹来猜测。

对此，山本并非没有警惕。从6月1日起，监听部门发现夏威夷的电报数量大增，密电比例尤其高，显然，美军已有所行动。但这行动是否说明他们察觉了日军舰队大举来袭中途岛，还是中了自己的调兵之计，去增援北线阿留申群岛？这不易确定，无线电静默的"大和"号没有将这一情报发给南云。随后几天里又有情报称，美军侦察机的巡逻半径扩大至中途岛外600海里，飞行架次也增多了。这意味着日军舰队继续前进就有可能随时被美军发现，山本仍心存侥幸，因为他手中的兵力明显占优，即便提前遭遇，美军也未必奈何得了他。特别是东京发来的一份电报更让他安心，电报称，在所罗门群岛海域捕捉到美军航母电报信号，这说明在珊瑚海海战中受伤的第17特混舰队仍滞留南太平洋，夏威夷方面更是势单力薄，山本又添几分信心。其实这只是尼米兹故布疑阵，他命令留在南太平洋的一艘驱逐舰以航母的频率发报，故意让日军监听到，扰乱其判断。这一招日军在偷袭珍珠港时也用过，只是此一时彼一时，这回上当的换成了自己。

6月3日，日军"龙骧"号轻型航母的舰载机在阿留申群岛荷兰港上空动手，但战果平平（"隼鹰"号航母的舰载机起飞后因天气原因被迫返航）。南路的运输船队遭到美军飞机袭击，所幸并无损失，这说明至少一部分日军已经暴露。南云、近藤和山本的三支舰队还没被发现，美军能否猜破日军战略意图仍未可知，奇袭仍有可能实现。

分成几个方阵的舰队继续在中太平洋的大雾和劲风中前行，浓雾固然阻挡了视线，但同时也使美军潜艇和侦察机难以发现自己。6月3日上午，既定改变航向的时间已到，大雾仍未散去。此时，"赤城"号上的南云和参谋团队面临抉择，直至目前，仍没有关于敌舰的确切消息。他们接受的其实是两项互相矛盾的任务：既要歼灭敌人舰队，又要消灭中途岛守军，掩护登陆部队。威胁更大的敌方舰队本应是首要打击目标，但"敌舰在哪里？"南云提出的问题无人能回答，最后只能假定敌舰仍在珍珠港基地，即便现在已发现了己方行踪，也不及赶来。中途岛是固定目标，眼下的情况只能先攻击岛上目标。大雾中不便用旗语和探照灯信号将这个决定通知舰队其他各船，南云只好下令打破无线电静默，用中波发报机以最低功率拍发出了这道命令。同时，他们也做好了电报被美军截获的准备。幸运的是这个电讯没被美军截获，但南云仍低估了危险，美军的两支航空舰队已经在前方守株待兔。

入夜，600海里以外的山本舰队率先发现了危险：中途岛东北方向又捕捉到美军舰船信号，这次情报很清晰，是一支航空舰队！"大和"号瞬间陷入慌乱，这次行动的基础就是假定美军航母不在中途岛，通过奇袭将敌军引来，加以歼灭。成败关键就在于时间差，先夺中途岛，再战美军舰队，所以日军舰队也分成几截，保持一定距离。但若美军航母已提前到场，己方的航空舰队就要面临此前最担心的两面受敌的险境。

至此，奇袭的打算可说完全落空。山本和近藤的舰队此时赶上增援南云显然已来不及，现在就只能看南云自己的了。是否将这个至关重要的情报告知南云，山本犹豫再三，终于决定不通知南云。因为安全第一，打破无线电静默会暴露位置，再说既然自己都监听到了美军航母信号，那距敌更近的南云想必也能听到。此时"赤城"号即将进入作战半径，飞机已排布在甲板上准备起飞，舰舷两侧的无线电接收天线已经收起，就这样与美军航母的信号失之交臂。南云的舰队"就像拉着邮车的马匹在马鞭噼啪抽打下盲目地奔驰"。

6月4日2时45分，"赤城"号响起动员命令，地勤人员准备飞机，发动机隆隆作响。4时，海上已经破晓，舰队准时抵达中途岛西北250海里的指定攻击点。5时整，南云舰队四艘航母上的108架舰载机升空。另有七架水上侦察机同时起飞，呈扇形飞向东方，侦察敌军舰队。由于是针对陆上目标，轰炸机和鱼雷机加挂的都是250千克航空炸弹。机群由"飞龙"号飞行总长友永丈市任总指挥，他直接指挥"飞龙"号和"苍龙"号的36架九七式鱼雷机，"加贺"号飞行分队长、参加过珍珠港之战的小川正一率36架九九式俯冲轰炸机在左侧，"苍龙"号的菅波正治率36架零式战斗机负责护航。108架飞机密布空中，飞向中途岛。

此时的渊田美津雄正躺在"赤城"号甲板下的病房里，甚至无法目送机群起飞。片刻间轰鸣声渐远，错过这次大战的渊田更觉落寞，但要不了多久，他就将和舰队一起迎来一群突如其来的访客。

按

东京与中途岛所在海域相差三个时区，因中途岛处在国际日界变更线以东，故两地实际时差21个小时。例如上文中当地时间6月4日2时45分，即东京时间6月4日23时45分。下文中如无特别说明，时间表述都指事发当地时间。

33

雷动九霄

约6时30分,第一航空舰队的舰载机飞临中途岛上空。此前他们已被岛上的陆基侦察机发现,本以为美军已有了准备,但此刻中途岛上空迎候他们的只有26架老"水牛",日军的零式战斗机群轻松歼敌,仅有两架逃脱。随后俯冲轰炸机编队出手,没承想得到警报的驻岛美军飞机已经转移避战,机场上空空如也。消灭敌方陆基航空兵力的作战目的到底落空了,日军机群只能将目标对准机场跑道、机库油库等固定设施。飞行员们知道接下来还有夺岛计划,轰炸岛上基础设施时手下也留着分寸,这一波攻击收效平平。轰炸持续约半小时,美军防空火力的抵抗十分无力,日军只损失了6架飞机。7时整,眼看弹药用光,意犹未尽的总指挥友永命令返航,同时呼叫"赤城"号,请南云准备第二波攻击。

"赤城"号接到友永来电后不出5分钟,美军的轰炸机寻踪而至。南云已经获悉第一波攻击机群被发现,因此中途岛的陆基轰炸机来袭是意料中事,舰队早有准备。虽然此时在舰队上空护卫的战斗机只有18架(还有36架作为第二波轰炸的护航机在待命),但南云舰队21艘战舰防空火力全开,配合零式战斗机应敌,美军第一波攻击的6架鱼雷机和4架B-26轰炸机有7架被击落,投放的鱼雷也都被"赤城"号避开,没能伤及日军分毫。

7时15分,美军机群铩羽而归。通过对敌机动向的掌握和友永的报告,南云觉得敌情已基本明朗:一、中途岛上仍有相当数量的美军飞机逃过了第一波攻击;二、敌军舰队目前还没露面,很可能不在附近海域。因此南云认为此时正是天赐良机,应该采纳友永的建议,趁敌舰还未出现对中途岛加大打击力度,一举歼灭残敌。第一航空舰队还有108架飞机,和第一波一样,也是九七式鱼雷机、九九式俯冲轰炸机、零式战斗机各36架,原本是为对付可能出现的美军舰队而留的后手，鱼雷机挂载的都是鱼雷。现在南云决定将它们投入中途岛空袭战，因此需将"赤城"号和"加贺"号上鱼雷机的鱼雷卸下，换上对付陆地目标的炸弹。7时45分，正当舰上的地勤人员喊着号子拼命地更换弹药时，巡洋舰"利根"号弹射出的一架水上侦察机发回电报称，距离中途岛240海里处发现10艘敌舰，航速20节以上。

南云和参谋们的神经骤然紧张起来：莫非最担心的情况出现了，敌舰已经赶来？这"10艘敌舰"是什么舰种，有没有最致命的航母？"赤城"号发出命令，要求侦察机再探再报，务必弄清敌军舰种。同时，南云紧急叫停了更换弹药工作。8时，侦察机传回的消息让他们稍微松了一口气：敌舰队包括巡洋舰和驱逐舰各5艘。但这一口气还没喘匀，侦察机又修正了报告，"敌舰队后好像有一艘航空母舰"。

这架侦察机因故障比计划延迟起飞了1小时，以致这个重要情报没能及时发回。现在的情况要求南云必须在极短时间内做出决定，这向来不是他的长项。情报几经反复，南云的心脏如坐过山车，虽然报告只是"好像"，但他必须做最坏的打算，如果敌舰队中确有一艘航母，那务必在解决中途岛陆基飞机之前将其消灭。南云命令甲板上待命的第二波攻击机群将炸弹再次换回鱼雷。

正在折腾的当口，舰队半小时内又先后迎来了中途岛美军14架B-17陆航重型轰炸机和16架SBD俯冲轰炸机。美军的这两波攻击依旧一无所获，B-17全身而退，SBD则坠落8架，剩余的8架中有6架重伤，返回中途岛后宣告报废。指挥这一机群的是美国海军陆战队的洛夫坦·亨德森少校，他在攻击中殉职，尽管他不是中途岛的主角，但未来他的名字将以另一种形式被铭记。紧接着，美军"鹦鹉螺"号巡逻潜艇又误打误撞地出现在战场，向日军舰队发射鱼雷没能命中，随后潜水遁逃，日军出动一艘驱逐舰追击。截至此时，美军的袭击都没有造成实质性伤害，但威慑力量十足，让南云更加陷入两难之境。

8时30分，友永丈市率领的第一波攻击机群返回舰队上空。从这一天开始，开战以来伴随日军的运气似乎就在悄然溜走，他们行动的每一步几乎都踩在错误的步点上。友永编队回来得同样很不是时候，因为此时第一航空舰队四艘航母上都停满了准备起飞的飞机，留给他们降落的空间十分有限。更要命的是，此时舰队中战斗机数量不多，准备去袭击美军航空舰队的飞机缺乏护航力量，如果就这么出击，很可能损失惨重——刚才几波美军飞机的命运，更加重

33 雷动九霄

了南云这样的担忧。"飞龙"号上向来不惮搏命的山口多闻建议南云不要考虑护航，让准备好的轰炸机和鱼雷机大胆出击，但以南云的性格如何能接受这样的冒险？正在犹豫间友永归航，南云打定主意，采用稳健路线：先接收这批飞机，给战斗机加满油后作为护航力量，一同进攻美军舰队。

8时37分，"赤城"号发出信号，命令友永的编队降落，同时舰队向北移动，暂时避开敌舰攻击。舰队甲板上又忙成一团，刚换上的炸弹被卸下，重新换回鱼雷，筋疲力尽的地勤人员只能把简单整理后的炸弹堆放在甲板上。一贯力求万无一失的南云做出了求全求稳的决策，这不能说是失算，但相应的代价是不可避免地失去了先机。9时18分，第一波攻击机群和被派出巡逻的战斗机全部收回，舰队此时正以30节的航速向北疾驶，满心以为这样将避开敌军航母舰载机的袭击。南云将攻击的时间定在10时30分，届时，他将拥有武器、燃料、人员状态都处于完美状态的精锐力量，足以对敌人形成压倒性优势——可惜，美国人不会给他调整到最佳的机会了。

9时20分起，舰队中担任警戒的驱逐舰发来急报：发现美军舰载机群正在接近。显然，此时的局面已脱出南云掌控，顾不得调整完美状态了，不待他下令，四艘航母上未起飞的飞机都紧急启动了。此时"赤城"号的舰桥上已经可以看见敌机，15架TBD鱼雷机正向舰队头顶压来，这正是美军第16特混舰队"大黄蜂"号的舰载机群。斯普鲁恩斯的舰队早在5月31日就在中途岛东北200海里处的集结点部署完毕，两天后弗莱彻的第17特混舰队也到位，等待南云的到来，而这时才刚进抵中途岛以西的日军潜艇先遣队对此毫无察觉。6月3日上午，驾驶一架PBY水上巡逻机的美军少尉杰克·里德及其机组成员归航时，意外地发现了日军舰队已进入他们的侦察半径内。飞机利用云层掩护，悄悄跟在舰队身后，将动静看了个一清二楚。后来证实他们看见的是近藤信竹麾下的攻略部队。当天中午中途岛方面收到里德的报告，并根据他报告的敌军舰种判断，担任先锋的航母舰队已经接近中途岛。4日清晨的交手，日军更将自己的目标完全暴露给了守株待兔的弗莱彻和斯普鲁恩斯。

某种程度上，斯普鲁恩斯和南云有着相似的性格特质，小心谨慎、坚持己见，但比之南云，他又多了一分灵活变通。美军计划的最佳方案是趁着日军第一批飞机返回加油的空隙攻击，但斯普鲁恩斯知道这个想法太过理想化，在瞬息万变的战局中追求完美，恐怕反为所累。因此当弗莱彻接到情报要求他立刻出击时，斯普鲁恩斯仍坚信自己的判断：他寻求的出击时机是美日两支舰队最接近的时候。通过情报，他估算出7时整两军相距150海里，是最合适的攻击窗口。

斯普鲁恩斯一声令下，"企业"号和"大黄蜂"号立刻活跃起来，飞行员登机，螺旋桨飞转，舰船也逆着风转身，一架架飞机腾空而起。"大黄蜂"号上的35架SBD无畏式俯冲轰炸机、15架TBD"毁灭者"式鱼雷攻击机在空中不同高度编成两队，10架F4F"野猫"战斗机担任护航；同时，"企业"号也起飞33架SBD、14架TBD、10架F4F。到8时06分，两艘航母共计起飞117架舰载机，编为四个机群，飞向目标海域。虽有情报作为先导，但大海茫茫，这天海面上又铺了一层低低的云团，"大黄蜂"号的鱼雷机群在云层下穿行，不觉间与护航的战斗机、高空的轰炸机编队失散了（战斗机和轰炸机的视线被云层阻挡，始终没能发现日军，被迫在燃料用尽前返航，其中10架中途在海上迫降）。但正是这个机群最先撞见了敌人，9时20分，鱼雷机群出现在南云忠一舰队的上空。

此时，日舰上空担任警戒的零式战斗机发现猎物，直扑过来。行动缓慢的TBD"毁灭者"已不止一次在零战手下吃亏，现在没有战斗机护航，他们绝非对手，但情势紧迫，也只有搏命一途。指挥美军编队的约翰·沃尔德伦少校下令发起进攻，结果不难预料，片刻间15架飞机全被击落，残骸飘零在海面上，一息尚存的飞行员成为活靶，被日军用机枪扫射，30名机组成员中29人阵亡，日舰仍无损伤，整个过程不足十分钟。9时30分，警报声再次大作，又一批美军的鱼雷机编队杀到。这次是26架，来自"企业"号的14架，还有弗莱彻从"约克城"号派来助战的12架，仍是贴着海面飞来，没有战斗机护航。美军飞行员舍生忘死的勇气令"赤城"号病房里躺着的渊田美津雄颇为动容，但他们的勇气无法弥补飞机品质的差距。这一波攻击一如前番，20架鱼雷机被击落，只有6架逃走，他们向"赤城"号和"飞龙"号发射的鱼雷仍然没有命中任何一艘日舰。

从清晨空袭中途岛开始，日军攻守两端连战连捷，虽遭遇突发情况，但挺过美军陆海两面数波攻击，击毁敌机70余架，己方损失轻微，航母更毫发未伤，截至此时，可说大占上风。舰队自南云以下都被出色的战绩鼓舞，信心爆棚，准备休整之后出动舰载机主力，搜寻敌人，给予其致命一击。接下来轮到日本人还击的回合了。10时20分，几艘航母已转向逆风航向，南云下令，一待准备完毕就起飞出击，甲板上司职武器的地勤人员争分夺秒，挥汗如雨。大家都乐观地以为战机很快就将飞向胜利。忽然，"赤城"号的瞭望哨传来了哨兵的惊声尖叫："俯冲轰炸机！"

警报的余音未了，头顶的引擎轰鸣声就已传入耳膜。一群美军的SBD无畏式轰炸机从3000米的云层里几乎垂直俯冲下来。这正是来自"企业"号和"约克城"号的轰炸机编队。"企业"号的33架轰炸机飞在高空，原本和"大黄蜂"号的机群一样失去了目标，但机群指挥官小克拉伦斯·麦克拉斯基少校没有选择返航，而是做出了向北搜索的决定，这是一个直接决定了战役甚至整场战争的决断。功夫不负，麦克拉斯基编队在搜索中发现了此前去追击"鹦鹉螺"号潜艇的日军"岚"号驱逐舰。单独行动的舰船很不寻常，麦克拉斯基没有见猎心喜，命令机群躲在云层里追踪"岚"号。此时"约克城"号的17架轰炸机也赶到会合。果然，这艘驱逐舰不知不觉将死神带回了家。

麦克拉斯基目睹了驾驶鱼雷机的战友们相继殉职，但他冷静地选择留在云层深处，等待最佳时机。战斗结束，获胜的日军战斗机逐一降落在母舰甲板上休整加油，舰队上方完全是一片开放的天空。良机闪现，不容错失。麦克拉斯基下令进攻，"企业"号33架轰炸机编成四队，全速俯冲，目标锁定"苍龙"号和"加贺"号，"约克城"号的17架轰炸机则分成两队扑向"赤城"号。此时是10时25分，这个时刻就此载入史册。麦克拉斯基并不知道，他选择的这个时间点距离南云预定的起飞时间只差了5分钟！

此前的战斗一直在低空进行，日军的零战也都被吸引到低空，打得兴起的飞行员们谁也没注意到头顶云团后紧盯着他们的鹰眼。飞将军自重霄入，全无防备的日军舰队措手不及，少数舰炮朝天开火，但根本无济于事。"约克城"号的6架轰炸机已杀到头顶，机翼上悬挂的炸弹劈头砸下。垂直方向投下的炸弹成了真正的灭顶之灾，几道黑影闪过，震耳欲聋的爆炸声响彻海天。先是一枚500磅炸弹在船身左侧约两米处近失，一道水墙拍上甲板，"赤城"号剧烈震颤，甲板上一片狼藉。紧接着又有两枚炸弹落下，都结结实实命中了目标。第一枚，命中了舰身中部的升降机，甲板顿时洞穿，接着船舱里的机库传来爆炸的轰响。这几乎就是珊瑚海战役中"约克城"号的中弹位置，虽是重创但还不算致命，真正让"赤城"号万劫不复的是落在船头的另一枚炸弹。中弹处在甲板，本不是要害，但要命的是，甲板上正堆放着刚从飞机上卸下还来不及入库的炸弹。

天上的炸弹引爆了船上的炸弹，火花四溅，甲板上的油料立刻燃成一道道火线，织成火网，瞬间燃遍整个舰身。飞行甲板被高温和爆炸掀起，钢板如面团一般卷曲变形，停放的飞机东倒西歪，飞机上的鱼雷也被引爆，连环爆炸不绝于耳。这艘巨舰仿佛一串噼啪作响的鞭炮，每一声都伴随着剧烈的摇撼，爆炸碎片盈空飞溅，舰桥被炸得乱晃，"赤城"号上一片火海。消防人员试图扑火，但在此时是真正的杯水车薪，甲板已被裹在浓烟烈火之中，许多已登机准备起飞的日军飞行员被困在机舱里活活烧死。另一边，"加贺"号和"苍龙"号也中弹负伤。10时30分，美军一场干净利落的空袭宣告结束，连创3艘航母，己方损失飞机20架。

此时的"赤城"号莫说战斗力，通信和航行能力都已丧失，瘫痪在海上，烧成一个火窟。南云和参谋长草鹿龙之介等要人都在舰上，只能弃船。11时许，撤离开始。甲板下已烧成一片，只能从暂时无火的船舷处顺绳梯攀下，南云恍惚地被部下们簇拥到船舷处，准备转移到担任先导舰的"长良"号轻巡洋舰上继续指挥战斗。本来他已同意弃船，但走到绳梯处忽然歇斯底里起来，拒绝离舰，要与"赤城"号共存亡。看似触手可得的胜利在短短一小时里从指间溜掉，这样的打击让他失去理智，但在草鹿等幕僚的苦劝之下，南云最终挥泪下船，挥别了他的旗舰，同时也永远作别了胜利的希望。一干重要人物渐次撤离，最后是带伤的渊田美津雄，逃生途中他跌断了腿，被缚在担架上，用绳梯吊下船去。他目睹了"赤城"号被烈火吞没，远处的"加贺"号和"苍龙"号也腾起黑烟，渊田忍不住涕泪交流。这也是这位日军王牌飞行员与航母的诀别，此后他再没有登上航母。

之前第一批被击落的"大黄蜂"号鱼雷机编队中有位名叫乔治·盖伊的少尉，他落水后侥幸未死，一直躲在漂浮物上，目睹了大战的全过程。次日获救后，6月9日的《纽约时报》登载了他描述的见闻，"赤城"号从船头到船尾都陷在烈焰中，烧得像一个大火炉。

另外几艘航母的境况也同样堪忧。"加贺"号连中四弹，一辆停在甲板上的输油车被炸弹命中，和"赤城"号的情况一样，油料燃烧起来，很快引燃了甲板上的炸弹。舰长冈田次作当场阵亡，舰上幸存人员中军阶最高的天谷孝久中校接管了指挥权，很快，他也下达了弃舰命令。随后爆炸让"加贺"号从中间

33 雷动九霄 185

断裂，两节残骸竖直着沉入海中。"苍龙"号遭袭稍迟于"赤城"号和"加贺"号，但突如其来的打击让舰上的官兵都傻了眼，根本来不及升空迎敌。美军机群各自得手后，很快对"苍龙"号展开围攻。"苍龙"号同样身中三弹，从10时25分被击中到舰长柳本柳作下令弃船，全过程不过半个小时。

战局完全扭转，屡战屡胜的第一航空舰队转瞬间溃不成军，但此时他们还保有着最后一丝希望——仍然完好的"飞龙"号。

34
屠龙

"飞龙"号当时处在舰队最北侧,距离"赤城"号约两海里,暂得保全。舰上的第二航空战队司令是出征前刚刚晋升为中将的山口多闻,渊田评价他"勇敢且富有远见,是一位头脑清晰而又能当机立断的刚强的指挥官"。山口生性果决勇猛,近于鲁莽,颇有旧时武士之风,他与南云的保守性格完全相反。面对紧急情况时,他通常选择激进的方式,袭击珍珠港时便屡屡与南云意见相左。此刻三艘航母遭重创,自己成了唯一的生力军,痛感挫折之余,山口也隐然觉得自己的机会到了,如能凭"飞龙"号一己之力反败为胜,自己便将成为挽狂澜于既倒的英雄人物。紧张中带着兴奋的山口向撤到"长良"号上的南云请令,要求追踪敌机,对敌方航母还以颜色。

直至此时,日军都处于情报混乱中,弄不清美军到底有几艘航母。其实这也是拜迷航的"大黄蜂"号轰炸机群所赐,如果它们出现在战场上,起码日本人应该能判断出这么多的舰载机不可能只来自一艘航母,但此时输得红眼又心存侥幸的山口宁愿相信最初的判断——敌军只有一艘航母。

虽然眼下兵力尚不完备,但山口不想重复南云的错误,他要分秒必争。10时40分,18架俯冲轰炸机和6架零式战斗机起飞,向美军飞机撤退方向急追。机群由"飞龙"号飞行分队长、资深飞行员小林道雄大尉率领,在4000米高度搜寻目标,很快发现了撤退中的"约克城"号轰炸机编队。等小林下令追踪,两架复仇心切的零战便冲过去开火。此时距离"约克城"号尚有一段距离,但冲动的日军飞行员提前引发了战斗。弗莱彻在"约克城"号留下了一半的兵力以备不测,此时舰队上空护航力量充实,美军的"野猫"式战斗机蜂拥而至,围住零战厮杀,18架日军轰炸机被击落了10架,但仍有8架冲过战机和舰炮的火网,飞到了"约克城"号上空。这是一波舍身攻击,第一架飞机未及投弹就被击落,但其他轰炸机使尚未痊愈的"约克城"号再遭重创,三弹命中,两弹近失,动力系统一度瘫痪。袭击的日军飞机只有5架生还,包括小林指挥机在内全部被击落。

就在他们返航的同时,一架侦察机降落在"飞龙"号的甲板上,它是"苍龙"号的舰载机,此前被派出巡查,飞行员发现美军的特混舰队中有3艘航母,但机上的发报机竟出了故障,以致这个关乎生死的情报没能在第一时间发回舰队。等这架侦察机返航时,母舰"苍龙"号已烧成一条火龙。侦察机带回的消息不啻为一枚重磅炸弹,山口听了幸存的轰炸机飞行员的报告还是大感振奋,他认为中弹的美军航母(尚不知是"约克城"号,日方此时仍相信"约克城"号已在珊瑚海战役中沉没)必死无疑。敌方航母已三去其一,己方以一敌二,还有机会。基于这个判断,山口决定再发动一次攻击,这回他要押上手里剩下的全部筹码。

将率队发起攻击的是友永丈市,此时"飞龙"号上仅剩10架鱼雷机(其中1架原属"赤城"号)和6架战斗机(其中2架原属"加贺"号),机群势单力薄,友永本人的座机也在上午被打坏了一个油箱,尚未修复,这意味着他只能携带单程燃料起飞,无论战果如何都注定有去无回。此时的友永深感自己"需要再次袭击中途岛"的报告扰乱了南云长官的判断,导致战局满盘皆输。以死谢罪之志已坚,他不顾劝阻登上飞机,含笑示意地勤:"不必担心,左油箱让它去吧,把另一个油箱加满就行啦。"其他人都和友永一样,明白这是一次飞向坟墓的单程旅行,在满甲板的洒泪相送中,飞机升空,驶向目标。

14时26分,在海上搜寻的"飞龙"号机群发现一艘美军航母,日军零战立即扑向美军护航战机,在它们的舍命纠缠下,鱼雷机接近了目标。14时34分,友水下令发动攻击,5架鱼雷机从不同方向下手,美军航母被两颗鱼雷击中。14时45分,"飞龙"号最后一次听到友永的声音,"两雷命中目标"。之后无线电陷入沉默。直到16时30分,8架残存的飞机(5架鱼雷机和3架战斗机)返回"飞龙"号。桥本敏郎中尉报告了友永的结局:"他的飞机由于机尾是黄色的,所以当它冲过我从来没有见过的猛烈的高射炮火时可以看得很清楚,他投了鱼雷,过了一会儿,他的飞机也粉碎了。在那样猛烈的炮火前,对这艘航空母舰的进攻就等于自杀性的撞击。"

此时的山口兴奋多于伤感,可以确定的是,这艘美军航母结结实实挨了两记鱼雷,山口相信沉没只是时间问题。报告还称,日机重创了一艘护航的重巡洋舰(后来证明不实),击落敌机8架,这是一个可观的战果,山口多闻倍感欣慰。他判断敌军两艘航母相继遭受重创，现在航母数量重新回到1∶1，己方虽然损失惨重，但山口坚信，继续奋战，曙光在前。此时"飞龙"号又收回了几架其他航母的舰载机，山口向南云报告，准备在黄昏时分发起最后的决战。

友永至死都不知道，他们攻击的这艘航母其实就是"约克城"号。这艘航母的自我修复能力堪称奇迹，第一次被轰炸机命中三弹后一度丧失航行能力，但经过抢修，当天下午就已恢复了18节的航速，可惜撤退途中再次遭遇了友永机群的攻击，这一次才不得不弃舰。而绝境中的山口多闻还是犯了本次战役中日本人一再的错误：盲目乐观。他完全相信有利于自己的情报，没有任何应急预案，山口咬紧牙关准备再战的决定，将这场战役中日军的最后一艘航母送进了鬼门关。

"约克城"号遭袭，也让"飞龙"号暴露了行踪。另一边"企业"号上的斯普鲁恩斯也决定调集手中全部力量，发起"对日寇的最后一战"。虽然经过一天苦战，他手中的兵力也只剩47架SBD轰炸机，但相比"飞龙"号的残兵败将，仍具有压倒性的优势。16时，机群起飞。17时，美军在海面上搜到了"飞龙"号。

这一天中最后的战斗打响了。面对突如其来的攻击，"飞龙"号再无还手之力，四枚炸弹命中甲板前部，舰身燃起熊熊大火，"赤城"号的命运又再次降临在"飞龙"号身上。一个多小时后，中途岛的B-17陆基轰炸机编队也赶来，它们不屑再为垂死的"飞龙"号浪费弹药，将火力对准了"榛名"号和"利根"号等护航的战舰，不过"空中堡垒"这次的战绩和早晨一样，无一命中，返航时还险些误伤了己方的一艘潜艇。

21时23分，海面暮色四合。原本期待黄昏出击、夜袭制胜的山口此时才明白，随着夜幕一起降临的，是自己的末日。抢修和拖走的尝试都被证明无效，弃船命令已经发出，800余名残存的舰上人员撤到"风云"号和"夕云"号两艘驱逐舰上。离舰前，山口召集他们做了最后的训话，他沉痛地自称对第二航空战队的覆灭负全责，要与"飞龙"号共存亡。参谋们苦劝无效，生平以武士道精神自诩的山口多闻自缚于舰桥，以死明志。随同他一起殉舰的还有"飞龙"号的舰长加来止男。根据山口遗命，两艘驱逐舰向"飞龙"号残骸发射鱼雷，给它最后的了结。

中途岛海战就此结束，"加贺"号和"苍龙"号早已葬身海底。随着"飞龙"号的沉没，日军引以为傲的第一航空舰队灰飞烟灭，日本帝国在这战争中的气运，也就此沉入海底。

35
中途已过

惨烈的6月4日终于过去，时间已是5日凌晨，漆黑一团的大海上，一个巨大的火球格外醒目。

那是"赤城"号的残骸，日本海军第一航空舰队四艘航母的最后一点遗留物。在此之前，"苍龙"号率先沉没，定员1100人的舰上有718人阵亡。舰长柳本柳作在"苍龙"号中弹后半小时下令弃船，但他本人决意与舰共沉，舰上一名相扑手出身的士兵奉命将他强行背离舰桥，但被手持指挥刀的柳本厉声喝止，只好作罢。6月4日19时13分，"苍龙"号沉没，已转移到护航舰上的幸存士兵聚在甲板上，哭唱国歌《君之代》，为之送别。19时25分，轮到了"加贺"号。舰长冈田次作已被炸死，全舰阵亡高达800人，几乎是定员的一半。入夜后，无法挽救的"飞龙"号也被山口多闻下令击沉。此时，只剩"赤城"号燃烧的遗骸还漂在海上，似是一天之前战殁者们的亡魂，仍郁积不散。弃船之时，舰长青木泰二郎将自己绑在船锚上准备殉舰，但最终被部下救下。

此时的南云忠一正在"长良"号上，率领着残存的舰只急速北撤。刚撤离"赤城"号时，激愤难平的南云一度准备率领舰队杀向敌军，寻求决战，用舰炮和鱼雷拼个鱼死网破。但他很快恢复了理智，打消了这个念头——此时日军已没有空中掩护，美军至少还拥有一艘航母，另有中途岛的陆基航空力量，若自己冲动行事，战舰恐怕还没看到敌船的影子就给美军飞机当了靶子。但担负着战败之罪，南云以下谁都不敢先提"撤退"二字，仍在硬着头皮准备"夜战"。正僵持之际，侦察机发回的新消息为他们解了围：美军的航空舰队正在向东退走。自觉已是强弩之末的斯普鲁恩斯也明智地见好就收了（这个决定在当时美军中很受质疑，如果是性格勇猛的哈尔西，很可能选择乘胜追击，但那样也会使美军舰队陷入险境），这意味着即便南云的舰队不顾生死前去追赶，也不可能在次日天明前赶上。复仇无望，却也如释重负，这下总算有充足的理由撤退了。

西北400海里外是山本五十六的旗舰"大和"号。每收到一条战报，山本的心都随之一沉，近日正在发病的胃肠似乎也纠结在一起，五内如焚。参谋团队同样被噩耗吓傻了，特别是一手策划"MI作战"计划的黑岛龟人，他绝望地请求山本下令让战列舰队火速开往交战区，趁着美军飞机夜间起降不便，凭巨舰大炮的火力优势挽回败局。山本也一度动心，但最终还是否决了黑岛的建议，因为相隔太远，鞭长莫及。山本这支最强大的战列舰队也趁着夜色匆匆遁走，将最后一丝希望抛在身后。这也正是黑岛计划的漏洞，为追求旗舰的绝对安全，使之远离第一线战场，以致全然无法发挥任用。前方来电请示如何处理尚未沉没的"赤城"号，为了避免它被美军俘获，曾经担任"赤城"号舰长的山本下令将其击沉。守在"赤城"号边上的"野分"号等四艘驱逐舰遵照命令，射出鱼雷。6月5日4时50分，"赤城"号结束了弥留之苦，沉入水下，此时它所在的海域已是晨曦初照。

日军的四艘航母全军覆没，但他们的悲剧还没有结束。登陆部队中栗田健男率领的近距离支援部队此时正按原计划接近中途岛。山本意识到它们处在中途岛飞机的打击范围内，便取消原计划，命令栗田即刻返航，结果舰队的两艘重巡洋舰"三隈"号和"最上"号竟然在黑夜中撞上了。"最上"号负伤，航速大减，"三隈"号及两艘驱逐舰留下照顾。次日天明后，四舰被美军侦察机发现，跟踪追击，"三隈"号和驱逐舰"荒潮"号被击沉，"最上"号重创。至此，中途岛战役日军的损失清单上除了四艘航母，又添了重巡洋舰和驱逐舰各一，另有332架舰载机，阵亡3057人，包括110名飞行员，这些都是日本在战争初期赖以制胜的骨干力量。山口多闻等重要军官战死，也令日军士气大受打击。

更令日本人尴尬的是，是役他们唯一聊足自慰的战绩"击沉美军航母一艘"，其实也不太站得住脚。中弹的"约克城"号失去动力，但并未沉没，被美军拖船救走，归途中遭遇了日军的潜艇（隶属先遣部队），再中一枚鱼雷，眼见抢救无望，美军驱逐舰才自己动手，将之击沉。同时沉没的还有负责护航的美军"哈曼"号驱逐舰。

至于阿留申方面，日军占领了两座无人防守的荒芜小岛，这个战果在中途岛主战场的惨败面前，更不足道。

太平洋战争爆发以来最大规模的一次会战中途岛大海战，就此落幕。与其说中途岛战役是海战，倒不如说是空战更贴切，因为这场战役的（包括此前的珊瑚海战役）战场虽在海上，但交战双方的船只甚至都无法直接看到彼此，更没有出现传统海战中的舰队大炮互射。事实上，那样的场面在此后将越来越稀少，因为日本人在珍珠港使用的航空兵作战模式无意间开创了海战的新时代。在那之前，比之凝聚了自风帆时代起400余年海战经验智慧、进化到极致的战列舰，航空母舰这种只有20多年历史的新武器让人难以信任。为了搭载飞机，航母不得不放弃巨炮和装甲以减轻自身重量。这种无法回避的设计缺陷被军事专家们过于放大，他们认为航母并不可靠，但从珍珠港到马来海战再到珊瑚海、中途岛，实战已经证明，航母舰载机的攻击范围百倍于战列舰大炮射程的攻击半径，足以弥补统计数据上的缺陷。随着海军航空兵的崛起，巨舰大炮已成明日黄花。

美国人率先有意识地将航母作为舰队核心，尽管这在一定程度上是战列舰队珍珠港覆灭后的无奈之举，但毕竟迈出了革命性的一步。反倒是更早尝到甜头的日本人并没意识到这一点，仍将航空舰队定位为辅助兵种，只负责在战列舰登场前扫清外围。这种战略重心上的安排失当导致了用兵配备的失误。不等双鹤航母修复就发动MI计划，可说轻率（如等二舰归队，美军方面也会增加一艘"萨拉托加"号，但日军仍是6∶4占优）。分出航母，用于可有可无的北方战线更是自剪羽翼。当6月5日夜里山本命令北南两路侧翼的三艘轻型航母设法助战时，它们根本无能为力。连尼米兹都承认，若是这几艘航母都出现在中途岛海域，将有可能成为决定性力量，"中途岛作战如果成功，日本人就可以从容地占领阿留申群岛"。

若干年后，已改行传教士的渊田美津雄撰写回忆录《中途岛海战》，虽已"身在空门"，渊田仍对胜败不能释怀，他感叹6月4日10时20分到25分，日军片刻失机，决定了成败，他将这称为"决定命运的五分钟"。但从前述种种来看，此说实在难以服人。虽然中途岛之战看似充满偶然因素，但检视战略布局和战术安排阶段，甚至可以说，日本人一开始就棋输一招。除去情报方面的技术性差距，从出征前就一厢情愿地认为美军舰队会按照自己的时间表行动，而不会提前出现在中途岛，到山本舰队监听到美军航母信号后竟然没有通知南云，日军高层做出种种令人难以置信的自大轻率之举，又缺乏应急方案，这些绝难诿过于"运气"二字。真正的胜败原委，渊田当年的对手斯普鲁恩斯在该书英文版序言中总结更为精准：

> 我方在中途岛海战中取得的战果，主要是由于我们出色地掌握了情报，使尼米兹海军上将能够充分发挥他那大胆、勇敢而又明智的指挥才干。他把第16和第17特混舰队从南太平洋调到夏威夷，不失时机地把这两支部队部署在中途岛北东一带待机。他还把他的全部潜艇部署在中途岛北西海域。他用海军陆战队、炮兵和飞机加强了中途岛的防务，并规定对关键地域实施空中搜索。他还派了部队到阿留申群岛去。

作为获胜一方，美军只损失了"约克城"号一艘带伤的航母、"哈曼"号驱逐舰、96架军机，阵亡307人，包括172名飞行员。美军获得完胜，除了斯普鲁恩斯总结的情报工作料敌之先和尼米兹运筹帷幄，也有赖于指挥者战场决策果断坚决，飞行员无畏的牺牲精神，得胜后依然保持的谨慎和冷静，以及上天眷顾的一分运气。凭借这些，美国人在这场以寡敌众，看起来胜算不大的战役中后发制人，笑到了最后。

凯旋珍珠港后，尼米兹在港口迎接，大庆战功，舰队人员和驻守中途岛的赛马德、香农等海陆军指挥官都获嘉奖。金将军也通电表彰，此前他和一些军方高层对中途岛情报将信将疑，认为日军是声东击西，夏威夷甚至美国本土才是真正目标。此时，金不得不信服尼米兹的判断力，美国西海岸也解除警报，自此再不必担心航空作战能力大损的日军来袭。部署在西海岸的飞机和舰船也可以大批挺进夏威夷，充实太平洋舰队的实力。

6月6日。尼米兹发表公告：

> 珍珠港现在已经部分地复了仇。等把日本海军打得失去了战斗力，才能说彻底复了仇。我们在那方面已经取得了实质性的进展……为了那个目标，我们已经走了一半的路程。（波特《尼米兹》）

尼米兹语带双关，他的判断也十分精准。中途岛之战成了标注整场战争的分界线，随着战役结束，整场战争也棋过中盘，日本人狂飙突进的上半段就到此为止，但对美国人来说，赢下全局，依然任重道远。

36

重返南太平洋

这是开战以来日本海军遭遇的第一次重大挫折,甚至如尼米兹所说,这是日本人自16世纪入侵朝鲜失利以来300余年间从未有过的大败。确实,日本军队此前战绩骄人,应对失败的经验有限,以致不知该怎样向国人交代这场惨败。

最终想出的办法只有欺瞒。东条英机接到报告后,要求切不可泄漏,次日面见天皇时,对中途岛作战情况也只字未提。后来瞒不住时,他便一味将战败之责推给海军军令部总长永野修身。参加过中途岛之役的日军人员回国后都被隔离起来,严格噤声。在日军的宣传中,这场战役竟然又成了一场伟大胜利,战况变成了"美军被击沉两艘航母"(根据日军战报,开战以来已击沉美军航母6艘,事实上,算上"兰利"号也只有3艘,外加英国航母"竞技神"号),很显然,这是对山口多闻那个错误判断的将错就错。对于己方损失,更是声称只有两艘航母损失,1艘沉没,1艘重创。飞机和人员损失方面也是日方占优,大本营发布的公告称,战役"确保了帝国在太平洋上的皇威"。至于取得这样的优势,为何要取消原定的登陆夺岛计划,则没有给出交代。

当时受制于技术手段,美日双方都经常错报战况,甚至会为了宣传而夸大战果,但日本人这样在纸面上"扭转战局"的精神胜利法,实在只能贻笑于人。这个虚报的胜果在民间激起狂欢,东京民众打着彩灯夜游庆祝"中途岛大捷",但对日军高层来说,吹牛之后他们不得不认真面对一个实际的问题:接下来的仗,该怎么打?半年前的问题又被摆上桌面。东进、南进的"进"字再也无从谈起,所虑的只能是如何尽可能保住现有的局部战略优势。

在中途岛兵败撤退途中,源田实曾劝解带伤的渊田等人,日本虽然沉了4艘航母,但还控制着太平洋上诸多岛屿,可以作为"不沉的航母"。这本是宽慰之语,却也言中了日本接下来不得不然的战略选择。

中途岛战役之后，日军在阿留申、澳大利亚南部等地发动过一些小规模攻势，也曾有少数潜艇尝试在美国西海岸袭击目标，但都收效甚微。按照原计划，此时应该实施"FS作战"计划的第二阶段，即占领新喀里多尼亚—斐济—萨摩亚一线，切断美国和澳大利亚之间的交通运输线。但此时日本人已无力执行，计划先是被推迟了两个月，后来索性取消了。替代这个进攻性方案的新计划变为立足防守，在已控制的岛屿上修建机场，以空中力量构筑防线。日本方面相信，这样的部署将足以支撑到下一年。具体做法是在西南太平洋上日军与盟军势力的交界处重新布置兵力：日本陆军组建第17集团军驻守新几内亚岛和所罗门群岛，由陆军中将百武晴吉任司令，下辖13个联队；海军方面则有海军中将三川军一统率的第八舰队。日军的战略重心重新落在南太平洋。

另一边，获胜的美国人也在谋划着下一步的战略。此时世界大战的整体局势仍不利于盟军。在大西洋，德军U型潜艇袭击运输船的"群狼战术"让盟国头疼不已；在北非，"沙漠之狐"隆美尔正自西向东进逼埃及，威胁英国人的苏伊士运河生命线；在苏德战场，德军虽陈兵斯大林格勒城下，但南路军已经攻下克里米亚半岛，如果突破黑海—高加索一线，便能入侵近东夹攻埃及，后果不堪设想；在东南亚战场，中国赴缅甸的远征军战事不利，一部撤入印度，一部退回国内，日军准备役使盟军战俘铺设新加坡到仰光的缅泰铁路，将有1.2万战俘和9万被强迫的劳工为这条铁路丧生，平均每英里铁路牺牲425人的生命，血腥程度堪比南京大屠杀和巴丹死亡行军；在中国战场，日军在华北展开疯狂的"拉网大扫荡"，抗日军民损失严重。因此，中途岛的胜利弥足珍贵。

身在墨尔本的麦克阿瑟尤其受到鼓舞，中途岛战役终于让他摆脱了开战以来的窘迫，他提议乘胜攻击日军在南太平洋的首要据点新不列颠岛拉包尔要塞，夺取该岛和新爱尔兰岛（新不列颠岛东北），一举将日本人赶回700海里以外的特鲁克基地。由于作战地点处在麦克阿瑟负责的西南太平洋战区，他当然希望由自己主导，他计划动用三个陆军步兵师，还要求海军方面派出一个师的陆战队和两艘航母支援。

麦克阿瑟的报告打到华盛顿，海军方面的战略意图与他不谋而合，对分工却有不同意见。金将军以麦克阿瑟"不习水战"为由，要求由海军负责指挥作战，麦克阿瑟的陆军负责接防。两个脾气火暴的将军隔着太平洋吵了半天，最终在陆军参谋长马歇尔调解下达成折中方案。根据该方案，美军在西南太平洋地区的行动分为三步：首先，收复日军5月占领的图拉吉岛和所罗门群岛东段的圣克鲁斯群岛，在岛上建立航空兵基地。其次，以新几内亚岛南部为基地，进占岛西北的日军据点，以及所罗门群岛的其他岛屿。实现前两步后，两面夹击拉包尔，夺取新不列颠岛以及新爱尔兰岛，进攻俾斯麦群岛，彻底清除日本在这一地区的军事势力。

此项作战计划被命名为"瞭望塔"。第一步由尼米兹的太平洋舰队负责，后两步则由麦克阿瑟接手。尼米兹选派的是南太平洋战区（5月12日设立，司令部初在新西兰奥克兰，后迁至新喀里多尼亚首府努美阿）司令罗伯特·戈姆利中将，拨给他的兵力包括第61、第62特混舰队。其中第61特混舰队辖有3艘航母："萨拉托加"号、"企业"号，以及从大西洋战线调来的"黄蜂"号（USS Wasp，舷号CV-7），还有护航的"北卡罗来纳"号战列舰，由珊瑚海和中途岛的功臣弗莱彻（已晋升为海军中将）指挥。第62特混舰队则以巡洋舰为主，包括8艘巡洋舰和16艘驱逐舰，由里奇蒙·特纳少将指挥。

7月2日，瞭望塔计划启动。戈姆利中将赴墨尔本与麦克阿瑟会面，协商细节。7日，正在开会时，他们收到尼米兹发来的急电：美军侦察机发现，日军已在所罗门群岛东南部的大岛瓜达尔卡纳尔登陆，并抢修当地机场。这个消息打乱了既定部署，瞭望塔计划的重心由图拉吉和新几内亚转向瓜达尔卡纳尔岛，绿色的地狱。

勇闯夺命岛

所罗门群岛位于新几内亚岛以东，澳洲大陆东北，算是亚洲与大洋洲的交汇处，在当时是美日势力范围的临界点。群岛包含近千个大小岛屿，其中大岛多是海底火山的产物，小岛则是一些覆盖植被的珊瑚礁。群岛的命名源于殖民时代的荒谬，16世纪时西班牙探险家从秘鲁航海至此，岛上土人异域风情的装饰让他们眼前大亮，以为富贵，于是认定这个"富庶"的群岛是传说中所罗门王宝藏的埋藏地。很快，他们就在后续勘探中发现实情并非如此，失望地扬帆离去，群岛的名称却就此保留下来。至于世居岛上的美拉尼西亚语系土著人，大概根本就没听说过《旧约》里那位神通广大的古代以色列国王。18世纪起，英国人、法国人、德国人来了又去。1893年，所罗门群岛归入英国名下，"一战"后由澳大利亚托管。但和之前历任宗主一样，英国人和他们的澳洲支系对群岛的开发蜻蜓点水，直到今日这里还是欠发达地区之一。20世纪初这里还是不毛之地，美国作家杰克·伦敦游历南太平洋后在作品中感叹，"如果我是一个国王，最厉害的刑罚就是把犯人流放到所罗门群岛"。

瓜达尔卡纳尔岛，位于一串岛链的东南部，是所罗门群岛中面积最大的岛屿，也可算是群岛中最猛恶的去处。

这个岛位于赤道以南十度，是个宁静的地方，九十二英里长，三十三英里宽，两倍于美国长岛。从空中俯瞰，它像是热带天堂，山上一片葱绿，沿海有茂密的树林，还有色彩缤纷的珊瑚礁。实际上它是个失乐园，是个一切都形成鲜明对比的研究对象——奇峰、秃丘、稠密深绿的丛林、白鹦鹉、凶猛的白蚁、八哥鸟、疟蚊；冷得刺骨的倾盆大雨、无法忍受的酷热，还有尘土飞扬的平原。岛上长满香蕉、酸橙和木瓜，到处都是鳄鱼、大蜥蜴、毒蘑菇、毒蜘蛛、蚂蟥和蝎子。一群蜿蜒起伏标高达8000英尺的深绿色死火山像脊骨似的贯穿全岛，只有北部沿海起伏的丘陵与平原之间的狭长地带才有可能展开军事行动，即使这块地方，也是河流交错，山岭连绵，还有一片片锋利如刃的杂草，难以进入。

这是约翰·托兰《日本帝国的衰亡》中对瓜岛的描绘。但比起自然环境的凶险，将在这个小岛上演的血腥搏杀更为可怕。

5月初，日军攻取图拉吉岛后，瓜岛的英澳守军自知无力抵御便弃防撤走。日军用一个联队的兵力轻松占领瓜岛后，发现这里的位置和面积都比图拉吉岛更适合作为航空基地，于是调集2700名工兵（包括从朝鲜和中国掳掠来的劳工），在岛西北沿海的隆加角修建可停放上百架飞机的机场。这一情况被美军探知时工程已经进展大半。一旦机场修竣飞机入驻，足以覆盖美军在所罗门群岛和珊瑚海的全部航线、南太平洋战区司令部所在地努美阿，以及澳大利亚南部的堪培拉、悉尼、墨尔本等重要城市，因此，盟军获悉后大感棘手，包括澳大利亚总理在内的各方面都呼吁美军立刻拔除瓜岛这颗钉子。

于是瞭望塔计划开始修正，加入瓜达尔卡纳尔为新重点。戈姆利将瓜岛和图拉吉岛作为同等重要的攻占目标，计划同时登陆夺取。里奇蒙·特纳少将的第62特混舰队负责运送登陆部队，亚历山大·范德格里夫特少将指挥登陆战，主力是海军陆战队第一师，外加从第二师抽调的一个团，总兵力1.9万人。他们的任务除了瓜岛和图拉吉岛，还包括图拉吉以北的佛罗里达岛。弗莱彻指挥的第61特混舰队负责护航。戈姆利坐镇努美阿掌控全局，麦克阿瑟部署在澳大利亚的陆基飞机以及英澳等盟军舰船也将提供协助。

7月26日，来自澳大利亚、新西兰、新喀里多尼亚、珍珠港甚至美国本土的参战部队，合计80余艘舰船，在斐济以南海面集结完毕，主要军官召开作战会议。范德格里夫特对丛林战颇有经验，但他手下的部队组建未久，多是外行，他原本被告知1943年之前都没有战斗任务，有充分的训练准备时间，但此时情势紧迫，他的人马只好提前上阵。美国人对瓜岛知之甚少，有的文件连"瓜达尔卡纳尔"（Guadalcanal）都拼错，更没有详细的地图或文献，范德格里夫特甚至要从杰克·伦敦的小说中寻找关于战场的蛛丝马迹。因此，他急需友军的支援。在作战会议上，他要求弗莱彻的航空舰队提供五天护航，而弗莱彻不愿拿宝贵的航母冒险，范德格里夫特大发脾气，最终他争取到的护航时间是三天，这也确是弗莱彻能做到的极限。范德格里夫特只好在勉强满意的条件下准备作战，他抓紧最后的时间，指挥部下在斐济突击训练。进展不顺时，焦虑的范德格里夫特只好自我安慰：百老汇的彩排也经常不顺利，正式演出却能大获成功。

在作战会议上，瓜岛和图拉吉岛的登陆行动代号被定为"小本经营"，日期由原定的8月1日推迟至7日。6日夜，特纳少将指挥的舰队共计19艘运输船和12艘美澳护航战舰，载着海军陆战队第1师悄悄起航。7日子夜时分，舰队抵达瓜岛以北13海里处，兵分两路，驶向各自的目标岛屿。其中，瓜岛方面的是主力部队，共15艘运输船、8艘战舰，登陆将由范德格里夫特亲自指挥。夜间闷热，由于实行灯火管制，舰上一团漆黑，气氛更加压抑，还在为战事不安的范德格里夫特在船舱里写下带有遗言味道的家书，"不管发生什么，我已经尽了最大努力……"

7日凌晨3时，低纬度地区已经迎来黎明，但这一天天色灰暗，海面的雾霭遮住了旭日。微曦里，瓜岛峥嵘的山势隐约透出，海风送来了岛上经年累月腐败植物的气息，令人掩鼻。不过，岛上全无动静，连预想中的巡逻兵都没见到，范德格里夫特反倒迟疑起来：如果不是日军在摆空城计，布置了可怕的陷阱，那就是自己交上了天大的好运，日本人在睡大觉，全无防备。无论如何，都没有时间再犹豫，起床号已经吹响，准备实施登陆战的士兵们都已收拾停当，从溽热难耐的舱房里走出，就位待命。6时15分，护航的三艘巡洋舰和四艘驱逐舰同时开火，炮声隆隆，炮弹倾泻在瓜岛北部的滩头。随后，第61特混舰队的航母舰载机群也如约出现，立体交叉火力完全压制了瓜岛上的日军，除了零星的高射炮，日军仿佛根本没有还手。北方不远处，也有阵阵舰炮声，似是回响，那是图拉吉岛方面的战斗也打响了。

与此同时，满载陆战队士兵的登陆艇都被下放水面。轰炸持续了约半小时，范德克里夫特确信滩头障碍已被扫清，下令登陆部队上岸。灰色的扁平冲锋舟满载着陆战队士兵破浪前行，8时50分，第一艘登陆艇冲上瓜岛，被炸得一片狼藉的滩头上果然完全没有守卫。当天上午，陆战队第5团第1营、第3营成功登陆，团长亨特上校也对行动之顺利颇有怀疑，他率先遣队进入海滩的丛林中搜寻敌踪。一番杯弓蛇影后，他终于确信附近没有日军，高兴又略带失望的亨特忍不住骂道："难道日本鬼子都变成兔子溜走了不成？"中午，第1团第1营也登上瓜岛。直至此时范德格里夫特才终于确定是上天眷顾了自己，原本担心的登陆战竟是兵不血刃。

随后，报告传来，图拉吉方面的登陆战也获成功。该岛的战斗晚于瓜岛两分钟打响，部队在"蓝滩"登陆，遭到日军激烈抵抗，但由于美军拥有6∶1的压倒性兵力优势，最终全歼了驻岛日军，躲在暗堡里射击的日军士兵，都被美军用岛上土著收甘蔗的长柄木叉挑着炸药包递到暗堡洞口，炸死在掩体里。最终美军付出了122人阵亡，外加若干军裤破损的代价（在爆破暗堡时有的士兵距离太近，裤子被爆炸气流撕碎，以致这场战役又被称为"光屁股爆破战"），当天就收复了图拉吉岛（局部地区战斗持续到8日）。

瓜岛上的三个营各司其职，一边建立滩头基地，一边向隆加角在建的日军机场挺进。由于选择的登陆点"红滩"距离机场只有约5千米，当天下午美军就占领了日军弃守的机场。此时可以看出日军遁逃的仓皇，除了地上横躺竖卧地丢了十数具死于空袭的日军尸体，其他一切如常，发电机、修备厂和一些精密仪器都未及毁坏，完好的枪械、弹药、车辆、燃料都被美军缴获，粮仓里堆放的大批食品给养也都顾不上带走。饱受酷热之苦的美军士兵畅快地享受东方风味的日本米酒，甚至还有一个制冰厂留下的冰块，他们得意地在厂房大门上涂鸦：东条英机制冰厂——美国老板经营。

当天，美军工程兵就开始接手日本人的进度，抢修机场。同时，后续部队的坦克、山炮等重装备开上瓜岛，虽然给养物资还没卸载完毕，但这群钢铁利器更让美军信心十足，相信己方将在岛上建立牢不可破的统治。很显然，残存的敌军已经远远躲进密林深处，之前的情报显示，他们之中只有400人是战斗人员，而从他们不战而逃的表现来看，更是不足为虑。

忙碌中，太阳渐渐向西面的海平线沉了下去，美军士兵们并不知道，他们这一天的好运也随之到了尽头。夜幕降临之后，这座死亡之岛将对他们展露真容。

38
所罗门之夜

对日本人来说，瓜岛和图拉吉岛的丢失其实和珍珠港如出一辙，只不过这次麻痹大意的换成了自己。在战略分析时，基于对欧洲和北非战事的研判，大本营认定美国人的反击不会早于1943年，因此在所罗门群岛的战备布防比较迟缓。甚至当7月底东京的日军谍报人员难得地捕捉到美军在该地区的电台异动，从而判断出后者将在西南太平洋地区有大行动时，拉包尔方面也没给予足够重视。直到8月7日，措手不及的瓜岛守军被美军轻松击溃。

当天凌晨4时左右，图拉吉岛上急电频传，拉包尔的百武晴吉和三川军一才意识到问题严重。三川从情报中判定，敌军舰队庞大，士兵和物资一天之内可能无法全部上岸，他决定亡羊补牢，去袭击瓜岛海面上来不及登陆的美军运输船。5时，启航命令颁下，不到一小时，图拉吉方面的最后一封电报传来："敌军势大，我军将战至最后一人，祈祷武运长久。"

拉包尔的日军没有航母，航空作战任务全由驻岛的第25航空战队负责。司令山田定义当天早晨先后派出两批次飞机袭击美军运输舰队，但效果都不理想。显然，局面比预想的更糟糕。午后，三川指挥的第八舰队5艘重巡洋舰、2艘轻巡洋舰、1艘驱逐舰被编为两个战队，驶出拉包尔。之前的情报显示，美军登陆部队得到了航母舰载机的空中支援，而己方舰队的航空作战能力明显不足，一路上三川忧心忡忡。8日凌晨4时，舰队接近瓜岛，三川派出4架水上侦察机搜寻敌情，结果收获了惊喜，报告均称附近海域没有美军航母。

再说美军。虽然夺岛进展顺利（图拉吉岛稍费周折），但海面上负责提供空中支援的弗莱彻还是十分紧张，毕竟他的第61特混舰队处在日军拉包尔的陆基飞机的攻击半径内，这三艘航母是美军在太平洋上最重要的家当，不容有失。7日与图拉吉岛日军航空兵力的战斗使他损失了几十架飞机，实在有些承受不住，

8日一早，弗莱彻就电告努美阿的司令部请求返航，并且不等批准就率领舰队撤了，比原定时间提前了12小时。当日军的侦察机飞到时，弗莱彻已经离开作战海域。弗莱彻的决定产生了连锁反应，航母返航，意味着瓜岛附近负责掩护登陆的舰队被暴露给了日军飞机。指挥该舰队的特纳少将闻讯也坐不住了，找来范德格里夫特和另一位负责警备的英国海军少将克拉奇利，告知他们次日天明无论给养卸载能否完毕，自己也要率船返航。范德格里夫特大为恼火，怒骂弗莱彻和特纳是逃兵，除此之外，却也无计可施。

此时是8月8日下午，三川的第八舰队正在逼近。他们进入所罗门群岛海域后开始加速，于黄昏时分抵达瓜岛西北海面。一路上他们曾数次遭遇盟军巡逻的潜艇和侦察机，却幸运地没有暴露行踪。三川舰队在等待天黑。虽然侦察机确信美军航母已撤离，但三川不得不考虑他们去而复返的可能性，况且即便不算航母，美军也有8艘巡洋舰和15艘驱逐舰，几乎是第八舰队的三倍。寡众悬殊，夜色是日本人最理想的臂助。

天色渐暗，海面上乌云卷集，不一刻夜雨飘洒，四下尽被黑暗笼罩，此时三川的舰队已准备就绪。为避免第一航空舰队在中途岛的遭遇，舰船甲板都已清理干净，不留一点易燃易爆品，桅杆上绑起了便于在黑夜中识别的白布标志。6时40分，三川在旗舰"鸟海"号下令，用信号灯通知舰队：发扬帝国海军夜战传统，争取胜利。"鸟海"号一舰当先，身后两个战队共八艘战舰彼此间隔两三千米，排成一线向瓜岛方向进发。

在瓜岛以北，有座名叫萨沃的小岛，将瓜岛和图拉吉岛之间的海峡分成南北两条水道。盟军的巡航部署以该岛为界，分为南北两部，各有5艘舰艇，保护身后的运输船队停泊点（还有一部分部署在图拉吉岛以东），另有2艘驱逐舰在萨沃岛西北海面游弋，作为岗哨。当夜22时左右，三川的舰队曾与这两艘警戒船擦肩而过，对方竟毫无察觉，事后才知道这两艘船上的雷达系统偏巧出了故障，给了日本人难得的好运，而当时三川一度怀疑这是美国人在故意诱敌深入。躲过敌方岗哨，舰队已经接近瓜岛西北突出的埃斯佩兰斯海角，再往前，就是萨沃岛了。面前的两条水道，南边的更宽阔，为防周转不便，三川选择了取道此处。这一回好运再次眷顾三川，他选对了。原本盟军有3艘重巡洋舰和2艘驱逐舰部署在这里，其中包括最强的重巡洋舰"澳大利亚"号，该舰也是负责警戒的克拉奇利少将的旗舰，偏巧此前他带着旗舰去参加特纳召集的作战会议，此时仍未归队，于是驻守南水道的只剩了四艘舰船。

三川的舰队如同长蛇，在夜色掩护下悄无声息地欺近目标。23时30分前后，舰队潜入南水道。前方随时可能碰上盟军舰船，此时，三川打破一路上严格保持的无线电静默，下令"全体出击"，各舰自行指挥。几分钟后，就在前方不远处发现了一艘亮着灯光的盟军战舰。"鸟海"号对准目标发射鱼雷，八发中二，敌船燃起大火。随后日舰发射了一颗照明弹，另外三艘盟军舰船在漆黑的海面无所遁形，日军其他诸舰各自寻找目标，猛烈开火。盟军被打得措手不及，第一艘被鱼雷击中的是澳大利亚的"堪培拉"号，瞬间失去了战斗力，暂代"澳大利亚"号指挥权的美军"芝加哥"号巡洋舰也身被数创，只能向西撤出战区，另外两艘驱逐舰虽然奋勇还击，终究寡不敌众，一艘重伤失去战斗力，另一艘轻伤逃走。盟军在南水道的防御力量全部瓦解，整个战斗仅仅耗时六分钟。

原本三川的计划是偷袭盟军停在海湾里的运输船队，打散南水道守卫舰队后，目标已经在前面不远，但战斗提前触发，三川认为分守其他几处的盟军舰队必将闻讯赶来增援，因此他决定暂时放过运输船，率领舰队转身绕过萨沃岛，杀向北水道。那里与适才的交战地点相隔不过数海里，声息可闻，但夜色昏暗，海面大雨倾盆，雷电交加，刚好掩盖了炮火之声，加之战斗太过干脆利落，以致北水道的几艘舰艇竟浑然不觉。

这一次又是日军率先发现对手，相距在七八千米时，"鸟海"号已隐约看见前方敌舰的轮廓。舰队继续靠上近前，待双方相距3千米时，忽然打开探照灯，几道强光激射而出。光束罩住的正是美军"文森斯"号重巡洋舰，舰上哨兵被突如其来的强光晃得睁不开眼，"鸟海"号和身后的"青叶"号、"加古"号两艘重巡洋舰已校准炮口，一阵弹雨劈面砸来，"文森斯"号接连中弹，燃起大火。日舰又发射了鱼雷，三颗命中"文森斯"号侧舷，船体倾覆，很快下沉。此时，"文森斯"号的舰长，也是负责指挥北水道防御的里夫科尔上校刚从睡梦中醒来。"阿斯托利亚"号和"昆西"号驱逐舰此时正在附近，"昆西"号开火还击，而"阿斯托利亚"号的舰长则仍在迟疑，此前美军发生过数次盲目开火误伤己方的事故，他深恐出错，因此，坚持确认对方身份后再行动。为此他下令开灯升旗，这一来更成了靶子，一阵舰炮过后，"阿斯托利亚"号遍体鳞伤，很快失去战斗力。"昆西"号舰长穆尔虽指挥船员拼命抵抗，一炮命中了"鸟海"号舰桥，弹片擦伤三川，但以一敌八根本毫无胜算，舰上的一架水上侦察机中弹，引起大火，很快"昆西"号也沉入海底。另外两艘驱逐舰"威尔森"号和"赫尔姆"号由于目标较小，暂时逃过敌人围殴，眼见三艘主力舰都被瞬间击沉，它们自知难有作为，都趁乱逃离战区。

至此，北水道战斗也告结束。从日舰在南水道炮击"堪培拉"号算起，整场战役耗时不出半小时，三川舰队大获全胜。或许是胜利来得太过顺利，三川此时反而有些不知所措，这样一场如有神助的胜利，如果再打下去，会不会反而丢了胜果？毕竟此时美军在这个海域还有实力不弱的舰队，航母也还没走太远，再说美军夺了快要修好的瓜岛机场，虽不确定是否已经投入使用，但终究不可不防。再过几个小时就要天亮，如果撤退晚了，归途中被美军飞机追上，后果不堪设想……此刻的三川竟似与大半年前珍珠港的南云心思相通，最终，他也做了同样的选择，传令舰队，立即返航。

此时已是8月9日0时30分，随着三川的命令传下，萨沃岛海战（又称第一次所罗门海战）宣告结束。美军方面，参战的5艘重巡洋舰中，4艘沉没1艘重创，4艘驱逐舰中，1艘重创2艘轻伤，阵亡1023人，伤709人，损失惨重；日军方面，只有"鸟海"号、"青叶"号轻伤，阵亡58人。战斗打响后，克拉奇利想整顿未参战的舰船编队应敌，却由于号令不清，使6艘本已赶去增援的驱逐舰又掉头返回，贻误了战机，这使得胜的三川可以从容退走。归途中，日军舰队又击伤了此前失职的警戒船"拉尔夫"号驱逐舰，但"加古"号于次日被美军潜艇击沉。即便如此，日军仍算是大占上风。不过，战术之胜未必意味着战略之胜，三川没有乘胜扫荡盟军运输船队，固然有充足的战场理由，但终究也为此后瓜岛争夺战的走势埋下了伏笔。

次日双方后方接到战报，东条英机在东京召开庆功宴，美军方面则一片哗然，痛称这是"珍珠港以来最悲惨的失败"。海战中生还的"芝加哥"号舰长鲍德和"文森斯"号舰长里夫科尔被认为负有指挥责任，尼米兹下令调查，虽然最终没有追责，但二人深感自责，一人自杀，一人不久后精神失常。提前撤走的弗莱彻后来也为此事追悔莫及。

神出鬼没的日本第八舰队居然能躲过侦察机、雷达、警戒舰船的层层防线，从拉包尔奔袭千里攻击瓜岛海域，这更加剧了特纳的担忧。夜战中，他为了保护运输船队，没敢擅离职守，天亮后，特纳要求以最快的速度卸载陆战队的给养，赶在天黑之前带着全部的战舰和运输船，包括没卸载完的物资全速撤往努美阿。而此时，留给瓜岛上7000名美国海军陆战队士兵的口粮，仅够一个月。

一觉醒来发现自己已被遗弃在这座孤岛上，美军士兵曼声惊呼，范德格里夫特在日志中写道："现在，一切都只能靠我们自己了。"

39

丛林猎场

　　瓜达尔卡纳尔的海面和天空都已完全向日本人敞开，海滩上"胜利登陆"的美国海军陆战队成了案板上的鱼肉，等待宰割。范德格里夫特下令抓紧抢修机场，同时将部队从海滩向内陆转移。

　　茂密的热带丛林，虽可躲避日本人的战舰和轰炸机，却也潜藏着别样的可怖。几天前逃进森林的日军士兵正躲在林木深处，时刻窥探着他们的敌人。8月12日，一支26人的美军侦察小队成为首批牺牲者，他们中了伏击，只有3人逃脱，幸存者战栗地讲述战友们的遭遇：很多人不是在战斗中被打死，而是在停止抵抗后被日军用军刀乱刃分尸。这仅仅是开始，东京方面已经要求拉包尔的百武晴吉趁着制海权在握，调集陆军，重夺瓜岛。

　　此前日本在西南太平洋战场上最辉煌的功绩多为海军所建，不甘为配角的陆军颇有醋意。在拉包尔，百武晴吉曾对三川军一说，占领瓜岛和图拉吉岛的美军不足为虑，只要自己的精锐出动，重夺岛屿易如反掌。因此，萨沃岛海战中三川没能消灭美军运输船队迫使其撤走岛上登陆部队，这在陆军方面看来，反倒是展示实力的良机，免得总被海军抢风头。按照计划，将用于瓜岛战役的兵力为6000人，分属川口支队（3500人）、一木支队（2000人），以及500人的特别陆战队。百武想为心目中更大的目标莫尔兹比港保留实力，再加上情报显示瓜岛上的美军只有2000人（实际有7000人），百武自量稳操胜券，不待川口支队自琉球群岛赶来，便率先派出了一木支队。

　　一木支队的指挥官一木清直大佐是日本陆军悍将，曾参与制造1937年侵华战争中的"七七事变"。他的部队原本是MI计划中登陆中途岛的主力，兵败中途岛后被调往西南太平洋。8月18日夜，一木支队的915人先遣队搭乘六艘运输船，在海军掩护下驶向瓜岛北部、隆加角以东的塔伊乌角。美军没有察觉，顺利登陆的一木将目标瞄准西南方向40千米处的隆加角机场。经过美军的连日抢修，本就竣工在即的机场已经修好，范德格里夫特将之命名为亨德森机场，以纪念中途岛海战中率领俯冲轰炸机袭击日军航母牺牲的海军陆战队少校洛夫坦·亨德森。机场若投入使用，美军可在此部署上百架飞机，日本人在萨沃岛海战赢得的制空权也将不复存在，因此日军瓜岛作战的首要目标就是夺回该机场。登陆后的一木率队乘夜潜进至距机场15千米处安置营防，同时派出侦察小队。按照计划，一木支队剩下的1000余人和500人的特别陆战队将在大约一周后赶到。先遣队没有携带重武器，但一木支队深信"端着刺刀冲锋"就足以打垮胆小的美国兵。

亨德森机场也是范德格里夫特最首要的防御区域。他部署在海岸的巡逻队发现了日军舰队的航迹，范德格里夫特判断是对方的增援部队登陆了，他派出侦察兵去查探动静。19日，一位当地土著侦察兵上士"罗圈腿乌查"发现了一木的营地，可惜他失手被擒，在日军的刑讯下被乱刀刺伤。一木意识到美军也正在搜索自己，于是扔下奄奄一息的乌查，率领750人离开营地，取道密林，向机场进发。

21日凌晨1时，一木摸索到了泰纳鲁河（本名伊鲁河），过了这条小河不远就是亨德森机场。黑夜里隐约可见河对岸架着铁丝网，但并无动静，一木猜测守在这里的美军都睡着了。日军一路上都未遇到大战斗，一切还算顺利，此刻目标就在眼前，自一木以下都不免见猎心喜。部队继续向西南上游前进，寻找渡河点，走出不远，他们便发现一道沙堤。一木下令，300人组成敢死队向对岸发起进攻。日军猛向对岸开火，机枪、手榴弹齐施，宁静的夏夜顿时炸响，随后敢死队高喊着"天皇万岁"冲向沙堤。未及半渡，河对岸草丛里一阵更为猛烈的机枪弹忽然扫射过来，猝不及防的敢死队被成批射落河中。

河对岸的美军并不像一木想象的那样全无防备。原来，乌查身中数刀居然未死，他趁着一木主力出发时营地守卫薄弱，挣脱绳索逃走，抄近路将日军情报带给了范德格里夫特。他报告，目测日军人数在500左右，虽比实际少了近一半，好在范德格里夫特丝毫不敢大意，在泰纳鲁河一线部署了3000人防守。几天来美军士兵枕戈待旦，一木刚接近就被他们发现，渡河的沙堤便是他们准备狙杀猎物的陷阱。人数远处下风又轻敌的一木支队果然上钩，眨眼间先头部队被消灭。但一木支队毕竟是百战之师，很快稳住阵脚，隔着泰纳鲁河与美军对射。范德格里夫特部署在丛林中的37毫米口径反坦克炮也投入战斗，轰得日军阵地上尘土飞扬，日本人仍顽强坚持，甚至发动了几次反冲锋，战斗持续到天亮，美军依旧无法全歼敌人。

此时，12架SBD轰炸机呼啸而至，这是一天前刚刚进驻亨德森机场的首批美军飞机。一阵低空轰炸之后，全无防空武器的日本人终于坚持不住，防线崩溃。5辆美军轻型坦克掩杀上来，碾过沙堤上的日军残尸，冲向泰纳鲁河对岸，履带之下，一片血肉模糊。日军四散奔逃之下，仍用手榴弹和步兵武器还击，防线化整为零，变成一个个火力点，毫无罢手认输之意。午后，克雷斯韦尔中校率领的一个营从上游处渡河，包抄到日军撤退路线后方，两下合围，日本人彻底走投无路。

日本人的垂死抵抗一直持续到21日黄昏，一木清直此前已受重伤，一直被部下用担架抬着，此时大势已去，他终于认命，下令将支队的军旗拿来，取出原本打算用来庆功的酒浇在旗上，纵火点燃——军旗象征天皇亲授，被缴获是奇耻大辱。一木身边仅剩的几十人围着军旗低头痛哭，一木命他们各自分头突围，将战败的消息带回去，自己则承担全军覆没之责，以死谢罪。远处美军坦克的轰鸣声越来越近，一排排树木被撞倒，一木身边的士兵冲上去阻击，结果无异于螳臂当车，一个个被碾成肉泥。一木清直跪坐在地上，坦克就要推进到跟前，忽见他拔出腰间指挥刀，猛插入小腹。他身后，插在地上的军旗已经快要燃尽。之前和一木一起指挥战斗的中尉榊原，此时正躺在不远处的河床上，身体浸在被血水染红的泰纳鲁河里，只露出口鼻呼吸，看上去和周围的死尸没有分别。他奉一木的严令，返回登陆点报告消息，关于这场战斗最后的细节就来自于他的报告。

这是美军登陆瓜岛以来与日本人的第一次大规模战斗，全歼一木支队800人，己方35死75伤，堪称完胜。对美军来说，这场胜利最大的意义在于为航空兵扎根亨德森机场赢得了时间，首批战机赶在与一木支队正面交锋前仅一天入驻，可谓是间不容发。战役结束后，趁着日军筹措兵力的间歇，美军还大力增加飞机数量，完善机场防空，使得瓜岛的空中防御对航母的依赖大大降低。日军此后几周的轮番空袭都被挫败，损失了20余架飞机。由于亨德森机场航空兵的活跃，日军的海上封锁也再难奏效，美国人很大程度上夺回了萨沃岛海战后丢掉的制空制海权。

但这场胜利是美军在人数、装备、情报全面占优的情况下，还经过了几乎是一天一夜的鏖战才取得的，陆战队第一师中有不少新兵第一次上阵就直面战争的惨烈，这对他们心理上的冲击是不言而喻的，此时他们真正意识到，日军的悍勇远远超出想象。除了个别逃脱，日本人全部战死，无一投降。尤其令他们印象深刻的是，有几次美军试图俘获并救治敌方的伤员时，倒在地上的日本伤兵竟然拉响腰里的手榴弹，与美国人同归于尽。这让美国人明白，他们是在和怎样的敌人作战，接下来的半年之中，这种噩梦般的经历会不断重演。

此时的海上，田中赖三少将的第二水雷战队掩护着运载后续登陆部队的运输船正在赶来。听说一木全军覆没，百武只好命令他们暂缓登陆，同时，山本五十六重新组建的第三舰队也正向所罗门群岛海域驶来。

40
再决高下

日本第一航空舰队在中途岛折戟沉沙。南云忠一是败军之将,但用人之际,山本和海军军令部方面还需要借重他开战以来积累的海军航空兵作战经验,因此,新组建的第三舰队仍以南云及其参谋团队为班底。舰队包括已经修好的两艘大型航母"翔鹤"号、"瑞鹤"号,轻型航母"瑞凤"号、"龙骧"号,以及邮轮改建的大型航母"隼鹰"号、"飞鹰"号。不同于以往之处在于每个航空战队的航母由两艘增至三艘(两大一小),此外还增配了曾参与珍珠港行动的高速战列舰"比叡"号、"雾岛"号,以及两个配备舰载机的重巡洋舰战队,增强护航能力。

瓜岛战役爆发前,第三舰队正在日本本土训练飞行员,瓜岛之战的烈度超乎预想,山本就想起了这支新的王牌。在他看来,兵败中途岛最可惜的不是4艘航母,更重要的是自己苦心酝酿的诱使美军舰队决战的机会落空,而不能在己方力量占优时完成决胜,也就意味着胜利天平将日益偏向美国,这也是山本开战之前就有明确认识的。此时的瓜岛让他看到了新的机会,因此等不及第三舰队训练完毕,山本就决定将之派往所罗门群岛,再次寻求与美国太平洋舰队主力决战。8月21日,一木清直全军覆没的同一天,第三舰队也在特鲁克的基地集结完毕。山本五十六已乘"大和"号亲临特鲁克,根据他的构想,瓜岛海战的最高目标是诱出并歼灭美军第61特混舰队的3艘航母,最低目标则是占领或摧毁美军控制下的亨德森机场,只有这样才能确保日军在这一海域的制空制海权,以运送陆军去夺取瓜岛。根据这一指导思想,南云采纳取代源田实的新参谋长井纯隆中佐之计,抛出了麾下新第一航空战队的轻型航母"龙骧"号充当诱饵,希望该舰开到瓜岛海面后能吸引美军航母的舰载机来袭,从而确定其位置。

21日当天，"龙骧"号和重巡洋舰"利根"号、两艘驱逐舰"时津风"号和"天津风"号组成的舰队先行动身，目标是亨德森机场。南云亲率主力远远跟在后面。此外，近藤信竹的第二舰队也从特鲁克出发，来参与南云的围猎，他的舰队包括六艘潜艇组成的先导战队、旗舰"金刚"号战列舰、两艘水上飞机母舰"千岁"号、"神州丸"，以及六艘巡洋舰，舰队位置在"龙骧"号编队和南云的主力舰队之间。在几支攻击舰队身后，还跟着一直漂在海上的田中赖三及其护送的运输船队。

23日清晨，南云的主力舰队已经接近既定位置，巡洋舰携带的水上侦察机被派出搜索美军航母的踪迹，但直到黄昏时分仍遍寻不见，只好放弃，留待来日。当晚，南云电令"龙骧"号编队于次日中午空袭亨德森机场。徒劳无功的不只是日本人，这一天，瓜岛以东150海里处，弗莱彻也做着同样的努力。通过情报，他们已经获知日军大举来袭，但具体时间和战略目标仍不明确。弗莱彻派出的美军侦察机曾捕捉到田中赖三舰队的影踪，但很快又失去目标，至于南云的舰队，则完全没有看到。基于情报，弗莱彻判断日军的航母应该还在特鲁克。

23日在两军劳而无功的忙碌中过去了。24日凌晨时分，"龙骧"号编队悄悄起航，驶向瓜岛。是日又逢大雾天气，但"龙骧"号编队未受影响，上午10时抵达攻击点，比预计时间提前了一小时。编队的指挥官是原忠一少将，作为诱饵，他和他的舰队显然已被视为"可以牺牲"，但原忠一不能不考虑后路。"龙骧"号是小型航母，只有30架舰载机，出动攻击亨德森机场后舰队上空的直卫力量势必不足，因此，放飞舰载机后，舰队退避是合理的选择，完成空袭任务的舰载机可以飞往邻近日军控制的岛上着陆。但这个计划也让人不放心，美军航母的位置还无法确定，万一放飞舰载机后的"龙骧"号在退避途中被敌人发现，那就只能挨打了。几经权衡，原忠一还是觉得飞机带在身边比较放心，他决定待空袭完成后到指定地点会合，由航母回收舰载机。

10时20分，原忠一先后派出两批合计6架轰炸机和15架战斗机，前往袭击亨德森机场。此时，"龙骧"号的动向已被美军侦察机发现，报告发给弗莱彻，他大为震惊，几天来一直没能搜到的日军航母突然出现令他意外。此前他已将三个航母战队分散搜寻，其中"黄蜂"号编队被派往瓜岛以南海域，刚好与日军来袭的方向相反，这意味着一旦展开决战，他手边只有2/3的兵力可用。眼看情势严峻，弗莱彻不敢大意，派出了更多侦察机去确认情报。12时45分，弗莱彻寻求的确凿情报终于出现：瓜岛亨德森机场方面电告称遭日军空袭。深悔之前不够果断的弗莱彻立刻命令"萨拉托加"号的30架轰炸机和8架鱼雷机出动，搜寻敌军航母。不久后，呈扇形搜索的侦察机先后发回几条电报，弗莱彻越听越心惊：在附近海域，至少有日军的两艘大型航母和一个巡洋舰编队。现在"萨拉托加"号和"企业"号的甲板上只剩下了14架轰炸机和12架鱼雷机，以及53架战斗机。虽然可望凭借战斗机自保，但想袭击日军的大型航母，却力有不逮，也就是说，只能招架，难以还手，局面十分被动。弗莱彻想命令出击的机群改换目标，偏偏天气影响了电报信号，无法有效沟通，他不觉冷汗涔涔。

此时，南云也发现了美军的飞机，并推算出弗莱彻的大致位置，眼看这个在珊瑚海重创过双鹤航母，又在中途岛与自己交过手的老对头此时已经中了自己的调虎离山之计，报仇雪恨就在眼前，难耐兴奋的南云也派出主力机群——27架九九式轰炸机和10架零式战斗机——飞向弗莱彻的头顶。接下来，一连串火爆场面在几个不同地点接连上演。

12时50分，亨德森机场上空战斗结束。美军15架战斗机被击落，机场地面设施轻微受损，日军损失5架飞机，负伤2架，返航至指定地点准备与"龙骧"号会合。

12时55分，南云主力舰队的机群起飞完毕。几乎同一时刻，第一批美军轰炸机发现"龙骧"号，投弹，但没有命中，不过"龙骧"号编队的位置已暴露无遗。一个小时后，"萨拉托加"号的38架飞机追上来，一通狂轰滥炸，"龙骧"号身中四弹和一枚鱼雷，船体倾覆，甲板也被炸坏，无法回收舰载机。美军机群尽兴而归。几分钟后，"龙骧"号的攻击机群也返回航母上空，已转移到"利根"号巡洋舰上的原忠一只能命令他们就近寻找着陆点，但此时机群燃油多已耗尽，大部分只能在海面迫降，平白损失了几乎整个舰载机群，所幸护航的两艘驱逐舰救起了落水的飞行员。

身负重伤的"龙骧"号在海上漂荡，捷报传回舰队，但"企业"号上的弗莱彻却高兴不起来，他知道，同样的命运随时可能降临在自己头上。14时，就在"萨拉托加"号机群痛打"龙骧"号的同时，日军巡洋舰"比叡"号的侦察机已经报告了弗莱彻舰队的确切位置。大约半小时后，日军机群在"比叡"号侦察机的导航下飞临"企业"号上空。此前，它们已被美军雷达发现，护航的巡洋舰和驱逐舰在"企业"号外围排好阵型，"野猫"战斗机群也在空中准备完备。

虽然敌人有备，日军还是发起了攻击，14时38分，空袭开始。在空中担任警卫的美军"野猫"与老对手零战厮杀缠斗，得暇的"翔鹤"号九九式轰炸机群穿云而出，冒着美军护航舰队稠密的弹幕猛扎下来，目标是舰队中心的"企业"号。日机不计损失拼命俯冲，一轮投弹，命中率惊人，六颗250千克炸弹有三枚命中，两枚近失。"企业"号先中一颗穿甲弹，两层甲板被洞穿，炸弹在第三层甲板爆炸，大火从航母腹腔燃起；第二颗炸弹炸坏了舰艉处的飞机升降机；第三枚炸飞了信号台。"企业"号连受重创，船体剧烈摇撼，随后倾斜，爆炸的气浪将甲板上的士兵抛入海中，共计112人在这轮袭击中丧生。此时，"瑞鹤"号机群正在搜寻"萨拉托加"号，不过他们没能找到目标。

这一轮攻击日军也损失惨重。"翔鹤"号的轰炸机只有一架逃生，护航的零式战斗机也被击落三架，击伤三架，算上无功而返的"瑞鹤"号机群，日军出动的37架飞机只有13架返航。但看着"企业"号烈焰冲天，幸存的日本飞行员颇感欣慰，相信自己的牺牲换来了宝贵战果。此刻确实是"企业"号最危险的时候，航母动力系统失灵，一度在海上打转，但屡建功勋的损管团队再次创造了奇迹，他们的抢修让"企业"号恢复了航行能力。更加如有神助的是，南云派出的第二波攻击机群居然在已经十分接近的情况下错失目标，掉头返航了，而此时"企业"号的雷达已清楚地发现了它们的行动轨迹。就这样，日本人错过了向这艘在东京、中途岛屡次结仇的敌舰报复的最佳机会。

至于弗莱彻派出的几拨机群，一个侦察编队发现并攻击了南云的主力，但由于力量单薄，没能给日军航母造成伤害；第二波主力重创"龙骧"号，可惜由于通信不畅，它们也没能接到弗莱彻搜寻日军主力的命令就返航了；弗莱彻在挺过空袭之后，还曾派出"企业"号和"萨拉托加"号上剩余的飞机去搜寻敌舰，它们同样没能发现目标。不过，美国人的运气好过日本人，返航途中它们意外撞上了近藤信竹的舰队，打伤了两艘水上飞机母舰"千岁"号和"神州丸"。

此时已是24日18时许，天色渐黑，弗莱彻命令撤退。南云原本下令夜战，"比叡"号等巡洋舰部队正全速赶往交战海域，但或许是考虑到舰载机损失太严重，南云中途又叫停了行动，和在中途岛时一样，他再次决定放弃夜战，率领舰队返航。

再说"龙骧"号。原忠一弃舰时留下了维修人员继续抢修，但"龙骧"号伤势过重，回天无力。当天下午，原忠一又接到南云的命令，要求与主力舰队会合，他采纳"龙骧"号舰长加藤唯夫的建议，决定抛弃已不能动的累赘"龙骧"号。撤空船上人员后，原忠一下令"时津风"号、"天津风"号两艘驱逐舰发射鱼雷将"龙骧"号击沉。结果当他的残兵败将赶上南云时，战斗已经结束。也就是说，日军在仍有机会抢修的情况下，白白地自毁了"龙骧"号。

至于等待南云扫清登陆障碍的田中赖三，眼见己方的空中掩护指望不上，试图派出舰队中的驱逐舰贴近瓜岛炮轰机场也没能成功，只好再次掉头北返，但撤退途中还是被瓜岛的美军陆基轰炸机赶上，被炸沉一艘运输船和一艘驱逐舰，旗舰"神通"号也受了伤。拉包尔方面电告田中取消登陆，转赴肖特兰岛（位于瓜岛以西，所罗门群岛最西端，布干维尔岛以南）基地暂避，田中如蒙大赦，日军的夺岛计划再次落空。

这便是美日围绕瓜岛的东所罗门海战（又称第二次所罗门海战），也是继珊瑚海、中途岛之后美日航母再次一决高下，胜败依旧难言。盘点战果，可以发现此战和珊瑚海之役颇为相似，日军丧失一艘轻型航母"龙骧"号，美军一艘主力航母"企业"号遭重创，返回珍珠港大修，将缺阵至少三个月，弗莱彻也随舰返回，日美舰载机损失为90∶17。从技术上说，日方稍稍领先；而在战略态势上，更与珊瑚海如出一辙，日军消灭美军航母、掩护登陆，两大战略目标无一达成，甚至对亨德森机场的破坏也十分有限，可称完败。

更为致命的是，在战场背后的国力比拼中日本愈加力不从心，美国人强大的产能优势已开始体现。此役美军从大西洋战线调拨的"北卡罗来纳"号战列舰已经参战，另外两艘新战列舰"华盛顿"号和"南达科他"号也正穿过巴拿马运河前来驰援，检修完毕的"大黄蜂"号也奉尼米兹之命从珍珠港赶来。同时，更多的战舰、飞机正在美国众多军工厂里组装，开战之初遭受重创的美国人的家底竟似越打越厚。反观日本方面已显疲态，联合舰队的兵力优势被逐渐蚕食，每一艘舰船、每一架飞机的损失都让他们肉痛不已。山本五十六开战前"胜利只能维持一年"的预判，正一步步变成现实。对日本人来说，此时只能祭出传统的肉弹战术，派出更多用"武士道"洗脑的士兵，押上他们的血肉之躯，作为瓜岛战役的赌注。

41

老鼠特快

　　东所罗门海战丝毫没能改变瓜岛海域的制空制海权的归属，想在这种情况下完成护航登陆任务几乎不可能。三川军一恳求山本再做努力，山本却不愿再冒损失航空力量的风险配合陆军夺岛，又把球踢回三川，责成他的第八舰队负责，细节让他和百武晴吉自行商量。

　　原计划中夺取瓜岛的陆军主力川口支队已于8月18日赶到特鲁克。该部曾作为主力参与之前的婆罗洲战役、巴丹半岛战役，对热带丛林作战有相当的经验，支队士兵编制3500人，大部分来自当时日本国内比较落后的九州岛久留米、博多，生性勇悍顽强。该部本来在"FS作战"计划中被委派攻占斐济，计划取消后，转而拨入百武晴吉的第17集团军，受命在一木支队攻占瓜岛后清扫战场，为此，支队指挥官川口清健少将此前一直率部在帕劳进行岛屿作战的针对性训练。川口支队抵达特鲁克时，正是一木清直在瓜岛战败自杀的当天，川口和部下们尚不知情，乐观地认为接下来只需上岛把残余的美军赶尽杀绝即可。

　　24日，东所罗门海战的同日，川口支队乘坐运输船驶往瓜岛。中途战局有变，26日，接到消息后的川口折回肖特兰岛，同时，支队四艘驱逐舰运载的先遣队继续驶往瓜岛。29日，在肖特兰的作战会议上，川口与田中赖三等人争论应以何种方式向瓜岛运兵。田中以自己的经历现身说法，告诫川口，在美国掌握制空权的情况下，如果用常规的运输船，还没到瓜岛就会在海上成为美军飞机的靶子，所以应该使用速度更快、有一定自卫能力的驱逐舰运兵。川口并不认同，他认为驱逐舰空间狭小，无法运载足够的装备和给养，即便登陆成功，也会因为补给不足而重蹈一木失败的覆辙。争执不下之际，川口派出的先遣队回来了，四艘驱逐舰沉没一艘，剩下三艘都弹痕累累，他们遭遇了瓜岛上美军陆基轰炸机的阻击。这下川口信了田中，决定用驱逐舰运兵，但他部下的冈明之助大佐仍坚持使用运输船。于是最终的折中方案是，川口率领主力2400人乘坐八艘驱逐舰沿一木支队的路线登陆瓜岛塔伊乌角，一木支队的残部随他们一同行动；冈明之助率领1100人和司令部成员乘坐快艇登陆瓜岛西北的埃斯佩兰斯角，登陆后两军都向南进入密林，向亨德森机场背后迂回，于指定日期同时发起进攻。届时，海军方面也将配合出动巡洋舰从海上炮击机场。

虽然此刻在瓜岛，乃至南太平洋战场胜负仍然未分，但日本败象已显，进退失据的运输问题就是前兆与缩影。开战前，日本"南进"战略的核心目的是抢占东南亚的石油等必要资源，一轮猛击夺速的进攻后，原料产地已经到手，看似成功，但真正的问题此时才浮现，那就是运输。日本控制了东南亚，但当地工业基础落后，战争资源要运回国内才能发挥效用，此时日本才发现他们事先准备的运输力量远远不够。更加构成悖论的是，在西南太平洋的广阔水域作战同样需要大量运兵船，以保卫胜果，而这又必然要挤占更多的运力。根据预想，此时军方应该减少对运输船的征用，至少退还20万吨的运力，但实际战事非但没有如预期的那样迅速平靖，反而不断扩大化，所以海陆军对运输船的占用不减反增。以工业与经济规模而论，日本的后劲本就不如美国，资源若得不到保障，维系战争能力的差距只能越拉越大。在此期间，东条政府努力协调无果，情急之下也曾尝试求助盟友纳粹德国，但德军在侵苏战场上已陷入胶着，希特勒自顾不暇，对日本人索要的100万吨钢材和运输船舶只是象征性地打赏了1万吨了事。事后看来，可以说在以整体国力相搏的全面战争中，日本人一开始就注定失败，只是身在局中者尚不自知，认准必须不惜代价向瓜岛增兵，坚信能否拿下这座小岛将直接关乎整场战争的成败。

8月31日，日军收获好消息：在瓜岛东南225海里处，日军潜艇意外地发现了美军"萨拉托加"号航母，用鱼雷将其击伤，"萨拉托加"号被拖回珍珠港和"企业"号做伴去了。这意味着美军在附近海域只剩"黄蜂"号一艘航母，瓜岛的空中保护力度大减。就在当晚，已做好准备的川口召集部下誓师，豪言要用"日本陆军磨砺了80年之久的护国之剑，斩碎星条旗"。军官们个个热血沸腾，举酒祝"武运长久"。

20时25分，天已全黑。肖特兰港口汽笛鸣响，八艘驱逐舰两两一对，迤逦而出，趁着海面上漆黑一片，以26节航速疾驶。按照这个速度，可望天亮前抵达登陆点，从而最大限度避免遭遇空袭。同时，冈明之助率领的快艇队也出发了，在小岛之间穿梭绕行，寻找隐蔽。舰队在夜色里全速前行，劈开一道道水波，天空中乌云掩住月光，但海面上无数的萤火虫追着航迹，船后面仿佛拖上了一条闪光的尾巴。夏夜空气闷热，船舱之中十分难熬，所幸海天之间还算平静，担心的美军飞机并没有出现。经过一夜的航程，舰队终于看见远处不足一海里处萤火磷光闪烁，透出黑沉沉的陆地轮廓，那就是瓜岛塔伊乌角。

至此，川口和部下们总算能放下心，一艘艘小艇被放下水，川口清健亲率第一批部队涉水上岛。此时，天边已露微曦，万千萤火虫在空中飞舞，附在日军身上，照出一串闪光的人影，转瞬间，人影没入岸边的密林中。滩头上，川口指挥着尽可能多地卸载物资，海面上风浪渐高，后续的登陆行动只好放缓，1000余人登陆后，眼看时间已来不及，驱逐舰队只好暂时退避。

川口支队在密林里摸索向前。入林不多时，就听到海岸方向爆炸声大作，照明弹射出，夜空被映成白昼。美军飞机发现了撤退中的日军驱逐舰队，正追着它们狂轰滥炸。随后飞机引擎的轰鸣声也出现在川口支队头顶，显然美军在从空中搜索林间，日军伏在林木杂草隐蔽处，大气不敢出，待敌机飞远，立刻加速前进。正当他们深一脚浅一脚地前行时，草丛深处忽然传来人声，一惊之下，仔细听去竟是日语，几个人影站起身来，衣衫褴褛，面无血色。原来一木支队登陆之后安排了百余兵留守营地，后被美军打散，这几个残兵已经在丛林中苟延残喘了十天，给养早就用尽，只能靠采摘水果、捕捉昆虫为生，胃里已经多日没进热食了。残兵见了援军喜极而泣，带领川口支队进入密林。直至此时，支队被告知的任务还是清扫战场，消灭残余不多的美军，但一木的残兵告诉川口，美军在瓜岛的数量并不是日军情报显示的"只有5000人"，不但数量众多，还完全修好了亨德森机场，集结了相当规模的航空兵力量，时常在丛林上空巡航，遇有异动，立刻投掷燃烧弹，以致他们在林中都不敢生火做饭，只能吃生米。

川口清健不由得想起在威克岛的经历。日军攻克该岛后，强迫俘获的300名美军修理机场，结果美军只用了3个人开着巨大的推土机，半天之内就把千疮百孔的机场平整好了，令只装备了铁锹镐头的日本工兵目瞪口呆。现在，川口更直观地感受到了美国人不可思议的工程能力，这背后则是两国鸿沟般的国力差距，想到要与这样的敌人作战，他不免惴惴不安。

但军令还是必须执行。川口支队躲入林中一处废弃的土著村落暂时安顿，在接下来的三天，驱逐舰每夜都将支队的剩余人手及少量给养运送上岛。美军也知道敌人在增兵，但夜间飞机行动不便，只能看着小股敌人不绝如缕，溜上瓜岛。美国人极有想象力地把敌军化整为零的运兵方式称作"东京特快"，日本人自己却有更形象的称谓：鼠式运输。相应地，冈明之助采取的目标更小的快艇运输模式被称为"蚁式运输"。接下来的半年中，这将成为瓜岛鏖战的常态。

此时亨德森机场已有60架飞机，包括火力强大的"空中堡垒"B-17，由于机场周边遍布仙人掌，这支空中力量被称为"仙人掌航空队"。为了应对瓜岛日益猖獗的"鼠患"，范德格里夫特每天都派出仙人掌航空队在密林上空巡逻、轰炸，最频繁时一天70余次，隐匿林中的川口支队被炸得抬不起头。但到了夜间，情势就会发生逆转。"东京特快"运来新一批士兵，在丛林深处狐凭鼠伏，汇成大军。有时日本人还会出动驱逐舰炮击亨德森机场，为登陆提供掩护。"美国人控制了白天，黑夜则属于日本人。"

9月4日起，川口支队的主力和一木支队第二梯队，以及从青叶支队抽调增援的田村大队总计3500人，依次上岸。黑夜之中美军无力拦阻，但老鼠们上岸总难全须全尾。在登陆过程中美军一得到消息就出动飞机轰炸，致使日军不得不丢弃来不及卸载的给养和重武器，逃进丛林。川口支队原本携带了包括高射炮在内的26门火炮，绝大多数刚运上滩头就不得不丢弃。更严重的是，9月7日登陆的最后一拨部队再遭空袭，而打扫战场的美军从尸体上找到了日军的作战地图。同时，日军也总算基本聚拢，川口清健着手布置作战计划。这天，冈明之助的部队也终于有了消息，他们发来电报称，已在指定地点成功登陆，这意味着夹击亨德森机场的计划可以实施了。由于担心暴露位置，川口不敢用无线电直接与冈明之助联系，他派出中山博二中尉带领三名最精锐的传令兵穿越丛林寻路去找冈支队，告知他们：袭击行动定在9月13日，入夜后开始。

42
血岭

一木清直贪图捷径、轻敌冒进以致全军覆没的教训让川口深以为戒，因此，当前进到泰纳鲁河时，川口命令沿着河向南进入林中寻路。随着支队一步步深入人迹罕至的丛林心脏地带，瓜达尔卡纳尔的凶险也一点点图穷匕见。

在规划日程时，川口清健曾经乐观地认为潜行到亨德森机场背后的攻击点两天足矣，但钻进丛林后他发现，和这里比起来，此前婆罗洲和帕劳的丛林简直算是游乐园。瓜岛林中根本无路，参天的树木鳞次栉比，枝干在头顶交相伸展，树叶的缝隙间透进些许阳光，白昼之下，林中也是一片昏暗。脚底下，树木的根系盘根错节，拱出地面，上面长着一层苔藓，湿滑难行。地面还有经年累月的腐败落叶，有的地方甚至已经淤成烂泥坑，陷进去便无生路。丛林中更不乏热带毒虫，叮咬一口，非同小可。林木稀疏的地方便是杂草的领地，草叶高直，边缘锋利如锯，很多士兵都被刮得满腿血痕，军裤被撕扯成了布条。为了躲避美军飞机，川口支队尽可能昼伏夜出，这样的地形地貌在黑夜里更是寸步难行。因为不敢点灯，只能借助一种苔藓的磷光，涂在身上勉强照路，幽幽鬼火高低明灭，微光中日本人步履蹒跚，犹如百鬼夜行。林中偶尔会有一片空地，树木都被夷平，仿佛丛林的秃疮，那是仙人掌航空队的杰作，日军可以在那里稍事休息，但不能停留过久，因为美军的侦察机时常在空中盘旋。又行一程，渐渐进入波波玛纳休山地，地势高拔，不时有断崖深谷阻挡，行路更难。为免炊烟被发现，日军每日只能吃生米，既不好消化，也难以下咽，有时摘几个不知名的热带水果佐餐，入口甘甜，落肚之后胃里却倒海翻江，上吐下泻，喝了林中溪涧的生水，更容易加重病情，疟疾等热带病很快泛滥。加之瓜岛的气候十分多变，朝来寒雨晚来风，几乎每天都要被淋透几次，更是苦不堪言。病、饿、累、急，川口支队每天只能前进不足十千米，更有大批病号掉队，整个队伍已经脱节。

沿着泰纳鲁河向西南方向艰难跋涉约3000米，就到了川口此前在地图上标出的战术点。在这里，日军分路而行，一木支队的残兵和炮兵携带军中仅剩的重武器两门迫击炮和一门山炮，渡河直接向西，进入亨德森机场以东1600米处隐蔽，等待信号；川口清健本人率领主力2400人继续向南，渡过另一条更短的小河伊鲁河，绕到亨德森机场背后，从那里发动袭击。

9月12日夜，历尽艰辛的川口支队终于就位。川口选择的战术点，北距机场约5000米，之间隔着一段不算太高的无名山脊，与隆加河平行，故称隆加山，正对机场的一段长约800米，正是天然屏障。川口支队就地展开，麾下的国生、渡边，以及增援的田村三个大队自东到西排开，从三面围住高地，川口的司令部在最后压阵。川口的计划是，由留在东侧的一木支队先开炮，吸引美军注意力，然后自己的主力和西路的冈支队趁机夺下高地，一举杀入亨德森机场，届时再由海军舰船从北面海上炮轰机场，相当于四面夹击，让美军彻底变成瓮中之鳖。可惜，由于行军进度大大落后于预期，又不敢使用无线电通信，现在各部之间已经断了联系，这个周全的计划很难完整实施，川口只能做到一分是一分。

21时，丛林中夜色已深。川口召集军官们做简短动员，其实士兵们早已抱了必死的觉悟，进攻命令颁下后，突击队在臂上缠上白布带，既为辨识，也为鼓劲，行囊里还有干净内衣的也都取出来换上，以期死也死得体面。此时，东线忽然炮声大作，一木支队遵照约定动手了。高地上照明弹被射上天空，光亮中只见美军向激战处奔去，伴随着嘈杂的叫骂声，机枪响起，显然是美国人在还击，试图压住日军的炮火。美军的注意力已被吸引到一木支队残部一侧，川口的调虎离山之计部分得逞，他也清楚，一木支队的重火力有限，不可能坚持太久，必须果断出击。一声令下，国生大队发起冲锋，在闪着绿光的照明弹的帮助下，端着刺刀冲向高地。忽然，此前在静夜中仿佛睡着的小山猛醒过来，枪管从觉察不到的草丛中探出，火舌狂喷，弹飞如雨。包括川口在内，谁也没料到美军在这个小丘上的驻防如此严密，此刻，成排的日本兵"像打保龄球一样"被放倒，尸体铺满山坡（约翰·托兰《日本帝国的衰亡》）。

川口较之前的一木已经小心谨慎得多了，但和他的对手范德格里夫特相比，仍有不足。虽然有人数和航空作战能力上的优势，但范德格里夫特仍不敢有丝毫大意。从缴获的情报中他判断出日军的攻击点大概就在隆加山一带。猜不出具体日期，范德格里夫特便在此布置了两个营的兵力，左翼是伞兵营，由海军陆战队的哈里·托格森上尉率领，就是图拉吉岛"光屁股爆破战"的主角；中路和右翼是贾斯廷·杜里埃上尉的突击营。机枪和掩体组成牢固防线，身后还有炮兵阵地提供远程火力支援。指挥部设在高地顶端，梅里特·爱迪生上校担任指挥。两个营的总兵力约1500人，目不交睫，盯着丛林里的动静。日军率先冲锋的国生大队面对托格森一侧，虽然起初美军颇为意外，但有赖于早已布置好的掩体和火力点，他们迅速展开反击，日本兵不及冲到近前就被机枪扫倒一片。第一波冲锋很快被打退，日军折损600余人，阵亡将近1/3。

　　但这只是开始。稍作整顿的国生勇吉少佐又组织了第二波攻势，日本兵再次冲向高地，对满地的同伴尸体视而不见，前排的士兵中弹倒地，后排的则借此掩护又前冲几步，士兵的身躯成了活动的掩体，日军如同一架战车，在血肉横飞中滚动向前。许多美国士兵第一次领教这样的武士道精神，不可理喻的狂热使第一线的机枪手们不免心悸。跑在后排的日军士兵忽然扬手投弹，一串手雷在美军阵线前沿爆炸，浓烟腾起，美军被呛得睁不开眼。混乱之中，有人惊呼："毒气弹！"日军的化学武器正是美军最忌惮的，加上天黑，一时间美军竟没细看一眼敌人是否佩戴防毒面具就都信以为真，恐惧惊慌之下防线整体向高处收缩。其实，日军扔的只是烟幕弹，他们并没携带化武，但看见这招奏效，纷纷用英语大喊："毒气弹来了！"美军的慌乱加上日军的冲击，防线被打开几处缺口。

　　高地最左侧的美军防线被国生大队逼退，阵线中路与右翼结合部也被村田大队的黑木甚一郎少佐所部攻破，中段的渡边大队指挥官渡边久寿吉中佐行军中伤了腿，不能在最前线指挥，因此这一路攻势稍缓，但驻守此处的美军发现两翼失守，自己有被合围之虞，也放弃阵地向高处撤去。在高处指挥的爱迪生上校一边大声叱骂部下"为什么不能像日本人一样有种"，一边命令托格森等人稳步后撤，退往第二道防线。国生大队瞄准的是亨德森机场的高炮阵地，成功突破第一道防线后国生勇吉信心大增，冲在队伍最前面，高举指挥刀让部下跟上。正得意间，忽然前面山坡上一片掩体后面又有排枪射来。原来美军早已构筑了足够的防御纵深，弃守第一道防线后很快发现所谓"毒气弹"不过是虚张声势，又恢复胆气重新组织起防线。国生冲得太猛，不及防备，瞬间被打成筛子,他手下的军官此前就已战死大半,现在没了指挥官,攻势瞬间瓦解。

另一侧的黑木部夺下了美军的一个机枪阵地,心情不错,士兵听见美军扔下的电台里爱迪生仍在询问战况时,甚至有兴致拿过话筒向他汇报"情况良好请放心"。黑木部更大的收获是美军丢弃的补给品。士兵们撬开箱子,里面全是香肠、火腿、牛肉罐头,仿佛圣诞老人的礼物。众人自打离开肖特兰岛,十来天没吃过正经饭食,之前一天为了轻装疾进,更是没带一点粮食,已经一天水米未进。此刻虽是激战间歇,仍不免眼放绿光,馋涎欲滴。黑木甚一郎带头用刺刀撬开罐头大吃几口,招呼手下不要客气,"罗斯福请客",士兵们一拥而上,风卷残云。美食落肚,不免忆苦思甜,对好吃好喝的美国"少爷兵"们更添妒恨。战局毕竟容不得他们尽兴,黑木吃了几口后便下令继续战斗。但此时对面的美军也已重新组织好防线,高处的炮兵阵地对准黑木的进攻路线猛轰。填饱了肚子的黑木精神百倍,冲在最前,弹雨擦身而过,眼看炮兵阵地已经触手可及,黑木和身边的士兵已经平端刺刀准备肉搏,但越贴近美军防线,子弹越密集,身后己方的火力掩护也完全无力与美军对抗,越来越多的人在机枪扫射中倒地。一颗流弹飞来,正中黑木面门,他被掀倒在山坡上,手拄指挥刀仍在指挥"冲锋",一枚手榴弹在他身侧炸响,黑木倒地不起。这次十分接近成功的冲锋又以失败收场。几处战线,日军又失700余人,对黑木及其部下们来说,幸运的是他们做了饱死鬼。

此时已是9月13日凌晨2时,后方的川口清健心急如焚,设想的偷袭变成了阵地战,己方损兵过半却仍没有实质性战果。日军夺下一个山头,前方又会出现另一个山头,最近时距离亨德森机场不足1000米,却无法再有突破。那该死的机场就像是橱窗里的陈列品,看得,摸不得。

焦灼之际,忽然电台里传来一个川口期待已久的消息:冈明之助的部队已经进抵战术点,可以发动进攻。川口仿佛在溺水之前捞到了救命稻草。他下令实力保存相对完整的渡边大队配合冈明之助,发起新一轮进攻。他相信,冈明之助这支生力军的出现,将足以改变战局。

可惜,残酷的现实马上就让川口摔回地面。冈支队出发时虽有1100人,但之前运兵途中他们乘坐的快艇就数度遭遇美军飞机轰炸,损失了过半的兵力,登陆后又和川口一样在地狱般的丛林行军途中折损不少,此时只剩下400余人,完全没有重武器。上一次的电台通信中,冈没来得及将他们的惨状报知川口。

一天之前，川口派出的中山博二等四名传令兵历尽艰辛，总算在饿死的边缘找到了冈支队，将作战计划带给他们，冈明之助明知难有作为，也只得把残兵带到战区。他试图将部队分成小股，趁着美军忙于应付川口的正面强攻，从西侧秘密潜入亨德森机场破坏设施。但他们抵达高地后，立刻被驻防这一侧的美国海军陆战队亨特上校所部发现并击溃。美军炮兵用持续火力切断了冈的退路，本就七零八落的冈支队只得散开，各自逃入丛林奔命。

被寄予厚望的战术至此彻底破产，川口清健明白，胜利已无可能。此时他身边的各路残部还有约800人，他想集合这最后的人手，以一次日本式的自杀冲锋结束这场困兽之斗。但时间连这样的机会都没有再给他。9月13日的太阳已缓缓爬上海平线，日光自东向西，推开瓜岛的夜幕，也让之前隐匿在黑暗中的日军暴露在阳光下。先是最东端的一木支队残部，仙人掌航空队的战机升空，抛下炸弹。正面高地的美军防线背后，五辆坦克隆隆而出，履带碾过遍布山坡的日军尸体，向川口推进。攻守相易，轮到美国兵端着刺刀，跟在坦克后面发起冲锋了。大势已去，"玉碎精神"终于败给求生本能。全无斗志的川口下令各部撤退，躲进丛林深处。看着手下被美军狩猎般追逐射杀，川口欲哭无泪，只能在美军收兵后长跪诵经，超度亡灵。14日，川口和败退下来的村田残部会合，往西南方撤过马坦尼考河，依托河流和森林勉强布防。

至此，战役结束。根据美军的统计，己方31人死，103人伤，日军方面632人死，超过600人受伤、失踪。一般来说，一支部队战斗减员1/3就会丧失战斗意志，川口支队的主攻部队死伤过半仍保持战斗力，可谓勇矣，但精神武器的作用毕竟有其极限，血肉添油的打法在现代战中已无法带来胜利。至于日军最主要的攻略目标亨德森机场，几乎毫发无损，因此可以说，继一木之后，日军发动的又一次谋夺瓜岛的战役再告完败。

指挥部里，一夜苦战守住高地的爱迪生拨通电话，向范德格里夫特报捷。14日白天，范德格里夫特赶来视察阵地。此时，追击的美军已经收兵休息，战场恢复了平静，但激战的痕迹依然触目惊心。美军的炮兵部队，仅105毫米口径的炮弹就发射了2000枚，山坡到处是弹坑。日本人的残尸横躺竖卧，不是肚破肠流，就是断手折足，更多的是难以分辨的尸块血肉。血，流遍了山丘，渗进沙土之中，变成一团团黑紫色的污迹，几乎盖满山头。山风吹过，腥闻数里，刺鼻的尸臭直让人神经阵阵发麻，瓜岛的苍蝇和食腐动物们早已麇集此间。山另一侧的伊鲁河中也躺卧着不少日军尸体，这条河是鳄鱼的领地。参战的美军士兵罗伯特·莱基日后在其著名的回忆录《血战太平洋之瓜岛浴血记》(*Helmet for My Pillow*，美剧《血战太平洋》的原著)中写道，他不止一次在望远镜里看见河中的鳄鱼大快朵颐，两两一对，咬住尸体两端，在河中飞速反向翻滚，本就残缺不全的尸首就变成了肉片，落进鳄鱼皮棺材。这样的场景让美国人也不免恻然。

战斗发生的那片山丘，是隆加山脉中的一小段，此前至今，亘古无名，经过这场血战之后，它多了个在美日两军中通用的新名字：血岭。

43

铁底海峡

此前一木支队的失败还可推说是大意中伏，寡不敌众，况且战至最后一人时一木清直也自杀了，总算是个交代。这一回川口的失败，则令日本陆军方面恼火，很长时间里他们仍固执地认为瓜岛上美军的兵力和己方不相上下，川口清健被"东京特快"接回拉包尔述职检讨，在报告中反复陈述美军防御力量和瓜岛条件恶劣超出预判，"不是皇军无能，都怪地形太糟"，但这些都被视为败军之将推卸责任的借口。高层认定他在仍有半数兵力的情况下撤退，对自诩在太平洋战场上"从不后退半步"的日本陆军来说是极大的难堪，更不用说川口兵败之后连日本人刀切腹的保留节目都省略了，更让陆军高层颜面无光。

当时，轴心国在北非和苏联战场都连受挫折。日本国内政坛也感受到了焦躁，为应对局面，9月初东条英机兼任外相，进一步大权独揽。在这样的背景下，瓜岛战役不再是单纯的军事问题，而升级为极具展示意义的政治事件。日本人在南太平洋的战略重心从新几内亚转移到瓜岛，陆军大本营从侵华战场的关东军、中国派遣军、南方军中抽调精兵强将，补给百武晴吉的第17集团军，百武也准备亲自出马，志在必得。岛上的残兵已指望不上。血岭战役之后，川口支队遁入丛林，溃不成军。士兵们不像川口还有脱身机会，他们被困深山密林，给养早已耗尽，充饥的食物由水果降档为草根、树皮、苔藓、昆虫，几乎退回原始状态，日本人口中的"瓜岛"也被改称为读音相近的"饿岛"。

按照瓜岛战役的一贯节奏，陆上的进攻不能奏效，焦点就会转回到海上。海军的还击迅猛而结实，9月15日，就在血岭之战第二天，游弋在瓜岛东南海面的美军"黄蜂"号航母被日军潜艇发现。在"黄蜂"号减速收回舰载机的当口，日军的伊-15和伊-19两艘潜艇突然发难，伊-19的三颗鱼雷击中"黄蜂"号右舷，引爆了舰上的弹药库；伊-15虽然打偏，却歪打正着，击中了十千米外护航的"北卡罗来纳"号战列舰，在船底撕开了一道十米宽的大裂缝。这场遭遇战耗时仅15分钟，"黄蜂"号被迫弃舰自沉，损失200人和46架飞机，倒霉的舰长谢尔曼继珊瑚海战役丧失"列克星敦"号之后，又一次丢掉了自己的航母。"北卡罗来纳"号重创，被拖走大修，另有"奥布莱恩"号驱逐舰被伊-19击沉。建立奇功的伊-19艇长木梨鹰一一战成名，成了日本海军的英雄，被召回国内接受裕仁天皇单独接见的殊荣。至此，美军在该海域的第16特混舰队三艘航母一沉两伤，主力只剩下刚从珍珠港赶来助战的"大黄蜂"号航母，以及"华盛顿"号新型战列舰。

此时是瓜岛海域的美日海军力量对比最有利于日方的时段，而且即便在当时也不难预料，航母数量5∶1，这样的优势几乎是可遇而不可求的。拉包尔的百武晴吉深感机不可失，力劝山本五十六出动联合舰队主力，护送第17集团军携带足够的给养和重武器登陆瓜岛，毕其功于一役。但山本有自己的考量，他知道美军的航空舰队主力修好后必定去而复返，心里盘算着复制中途岛方略，吸引其在所罗门群岛海域决战，不想在此之前就冒险和瓜岛的仙人掌航空队交战。几经交涉，山本虽然被百武的参谋名嘴辻政信说动，终于同意提供护航，不过时间在争执中已所剩无几，待海陆军双方都准备完毕时已是10月，攻击计划确定在10月下旬。

在这期间，美军完成了在瓜岛的增兵。9月18日，范德格里夫特接收了运输队送来的147辆越野汽车、1000吨食品、400桶飞机燃油，以及4200名精神饱满的新兵。瓜岛上的美军人数已超过2万，飞机60架，包括"空中堡垒"B-17等强力机型。9月29日，尼米兹亲自飞抵瓜岛为海军陆战队打气，保证会提供更多的支持，美军的心气已大为不同。

10月3日起，联合舰队护送日本陆军分批向瓜岛进发。此前半个月已部署在肖特岛上的第2师团被运上岛，这是日本陆军中凶名素著的仙台师团，约7000人，团长丸山政男中将是骄狂的军国主义悍将，自夸仙台兵"自日俄战争以来未尝一败"，言下之意，瓜岛也不在话下。随后几天，在日军飞机的掩护下，舰队又运来了更多后续兵力。9日，百武晴吉踏上瓜岛，同行的还有辻政信，以及准备"将功补过"的川口清健。

就在这一天，瓜岛的美军主动出击，向丛林深处的川口残部发起扫荡。这群惊弓之鸟早已失去战斗力，一天之中700余人被打死，马坦尼考河西岸的日军残部基本被肃清，行动中美军仅损失65人。当晚，百武晴吉见到了幸存的川口残部，他们早被饥饿和惊吓折磨得不成人形，几个神志稍微清醒者向百武讲起了惨烈的血岭之役，百武越听越是心惊，直至此时他才相信川口清健的报告不是夸大其词。为了不蹈其覆辙，百武及时修正了想法，向后方要求必须有更多的兵员和足够的重武器，才可以攻击亨德森机场。百武的提议得到认可，拉包尔方面又凑出700余名士兵，以及4门重型榴弹炮和1门高射炮，由精心挑选的6艘航速最快的运输船运载。三川军一从旗下第八舰队中调拨精锐护航，包括萨沃岛海战中功勋显赫的三艘重巡洋舰"古鹰"号、"衣笠"号、"青叶"号，还有两艘驱逐舰"初雪"号和"吹雪"号。护航舰队由海军少将五藤存知指挥，10月9日出发。

舰队进军的航线是给他们留下过美好回忆的萨沃水道。按照计划，掩护运输船队登陆后，五藤要率舰队炮击亨德森机场。然而，两个月过去了，时移势易，当初的好运没有再次眷顾日军，这一回，美军的侦察机早早地捕捉到了他们的动向。9日22时50分，护航舰队拐过埃斯佩兰斯角，准备走萨沃岛的南水道。此时天已全黑，五藤的舰队黑着灯，想要借着屡屡为日本海军提供帮助的夜幕掩护，悄悄靠近瓜岛。忽然眼前火光一闪，紧接着炮声大作，光亮处隐约看见一群敌舰已在对面海上排开阵势，开炮猛轰，虽看不太真切，但显然敌舰数量在己方之上。守在此处的是美国海军少将诺曼·斯科特率领的舰队，有4艘重巡洋舰和5艘驱逐舰，接到敌情报告后早已候在这里。日军舰队刚一露头，斯科特的旗舰"海伦娜"号当头一炮，正中五藤乘坐的"青叶"号。美军另外两舰也向"青叶"号开火，炮术奇准，数弹命中要害，"青叶"号舰桥几乎被夷平，在那里指挥的五藤存知来不及发令就被炸成重伤，不治而亡。

日军中伏，主帅惨死，当即陷入被动，只好一边还击，一边掉头逃走。"青叶"号负伤，紧随其后的"古鹰"号赶上来掩护旗舰，结果自己成了靶子，被围攻的美舰射中近百弹。或许是打得过于顺手，斯科特本人都觉难以置信，他几次下令暂停射击，然后打开探照灯辨认，趁着这难得的喘息之机，"青叶"号等三舰带伤逃跑，受伤过重的"古鹰"号弃舰，次日沉没，另一艘驱逐舰"吹雪"号则被当场击沉。

这场战役被称为埃斯佩兰斯角战役，与两个月前的萨沃岛海战同样发生在夜里，几乎相同的海域。这一回，又有两艘日舰和一艘美军巡洋舰损失。这片海域已埋葬了太多的船，以致美军士兵将瓜岛到图拉吉岛之间的水面称为"铁底海峡"。上次战役中日军的功臣"古鹰"号也变成了海床上的一堆废铁，日军"夜战无敌"的牛皮就此吹破。此役和萨沃岛海战更相似的地方还在于，当初三川放过了美军的运输船队，这一回则轮到美国人分身乏术。他们与五藤舰队交战时，日军运输船队从肖特兰岛方向驶来，由水上飞机母舰"千岁"号及一队驱逐舰护航，已经平安靠岸，并将重武器带给百武，瓜岛上两军装备的差距正在缩小。

再说日本联合舰队方面。比起陆军在岛上的争夺，山本五十六更在意的是如何以瓜岛为饵，诱使美军太平洋舰队前来决战，这是他中途岛思路的延续。瓜岛上最能牵动美军神经的，莫过于亨德森机场。五藤舰队的失败让山本看到，这个规模的攻击不足以真正威胁机场，吸引美军舰队。山本终于决定加大筹码，他出动了"大和"号之外的全部精锐，令包括南云第三航空舰队在内的主力舰将瓜岛团团围住，切断补给线，以吸引美军主力前来咬钩，同时，他还做出了一个惊人的决定：用战列舰轰击亨德森机场。

战列舰斗不过飞机，这是开战以来一再被印证的结论。最先获晓这一秘密的日本人此番竟然行此拙智，只能说这是山本五十六技穷之时最后的搏命之举。11日，十分不情愿的海军中将栗田健男率领"金刚"号、"榛名"号两艘2.6万吨级的战列舰自特鲁克起航，向亨德森机场进发，田中赖三的第二水雷战队派出1艘轻巡洋舰、9艘驱逐舰担任护航。行前，栗田等人都已做了有去无回的心理准备，两艘战列舰上的2000余名海军士兵还配发了陆军枪械，一旦战舰不保，就设法搁浅，士兵登陆加入百武的陆军战斗序列。

在悲壮的气氛中，航行却出乎意料地顺利。10月13日夜，栗田的舰队已经抵达萨沃岛以北。午夜时分，舰队绕过埃斯佩兰斯角，降低航速，沿着海岸向东南方的亨德森机场贴近，直至此时，仍未遇美军抵抗。栗田一路上提着的心总算稍稍落地，此时舰队距离亨德森机场约25千米，已在射程之内。"金刚"号弹射出一架水上侦察机窥探机场，仍不见动静，侦察机投下曳光弹，目标被照亮，此时战列舰已摆开架势，校准弹道，田中的护航舰队也扇形排开，护住两艘战列舰的背后。栗田再无犹疑，下令战列舰开炮。

从开战到此刻，闲置了将近一年的巨舰大炮终于找到了用武之地，"金刚"号和"榛名"号的356毫米口径主炮瞄准亨德森机场跑道，弹雨倾泻而出，半个小时之内，近千枚炮弹砸上机场。战列舰主炮的威力不是寻常炮火可比，瓜岛地动山摇，机场一片火海，爆炸和高温使跑道的钢板扭曲变形，机场上的飞机被炸为齑粉。美军操控机场的炮塔还击，但火力全被压制。机场西南侧，欣闻战列舰已经动手的百武率队赶来，用刚刚到手的大炮助战；附近海域的南云忠一也派来舰载机投入战斗。此时的亨德森机场上，四处烈焰奔突，爆炸声震耳欲聋。被困在机场的美军人员身处一片末日景象之中，除了蜷缩在炮弹坑里抱头祷告祈求命大，毫无办法。范德格里夫特只能躲在防空掩体里，等待日本人的炮弹打光。

14日0时15分左右，两艘战列舰换了个方向继续轰击，又打了将近半小时，炮弹用完。总计918枚主炮炮弹击中亨德森机场，其中包括104枚三式燃烧霰弹和814枚一式穿甲弹，其他中小口径炮弹更不计其数。如此短的时间，如此强的火力，如此小的打击范围，亨德森机场中弹密度之高，可以说在整个"二战"都十分罕见，心满意足的栗田下令返航。虽然归途中一度被美军从图拉吉岛赶来支援的鱼雷艇吓得手忙脚乱，但这次袭击成果斐然：亨德森机场的跑道几乎全毁，飞机损毁65架，油库也中弹起火，烧成废墟，60名美军士兵丧生，同时，岛上的美军探照灯阵地也受损严重。相比之下，日军参战舰船毫发无伤，栗田健男由此声名远播，成了日军宣传中的英雄人物。

眼看战术奏效，接下来两天夜里日军又出动两批次舰队，继续用舰炮轰炸亨德森机场，仙人掌航空队损失过半，机场也已不具备起飞条件。尽管美军有强大的整修能力，但短时间内仙人掌航空队的威胁毕竟大大降低。

虽然美国太平洋舰队的主力并没如山本期待的那样迅速露面，但日军仍可以趁着制海权在握的宝贵时机，加紧对瓜岛增兵。在这两天中，第17集团军参战部队中剩余的6000名士兵、14辆坦克，以及十余门150毫米口径榴弹炮被运上岸，编入百武麾下。截至10月17日，日军已在瓜岛上囤积了相当于15个步兵营的2.2万陆军士兵，坦克25辆，各种口径型号的火炮超过百门。除了给养，其他方面力量已和岛上的美国海军陆战队第一师大致相当，一场惨烈不亚于血岭的生死大战，很快将在瓜岛继续上演。

44

万岁冲锋

从特鲁克到珍珠港，从东京到华盛顿，日美双方战略高层的目光此时都被吸引到了这座南太平洋小岛上。罗斯福、诺克斯和航空兵总监阿诺德等军方高层的意见都是继续坚守，之前曾亲临视察的尼米兹也一样。通过日本人的增兵，尼米兹判断出，决定瓜岛乃至整个所罗门群岛归属的关键性时刻不远了。狭路争胜，有赖勇者。南太平洋战区司令戈姆利到任以来，稳健有余，进取不足，当前的局势需要更强有力的领导者。10月16日，在尼米兹的建议下，金将军撤换了戈姆利，代之以尼米兹最倚重的猛将，"公牛"哈尔西。

因病错过中途岛的哈尔西此刻已经痊愈，这项艰巨但富有挑战性的授命也让他很兴奋。18日，哈尔西乘水上飞机空降努美阿。范德格里夫特被调来参加会议，和登陆瓜岛之初就闹过意见的特纳又因为给养运输问题再度争执，特纳也提出了海军的困难。不过，哈尔西和更上层的意见都是继续利用瓜岛，最大限度消耗日军的舰艇和飞机，以利未来的战略反攻。也就是说，美国人还要不惜代价地推动这座血肉磨盘。哈尔西保证，尼米兹会尽可能提供支援。根据尼米兹的命令，"南达科他"号战列舰和修复完毕的"企业"号航母、9艘巡洋舰、24艘驱逐舰，还有陆军第25师，都在不久后相继驰援。

另一边，瓜岛上的百武晴吉也在排兵布阵。通过川口的失败，百武认识到美军依托有利地形组成的密集防线极难突破，唯一的机会在于将其防线扯开，从间隙处突破。为此，百武和丸山制订了三面围攻的作战计划，试图以此调动美军防线，寻求空间。其实，除了行军路线变成了由西向东，这个计划的指导思想和血岭战役中川口那个没能奏效的战术并无本质区别。战术本身很周密，但执行情况很大程度上依赖瓜岛的地理条件，有过切肤之痛的川口曾反复阐述这一点。但事非亲历不知难，百武自恃握有数倍于川口的兵力，觉得川口做不到的自己未必也做不到。

具体计划如下：丸山政男率主力第2师团7000人担任主攻，部队向南进入丛林，绕道"血岭"以南；那须弓雄和川口清健担任左右两翼，各辖一步兵大队，对美军阵地完成包抄；广安寿郎大佐率第16步兵联队作为预备队紧随其后。同时，住吉正少将带领炮兵和一部分坦克，渡过马坦考河，沿河扫荡零散的美军防御工事，以佯攻吸引美军隆加山主阵地的注意，为丸山创造条件；冈明之助带领一个大队以及本部残余兵力，提供支援。此外，百武还与联合舰队方面商定，由他们护送肖特兰岛的一个加强大队作为后备军，随时准备登陆亨德森机场以东的科利角。百武晴吉坐镇后方协调指挥，这次行动选取了一个十分令人振奋的代号：万岁。

10月16日，日军的计划开始实施。工兵挥汗如雨，手持斧头和锯子开路。林间地势高低起伏，施工难度极大，与其说修路，不如说是在林中挖出了一条隧道。这条小径仅有半米宽，头顶旁逸斜出的枝丫藤蔓是天然的防空掩护，不能尽数刈除，只能把高度一米以下的树枝砍去，士兵猫着腰前进——此时日本人的身高条件总算发挥了优势。日军仅花了一天抢工，路况虽然糟糕，总算也能勉强通行，担任先导的那须支队跟在工兵身后行动。17、18日，丸山、川口、广安各部，以及师团指挥部、炮兵、后勤部队依次上路。丸山政男十分得意，将这条小径命名为"丸山道"，相信这个名字将让他在史册上留下一页。

瓜岛的自然条件与一个月前一样严酷。之前川口支队遭受的种种磨难，新来的人一样不落又体验了一遍，其中不乏血岭战役中幸存下来又重蹈死地的过来人。这次人员和给养情况有所改观，但携带武器辎重的部队因为负载太重，远远拖在了后面，整个队伍已经严重脱节，影响计划的执行。部队只配有简单的地图和指南针，许多小股士兵在林中迷路，同一个联队的大队、小队之间都无法确知彼此位置。更要命的是，各部队之间的通信设备也出了故障。

原定的攻击日期是10月22日，百武和丸山曾乐观地认为当日就可一战功成，制定的日程明细表上甚至还为美军投降仪式预留了时间。但日期临近，林中跋涉的速度明显跟不上计划，只有那须的先头部队接近了攻击点，其他部队都没做好准备，尤其是路途最远的川口所部，距离攻击点还有一天的路程。在与川口向来不和的参谋辻政信的挑唆下，一肚子火无处撒的丸山将川口就地免职，以东海林俊成大佐代之，但这也于事无补，丸山只好下令，计划延后一天。

此时，通信不畅的问题酿成了苦果。

住吉正的牵制部队走的是另一条较近的路，此时已经就位。计划的攻击时间到了，由于通信问题，住吉始终没有接到计划推迟的命令。22日18时，住吉的进攻准时打响，9辆坦克杀向美军阵地，但连日来他们的动向已经被注意到，对面的美军早已调集了反坦克炮，迎面开火。美军炮火犀利，住吉本是佯攻，但还来不及撤走，9辆轻型坦克的装甲抵挡不住美军火力，全部报废，在撤退途中，又有600人死于美军的密集火力，身后冈的支援部队还没恢复元气，掩护住吉撤退时又被美军打散。尽管住吉确实实现了吸引美军注意力的目的，但损失过重，已难再有作为。可以说，百武和丸山精心策划的包围圈战术在正式开战之前就被打出了一个缺口。

23日，丸山获知了住吉的失败，作战可谓出师不利，更让他抓狂的是自己的后续部队还没到位，无奈之下，计划只得再推迟一天。这一天中，前线度日如年，计划连续推迟两天，特鲁克的山本五十六先于百武坐不住了，对他来说寻求决战才是头等大事。20日时，舰队艰难完成了海上加油，但"飞鹰"号航母的动力系统出现故障，不得不提前返航维修，这已让山本十分恼火。现在为了配合陆军，联合舰队的精锐力量在瓜岛海面空耗两天，这对已经捉襟见肘的燃料储备是极大的浪费，山本通知百武，24日无论如何也要发动进攻，否则他将不管瓜岛，召回舰队休整加油，百武也只好答应并转告丸山。本就不利的处境下，日军的压力又加重了。最终的总攻时限，定在了24日17时。虽然还是稍显仓促，但这已是丸山能做到的极限。

又熬过一个焦灼的上午，时间一点点迫近，谁知24日15时后瓜岛风云突变，天空中雷鸣电闪，大雨滂沱。原本17时是丸山定下的期限，但在这样的天气条件下，无论如何也难实现计划，丸山不得不咬牙下令，再延后两小时。

此时的海面上，山本的命令已经下达：全员北返特鲁克补充燃料。两个小时很快过去了，天已全黑，大雨仍没有停下的意思。待得风收雨住，时间已过了20时30分。虽然接替川口的东海林报告右翼还没准备好，但丸山一刻也不能多等了，命令左翼的那须支队立刻进攻。

片刻间林丛中"万岁"之声动地而起，那须弓雄所部士兵端着步枪从暗影里杀出。对面，战壕和铁丝网保护下的美军士兵开枪还击，双方的重武器也各自开火提供掩护，战斗就此打响。和每次一样，日本兵狂呼乱叫，发起冲锋，不计死活，对迎面的枪弹似乎视而不见，冲在前面的被射倒，后面的踩着尸体跟上去。日军的气势夺人，美军几处防线都被他们冲到近前，展开白刃战，有的甚至被拔了军旗，换上太阳旗。但这样的局部战绩无法冲抵双方的整体局势。战斗持续到25日黎明时分，丸山和东海林两路都没能及时到位，夜战中一直是那须支队独自力拼。日军的进攻可谓舍生忘死，但收效甚微，美军总能凭借有利地形和无尽的弹药供给粉碎他们的冲锋。除了古宫正次郎大佐率领的最精锐的第29步兵联队夺取了一处美军阵地，美国人牢牢控制其他各处。范德格里夫特将后备的第164步兵团调上前线，这支生力军投入战斗后，那须支队更支撑不住了。一夜间，支队战死千余人，折兵一半。天快亮时又下起雨，此时的那须弓雄躺在担架上，上岛后他就染上了疟疾，此刻病症发作，高烧近40度，只能在火线边缘处勉力指挥，对战局实在力不从心。

另一边，密林深处的丸山和辻被裹在冷雨之中，听着一条条失败的消息接踵而至，也是由外到内，周身寒彻，丸山仿佛看见自己精心筹划的战术宏图在美国人弹雨的冲刷下片片剥落。忽然，东海林所部的信号传来：已抵达亨德森机场。丸山犹如打了一针强心剂，立刻兴奋地命通信兵向百武发报告捷。

同样焦虑的百武闻报也在第一时间联系山本，山本又通知已在返航途中的南云忠一和近藤信竹再次调转航向回到瓜岛海面。一连串象征胜利的"万岁"电码飞速传递，战局似乎终于现出曙光。可惜，不久后日本人就发现他们兴奋得太早了，这一切都源自一条错误情报：不熟悉地形的东海林部队闯进一片开阔地带，其时天色微明，不及辨认。一路上被丸山连催带骂的东海林以为此处就是亨德森机场，立刻上报，但很快他们发现这里只是美军清理出来的一块空地，他们将树木砍去让日本人没有任何地方可以隐蔽。东海林只能郁闷地再次发报，订正错误。此时，空地那一端也响起枪声，美军发现了他们的行迹开始射击，仓促应战的东海林部损兵不少。

新的战报按照刚才的路径再次传递，山本似乎觉得陆军的进攻有取胜机会，他没有命令舰队掉头北返，而是让他们巡航待命。鬼使神差的是，这一回日本人的无线电不像刚才传递错误情报时那么灵光了，掩护运输船的三川军一舰队没接到修正后的情报，仍向着指定登陆点科利角驶来。

再说瓜岛。左右两路进攻都受阻，丸山只得命令暂时后撤，那须支队损失尤其严重，丸山把广安寿郎的预备队调拨给那须，并下令25日天黑之后再次发起总攻。

就在双方各自休整的这个下午，美军拼尽全力修好了亨德森机场的一条跑道，3架"野猫"战斗机起飞巡航，发现了三川的舰队，随后轰炸机赶来。虽然美军能出动的飞机十分有限，但这次他们准头奇佳，一弹炸残了三川的旗舰"由良"号轻巡洋舰，舰队不得不北返，登陆支援计划告吹，途中伤势过重的"由良"号也不得不弃舰自沉。舰长佐藤四郎自缚于舰桥，与之俱亡。

至此，丸山的残余部队成了唯一一支有生力量，整个战局的全部重担都压在了他们肩上。丸山明白，经过一天消耗，今夜战斗的取胜机会更加渺茫，此时士兵需要充分的休息和后援，至少还应该再休息一天等待百武派来后续部队。但他也知道，以此刻的士气怕是坚持不到一天部队就要瓦解，所以，夜战不是最好的选择，却是唯一的选择。无论如何，这场战役都要以困兽之斗来收尾。

天色黑了下来，此时已谈不上奇袭，也就无所谓保密。草草吃过晚餐的日军士兵在攻击线上集结完毕，为提振士气，他们用手中步枪的枪托敲击山石，整齐铿锵。有人用英语喊道，"为天皇陛下讨还血债！"余人齐声高呼作和，发音怪异的日式英语配上日本人标志性的咬牙切齿的语气，声音凄厉，在荒山中回荡，鬼哭狼嚎，令人毛骨悚然。

原本日本人的狰狞之态很为美国人所忌惮，但驻守瓜岛两月有余，数度交锋，海军陆战队第一师官兵已经越战越勇，扫除了心理上的劣势。此刻听见日军叫阵，他们也针锋相对，敲打着枪托高喊："为罗斯福夫人讨还血债！"

"美国海军陆战队去死！"

"天皇去死！"

两军对骂，从天皇、东条、罗斯福，直骂到美国棒球明星，虽然大都听不懂对方在说什么，但决死一战的气氛已经提前爆棚。

在"万岁"声中，日军的疯狂冲锋又开始了，人海浪潮涌向美军阵地。美国人自动武器枪管中喷出的火海掀起更强劲的波澜，将日军压制下去，拼杀的胜负已完全取决于哪一样先消耗干净——美国人的弹药，还是日本人的生命？

血岭战场再次名副其实。日军先后发起六次冲锋都被打退，力量愈发衰竭，攻势一浪低过一浪，山坡上尸骸枕藉。那须弓雄强打精神从担架里站起身，以刀拄地，尽量向前线挪动脚步。忽然一颗流弹飞来，击穿了那须的胸膛。广安寿郎等大批军官也都在冲锋中被击毙，广安带来助战的第16步兵联队实属抱薪救火，投入战斗不久就溃不成军。古宫正次郎的第29联队全军覆没，无法在雨中烧毁、只能切碎的军旗被缴获，古宫本人失踪，想必应是死于乱军之中，没能留下全尸。其他两路的战况如出一辙。参谋团队在前线和丸山的指挥部间往返奔忙，丸山的心被一个个噩耗压得不断下沉。26日深夜，日军还在继续着徒劳的自杀式冲锋，"万岁"的呼声越发稀疏。丸山已彻底从建功扬名的迷梦中清醒过来，电告百武之后，他下令停止进攻，撤入密林。此时是26日早晨6时，失去了夜色掩护的日军已来不及集合整队，各部只能分头退往离自己最近的安全处。东海林部向着塔伊乌角的基地遁逃，丸山本人带着本部以及那须支队的残余沿丸山道原路返回，等待百武的接应。

这场代号"万岁"的战役（美方称亨德森机场争夺战），日军再告惨败，机场依然没能夺下，第2师团战死2500人，生者也大半带伤，撤退途中垂头丧气，如同行尸走肉。此刻的丸山大约终于体会到了川口清健之前的心境。

26日中午时分，撤退中的日军又遭美军飞机的追杀，狼狈不堪，带伤掉队的士兵更无人照顾，耗尽力气后就只能倒在路上，有的拉响手雷自杀，有的神情恍惚，呆坐等死。狭窄难行的丸山道上，处处遗下日军骸骨，小径仿佛变成了日本神话里的幽冥之境，黄泉比良坂。

45

难以承受的胜利

美日两军在瓜岛上性命相搏的几日里，双方游弋在海上的舰队虽未发生战斗，但紧张的气氛也与陆上无二。山本五十六尽遣主力助战，是为了趁着兵力优势在握，利用瓜岛聚歼美军太平洋舰队，实现中途岛的未尽之梦。因为他清楚，联合舰队的兵力优势已保持不了太久。背负着长官这样的期许，南云忠一和近藤信竹的压力自不待言，不过报仇雪耻的急切还是抵不过谨小慎微的本性。中途岛之战给南云最刻骨铭心的教训就是要避免和敌人的航母与陆基空中力量同时作战，因此此刻虽占有兵力优势，南云和参谋长草鹿仍十分注意不靠近建有美军水上飞机基地的图拉吉岛和圣克鲁斯群岛，但这也导致侦察机的搜索半径过大，南云想要抢先发现美军舰队的打算难以实现。

另一边，新官上任的哈尔西一反前任的保守作派，遣出以"企业"号和"大黄蜂"号为基干的第16、第17两个特混舰队，分别由海军少将托马斯·金凯德和乔治·莫里率领，驶往瓜岛海域，总兵力为两艘航母、一艘战列舰、六艘巡洋舰和14艘驱逐舰，携有171架舰载机。其中在东所罗门海战中遭受重创的"企业"号是刚从珍珠港的修备厂里日夜兼程赶来的。

20日起，两支庞大的舰队在大洋上搜索彼此的位置，却都没有收获。23日，美军一架水上侦察机曾捕捉到南云舰队的踪迹，但一闪即逝。同日夜，几架美军飞机发现并轰炸了日军的"筑摩"号重巡洋舰，不过没能命中。另一边，日军发现了美军用于掩护亨德森机场的第64特混舰队，但该舰队以"华盛顿"号战列舰为核心，没有航母，担心暴露目标的南云没有对其发动进攻。

相互试探的状态一直持续到25日，这一天正是瓜岛上美日双方殊死搏斗的日子。陆上久攻不下，南云和近藤本已打算返航，但山本在百武的恳求下又改变了主意，决定再赌一赌运气，他命机动部队再次掉头，回到瓜岛海域，近藤辖下的"隼鹰"号航母出动舰载机,与仙人掌航空队交手。同在这一天,金凯德也抵达圣克鲁斯群岛以东海面。通过情报,他已大致判明了日军机动部队已在瓜岛,于是率舰队向西疾驶,同时出动轰炸机携弹侦察,可惜航程过远,依然没能找到目标,反而有六架舰载机返航途中燃料耗尽,不得不在水面上迫降,另有一架坠毁。

夜幕缓缓降下,海面上又下起了雨,显然,当日交战的可能性已经越来越低。南云方面,期待陆军攻占亨德森机场的消息久候不至,看来形势不容乐观,慎重起见,舰队再次北撤。就在这个夜里,美军的水上侦察机终于发现并锁定了南云,情报传回努美阿,兴奋的哈尔西连忙向金凯德拍发电令:攻击!重复一遍,攻击!由于天气影响了信号,金凯德竟没在第一时间收到情报与指令,不过通过对瓜岛战事进展的判断,他也猜出了日军舰队的动向。大战在即的味道刺激着美国人的嗅觉,从飞行员到水兵,今夜无人入眠。舰队继续驶向西北方,金凯德猜得很准,那正是南云退走的方向。

低纬度地区的夜很短,10月26日凌晨3时,天边已经放亮。此时雨过天晴,如果从高空俯瞰,会发现在瓜岛东北、圣克鲁斯群岛西北的海面上,两支舰队正不自知地高速靠拢。最大的是南云的第三舰队,在其东侧大约100海里处,是与之互为掩护的近藤信竹的第二舰队,正向南云斜插过来的,则是美军的两支特混舰队。此时他们尚未发现对方,但已处在彼此的打击半径之内,大战一触即发。

双方的侦察机整夜都在持续搜索,天亮之后,终于有了收获。4时10分,日军侦察机率先发现"大黄蜂"号。4时30分,详细情报确认。十几分钟后,美军也发现了日军的"瑞凤"号轻型航母,侦察机携带的炸弹派上了用场,两架飞机当即投弹,猝不及防的"瑞凤"号甲板被击穿,基本丧失航空作战能力,日军开战之前先折一员大将。巧合的是,继珊瑚海战役的"祥凤"号、东所罗门海战的"龙骧"号之后,美军又一次拿日本人的轻型航母开了张。

美军先声夺人,让南云惊怒交加,所幸受创的是四艘航母中最弱的"瑞凤"号,对战局影响还不算太大,"翔鹤"号和"瑞鹤"号两艘主力舰上的机群迅速升空,"翔鹤"号上的20架九七式鱼雷机、4架零式战斗机,"瑞鹤"号的21架九九式俯冲轰炸机、8架零式战斗机,以及9架已经升空的来自"瑞凤"号的零战,合计62架飞机迅速出动。5时25分,机群完成编队,飞向敌舰所在海域。

同时，担任第二波攻击的舰载机也开始准备起飞。

几乎同一时间，美军也完成了作战准备，"大黄蜂"号29架舰载机出击，6时整，"企业"号也派出19架飞机，15分钟后，"大黄蜂"号又放出25架飞机发动第三波攻势。不到一小时内，美军航空兵遣出了能动用的全部主力杀向敌军，作为兵力处下风的一方，他们寄望以这种集中力量的打法先声夺人。

6时30分左右，美日的先头机群在空中遭遇，但为了节省燃料攻击更具价值的目标航母，双方竟然互不理睬，擦肩而过。紧跟着，日军机群又碰上了"企业"号上起飞的美军第二波舰载机，这次"瑞凤"的零战机群出手阻击，与美军的"野猫"交手，战成6：4，稍占便宜，但也只能让美军的攻势稍稍迟滞，攻击机群还是冲破拦截，继续冲向南云。6时55分，日军机群飞抵"大黄蜂"号领衔的第16特混舰队上空。此时，美军早已做好战斗准备，第5巡洋舰队和第2驱逐舰队的10艘舰艇围成一圈，将"大黄蜂"号护在当中，战舰林立，炮口指向天空，日机接近，立即火力全开，织起一张防空火网。

指挥日军第一波攻势的是珍珠港行动中指挥鱼雷机编队的"雷击王"，村田重治少佐。在敌舰头顶盘旋十余分钟后，编队做好了准备，7时10分，村田下令发动进攻。编队中的轰炸机群冒着密集炮火俯冲投弹，在美军舰队上空护航的"野猫"机群也从高空冲下拦截，空中处处烟火升腾。村田指挥的鱼雷机编队穿过横飞的弹雨，向"大黄蜂"号斜掠过来，从两侧夹击，鱼雷入水，一道道白色的浪线疾射目标。"大黄蜂"号拼力躲闪，终于还是逃不过围剿，先是一枚炸弹命中右舷，炸坏了飞行甲板，又有三颗炸弹在甲板上炸响，两枚鱼雷正中航母动力舱，锅炉被打坏，滚烫的蒸汽在舱中四溢，船体也向右侧倾斜。不计代价的狂攻让日本人损失惨重。指挥俯冲轰炸机编队的高桥定少佐的座机遭重创，不得不撤出战斗。村田的座机在向"大黄蜂"号发射了鱼雷后，遭到美军战斗机攒射，飞机被打成筛子，他本人当场阵亡。

真正给"大黄蜂"号造成致命杀伤的，正是中弹后垂死的日军飞机。先后两架日机被击中，自知不免，索性向"大黄蜂"号撞去，一架轰炸机一头扎进航母甲板，机身连带弹药发生爆炸，另一架则撞上侧舷，导致飞机升降机损坏。这一波战斗持续了大约十分钟，却异常惨烈。由于"瑞凤"机群的9架零战去追击美军机群没能及时赶到，护航力量减少近半的日军攻击机群损失38架（25架当场被击落，13架带伤逃走中途在海上迫降，包括高桥的座机），超过机群半数，美军除了"大黄蜂"号遭重创，丧失航行和通信能力，还有约20架飞机被击落。战斗开始时，"企业"号在大约10海里之外，其舰载机都已派出，为保存实力躲入一片积雨云下，暂时免于战火。

再说几乎同一时间的日军舰队，南云头顶上同样不太平。率先赶到的是"大黄蜂"号的SBD俯冲轰炸机群，他们根据情报飞向这一海域，先后飞越了几组担任警戒的舰队，却迟迟没能发现目标航母，在几乎要绝望返航时，突然看到了前方的"翔鹤"号、"瑞鹤"号，以及甲板冒着浓烟的"瑞凤"号。

尽管没有战斗机护航，指挥官威廉·威德赫尔姆少校还是毅然下令发动攻击。此时日军也发现了敌机，"瑞鹤"号立即使出珊瑚海战役中的故技，躲进积雨云下，南云所在的"翔鹤"号则又被暴露在开阔海面。15架SBD围拢过来，两架被护航的零战击落，威德赫尔姆的座机也受伤迫降，但余下的12架飞机还是在接掌指挥权的詹姆斯·福斯上尉的率领下冲破拦截，对"翔鹤"号投下炸弹。四枚227千克炸弹在"翔鹤"号飞行甲板上开了四个大洞，它显然已无法再进行飞机起降。南云气急败坏，但他能做的也只有趁着"翔鹤"号的动力系统还能工作，赶快掉头返航。这艘航母拖着残躯逃往特鲁克，后又返回日本国内修理。唯一值得庆幸的是，美军的第二波攻击机群没等发现它，就沉不住气对担任警戒的"筑摩"号和"利根"号两艘重巡洋舰发起攻击，重创了"筑摩"号，但也因此错过了扩大战果终结"翔鹤"号的机会。

战斗打响后，特鲁克的山本已命令近藤第二舰队下辖的第二航空战队速去助阵，划归南云指挥，该战队仅剩的一艘航母"隼鹰"号正在角田觉治少将指挥下急速驰援。7时15分，"隼鹰"号放飞了第一波攻击机，随后不久，撤退中的南云就命令角田接替他指挥官继续作战。

此时的美军舰队上空，第二波日军机群也赶到了。新一轮空袭于8时整打响，屡屡从天时获利的美国人这回好运不再，日军机群杀到时，"企业"号头顶刚好云开雾散，失去掩护的航母挨了三弹，另有一艘驱逐舰被重创，日军则损失了11架飞机，包括指挥官关卫少佐，连人带机都被防空炮火打得粉碎。

9时20分，"隼鹰"号的29架飞机也飞抵战场。此时硝烟漫空，作为生力军的"隼鹰"号机群也不知道左近还有带伤的"企业"号，于是就把目标选为已经动弹不得的"大黄蜂"号和守卫在侧的"南达科他"号战列舰。以飞机力拼战列舰，虽能获胜，却也得不偿失，"南达科他"号的主炮被打坏，日军付出了11架飞机的代价。燃着大火的"大黄蜂"号也吸引了一部分火力，算是做出了最后的贡献。至于"企业"号，挨打经验丰富的舰上损管团队很快修复了甲板，"企业"号收回了尽可能多的舰载机，并趁着混乱向东南方撤走。

至此，战斗就暂告段落，双方都无力立刻发起新的攻势了，在航母1∶2的不利局面下，金凯德也不逞强硬撑，准备撤兵。此时"大黄蜂"号动力丧失，人员都已撤离完毕，但第16特混舰队司令莫里舍不得弃之不顾，命巡洋舰"北安普敦"号用钢索拖曳，试图将其拖回基地修理。日军方面，生性好斗的角田觉治更不甘心就此罢手。11时30分许，"隼鹰"号和"瑞鹤"号接收了剩余全部的舰载机后再次出动，准备乘胜追击。但此时"企业"号等已经驶远，日机搜索了好半天，又找到了落在后面的垂死的"大黄蜂"号。

13时15分，"隼鹰"号机群在"瑞鹤"号战斗机飞行长白根斐夫指挥下，再次围攻"大黄蜂"号，"北安普敦"号奋力还击，击落7架日机。半小时后，"瑞鹤"号编队又至，15时，"隼鹰"号发动第三波攻击。"大黄蜂"号早已千疮百孔，但为防止它被救走起死回生，日军仍将其作为主要轰炸目标，负责掩护的第17特混舰队实在不胜其扰。但日军的每一次出击都有损耗，加之此时瓜岛上的战事已经结束，仙人掌航空队也出动全力牵制日军航母，日军追击美军舰队的力度终于一次次弱了下去。

此时，近藤信竹的第二舰队也奉山本之命全速赶来，准备凭借舰船炮火给予美军毁灭性打击。收到水上侦察机的报告，莫里只好下令切断缆绳，丢弃"大黄蜂"号。撤走前，为避免航母沦于敌手，莫里命两艘驱逐舰发射鱼雷击沉"大黄蜂"号，不想大黄蜂的生命力实在惊人顽强，仍然撑在海面上，没有下沉。甩下包袱的美军舰队全速撤退，近藤追到当日17时，自知无法赶上，以实情汇报山本。

特鲁克基地，满心指望一举消灭美军太平洋全部航母的山本此时气得牙根发痒，这次他与这个目标如此接近，却又让其从指尖溜走。根据经验不难预料，逃走的"企业"号必为后患。此时，追求战场成绩已不可得，山本只能指望从这场战役中寻求尽可能多的政治收益。他命令近藤俘获"大黄蜂"号，将其拖回基地，然后送到日本展览研究，作为联合舰队辉煌战绩的明证——别忘了半年前正是这艘航母载着杜立特空袭东京，给帝国和山本本人留下了奇耻大辱。

可惜，"大黄蜂"号的火势已无法控制，近藤尝试了多次无法靠近，22时，他只好命驱逐舰向其发射鱼雷。一天之中连中敌友两方不下20枚炸弹与鱼雷和几百发炮弹的"大黄蜂"号，此时终于可以安眠海底，在一连串爆炸中，船身倾覆，燃着熊熊大火，沉入水下。这艘巨舰消耗了日本人太多的弹药与战机，此时的火光与爆炸声，更像是对敌人的嘲弄。

至此，这场中途岛之后最大规模的航母大战落幕，因交战时美军舰队在圣克鲁斯群岛海域，故美方记载称其为圣克鲁斯海战。美军被击沉航母1艘，驱逐舰2艘，重创航母、战列舰、巡洋舰、驱逐舰各1艘，损失飞机81架，阵亡266人，其中39名飞行人员。日军方面，被重创航母2艘，巡洋舰1艘，无舰船沉没，飞机损失92架。单从数据上看，日本无疑占优，这是日益焦头烂额的南太平洋战场上的一次难得的胜利。

第二天日本的各大报刊上，日军的战果又翻了一倍有余，日军的伤亡更依照惯例，数字大为缩减。当晚，东京的日军大本营，鼓乐齐鸣，觥筹交错，知情的和不知情的人，都在欢庆海军的又一次辉煌大捷。又过两天，山本在特鲁克恭聆了天皇专为此战颁下的嘉奖宣谕，荣崇备至，但山本的心里清楚，这样的胜利并不值得庆祝。首先，这次出击没能实现预期的帮助陆军夺取瓜岛的战略目标，肉中之钉亨德森机场仍在美军手里，更不用说全歼美军航空舰队的美梦再度落空。其次，更严重的是捷报里有意忽略了在日军阵亡的500人之中有148名飞行员，包括了村田、关卫等一大批精英骨干。飞机坠毁了可以再造，航母沉了可以再建，但是优秀的飞行员需要花费数年时间来培养，他们正是开战之初日本海军航空兵无往不利的根本，每一个损失都是短期内难以填补的空缺。自中途岛以来，日益严重的飞行员人才损耗，远非表面光鲜的"击沉吨位数"所能弥补。

正如山本早就预料的那样，战争正在变成一场消耗战——不论硬件方面，还是软件方面。

11月2日，圣克鲁斯海战一星期之后，借着第一航空战队回国休整的机会，山本又一次将让他失望的南云忠一解职，以小泽治三郎海军中将代之，他实在不想再经历一次难以承受的南云式胜利。但此时的山本大概不会料到，从此以后，就连这样差强人意的胜利都越来越难得了。

46

波涛如怒

再说瓜岛。自登陆以来,美国人在多数时间里都是防守者,抵御日本人从海上和陆上发起的一波又一波攻击。10月24日—26日,三天之间日军经历了百武、丸山的惨败和南云、角田的惨胜,无论海陆都耗尽了力气。尽管27日大本营方面还电令百武晴吉,保证将提供增援,让他做好准备"发动第三次总攻",但无论听者和说者的内心里都明白,至少一个月之内,"总攻"绝对不可能。而此时的美军如被压紧的弹簧,压力撤去之后,立刻就要发起强力的反弹。

10月30日,范德格里夫特又收到了一批新兵,一起运来的还有一批155毫米口径榴弹炮,这更稳固了瓜岛美军的火力优势。11月1日,美国人准备主动出击,把日本人的据点一个个夺回来。美军出动了两个营,在飞机和装甲部队的掩护下渡过马坦尼考河,向西北方向推进,直到日军登陆点圣克鲁斯角。沿途的日军防御工事都被扫荡干净,被打散的日军逃进森林。

在接下来的一星期中,亨德森机场和周边岛屿基地的美军飞机接连袭击日军的"鼠式运输队",屡有斩获。11月10日,陆战队夺取了日军在特鲁纳河上的一处重要阵地,缴获大量物资,日军本就匮乏的给养严重告急,海上补给线又被掐死,岛内岛外心急如焚。日本大本营方面计划调拨的援军包括驻法属印度支那的第21混成旅团,侵华战场上在华南活动的第38师团、第51师团,以及制造南京大屠杀的第6师团1部,总兵力接近2万。兵力不是最大问题,如何将这些人运上岛才是问题。终于,东京方面决定调整鼠式运输,在11月中旬组织一次大规模的运输计划,将1.35万人的第38师团一次性送上瓜岛。如能成功,这次运兵的规模将超过以往历次派往瓜岛的兵力总和。如此宏大的计划,护航兵力当然不能小,大本营责成山本的联合舰队负责,计划如下:

1. 增援群由11艘快速运输舰组成，搭载陆军增援部队，田中赖三率12艘驱逐舰护航。
2. 主力舰队包括第二航空战队（只有"隼鹰"号、"飞鹰"号返修未归）在内的第二舰队，以及2艘战列舰（"榛名"号、"金刚"号）、10艘巡洋舰、28艘驱逐舰，由近藤信竹指挥，掩护增援群。以舰载机先行轰炸亨德森机场，并作为主力准备应对可能的海上作战。
3. 先导部队由"比叡"号和"雾岛"号战列舰、"长良"号巡洋舰、11艘驱逐舰组成，由阿部弘毅指挥。负责炮轰亨德森机场，压制瓜岛的美国航空兵力，为登陆扫清障碍。
4. 机动部队由三川军一的第八舰队和潜艇部队组成，随时增援。

从轰炸亨德森机场到增援部队登陆，时间定在11月11日—14日。山本一向并不怎么热心这样尽遣精锐为陆军护航的行动，但此时瓜岛的战事已经背上了从大本营直至天皇的政治压力，无论百武还是山本，都只能硬着头皮打下去。这一次他动用的舰队规模仅次于圣克鲁斯海战，对比此时美军在该海域的水面舰艇，具有压倒性优势，山本也有信心取得比上次炮轰亨德森机场更大的胜果，他还希望如果碰上逃脱的"企业"号，能够补上一刀，彻底了结。可惜山本没意识到自己所用非人，指挥至关重要的先导部队的阿部弘毅将直接影响接下来的战局。

10日上午，田中的运输船队离开肖特兰基地，而作为整个行动的先锋，阿部弘毅的舰队9日就从特鲁克出发。阿部弘毅是日本海军大学的优秀毕业生，曾任教于母校海军兵学校，但或许是过多浸淫于学院环境，他的实战成绩平平，此前曾参与珍珠港和中途岛的行动，但都是率水面舰艇担任支援任务，并没获得出手机会。值得一提的是，中途岛之战南云撤离"赤城"号之后曾由他代理指挥权。那之后，阿部调任第11战队司令，麾下有两艘精锐舰船——"比叡"号、"雾岛"号。这是日本海军引以为傲的金刚级高速战列舰，1912年由英国顶级造船专家谢尔顿设计图纸，"一战"期间完工并参战，1940年完成现代化改造，虽然吨位和火力比不了"大和"号和"武藏"号这样的巨人，但航速更快，分别达到29.7节、29.8节，在整个联合舰队所有战列舰中仅次于同级的"金刚"号和"榛名"号。11月初，阿部弘毅晋升为中将，此时本该是他展现身手的机会，但他的谨慎保守比之南云有过之而无不及。接到炮击亨德森机场的任务后，他内心的紧张多过兴奋，虽然军令难违，不得不出征，但一路提心吊胆，气势上已先落了下风。

12日3时，舰队在天亮之前抵达指定战术点，近藤的主力部队止步，阿部的先导部队继续向前行进半日，肖特兰方面赶来的第4水雷战队的五艘驱逐舰赶到与阿部会合。全部的行动部队集齐，一同驶向东南瓜岛方向。这一日海面层云笼罩，云朵缝隙间偶尔掠过一架美军侦察机都让阿部心惊肉跳。此后天气变坏，风雨交加，阿部反而踏实下来，虽然风吹雨淋，但显然这样的天气更不利于美军的飞机，对自己不失为一种保护。

黄昏时分，舰队接近了瓜岛西北端的埃斯佩兰斯角，是时候部署具体战术了。雨下得更大了，乌云蔽日，浪涌风急，很快海面一片墨黑，船队放慢了速度。这样的天气和能见度既需担心美军舰艇突然出现，又要小心避免触礁，更要命的是，此时已难判别亨德森机场的准确位置。阿部的旗舰"比叡"号特地搭载了上次随"金刚"号轰炸过机场的观测组，希望借重他们的经验，但此刻他们也帮不上忙。联络附近岛上的日军飞行基地，他们也表示这样的雷雨天气无法派出飞机指引方向。僵持到当晚21时，阿部舰队仍然束手无策，炮击无法进行，万一骤雨终宵，天亮时却停下来，仙人掌航空队便可以起飞攻击，自己的舰队恐怕还要吃大亏。执行这项高风险任务本非阿部所愿，这场暴雨给了他放弃的理由：天不作美，非战之过。阿部谅解了自己，想必山本也说不出什么。锐气一馁就再难坚持。21时50分，阿部下令一刻钟之后掉头返航，取消任务。

但临阵换令是战场大忌，尤其此时的雷雨导致无线电信号不畅，原本在最前端担任警戒的第4水雷战队没能及时收到命令，待获悉后匆忙掉头，一时阵型大乱。然而，更糟糕的还在后头。仿佛上天捉弄，就在舰队掉头之后不久，忽然风收雨住。此时未过午夜，战机依然在握，阿部郁闷已极，天气的借口没了，如果就这样不战而退，无论军纪还是颜面，都实在交代不过去。不得已，他只好再次改换命令，全体再掉头，按照原计划驶往瓜岛。来回的折腾让舰队从阵型到心理都陷入混乱，而此时的日本人没有发现，在这个风雨之夜里，他们不是唯一一支航向瓜岛的舰队。

早在谋划阶段，美军努美阿方面已经通过电报信号的异常活跃判断出了日军的动向，并分析出大致时间。此期间他们正在抓紧向瓜岛增兵。12日，里奇蒙·特纳少将率领的运输船队抵港，卸载了大部分物资之后，他判断日军可能在当夜来袭，便率船队停止卸货，离岛暂避。同时，他委派护航的第67特混舰队第4大队留守瓜岛以北海域，应对可能出现的敌军。这支舰队由海军少将丹尼尔·卡拉汉率领，有3艘重巡洋舰、2艘轻巡洋舰和8艘驱逐舰，实力略逊于阿部舰队，但也堪一战。

当夜23时刚过，去而复返的阿部舰队抵达埃斯佩兰斯海角西北，即将进入瓜岛与萨沃岛之间的铁底海峡，靠近炮击亨德森机场的战术点。就在此时，一直在该海域游弋的卡拉汉舰队的"海伦娜"号巡洋舰报告：发现了目标。美军迅速进入战备状态，尽管由于通信故障错过了最佳的歼敌时间，但卡拉汉还是赶在23时30分日舰发现自己之前指挥舰队抢占了有利位置，5分钟后，他下达了攻击命令。此时的情势与三个多月前的萨沃岛海战如出一辙，只不过是角色发生了倒转。在先前的混乱中，本该担任警戒的第4水雷战队已经失了位置，使阿部所在的旗舰"比叡"号暴露在美军面前，待日军发现敌情，为时已晚。卡拉汉的舰队高速迎面而来，此时，"比叡"和"雾岛"才手忙脚乱地将针对机场的三式燃烧霰弹换成针对舰船的一式穿甲弹。夜色昏沉，"比叡"号不得不打开探照灯辨认敌情，美军阵中距离"比叡"号最近的"亚特兰大"号巡洋舰立刻循着灯光开火。此时双方间隔已经很近，一场海上肉搏就此爆发。

日军舰船火力占优，但美军抢得先机，占有阵型上的优势，战事难决高下。率先暴露的"亚特兰大"号成了日舰的集火目标，在夹击之下很快被重创，丧失航行能力，在战场上漂荡。"比叡"号的境况好不了多少，美军发现己方兵力处于下风，于是抱定"拼掉大家伙就够本儿"的想法，集中火力攻击"比叡"号。两艘美军驱逐舰冒着炮火欺近，交叉火力扫射，"比叡"号高耸的舰桥目标明显，指挥塔被重创，阿部弘毅和舰长西田正雄等主要军官都挂了彩，而此时炮弹还没换完，只能以燃烧弹还击，虽然也将敌舰打得遍体鳞伤，却不足以在短时间内致命。

"雾岛"号也加入战团。在其356毫米口径巨炮的轰击下，围攻"比叡"号的两艘美军驱逐舰一艘被击沉，一艘受到重创。此时"比叡"号也失去了一座炮塔，胜负难分之际，动力系统失灵、随波逐浪的"亚特兰大"号忽然漂来，正挡在卡拉汉的旗舰"旧金山"号重巡洋舰与"比叡"号之间。为避免误伤，卡拉汉下令暂停射击，然而这个命令却葬送了他自己。得到喘息之机的"比叡"

和"雾岛"一起调整炮口，对"旧金山"号齐射。一颗燃烧弹正中"旧金山"号甲板，立时燃起大火，紧跟着一枚穿甲弹炸飞了"旧金山"号的舰桥，卡拉汉和舰长在内的指挥团队全部阵亡。但"旧金山"号也拼尽最后力气向"比叡"号还击，幸运地击中舰艉装甲薄弱处，导致大量进水。趁着"比叡"号忙于自救，"旧金山"号在队友掩护下撤出战场。

接下来，美军仅剩的一艘重巡洋舰"波特兰"号也被日军驱逐舰的鱼雷击伤了舵机，运转不灵。截至此时，美军3艘重巡洋舰全部受伤，其中2艘失去作战能力，8艘驱逐舰沉了一半，剩下的也都负伤，"朱诺"号轻巡洋舰已经带伤撤离战场。在指挥人员方面，舰队的正副司令卡拉汉和斯科特都战死，仅剩的"海伦娜"号轻巡洋舰的舰长吉尔伯特·胡佛上校成为舰队现存的军阶最高者，自动接掌指挥权。

此时双方已打了近一小时，都需要修复损伤，战事稍稍停歇。胡佛清楚，大举来袭的日军的目标必是亨德森机场，而此时自己残破的舰队是挡在亨德森机场和敌人之间唯一的屏障，他已经领教了日军战列舰巨炮的威力，如果让他们将炮口瞄准机场，结果可能是毁灭性的。这位身经百战的海军老兵下达了命令：所有舰船无论受伤程度，都不得自行退出战斗。为了保卫占据至关重要位置的机场，美国人奋起决死之志，准备以命相拼。

战场另一边，日军只沉了"晓"号驱逐舰，其余舰船有2/3受伤，但除了"比叡"号和两艘驱逐舰，都伤势轻微，"雾岛"号与"长良"号更是毫发未损，再战下去，可说胜算不小。但他们的指挥官阿部弘毅此时却已胆气全无，此次出征诸事不顺，这场遭遇战更是出乎意料，他本人也受了伤，精神高度紧张。夜色和硝烟让他无法判明战果，他所在的"比叡"号的千疮百孔却让他清楚意识到美国人受创不轻却全无撤退之意，再打下去，不知结果会如何。而此时瓜岛上的美军早被炮火惊起，即便消灭了眼前的敌舰，偷袭机场的计划也不可能实现，此行本就缺乏空中掩护，眼下"比叡"号的防空炮已经全毁，若是天亮后飞机来袭，"比叡"，甚至"雾岛"，都只能任人宰割。

或许他本人不乏殉死的觉悟，但若是一整支精锐舰队在自己手上葬送，那将是百死莫赎。阿部的勇气随着时间一点点流逝。13日凌晨1时，他下达了撤军的命令。同时他电告近藤和田中，计划取消。在优势明显的情况下，从炮击机场到掩护登陆的全盘计划就此泡汤，信奉"武士道"、心理素质过硬的日本人在横刀立马的胡佛和美军舰队面前，没输掉战斗却输光了气场。

"雾岛"号、"长良"号以及几艘驱逐舰再次掉头北返，阿部随同"比叡"号，以及两艘失去行动能力的驱逐舰"夕立"号、"天津风"号留在战场上，"雪风"号驱逐舰留下照料。美军见敌军主力撤走，也掩护受伤的舰船返回圣埃斯皮力图岛基地休整，失去动力的"亚特兰大"号和"波特兰"号两艘巡洋舰，以及"艾伦沃德"号驱逐舰被留在战场。

次日天明，几艘已经动不了的战舰又展开一轮炮战，但战果寥寥。日方已清空船员、只剩躯壳的"夕立"号被击沉，美军"波特兰"号和"艾伦沃德"号被赶来的拖船救走，"亚特兰大"号则受伤过重，只能自沉。"比叡"号也在赶回来救援的日军舰队的掩护下，步履蹒跚地缓缓退走。但此时机会已经不再，"企业"号的舰载机和瓜岛仙人掌航空队先后出动，轮番攻击，"比叡"号再中三枚鱼雷，大势已去。阿部只得下令弃舰，转移到"雪风"号上。13日下午，"比叡"号全体人员撤离，一心与战舰共存亡的舰长西田也被架着下船。17时，"比叡"号终于沉入铁底海峡，不幸成为日军开战后损失的第一艘战列舰，阵亡官兵近200人。价值较低的"天津风"号躲过袭击，侥幸逃生。

又一次的挫折让山本暴怒，阿部弘毅刚刚逃到肖特兰就接到了山本的解职命令，随后被传唤回国接受质询，最终从海军现役转为预备役。这些后话暂且不提。山本并不甘心平白损失主力舰，他命令"雾岛""长良"两舰与近藤信竹的主力舰队会合，完成未尽使命，再向瓜岛进发，同时急调拉包尔的三川军一，率第八舰队从侧翼增援，对亨德森机场发起炮击。

萨沃岛海战的胜利者三川故地重游，但之前埃斯佩兰斯角海战五藤的惨败让他蒙上了心理阴影，这一回他只派出两艘巡洋舰贴近瓜岛实施炮击，自己则率主力留驻萨沃岛水域观望动静。当夜，执行任务的两舰悄悄接近机场，炮击半小时，自以为得手，但事实上只击毁了少量美军飞机，效果远不如上一次的两艘战列舰。更要命的是，此时亨德森机场的维修能力已经远超日军想象，13日天亮之后，机场就基本恢复了起降功能，而且上次炮击之后美军吸取教训，将大部分燃油转移出机场，藏匿在隐秘处，丝毫无损。加满油的仙人掌航空队和"企业"号舰载机群先后赶来追杀，参加过萨沃岛海战的"衣笠"号重巡洋舰被炸沉，三川的旗舰"鸟海"号和另外两艘巡洋舰也被炸伤，狼狈逃回拉包尔。而这之前，对战果过于乐观的三川已提前向山本发出捷报：亨德森机场已被摧毁。几艘巡洋舰竟完成了上一次战列舰都未能完成的任务，尽管有些令人难以置信，但对连日郁闷的山本来说，难得有这样的好消息。他兴奋得没来得及细想就转告近藤和田中，不必顾忌瓜岛的空中威胁，尽可大胆向前。

山本这个命令断送了自己的舰队。信心倍增的近藤急速前进，又折回来的"雾岛"号一舰当先，不想却撞见了远比上一次更可怕的对手。一天前的夜战中美军损失不少，但哈尔西的风格向来有进无退，这一回他不惜血本，动用了仅剩的家底——"南达科他"号和"华盛顿"号战列舰。还没完全复原的"企业"号也进抵攻击位置，提供远程空中支援。14日黄昏，近藤舰队抵达铁底海峡时，由威利斯·李少将指挥的这支美军特混舰队已经在此迎候。

战斗于当晚21时打响，尽管近藤担心美军飞机而没敢让"隼鹰"号以及"金刚"号、"榛名"号两艘战列舰靠得太近，但此时他仍有"爱宕"号（旗舰）、"高雄"号重巡洋舰、"长良"号轻巡洋舰，"雾岛"号战列舰，以及六艘驱逐舰，占有优势。战列舰巨炮轰鸣，很快美军三艘驱逐舰被摧毁，接下来"南达科他"号登场，立刻吸引了日军的主要火力，在"雾岛""爱宕""高雄"三舰夹攻之下，"南达科他"号身负重伤，但此时"华盛顿"号出人意料地出现在战场上。夜战中，装备有新型雷达和弹道瞄准系统的"华盛顿"号大占便宜，猝不及防的雾岛号10分钟内连中50余炮，几乎报废。近藤指挥"爱宕"和"高雄"围攻"华盛顿"号，美军已只剩这一艘战舰，但凭借先进装备和过人的胆色，李将军虽以一敌二，仍且战且退，不落下风。

此时已过午夜，之前近藤将舰队分散开来搜寻敌踪，眼下来不及聚拢，两艘重巡洋舰对付"华盛顿"号也难讨到便宜。而且近藤得知，就在这天下午，田中赖三的运输船队遭遇空袭，11艘运输船被击沉7艘，死伤惨重。这意味着登陆计划事实上已经失败，即便他再拼死打下去也无太大意义，近藤下令停止追击。此时的"雾岛"号也已无救，舰体到处浓烟烈火，并向右侧倾斜，尝试救助无果之后，近藤下令弃船。至此，联合舰队的金刚级高速战列舰已经四去其二，"比叡"号沉没不到一天之后，姊妹舰"雾岛"也追随沉于海底，全船250余人阵亡，损失更加惨重，并且不同于最终被飞机重创的"比叡"号，"雾岛"是在与同级别的敌军战列舰正面交手时战败身死，这对日军的士气更是一个打击。

与此同时，近藤电告田中，趁着美军舰队撤走迅速组织登陆。田中舰队勉力驶到亨德森机场西北的塔萨法隆加角登陆，2000多名筋疲力尽的士兵爬上沙滩，跟着卸载了1500袋大米和260箱弹药，忙碌中，天已亮了起来。和阳光一起投下的是仙人掌航空队的炸弹，日军堆放在滩头的弹药炸成一片，粮食则燃为灰烬，大火蔓延，来不及逃进森林的日军士兵浑身起火，鬼哭狼嚎化成一具具扭曲的焦尸，场面如同炼狱。之前运输船前进途中没能及时赶来护航的"隼鹰"号舰载机群此时终于出现，结果非但没能起到作用，反而又赔上了十余架飞机。返航路上，田中仅剩的四艘运输船被赶来的美军飞机炸沉。日军大本营原本指望田中舰队为瓜岛上苦撑的百武送来生力军，而最终岛上日军得到的只是更多没有口粮、没有重武器，被饥饿、恐惧与绝望折磨的新难友，如同向地狱的炉火中添加新的劈柴。

11月13日—15日的两次夜战被合称为瓜达尔卡纳尔海战，不同于该海域之前数次海军航空兵充当主角的战役，这一回已成为夕阳兵种的巨舰大炮重回舞台中央，战列舰几乎贴身肉搏，并且各自都有不俗的表现。美军损失了2艘重巡洋舰、1艘轻巡洋舰、7艘驱逐舰、36架飞机，阵亡1700余人；日方的数字是2艘战列舰，1艘轻巡洋舰，3艘驱逐舰，64架飞机，1900余人。双方舰船损伤难以胜数。

从数字上看或许难分高下，但从战略上看，日军目标无一实现，更失了两艘主力舰，可以说最终是更勇敢的卡拉汉、胡佛、李，以及哈尔西赢得了这场狭路相逢的较量。这也是双方围绕瓜岛的最后一次大规模海战。接下来，日军再也无力在瓜岛海域发起大动作，已浸染了太多鲜血的瓜岛，将迎来最后的绞杀。

47

血肉小径

无论是当时媒体报道还是后世史册记载，血腥又漫长的瓜岛战役都是焦点，吸引了更多的目光与笔墨。但同一时段内南太平洋的其他角落也进行着和瓜岛一样的激烈搏杀，尤其是此前日军计划中的头号目标，新几内亚岛。

日军以惊人的速度征服东印度群岛之后，新几内亚岛东半段的巴布亚地区就成了盟军在该地区仅剩的控制范围。尤其是莫尔兹比港，该地位于新几内亚岛东南端延伸出的巴布亚半岛南侧，是适合舰队停泊的良港，也建有机场，是盟军的重要据点。这里更是澳洲大陆最后的屏障，一旦失陷，澳大利亚人烟稠密的东部地带，从布里斯班到墨尔本、悉尼，都将直接暴露在日军刀锋之下。一度狼顾大洋洲的日本虽然放弃了不切实际的入侵计划，但在他们"遮断美澳"的构想中，莫尔兹比港始终是重要的战术点，尤其在中途岛战役后，日军自觉无力进占新喀里多尼亚等地，更对此地志在必得。7月11日，大本营明确了以莫尔兹比港为核心的战略部署，所罗门群岛的激烈争夺最初只是为了完成对其侧翼的包抄。

当时日军已占领新几内亚岛东北部的莱城、萨拉莫阿等要地，并继续向南推进。21日，隶属第17集团军的南海支队在巴布亚半岛东南侧的戈纳登陆，首批抵达的是横山与助大佐率领的2000人工兵队。由于当地仅有少许澳军以及本地民兵驻守，日军轻松占领戈纳，此后又向内陆深入，占领了戈纳南面的布纳（今称波蓬德塔），总兵力1.4万人的南海支队在堀井富太郎少将的带领下进驻该地。

几乎在日军登陆巴布亚半岛的同时，在澳大利亚，麦克阿瑟将他的指挥部北移500千米，从墨尔本迁到了距离前线更近的布里斯班。戈纳与布纳失守的消息没能在第一时间引起麦克阿瑟的注意，因为从地图上看这两地与莫尔兹比港的直线距离很短，而中间隔着横亘新几内亚岛的欧文斯坦利山脉，最低的山坳海拔也在2000米以上，山高林密，险僻难行。麦克阿瑟虽然清楚日军对莫尔兹比港的觊觎，但料想他们必然会从海上发起登陆作战，而不会冒险深入丛林，翻越天险，因为那几乎是不可能做到的。

然而这正是日本人的打算。中途岛之后日军的护航能力锐减，自量不可能在美军B-17轰炸机编队眼皮底下把一支大军送上莫尔兹比港，因此，除了陆路进攻，他们其实别无选择。翻越欧文斯坦利山脉固然艰难，但比起环境的严酷和士卒的劳苦，他们更在意的是出其不意的奇袭效果。开战之前，新几内亚岛本不在日本人的目标清单上，因此对该地的情报搜集极不完备，而这种无知也壮了他们的胆。7月25日，堀井亲率精锐自布纳出发，一头扎进了欧文斯坦利山的莽林。

比之瓜岛，巴布亚自然环境之恶劣犹有过之。除了丛林盘根错节、瘴气弥漫，这里的海拔更高，还经常会遇到断崖，刀砍斧削的山壁直上直下，几乎无法攀缘，只能绕路而行。堀井的工兵队分成两组，先头部队手持砍刀一路劈斩藤蔓，开出小道，后续队伍用铁锹铲土，垫平道路。工兵们筋疲力尽，但只开辟了一条羊肠小道，机械部队和畜力驮运都无法通行，只能将重武器拆卸开来，手推肩扛。经过三天艰苦努力，28日总算堪堪完工，士兵沿着小道进击，目标直指山脉东北侧最重要的盟军基地，科科达。

这是崎岖起伏的山麓上相对平坦的一处，适合修建机场，与莫尔兹比港之间有一条被称为"科科达小径"的山道相连。麦克阿瑟及其团队过于相信欧文斯坦利山脉的屏障作用，想不到日本人真的翻山而来，此时驻守科科达的只有澳大利亚陆军中校威廉·欧文指挥的一个连约300人，以及巴布亚土著民兵若干。日军对科科达发起进攻，如梦初醒的欧文组织抵抗，但为时已晚，双方实力差距太过悬殊。29日，科科达失守，在建的机场被日军控制，欧文战至力竭殉职。接下来一周的反复争夺中，机场控制权几度易手，最终还是日本人掌控了机场。拿下了科科达，日军距离莫尔兹比港只剩下不到一半的路程，形势大好。为了配合堀井的行动，大本营派三川军一率第八舰队攻击巴布亚半岛最东南端的米恩湾，占领该处的拉比岛，以此为基地从侧面威胁莫尔兹比港。

此时身在布里斯班的麦克阿瑟坐不住了。对他来说，新几内亚岛不但是拱卫澳洲的盾牌，更是他打回菲律宾的跳板。自从逃离科雷希多岛，麦克阿瑟无时不以"I shall return"为念，而若丢掉莫尔兹比港，不但这一志向再难伸张，澳洲都将不再安全，那意味着盟军可能被迫放弃西南太平洋，退守夏威夷甚至美洲本土，而他个人的军事生涯也将以不光彩的方式走到尽头。为此，在科科达陷落后充斥澳洲的撤退论调中，麦克阿瑟力排众议，声称必须坚守莫尔兹比港，对日本人的进犯，只能回应以"战斗！战斗！战斗！"他的坚定给了同僚信心，澳大利亚政府顶住压力，从北非和中东战场调回了此前协同英军作战的精锐力量第7、第8师，向米恩湾增兵。麦克阿瑟也从美军航空兵总监阿诺德那里要来了乔治·肯尼，出任陆军航空兵司令。

这是一位经验丰富的航空作战专家，在阿诺德麾下屡建功勋，他强硬又永不言败的性格与麦克阿瑟十分相投，二人惺惺相惜，定能合作无间。肯尼到任时，日军已发起米恩湾作战，8月25日，借助暴风雨的掩护，一千余名日军乘运输船登上拉比岛，建立了滩头阵地。此时在麦克阿瑟的部署下，刚刚回国的澳军第7师迅速增兵，展开猛烈反攻，肯尼指挥的陆军轰炸机编队也在天气转晴后立刻出击，袭击日军运输航线。经过两天血战，美澳联军终于夺回拉比岛。此前的东南亚战役中，澳大利亚军队从未战胜过日军，经此一役，这支一向充当英军辅助部队的军队越战越勇，保卫家园的信心愈发坚定。

此后盟军驻守部队增至9000人，牢牢控制米恩湾。与此同时，瓜岛战役的意外升级也使日军无力组织更多运输力量，被打退的日军残部困守岛上据点，直至9月才被驱逐舰救出。此时的人数不足一半，夹击莫尔兹比港的方案随之告吹，巴布亚半岛争夺战的胜负终究要由科科达小径来决定。

9月5日，堀井的新一轮攻击终于拿下小径上的重要隘口伊斯拉巴，冲上了欧文斯坦利山脉的山脊。接下来只要乘势而下，莫尔兹比港就触手可及了，但堀井没意识到他的麻烦才刚开始。上山容易下山难，山脉的西南麓更加难行。除了和来路一样的林木丛生，荆棘遍地，还经常遇到断崖，重武器无法从工兵搭建的简易桥梁通行，不得不沿途丢弃，头顶还经常掠过盟军轰炸机。比飞机更危险的空中打击则来自无处不在的热带蚊蝇，数量庞大的飞虫是这片丛林真正的主宰。自打不速之客闯入，它们便如影随形地"叮防"，疟疾、登革热等各种热带病随之在军中蔓延。从拉包尔到戈纳的补给线也在盟军轰炸机的封锁之下越来越细，根本无力维系科科达小径的给养，病饿交加之下，没经过大规模战斗的日军已经溃不成军。

9月17日，日军拼尽最后的努力，拿下了小径上的盟军据点伊奥里贝瓦村。此时，距离莫尔兹比港只有不到50千米的距离，眼前只剩下最后一道山岭阻隔。但自堀井以下，全军都再无法挤出一丝力气，增援、给养、医药、重武器、空中掩护，样样皆无。他们吃的是草根、树皮、蛇虫鼠蚁、不知名的热带水果和菌类，下肚之后往往胃痛如绞，轻者上吐下泻，重者呕血毙命。很多士兵的军装被荆棘钩破，鞋子在山道上磨碎，只能赤脚行军。目标在眼前，却难以企及，这是真正的咫尺天涯。

此时瓜岛上日军刚经历血岭之败，焦头烂额的百武顾不上堀井，只能在电报里口头鼓励，要求他们守住战果，准备给莫尔兹比港以"猛烈打击"。这就是说，堀井的部队事实上已被弃之绝境，自生自灭。次日，百武的头脑似乎清醒一些，他改令堀井收缩防线，苦不堪言的日军终于获准撤退，但这也意味着要再次翻越梦魇一般的欧文斯坦利山。远征壮举已变成逃命，心态自然大不相同，身心俱疲之下，小径上又扔下更多的尸体，无力搬运的重武器只好沿途丢弃，一些绝望的炮兵军官为此切腹自杀。盟军方面，麦克阿瑟也对巴布亚战场一直退守十分不满，他通过马歇尔向指挥巴布亚前线作战的澳大利亚军官托马斯·布莱梅施压，要求实施反攻。多方协调下，盟军于9月23日发起了反攻。运输船队直插日军身后，战役历时一星期，在陆海空三线的立体打击下，日军将规模收缩在戈纳和布纳等几个据点间，凭借丛林和沼泽据守。此时，回撤的日军部队仍在科科达小径上疲于奔命。

巴布亚和瓜岛方面的局势恶化几乎是同步的，自杀式的远征失败后，轮到了盟军的回合。麦克阿瑟规划了三箭齐发的反击计划：右翼以米拉岛为基地，在空军配合下截断日军海上退路；左翼从莫尔兹比港向东北方行进，翻越欧文斯坦利山脉迂回到戈纳据点背后；中路穿越科科达小径，直接追击撤退的日军。致命的山路并不会对他们网开一面，日本人遭受的诸般苦楚盟军一样不落地全部体验了。"该死的山道！"咒骂声在军中不绝于耳，但在空投给养的帮助下，他们咬牙忍了过来。11月2日，盟军收复伊斯拉巴，日军逃向科科达，此时的堀井富太郎身染重病，不能行走，由卫兵用担架抬着。10日，在非常接近科科达时，他的担架在渡过一条小河时翻倒，虚弱不堪的堀井落水溺毙。11日，就在残兵败将刚逃到科科达据点第二天，还来不及喘息，成功翻越欧文斯坦利山脉的盟军已经追到。新一轮围攻科科达之役打响，激战三日，盟军消灭了据守的日军。反攻开始后，麦克阿瑟已于7日率指挥团队入驻莫尔兹比港，再次将司令部从澳洲大后方搬到了前线。14日，即收复科科达的次日，他要求继续加快攻势，盟军瞄准了日军在巴布亚的戈纳—布纳据点。

此时太平洋舰队经过鏖战，击沉了"比叡""雾岛"，正在阻止日军增援瓜岛的计划。日军在瓜岛陷入穷途，在巴布亚也被逼入角落，两处战场攻守之势都已逆转，正如整场战争。

48
细细的红线

秋尽冬来，山川草木转悲凉。始于八月盛夏时节的瓜岛战役迁延日久，已拖入11月中旬，尽管濒临赤道的所罗门群岛此时的气温仍有26℃，但对蜷缩在瓜岛上的日军来说，从人员给养到士气希望，都一天天被这个岛消磨吞噬，不免心下日渐冰凉。

两次瓜岛海战，双方各有损失，但最终结果是粉碎了日军的增兵计划，田中赖三的运输舰队全军覆灭，短时间内无论是兵员还是运力，都几乎告罄。至此，可说大势已定，如范德格里夫特给哈尔西的报告中所称，"敌人已遭受毁灭性的失败"。

东京大本营却无法接受这个事实。11月16日，日军完成了西南太平洋战区的改组，负责瓜岛作战的第17军和负责新几内亚岛作战的第18军改组为第八方面军，今村均中将任司令，全面统筹。大本营将最后的翻盘希望寄托在他身上，希望他再现征服东印度群岛战役的神勇。今村从雅加达飞回东京接受任命，此时战事糜烂已经瞒不住，两艘战列舰的沉没引起日本朝野恐慌。天皇也忧愤不已，召见时，他与今村执手相看泪眼，最后恳切地请求他"拯救我的士兵"，几不能自已。今村感动地宣誓不负圣恩，但内心压力巨大。

22日，今村到任拉包尔，电告瓜岛上的百武晴吉，要他保证提供两个师团的支援，同时如实报告前线情况。尽管已做了最坏的心理准备，但百武的汇报还是让他十分震惊："……平均每日饿死100人。平均数有增无减。待你增援的两师团抵达，本人怀疑还能有几人生存。"（约翰·托兰《日本帝国的衰亡》）除了无谓的勉励和空洞的许诺，今村毫无办法。

美国人这段时间也没闲着，对瓜岛的增兵从未间断，此时瓜岛上的美军人数已增至5.8万，武器精良，给养充分。"企业"号和"萨拉托加"号双双伤愈复出，此外，还有"华盛顿"号领衔的战列舰特混舰队，"彭萨科拉"号、"北安普敦"号等组成的巡洋舰编队，足以应付敌舰各种形式的袭击。驻扎特鲁克的日军联合舰队主力虽然实力仍然占优，但"大和"号等巨舰苦于燃料紧张，不会轻易出动，因此瓜岛海域还是美国人的天下。制空权方面，仙人掌航空队、图拉吉岛、圣埃斯皮力图岛，以及"企业"号为主的海军舰载机构成了具有众多层次和机种的航空兵网络，牢牢掌握着天空。可以说，日军重夺瓜岛的计划已无可行性，甚至连如何尽可能送去一点给养，让岛上的友军多活几天，都很成问题，山本以主力舰返回本土修理为由，拒绝再进行大规模的行动。终于田中赖三憋出了一个不是办法的办法——铁桶运输法。将补给物资装在铁桶里，浮在海中，拴上绳索，由担任鼠式运输的舰船拖曳，临近瓜岛海面时通知岛上部队乘快艇来接收。

为降低风险，铁桶运输最初由潜艇担任，但一次只能运去少许，实在是杯水车薪。田中决定冒一次险，动用1艘轻巡洋舰和7艘驱逐舰组成的舰队，携千余只浮桶向瓜岛进发。为了凑出这些给养，肖特兰方面已竭尽物力，运输的舰船也是田中手边的全部家底，因此，这可以说是最后的努力。11月29日入夜，舰队起航。场景十分滑稽，每条船身后用锁链拴着一大堆浮桶，"鼠式运输"队的每只老鼠身后都拖了尾巴。这次选定的卸货点仍是瓜岛塔萨法隆加角，从肖特兰到此处的水路田中非常熟悉，这次他决定不走常规路线，改由东南侧绕行，希望以此避过美军的视线。

但自调动阶段起，田中的无线电信号就已被美军捕捉，掩藏行踪的努力终究是白费了。美军派出卡尔顿·赖特少将率由4艘重巡洋舰、1艘轻巡洋舰、6艘驱逐舰组成的第67特混舰队，在日军可能登陆的海域游弋。30日23时许，两军在铁底海峡遭遇。当时下着大雨，田中试图躲进积雨云避战，但拖着浮桶行动不便，美军舰队穷追不舍。眼看一味逃跑不是办法，田中终于咬牙下令，丢弃浮桶，准备迎战。

兵力远远占优的美军这次也大意了。在战斗初始阶段，田中舰队忙于处理浮桶，除了驱逐舰"高波"号，其他舰船都没开火，怀特大占上风，以致认为来的是一支没有作战能力的运输船队。黑暗之中不易辨识，怀特便命5艘巡洋舰贴近，准备生俘敌船，这一来正好进入日舰最理想的鱼雷打击位置。一直被动挨打、憋着满腔怒火的日舰立刻出手，5艘美军巡洋舰有4艘被鱼雷击中，伤势最重的"北安普敦"号沉没，其他三舰以及两艘驱逐舰遭重创。日军方面则只损失了"高波"号，田中所在的旗舰"长波"号受轻伤，其他舰只分毫无损。与此同时，美军的侦察机也出现在战场上空，田中不敢恋战，只得掉头返回肖特兰。

这场战役被称为塔萨法隆加之战，是瓜岛战役中最后一次海战，以日军获胜告终，然而，胜利的代价却是铁桶运输计划的破产。由于提早切断了缆绳，铁桶随波逐流，大多漂得不知去向。又一次，日本人赢了战斗，却向着战争的失败滑近一步。

12月3日、7日，田中又如法炮制，两次组织铁桶运输，共计送出2700桶物资，窥破秘密的美军不再与舰队缠斗，而是出动飞机重点扫射浮桶。铁桶纷纷被打爆，辛苦积攒的大米落入水中，看得岸边准备接应的日军五内如焚，最终只有300余桶被瓜岛日军收获。12月8日，执行任务的田中舰队遭遇袭击，旗舰"照月"号被击沉，田中本人也挂了彩。接下来的两个星期，本就气若游丝的铁桶运输被迫中断。

至此，谁也救不了岛上苟延残喘的日本人。瓜岛海战之后上岛的第38师团，登陆时只有两天的口粮，他们和之前的丸山、川口一样，尝试过攻击美军阵地，结果可想而知。败下阵来后，他们也躲进密林中。军粮供应降至标配的1/6，根本吃不饱，岛上已有相当荒野生存经验的老兵传授技艺，如何捕食老鼠、蜥蜴和昆虫，这自然不是理想的伙食，但在饥饿的逼迫下他们很快克服了心理障碍。由于担心炊烟引来敌机，所有的猎物都只能生吞活剥，腥膻的生肉让有吃生鱼片基础的日本人也难以下咽。但这些食物也很快告罄，千万年来瓜岛的生态系统从未遭遇过如此大规模的外来物种入侵，猎物很快就被吃尽吃绝。当作救命草挖来的野菜和陌生菌类或可解一时之饥，但可能会中毒，痉挛像一只手将空空如也的肠胃攥出汁水，而囫囵吞下的野菜草根又会造成排便困难，明明无食的肚腹反而肿胀起来，形同饿鬼。饥饿感像潮水一样蔓延，缓慢却又无边无际，无处可逃。伴随而来的是营养不良和卫生状况下降引发的疟疾，军中缺医少药，染病者基本只有死路一条。每天醒来，日军都会发现身边多了几具尸体，尸臭弥漫，十里风腥，而残存者也不知道自己哪天也会步其后尘。

司令部里，百武晴吉也即将断粮，但他深知，美军不会因为他们的惨状而手下留情，不论结局如何，只要在岛上一天，就还需要为战斗做准备。饿得没力气端枪的士兵已组织不起有效的防线。小沼治夫大佐想出办法，在泥地上挖洞，将部队化整为零，每个日军士兵都藏匿在洞中，不许出来。这意味着即便美军占领了阵地，仍需要对付这些单人掩体。这样一来，每个士兵相当于为自己提前挖好了坟墓。

他们的命运不仅取决于战场，更取决于东京的官场。其实日本的有识之士早就看出瓜岛战事已不可为，但经过一次次不计后果地升级战事，瓜岛之役对日本人来说已不是单纯的军事问题，而上升到了政治层面，连天皇都数次颁布"敕语"，要求坚守。如果撤军认输，那不仅是丢掉一处战略要地，更意味着政治上的严重失败，而根据官场逻辑，首倡"撤军"者必将承担极大的责任。因此，陆军方面的强硬派仍要求坚持打下去，但症结在于，无法提供增兵所需的运力。

在这个问题上，日本开战之前的不周全再次暴露出来。根据过于理想化的构思，此时"大东亚"地区战事应该已经结束，运输力量可以向生产方面倾斜，并据此制订了"胜利"之后解除运输船舶征用的时间表，但战事的胶着使军方不但不能按原计划退还运输船，反而需要征调更多的船舶。面对情况变化，决策层缺乏充分的应急预案，僵持之中，日军从占领地区抢掠的资源无法及时运回本土，前线后方两相耽误。以最紧缺的原油为例，1942年日本从东南亚取得的原油和石油制品中约有115万吨运回本土，约153万吨在东南亚各战场就地使用，两者相加，仅及开战前年均油耗一半左右（数据见日本历史研究会编纂的《太平洋战争史》第三卷），明显入不敷出。铁矿石等物资和粮食也大致如此，于是后续的军工项目进度受阻，需要的舰船飞机造不出来，形成恶性循环。

为此陆海军和保障部门吵得不可开交，相互指责。陆军要求调拨更多运力，索要62万吨船舶。东条英机觉得这将使下一年度日本的钢材减产近半，他只肯给29万吨，后又稍稍增加，仍距陆军要求相去甚远。在一次争吵中，冲动的作战部长田中新一动手打了负责后勤的陆军省军务局长佐藤，随后又对调解的东条骂了"巴嘎"。事件最终以田中被撤职和东条增加更多的船舶收场。参谋本部和内阁算是各退一步，但同时东条也认定了不能继续无休止地填充瓜岛的无底洞，撤出泥潭，势在必行。

美军方面完全是另一派景象。眼见胜利在望，11月，尼米兹做出决定，将范德格里夫特和劳苦功高的海军陆战队第一师调离，送往澳大利亚度假休养，代之以陆战队第二师和陆军第五师为主干的第14军，由亚历山大·帕奇少将统领。部署期间，美军在瓜岛的地面攻势也相应放缓。12月9日，交接完毕，陆战队第一师以胜利者姿态光荣离岗。瓜岛战役是第一师在"二战"中的处子秀，上岛时，许多成员都是训练未久的新兵，战争的激烈与残酷完全超出他们此前的想象。罗伯特·莱基在回忆录《血战太平洋之瓜岛浴血记》中描写过一个细节：某次战斗后打扫战场，忽觉脚下踩到人，他立刻下意识地缩脚并低头道歉，此时才发现，那是一只断手，"我无法把目光从那只手上移开。那只手孤独地躺着，仿佛被遗弃了一般，不再是某人身体的一部分，不再是他的助手，看到那只手就看到了战争的野蛮和荒唐"。经过近四个月的鏖战，他们已被战火淬炼成拥有钢铁意志的军人，打赢了这场美军"在整个'二战'中最艰苦的战役"（杰克·墨菲《美国海军陆战队史》），成为名震全美的英雄。然而，这样的光荣也对他们的心灵造成了极大的冲击。经历了太多的杀戮与死亡，灵魂中所有细腻的部分都已粗粝。另一位美军士兵詹姆斯·琼斯日后将瓜岛之役改编成小说，以《细细的红线》之名出版，轰动一时。这部反战基调的小说，扉页上写着一句美国西部谚语，"智者和疯子之间，只隔着一条细细的红线"。

在瓜达尔卡纳尔这样极端的环境里，文明世界应有的秩序都变得模糊，胜利还是失败，生存还是死亡，莫不如此。人性与杀戮机器之间，所隔的不过是一条"细细的红线"。

12月21日，田中组织的最后一次铁桶运输再次受阻，1200桶给养只有不足100桶被岛上日军拿到。与此同时，美军新来的第五师已经基本熟悉了环境，帕奇少将决定主动出击，给挣扎在死亡红线上的日军致命一击，瓜岛战役临近终点线。

49

再见，瓜达尔卡纳尔

1942年12月25日，圣诞节。东京大本营里全无节日气氛，参谋总长杉山元、次长田边盛武等高层正在讨论，已经日渐无望的瓜岛战役该如何善后。

整整一星期前，美军开始向瓜岛西端的日占区推进，首当其冲的是亨德森机场以西20千米处奥斯汀山中的阵地。10月底的"万岁冲锋"之役后，冈明之助大佐率部在此组织了防线。当时日军的给养匮乏还没那么严重，这个阵地修得异常牢固，加上日军较之新来的美军第14军熟悉地形，冈以化整为零的游击战御敌，成功地拖住了盟军攻势。不过，负隅顽抗的日军也仅有招架之功。

这期间日军试图在新乔治亚岛蒙达角修建机场，与美军再争瓜岛制空权。但此时美军在该海域的航空兵力量已颇具规模，察觉日军动向后便开始进行不间断的轰炸，机场屡建屡毁，人力作业为主的日本工兵跟不上美国人轰炸的速度，蒙达角计划也无法奏效。

12月23日，百武晴吉自前线发回请战电报，表示军粮已尽，曳尾泥中的龟缩防守已无必要，"第17军请求冲进敌阵，宁为玉碎，也不在自己挖的掩体中饿死"。困兽之斗没有意义，但"撤军"二字敏感，人人不敢轻言，海军军令部总长永野修身还主张进行兵棋推演，寻求败中取胜的一线之机。

就在东京议而不决的时候，瓜岛上帕奇的圣诞攻势打响了。12月26日起，经过休整的美军在仙人掌航空队的配合下再次强攻奥斯汀山。顽抗的掩体被一个个拔除，战役持续到31日，因场面惨烈，美军称之为"流血圣诞节"。奥斯汀山东麓的阵地基本被肃清，美军距离山脉制高点已经不远，死亡的红线距离日军又近一步。

12月29日，拉包尔考察归来的参谋人员真田穰一郎向参谋本部决策层汇报考察结果，结论很简单：只有撤退。同时，山本不愿冒损失更多舰船的风险，连日以燃料不足为由拒绝再支援瓜岛,联合舰队的这一态度也从事实上决定了瓜岛战役必须结束。参谋总长杉山元、次长田边盛武在内的高层们将该意见反馈到官中会议。特准与会的参谋人员,例如此前力主瓜岛之战的辻政信和源田实等人都认为非撤不可,一番争辩后,最顽固的死硬派也不得不在现实面前低头。撤军成为定议。

两天后,杉山和永野一同进谒裕仁天皇,以决议上奏。天皇很是诧异,虽然知道瓜岛战事艰苦,但不久前这些人还在向他保证最终必胜,他也下诏勉励,此刻提出撤军,无异于让他自打耳光。他责问永野,永野只好实言奉告,美军赢在机械化的工程能力。以亨德森机场为例,日军用上了飞机、大炮、战列舰,使尽浑身解数,但机场总能起死回生。对比蒙达角机场的情况,美日工兵机械对手工的跨时代差距已相当明显,因此日军以不惜人命的战术相拼,无论如何都不是对手。天皇听罢,喑然无语。31日,撤军的决议通过,但为了麻痹美军,事先不能透出半点风声,连今村、百武等前线指挥官都要瞒住。

撤离瓜岛的"K号作战"计划出炉。这是一次瞒天过海的计划,日军需要派出援军接应瓜岛的残兵,于是他们故作姿态,频繁出动驱逐舰在所罗门群岛海域活动,拉包尔方面也出动飞机骚扰亨德森机场,仿佛要发起新一轮的增兵。近半年来,日本人在瓜岛上"失败—增兵—再失败—再增兵"的套路已经相当程式化,无论是前线作战还是后方政治宣传,都看不出他们有丝毫撤退的迹象。美国人被蒙蔽了,认为日军的调动必然是送来新一批的军队。日本人的撤退计划在神不知鬼不觉之下展开了。

时间来到1943年。1月5日,蒙达角机场被彻底摧毁,同一天,休整后的美军再攻奥斯汀山的日军残余阵地,拿下山峰制高点。绝望的日军爆发出回光返照的能量,转守为攻,试图夺回阵地,但前后六次发起冲锋都被美军的优势炮火粉碎,150余人阵亡。9日,美国人换上一支生力军接防奥斯汀山阵地。一天后,再攻山脉西侧的残敌。此时日军据守着两个小高地,被美军分别称为海马山和奔腾小马山。

面对据险而守的敌军,美国人虽优势明显,但他们认为与其力拼,不如让时间和饥饿帮助自己消灭敌人。于是在尝试性进攻受挫后,美军改换策略,围而不攻,只用远程火力配合轰炸机,保持对日军的压力,等待最佳时机。美国人自以为好整以暇,却不知这正给了日本人调动的时间。10日,日军八艘驱逐舰驶往瓜岛。11日零时，日舰在萨沃岛附近与美军鱼雷艇交火，双方都只是轻微损失，日舰没能靠岸，但他们的目的达到了，通过此举，他们成功地制造了即将增兵的假象。这一波舰队撤走后，15日，又有十艘驱逐舰靠近瓜岛，这次他们成功地躲过飞机的视线，卸载了1000名士兵和部分给养，这部分人正是为撤离瓜岛而准备的接应兵力。

随船同来的有参谋本部派来的代表井本熊雄中佐，他被带到百武的司令部——其实就是一座简易帐篷——向百武传达了撤军的密令。百武晴吉挂着指挥刀，颓然坐在那里——死地忽现生机，固然弥足可喜，然而他踌躇满志而来，败局已定，本抱了以死雪耻之志，但现在上峰要放弃倾注了上万条生命以及他全部心血的战场，他本人也不得不背着败将之名苟活下去，是该抓住救命稻草，还是忍死须臾以全名节，委实难决，百武一时竟不知该喜还是该悲。手下的参谋们情绪激动，嚷着要"将在外君命有所不受"，但冷静下来的百武还是决定服从命令，尽管他对能否活着撤离全无信心。

接下来日本海军在瓜岛以西出没，拉包尔的空军频繁出动轰炸亨德森机场，虽然都是打了就跑，但这样的举动很好地营造了气氛，更让美军坚信"日本人要有大动作"。日本人的新动向也吸引了美军高层，他们担心新一轮的苦战又要开始，22日，尼米兹和海军部长诺克斯一同飞抵瓜岛，为帕奇和第14军鼓劲，哈尔西也从努美阿赶来陪同，但他们谁都没看出日军要在他们眼皮底下溜走。

不知是不是受了几大巨头联袂到访的鼓舞，连续三天用密集炮火轰击的前线士兵终于发起总攻，又血战了一天，于23日先后拿下海马山和奔腾小马山。此时，残存的万余名日军士兵已在百武调度下，秘密有序地撤向西北的埃斯佩兰斯角，掩护撤退的部队在美军攻坚战中阵亡3000余人，美军方面阵亡250人。

在攻占的日军营地中，美国人第一次近距离感受到了他们的惨状，尤其是一个由来已久的猜测被证实：饿极了的日本人会以同伴尸体为食。

> 装满水壶后，有几个人搜查了日军的小帐篷，想找些战利品，在那里他们第一次发现了日本兵人吃人的证据。以前他们听到过这种传言，但这一次是事实。有一个日本兵显然是死于胸部的炮弹伤，他的后脚跟被绑在一根树枝上，倒挂起来，他的臀部腰部和大腿上被割去了好几块两英寸宽的肉。显然在他死之前，他们就把他从"大龙虾"一直抬到这里，然后他

们就将他派上了用场。他们用来烤煮他的那一小堆篝火的灰烬离他只有几英尺远。其他五具尸体都衣衫褴褛，肮脏恶臭，脚上基本没有穿鞋，一看就是挨饿很长时间了。显然没给他们留下食品，或者食品很少，但是奇怪的是，没有人对人吃人感到非常震惊或者恐惧，在这个疯狂的兽性的丛林世界里，地上泥泞湿滑，终年阴暗潮湿，空气仿佛变成了绿色，充满刺鼻的恶臭，在这样的世界里，人吃人与其说不正常，倒不如说很正常。（《细细的红线》第7章[译林出版社，2015年]。该书中琼斯故意将"海马"和"奔腾小马"写作"海参"和"跳舞大象"。）

同一天的埃斯佩兰斯角，撤离行动开始了。登陆艇已经备好，19艘驱逐舰和运输船就在近海接应，士兵们麻木地跟随口令登上舰艇，"面容憔悴像傻瓜，两眼失神似白痴"（随军会计吉田嘉七的战地诗）。直到这时，他们还以为自己将从海路去岛东侧的塔伊乌角轮岗，并和新来的增援部队再次东西夹击亨德森机场。饿得无力思考的行尸走肉们想象不出自己还有比继续充当炮灰更好的命运，当他们踏上甲板，领到久违的饭团时，才被告知将撤离这个地狱岛。此刻，他们和初闻撤军令的百武一样，百感交集。忽然有人放声大哭，随后甲板上哭声一片，他们离家万里，为了一个崇高而虚幻的目标来到这座岛，经历了战争、饥饿、疫病、死亡，从灵魂到肉体，都久陷非人境地，而今却发现这些磨难与牺牲全无意义，一切只是一场噩梦。

美军飞机试图追击，但被来自拉包尔的日军机群击退，舰队于次日成功撤到肖特兰基地。此后撤离行动在2月4日和7日又进行了两次，目的地是布干维尔岛，其中4日的行动被美军飞机发现，日军又损失了1艘驱逐舰，另有4艘被炸伤，百武及其司令部正是随这批撤离。7日夜里，最后一次大规模撤离行动完成。除了仍在奥斯汀山阻击美军的殿后部队，日本人尽可能接走了每一个士兵。实在无法搬运的伤兵被留下，发给他们的，是敌人接近时可以自爆的手榴弹。

最终，日军13 050人被救。自1942年8月算起，日军累计投入超过3.4万人，1.45万人战死，4300人死于疾病，另有2350人失踪，约1000人被俘，损失接近2/3。对他们来说，瓜岛是死亡之岛。而这样严重的伤亡，也直接影响了接下来的战局。

包括尼米兹在内，美军这一回统统失算，直至撤退行动尾声才看出日军的真实意图不是增援,再想阻止其主力遁逃,为时已晚。到2月9日,残留的日军都被击毙或俘虏,瓜岛全境战斗结束。瓜岛战役中,美军累计投入兵力超过6万,阵亡1592人,其中海军陆战队1042人、陆军550人,伤4200余人。美日之间接近1∶4的伤亡数字,堪称完胜,美国人征服了凶顽的敌人和这座险恶的岛。

瓜岛是太平洋战争继中途岛之后的又一个重要节点。中途岛战役让美日海军重回均势,瓜岛之战则彻底扭转了战争的走势,虽然西南太平洋地区日军的优势仍会保持一段时间,但其扩张的趋势已被扼制,盟军开始反守为攻。经过瓜岛的巨大消耗,日军前期积累的战果已所剩不多,美国巨大的产能优势将很快显现,并决定战争最终结局。战役对双方心理上的影响也是显而易见的。美军对日本人的狂热和坚忍印象深刻,但他们最终胜利了,也得到了打败顽敌的信心与经验。而日本人,尤其是陆军,开战以来习惯了攻无不克、有进无退,瓜岛的惨败和最终撤退大大摧折了他们的士气。日本媒体仍在以"转进"掩盖"败退"的事实,声称瓜岛的任务已经完成,接下来要"转进"更为重要的新几内亚作战,但这种虚文矫饰只能欺瞒民众,在前线军队中,"皇军无敌"的狂信已经动摇。

溃败也在其他战场同步发生。在新几内亚,美澳联军控制了科科达小径,麦克阿瑟启用与自己关系不太融洽的埃克尔伯格中将强攻布纳,据守的日军以沼泽为凭拼死抵抗,战斗异常艰苦。盟军蹚着齐腰的沼泽污水进攻,稍不留神就陷在其中成为活靶,死伤惨重,但该处的日军面临和瓜岛一样的补给困难。作为先头部队的澳军于1942年12月19日攻进布纳,残存的日军抵抗到1943年1月2日,全军覆没。之后盟军乘胜进击,向北兵进莱城—萨拉莫阿一线。莱城位于新几内亚岛东侧突出的胡翁半岛根部,是扼守通往拉包尔所在的新不列颠岛的要冲之地,重镇萨拉莫阿则是莱城以南的屏障,又控制着其东侧的瓦乌矿区。1月底,盟军进攻萨拉莫阿,战事惨烈,盟军伤亡7000余人,日军被歼灭1.3万人。虽然新几内亚岛东部和北部仍在日军控制下,但战局走向已有利于盟军,澳大利亚的警报就此解除。在北方,美军开始进攻日军占据的阿留申群岛,并在安奇卡岛登陆,日军在中途岛战役中的这点鸡肋战果也已岌岌可危。

作别瓜岛,也就意味着日本人要跟战争的胜利说再见了,已有越来越多的人看出这个必然的结局。此时,在马尼拉的医院里,一位病人沉痛地对来访的前随军记者说:"我们打输了瓜岛这一仗,日本打输了这场战争。"他就是被解职后在此养病的川口清健。

按

本章节所列美日瓜岛战役阵亡人数,未含相关海战中的数据。

50

蛙跳大洋

如果日本人从瓜岛再晚走几天，一定会陷入更深的绝望。此前作为抽象概念的"美国强大工业能力"、此时已化身为实体的钢铁巨兽，破浪而来。

在1942年10月12日的"炉边谈话"中，罗斯福向美国听众保证，"在陆军兵营、在海军基地、在工厂里、在船厂里，有数以百万计的美国人"。言下无虚，此次讲话两个多月后，新型航母"埃塞克斯"号（Uss Essex，舷号CV-9）正式服役。不同于之前在《华盛顿海军条约》有效期内设计的约克城级（"约克城"号、"企业"号、"大黄蜂"号），埃塞克斯级没有吨位限制，标准排水量达到2.72万吨，比约克城级多35%，长度增加近20米，机库装甲由37毫米增至66毫米，并配有备用升降机和新式雷达。而舰体加大加重之后，机动性不降反升，航速可达33节，比约克城级略有提高。"埃塞克斯"号在开战前的1941年4月动工，1942年7月下水，12月31日服役。如果之前日军在航母方面还可与美军一较雄长，埃塞克斯级登场后，日本人就全无抗衡之力了。

接下来两个月中，同级别的"列克星敦"号（USS Lexington Ⅱ，CV-16）、轻型航母"独立"号（USS Independence，CVL-22，独立级航母首舰）、"普林斯顿"号（USS Princeton，CVL-23），新型战列舰"衣阿华"号相继编入现役。未来半年内还将有埃塞克斯级航母"约克城"号（USS Yorktown Ⅱ，CV-10）、"邦克山"号（USS Bunker Hill，CV-17），独立级轻型航母"考彭斯"号（USS Cowpens，CVL-25）、"蒙特利"号（USS Monterey，CVL-26），新型战列舰"新泽西"号加入，这些承载着美国军人自独立战争以来种种光辉记忆的名字，日后都将出现在太平洋战场上。人员方面，美国海军总人数由战前的32.5万人扩编超十倍，达到340万人，专项训练新兵的学校超过千所，新鲜血液源源不断。

1943年1月14日起，罗斯福与丘吉尔在北非名城摩洛哥的卡萨布兰卡会晤。在历时九天的会议上，虽然欧洲战场仍被盟国视为第一战略重心，但远东战事也被提上日程，两巨头商定战胜德国后立即对日本发动全力围攻。会议最后一天，罗斯福亮明底牌，要"消灭德意日的战争力量……使其无条件投降"。

与会的金和马歇尔提出了1943年太平洋战场的具体目标，包括所罗门群岛、布干维尔岛、拉包尔所在的新不列颠岛及新爱尔兰岛、新几内亚岛全境、马绍尔群岛、加罗林群岛、吉尔伯特群岛，以及缅甸。会议期间，瓜岛和巴布亚战场都胜利在望，因此这个宏大的目标绝非纸上空谈。

不只是金将军，麦克阿瑟的目光也穿过战火，直指日军的南太平洋大本营拉包尔，甚至菲律宾、日本本土。二人主张的路径有很大差异，金代表的海军主张以主力进攻拉包尔，从日军防守薄弱的中太平洋路线进军，目标是马绍尔群岛和吉尔伯特群岛，一直推进到台湾；麦克阿瑟则提出，应该拿下新几内亚岛，以该岛北部为基地，取道西南太平洋，直插菲律宾棉兰老岛，该任务由海军运载他的部队执行。

两种方案各有利弊。海军中路进击的计划固然是瞄准了日军的薄弱环节，但麦克阿瑟指出，海军的进攻目标岛屿众多，势必陷入无休止的夺岛战，而且周边没有盟军的陆基机场提供支援，损耗太大。当时，瓜岛和布纳的惨烈战事让人心有余悸，麦克阿瑟的空军司令乔治·肯尼在给阿诺德的报告中直言："战胜他们是毫无疑问的，但要做到这点所需要的时间、努力、鲜血以及金钱，可能无法想象……且看布纳，今后我们还要遭遇千百个布纳。"这也是美军将领普遍存在的担心。麦克阿瑟的计划更显效率，夺回菲律宾意味着掐断了日本本土与其夺占的东南亚原料产地的联系，可以加速其军工系统瘫痪。但这方案同样不完美，麦克阿瑟过于自我、操切的性格又体现出来，在他的计划中，海军仅充当运输、支援的边缘角色，这显然也是大材小用了。此外，两个计划都要面对一个共同的困难——拉包尔。作为日军在南太平洋的心脏，那里的防御异常坚固，建有四个机场，靠山面海的地形也极为适合海陆空协调防守。金和麦克阿瑟都承认，要在1943年攻下拉包尔极难做到，即便做到，也必将付出美国无法承受的人员牺牲。

困境激发灵感，一个兼顾两难的聪明战术被提出：不逐一夺取日军控制的岛屿，而是占领一个岛后以之为跳板，绕过战略价值较低或防守力量特别强的岛屿，进攻下一个目标，对那些难啃的硬骨头，不正面强攻，而攻占其外围的薄弱点，并在所占领之地修建机场，以航空兵网络覆盖其与外界的联系路线，实施分割封锁，使其丧失作用。这个战术加快了进军速度，同时尽可能地避免了攻坚战的消耗，兼顾效率与成本，将盟国的物资优势、海军特别是航空兵的机动优势，以及机械化工程部队的施工效率优势一举发挥到极致。这就是盟军在这场战争中赖以制胜的"跳岛战术"，又称"蛙跳战术"。该构想由哈尔西和中途岛海战中担任斯普鲁恩斯参谋长的迈尔斯·布朗宁上校首倡，麦克阿瑟完善，于1943年初讨论通过后，下半年开始实施。根据这一战术思路，对拉包尔的策略由强攻改为封锁。

同一时间的东京也在规划下一步方略。不同的是，此时日军的战略地图看上去处处是险阻，每一步都是死棋，末世气氛隐现。忙乱中的日本决策层病急乱投医，先是拉拢"大东亚共荣圈"的各个傀儡以壮声势。在其逼迫下，中国汪伪政权于1月9日对美英宣战，但并不敢真有所举动；在缅甸，以承诺独立为诱饵，获得了巴莫博士等反英政治人物的积极回应，但这显然也提供不了太大的帮助。日本又乞援于德国，但德军在苏联战场上自顾不暇，2月2日自斯大林格勒败退，再也无力东顾。至于北非战场，1942年11月美国的"大力神"巴顿将军已登陆摩洛哥，一路挥戈东进，此时再指望德意打破苏伊士运河杀进印度洋，已是幻想。2月初，日本还试图借印度领袖甘地发起抗英运动之机，唆使印度退出同盟国阵营，同样未能奏效。

此时日军已经相继丢掉瓜岛和巴布亚，北线阿留申也面临失守，可以说四下起火。2月27日，在大本营与内阁的联席会议上，日本评估当时世界形势，认为美国足以维持700万人的动员规模，并将在未来三四年持续增长；同时，除非苏德战场发生重大不可料的转折，否则德意的援助将不可期；中国重庆政府的抗战仍将坚持；而印度方面，甘地等人的被捕不会激化局势，印度仍将是英国在东方的可靠基地。眼下，唯一的选择就是拼死守住新几内亚岛，防止通往菲律宾甚至本土的大门过早洞开。

进入2月以来，随着日军从布纳和瓜岛撤出，西南太平洋地区的战事稍稍平静，争夺的焦点集中在新几内亚岛。美军继续向岛东北部的莱城挺进，日军的应对策略是，所罗门群岛一侧取守势，新几内亚战线则以攻代守。在确保莱城的基础上，重新夺回巴布亚半岛南部的控制权，最低目标也要尽可能拖住盟军的新几内亚攻势，为拉包尔及中太平洋诸岛加固阵地赢得时间。与瓜岛一样，日军面对的最大困难是运输问题，如何将兵力及时运到最需要的地方，将直接决定战事的成败。进入2月后，局面越发不利于日军，今村均不得不冒着遭遇空袭的风险，组织大规模的海上运兵。

2月28日深夜，由8艘驱逐舰和8艘运输船组成的舰队搭载中野英光中将的日军第51师团的7300名士兵及2500吨粮食弹药自拉包尔起航，驶往莱城。随船前往的，还有负责该战区的第18军团司令安达二十三中将及其指挥部。安达抱着将指挥部迁至第一线背水一战的决心，如果这批人员物资能顺利抵达，极有希望改变战场局势。这一趟航程需要两三天，途经美军飞机控制的海域。尽管日舰特意绕道新不列颠岛北侧的俾斯麦海行驶，仍然难保不被发现，但形势紧迫，他们只能孤注一掷。行前，日军的气象专家保证，这几天将是阴天，不利于侦察机作业，从今村到安达、中野，都只能寄望于老天帮忙。

但这一回天算不如人算。在这一海域，乔治·肯尼的第五航空队已经拥有了334架飞机（207架轰炸机，127架战斗机），监控力度极强。3月1日，日军的舰队暴露，次日，美军B-24重型轰炸机击沉了一艘驱逐舰。随后更大规模的空中猎杀开始了。

3日10时左右，在已经接近莱城的丹皮尔海峡，120架美澳飞机扑向日军舰队，拉包尔赶来救援的40架零战招架不住，木村昌福指挥驱逐舰队奋力抵抗，但还是淹没在了盟军的弹雨之中。乔治·肯尼改造的机型和战术在此战中大显威力，反常规的低空投弹战术让准备在高空阻击的零战措手不及。炸弹从几乎与舰船桅杆齐平的高度投下，利用水面反弹力，攻击船只侧舷。炸弹装有延时爆炸装置，大约有五秒的时间差，足够投弹的飞机离开爆炸范围，同时，在海面激起的巨大水柱也让敌机无法靠近。日军频频中招，这场已称不上战斗的空中打击持续整整一下午，盟军共有355架飞机参战，日军全部8艘运输船都被击沉，驱逐舰也只剩下3艘，不同程度受伤。落水的日军士兵又遭到盟军飞机机枪扫射，他们毫无还手之力，只能任人宰割，海峡被血水染红。当时供职于日本参谋本部的服部卓四郎在《大东亚战争全史》中将之称为"丹皮尔屠杀"，其实之前历次战斗中日本人对落水的敌军也从不手下留情，正因此才激起了盟军的残酷报复。

最终，3664人死亡，3427人获救，所幸安达和中野都在其列。残存的3艘驱逐舰不得不返回拉包尔，旨在增援莱城的"第81号作战"宣告失败，教训之惨痛让今村没有勇气再做尝试。

接下来的一个月中，美日双方在南太平洋地区都转入休整，残酷又乏味的战斗只在新几内亚第一线小规模地持续着。美国人展开攻心战，将丹皮尔海峡的战果绘成传单，向日军阵地投放，"我们把你们的1.5万名战友抛进海里！"冷酷的讥嘲让本就士气低落的日军更加绝望。司令部方面，战事的艰苦与无望不但让今村头疼，在特鲁克的山本五十六也坐不住了，他忍痛提出"伊号作战"方案，准备尽遣麾下的海军航空兵，集中陆海军航空兵的力量，拯救西南太平洋战线。

此时山本手头的航空兵主要来自第三航空舰队的航母"瑞鹤""瑞凤""飞鹰""隼鹰"（"翔鹤"号回国修理尚未归队），舰载机总共184架，包括零式战斗机130架、九七式鱼雷机54架，飞行员都是缺乏经验的新丁。拉包尔方面的第十一航空战队以及陆基飞机，总数不足200架，两边相加也只比偷袭珍珠港时动用的舰载机部队略多，可说大不如昔。更致命的是，这点家底还在连日的空战中不断消耗，制造速度远远落后，这完全回到了山本发动珍珠港行动前的局面：若不抓住机会，与美军的实力差距只会越拉越大。因此，这位赌徒不得不打出"舰载机脱离母舰支援陆军"的怪招，这是他最后的底牌，也是彻底输光之前最后的翻本机会。

4月2日，舰载机群全部进驻拉包尔。山本顶着联合舰队内部巨大的反对意见，乘水上飞机离开特鲁克的"武藏"号（大和级战列舰，1942年8月7日入籍联合舰队第一战队，1943年2月山本移驻该舰），亲赴拉包尔。山本决定，亲自指挥航空兵作战，而这也将成为他的最后一战。

51

山崩

4月4日，拉包尔官邸山别墅。山本五十六站在窗前，窗外大雨瓢泼。

这天是他的59岁生日，也是原定的"伊号作战"的发起日。该作战计划涉及陆海军通力合作，而之前的瓜岛战役中两方协调并不顺畅，彼此屡有非难，为了不让这种内耗影响自己苦心孤诣的最后一招，山本不得不亲自出马到第一线督战。一天前，他飞抵拉包尔，老友今村均感动得几乎落泪，将他安置在当年德国殖民当局的新不列颠岛总督官邸中，那是拉包尔条件最好的住所。此外，他还安排了山本的生日庆典，寿星本人却更希望用"伊号作战"的旗开得胜来为自己贺寿。奈何天不作美，这天的狂风暴雨使飞机无法起飞，计划只得延后，而接下来两天天气都没有好转，计划一开始就不顺利，山本等人的焦虑日甚一日。7日，天空总算放晴，憋闷了几日的机群立即升空。日军动用了隶属海军的第三航空战队、第十一航空战队，以及拉包尔陆军第八方面军的224架飞机，几乎是倾巢而出，目标是给他们留下惨痛记忆的故地，瓜岛亨德森机场。

起飞前，山本五十六身着洁白的海军大将制服亲临机场，以壮行色。飞行员看见被日本宣传机器无限神化的山本大将，无不振奋，士气大增。当天下午归航时，他们也向山本呈交了一份漂亮的战报：干掉美军1艘巡洋舰、2艘驱逐舰、数十架飞机，并严重毁坏了机场。而事实上，美军的损失只有1艘驱逐舰、1艘小型油轮、1艘护卫舰、7架飞机，日军则搭上了21架飞机。

接下来的11日、12日两天中，拉包尔的机群又先后袭击布纳、莫尔兹比港，战报更是夸张。根据日军的说法，盟军方面总共损失了2艘驱逐舰、18艘运输船、134架飞机，实际的战果却还不到三分之一，日军自己的损失也无法隐瞒：又有25架飞机有去无还。

虚报战功的浮夸风在日军之中久已有之，山本在中途岛之战后也是这么干的。然而此时，作为一个输红眼的赌徒，任何一丝翻本的希望都如救命稻草，他从潜意识里拒绝质疑，拒绝分析，宁愿相信是自己的方案奏效。山本发现自己的到来极大提振了前线士气，他成了日军最有力的精神武器，山本希望趁热打铁，将这一"武器"的威力发挥到最大。他决定，亲赴所罗门群岛前线，为守军助威鼓劲。

4月13日，山本的授意下，通信员拍出一通电文：

> GF长官将于4月18日前往视察巴拉尔岛、肖特兰岛和布因基地。具体日程安排是：06：00乘中型轰炸机（由六架战斗机护航）从拉包尔出发，08：00到达巴拉尔；然后，转乘猎潜艇，于08：40抵达肖特兰……14：00再乘中型轰炸机离开布因，15：40返回拉包尔……若遇天气不好，本视察日程往后顺延一天。（阿川弘之《山本五十六》第八章）

山本的亲信参谋渡边安次中佐对此次草率发电十分恼火，不过情报人员告诉他，发报用的密码是4月1日刚刚更换的，美军不可能破译。电报发给了山本将要巡视的各处基地，而他们想不到的是，还有一位不在计划之内的收信人也第一时间获得了信息。他就是身在夏威夷的美国太平洋舰队情报官埃德温·莱顿中校。

直到此时，日本对美国的情报监听和破译能力几乎一无所知。美军情报部门早开发了一套针对日本军事情报的"极限"（ULTRA）系统，媲美针对外交情报的"魔术"，日军的情报事无巨细都被夏威夷方面一一掌握。在中途岛之战前该系统就发挥了威力，可惜日本事后的反思并没想到这一层。山本行程的密电被轻松截获，此前美军从击毁的日军战机残骸上得到过不少密码资料，已有相当经验的破译人员很快解读出电文里的RR代表拉包尔，RXZ代表巴拉尔岛，至于GF长官，必是山本五十六无疑。

当地时间14日早8时，莱顿中校敲开尼米兹办公室的门，递上破译好的密电："是关于我们的老朋友山本的。"读着电文，尼米兹难抑欣喜，这实在是天赐良机。但他也不免踌躇，首先是情报真伪还需进一步确认，另一个问题是他究竟该如何利用这个机会。干掉山本？这个想法固然吸引人，但有操作层面的难处。西方战争文化与东方"擒贼先擒王"的思路相反，西方人认为除非战场正面交锋，在其他情况下杀死敌军元首或大将的行为是很"不绅士"的。其实，独立战争时，大陆军没少向英国军官放冷枪，但现在美国已是大国，自然讲究也多了起来，杀死山本或许会有损美国在这场战争中的正义形象。莱顿却不考虑这么多，他保证情报真实可信，同时极力建议尼米兹采取行动，尼米兹也动了心，他急电华盛顿，向诺克斯请示机宜。

此时正是华盛顿的中午时分，刚好这一天罗斯福召集诺克斯和金议事，在共进午餐时，尼米兹的电报到了。情报被直接汇报给了罗斯福，他沉吟不语，显然总统也有同样的顾虑。他向两位同席者征求意见，诺克斯也颇为犹豫，金却坚定主张必杀山本！他的理由是，首先，山本是偷袭珍珠港的元凶，就算这次不杀，留到战后他也必是主要战犯，难逃一死；其次，珍珠港事件他不宣而战在先，那么对付他自然也不用讲道义；最后，山本去的地方是战区，既然是战区，则任何敌军都是合适的射击目标——无论一个士兵还是一个海军大将。

金的想法正中罗斯福下怀，作为一个务实的民主党员，他不想为所谓绅士风度而坐失良机，金的解释帮他摆脱了道德困境。罗斯福授权尼米兹采取必要的行动，他亲自制订了行动代号：复仇。有了总统定调，山本的命运已注定。尼米兹立刻密令哈尔西，责成他安排细节。当年碰巧出海躲过珍珠港一劫的哈尔西一直深恨日本人，每次作战动员时，必以"杀日本人！多杀日本人！"为演说词，对山本更欲除之而后快。尼米兹的狙杀令让他能有机会亲自部署除掉这个大仇人，他兴奋异常。在精心策划下，方案出炉，尼米兹也很满意，复电批示，"祝你狩猎成功"。

同在这一天，"伊号作战"的最后一次空袭行动开始，目标是米恩湾内的美军运输船队，战果和损耗都比较小，山本认为作战已取得阶段性成功，下令暂停，待自己巡视归来再作打算。转眼就到了4月18日，预定的动身时间。

清晨，山本准时出现在拉包尔机场。这几天中，对他此行的劝阻之声不绝于耳。除了参谋渡边，他一手提拔接替南云出任第三航空舰队司令的小泽治三郎也强烈反对，但山本不为所动。小泽找到山本最信任的先任参谋黑岛龟人，请他劝说山本如果一定要出行，务必多带护航机，黑岛却认为这该由参谋长宇垣缠负责，当时宇垣正身染登革热，卧病在床，此事遂无人提及。今村均也出面劝阻，说自己2月时曾乘飞机去前线视察，途中遭遇美军飞机，险些丧命，这仿佛给了山本额外的信心，连赞今村的飞行员技术过硬，更坚定了巡视之念。

行前一天，肖特兰方面的舰队指挥官城岛高次少将甚至亲自赶来拉包尔挡驾，仍然无效，山本通知他回去准备接待事宜，明天在肖特兰一起用晚餐。显然，已经没有任何人能阻止山本投入美国人准备好的猎场。

山本携随行人员出现在机场，两架海军一式轰炸机、六架护航的零式战斗机都已就位。作为唯一的防范措施，山本换下了过于显眼的白色海军大将服，改着绿色的陆军将军制服，手提指挥军刀，登上飞机，与他同乘一号机的还有联合舰队的军医长高田六郎、秘书福崎升，以及航空参谋樋端久利雄。飞机由两名顶级飞行员小谷武男和林信一驾驶。乘坐二号机的是大病初愈的参谋长宇垣缠等五人。

晨光初照，海风和煦，的确是个出行的好天气。不知山本会不会记起，正是在两年前的同一天杜立特空袭了东京，山本的麻烦就是从那一天开始的。首都遭袭的压力让他日益焦躁，急于求成，连连失手，兵败于中途，力竭于瓜岛，损兵折将一泻千里，以致现在不得不亲身犯险，赌上性命来博取最后一线转机——而时间，居然又是在这一天。这可说是命运奇妙的安排，而山本更不会料到，他的一切烦恼也都将在这个日子里，彻底解脱。

一路顺利。7时30分，机群已飞抵布干维尔岛上空，继续朝东南前行，不出一刻钟，就能到达巴拉尔岛，比预定时间还早了一会儿。飞机开始降低高度，提心吊胆的宇垣总算稍稍放松。就在此时，右侧一架护航的零战忽然加速爬升，两架轰炸机的飞行员意识到不妙，紧接着听飞行员谷本惊呼："敌机！"就见右后侧一队敌机从云层里杀出，直扑下来。

这群飞机造型奇特，机翼两端伸出两个尾撑，远远看去似有两个机身，这正是美军的新型战斗机P-38"闪电"，1942年装备，曾在北非大显身手，被德军称为"双身恶魔"。这种机型较之日军的零战，航程和爬升率有所不及，速度和火力则优势明显，尤其机首装配的一门机关炮和四挺机关枪，正对敌方中路，格外犀利，正是哈尔西特地为山本准备的。4月17日晚上，哈尔西将任务交代给P-38机群中队长约翰·米切尔。18日一早，约翰·米切尔率18架飞机自瓜岛亨德森机场起飞，其中两架因故障退出，其他16架飞机飞向山本机群的必经之路。米切尔早早到达山本的第一站巴拉尔岛，但为保万全，他没有守株待兔，而是继续向西北的布干维尔岛方向靠近，希望在路上截获目标。果然，美机正与山本的机群迎头撞上。情报一点没错，6架零式战斗机护卫着2架一式轰炸机，山本必在其中之一。根据事先分工，米切尔亲率12架飞机扑向护航的零战，由他最得力的部下托马斯·兰菲尔率剩余4架，射杀猎物。

遭遇的地点在布干维尔岛东南边缘，下方是茂密的原始森林，东边不远处有日军在该岛的基地布因机场，唯一的生机就是逃向这个安全区。两架一式轰炸机急速降低高度，飞机腹部几乎已擦着树梢，但兰菲尔的小队动作更快。

接下来的情况，当时在二号机里的宇垣看得一清二楚：

> 我的座机做了两次规避转弯之后，我向右方眺望，想看一看山本长官乘坐的一号机如何。啊！在距离大约4000米处，一号机紧擦着原始森林，拖着黑烟，吐着火舌，向南坠去。我脑子里轰的一声，完了！……因为敌机又来袭，我的座机做了一个急转弯，这时再也看不见长官的座机了。我急切地等待飞机恢复水平飞行，心中充满忧虑，担心可怕的事发生，其实，结果是可想而知的。当我定睛再看，长官的座机已经踪影全无，只见原始森林中腾起冲天的黑烟——万事休矣！

这是宇垣在《战藻录》中的回忆。当时整个过程不超过20秒，他失声对站在飞机过道上的室井航空参谋命令道："保护长官机！"而这时，他已自身难保。P-38一排子弹射中二号机右翼，为了增加速度，日本的一式轰炸机在设计时减轻了装甲厚度，以致一旦中弹，极难幸免。和一号机一样，宇垣的二号机也燃起大火，飞机失去平衡，一声轰响，栽进海中。总算当时飞行高度已降得很低，这一摔没直接要了宇垣的命，他挣扎着爬出机舱，游向海岸，大约只有200米，但这已耗尽了他浑身的力气，想抱住身边漂浮的飞机残片，才发现自己的右臂已经骨折了。

整个猎杀行动仅仅持续3分多钟，眼见得手，米切尔不跟零战缠斗，率队飞离战场。一架P-38被拼死抵抗的零战击落，另有几架带伤，兰菲尔的座机也被打了一身弹孔，但这都无碍大局。猎手们得意地凯旋，很快，哈尔西在努美阿接到了电报：

一发命中黄鼠狼。

第二天的高层会议上哈尔西宣布了战果，特纳少将鼓掌欢呼。哈尔西向米切尔致贺："祝贺你狩猎成功，猎获的鸭子里，似乎还夹杂着一只孔雀。"尼米兹和罗斯福等人也第一时间收到报告，此次行动便以"猎杀孔雀"之名，载入史册。

日本方面，噩耗很快传回拉包尔，天旋地转的今村下令布干维尔岛守军全力搜救，但他没有透露山本的身份。前线立刻行动，飞机残骸在布干维尔岛西南端莫依拉角稍北的密林中被发现。滨砂盈荣少尉带领的11人搜救小组最先找到了出事地点，一地残尸，横躺竖卧，惨不忍睹，其中却有一具颇显卓尔不群。但见其仍端坐在机舱残骸的座椅上，腰系着安全带，身着草绿军服，胸前绶带斜披，肩章上三颗金色樱花，显是大将品级，戴白手套的双手拄着一把军刀，垂着头似在沉思，面目残损，已难辨认，但俨然大将威风，虽死不堕。这样的造型让滨砂等人十分震撼，已经觉出语焉不详的命令"搜救海军要人"便是这位，而且这绝不是一般的要人。上前查验尸体时，滨砂发现尸体的左手缺了两根手指，心中一凛——山本五十六大将日俄战争期间光荣负伤失去两指的事迹是日军中人尽皆知的励志故事。随后，他们又在死者衣袋中找到一个小记事本，上面赫然写着：山本五十六。

最大的担心已成事实，被神化的山本终究也是血肉之躯，无法在这样的袭击下生还。尸检报告显示，山本左下颚被击中，子弹从右眼角穿出，另一枚子弹射入他背部，留在体内，两处都是致命伤，所以他应该是在飞机坠地之前就已丧命。至于他能死得如此"有型"，据猜测是坠机后并没当场死亡的军医长高田六郎用最后的力气为他整理了遗容，高田的尸体就躺在山本脚边。连同他们两人在内，一号机乘客和机组人员共11人，全部死亡，二号机上的宇垣和会计长北村获救。

20日，全部死者遗体被送到布因，军医尸检后就地火化下葬。悲痛欲绝的渡边安次主持火化，不许人取走山本遗体上的纪念物，最终只有一个领章被保留下来，但也很快遗失，山本五十六生命中最后的印迹就此消泯无踪。山本之外的其他十人合葬于一穴，山本享有"单间"阴宅，坟头种了他生前喜爱的木瓜树，日军专人悉心料理，但"二战"之后也淹没于荒烟蔓草中。阿川弘之成书于二十世纪六七十年代的《山本五十六》中称，在当时那些坟茔已难找见。

山本的死对日本各界都不啻为晴天霹雳，不知所措的政府和军方高层只能秘不发丧，对事故原因的调查秘密展开，但负有最重大责任的情报部门坚称这是意外，盟军不可能破译日本电报密码。他们一口咬定，调查最终也不了了之，直到战后通过美方的披露，日本人才明白真相，美国人还暗示泄密的就是日本海军自己。因此，与其说山本死于美军P-38的机枪子弹，不如说他死于日军飞行员的虚报浮夸和情报部门的漫不经心。不过自1942年9月以来，山本不止一次在书信中表示自己已有牺牲的觉悟，"随将士英灵而去之日，亦不远矣"。这样充满意外的死亡方式，与他赌运行险的一生也算相衬。

1943年5月17日，山本死亡将近一个月后，他的一部分骨灰被"武藏"号战列舰送回日本。21日，大本营终于向全国公布了他的死讯："联合舰队司令长官上将山本五十六，于本年4月在前线全盘指导作战中遇敌，在作战飞机上壮烈殉职。"播音员语带哽咽，自天皇以下，举国大恸，珍珠港的战绩让日本人对山本倚为靠山，但现在，山已崩塌。

6月5日，山本的国葬在东京举行，道路两旁观殡的东京民众无虑百万。这一天正是当年为东乡平八郎举行葬礼的日子，山本也成为继东乡之后第二位享受国葬待遇的平民，同时，他还被追封元帅勋衔，盟国德国也授予他骑士十字勋章，哀荣备至。山本部分骨灰被安葬在东京日比谷公园，另有一部分和衣冠一起送回老家长冈，葬于其义父山本带刀墓旁。山本的发妻三桥礼子也想收藏一份他的骨灰，未被获准。这位夫人的境遇不如山本身边的另一个女人，与他交往十年的情人河合千代子。去拉包尔之前，山本曾寄信给她诉说相思，"思念痴情寄钝笔，惟有夜梦见佳人"。据说山本还随信寄了自己的头发，对中年以来一直以光头形象示人的山本来说，这确是极珍贵的纪念品。

随着日本方面将事态挑明，已经偷着乐了一个月的美国人终于可以庆功了，此前他们出于舆论考虑，更担心日本人怀疑己方已掌握了他们的密码，也一直没有做任何表示。美国人仍宣称这是运气所至，但对猎杀山本的团队也进行了论功行赏，兰菲尔和另外两名飞行员巴伯、赫尔墨斯都声称自己击落了山本，无法查证，三人都记一等功一次。战后，兰菲尔为《读者文摘》撰文《我击落了山本五十六》，一度赢得舆论支持，但后来更多的证据显示，雷克斯·巴伯才是真正击落山本的人。

至此，山本五十六的时代正式落幕，日本人高调纪念，却没有认真检视他的遗产。从中途岛作战计划开始，山本一直孜孜以求的就是一场大胜，然而，从他极力反对加入德意轴心到不断强调"只能在第一年里打赢美国"，可以看出他并没有头脑发热到真的认为日本可以与美国争雄，他的战略思想的指向一直是以战求和。谙熟欧美文化的山本明白美国对生命的重视，他知道，美国真正赔不起的不是飞机战舰，而是人命，当战争的人员牺牲大到他们无法承受时，这就是日本全身而退的机会。"伊号作战"正是这一思路的体现。该计划出台的背景是，大本营要求加强太平洋岛屿的防御力量，这与山本的思路合拍，否则无法解释从珍珠港到中途岛再到瓜岛，他都在后方"不动如山"，而这次却冒险亲临前线。他希望美国人的承受力被每一座日本人死守的小岛耗尽，而这需要集中一切力量为防线的修缮争取时间，需要他在第一线的协调与督促，这是他，也是日本的最后机会。

这样看来，虽然山本在太平洋战争中除了不宣而战的珍珠港事件并没有拿得出的胜绩，远不能匹配海军"名将之花"的盛誉，但他不失为一个有战略眼光的统帅。据说，战后尼米兹从文献中了解了山本的思想，也重新检讨了自己猎杀山本的决定，认为自己可能毁掉了一个提前结束战争的机会。

> **按**
>
> 曾窥破"东风，雨"玄机的中国情报员霍实子、池步洲等人在回忆录中称，在重庆军技室破译了山本行踪的密电，由毛庆祥报告蒋介石，随即转至驻渝美方。但池步洲同时承认，抗战期间中国没有破译日本军方密电码的能力，他称截获的电报来自日本外务省，使用的是十分简单的LA密码，并表示不解日本为何会以这种形式拍发如此重要的密电。此说与美方表述有出入。

52
残局

死者长已，存者还需面对残局。58岁的海军大将古贺峰一被任命为联合舰队司令长官。4月21日，当山本五十六死讯还处于高度保密状态时，古贺抵达特鲁克，在"武藏"号升旗履新。25日，"武藏"号被定为联合舰队新旗舰。

古贺是山本在江田岛海军兵学院的同窗好友，比山本低两届，此前职务是后防机构横须贺镇守府长官，负责本土防务及募兵、训练、管理等工作。从后方调任前线，检视山本留下的摊子，古贺怕是很难高兴得起来。铤而走险的"伊号作战"损耗了太多飞机，尤其是作为海军航空兵主力的第三航空舰队，飞机被击落30架，另有23架不同程度受伤，减员过半。至于战果，即便那些谎报的全都成真，也是得不偿失。总算"伊号作战"也不是全无收获。4月16日，趁着盟军的航空兵被暂时压制，日军再次祭出"鼠式运输"，将中野英光的残部运抵新几内亚，安达中将的司令部也在前线建起，海军对陆军的新几内亚作战多少算是有了点交代，这也是山本留给古贺学弟的一点遗泽。

5月8日，古贺在与部下们的见面大会上坦言，日本在这场战争中的胜算已相当低，唯一的机会在于保存实力，寻求决战。为此，不但"伊号作战"这类高消耗战法要彻底停止，甚至协助陆军的运送和撤离行动也要相当审慎。古贺表示，士兵都应有"玉碎"之觉悟，换言之，宁可牺牲陆军人员的性命，也不能牺牲海军宝贵的舰船、飞机和燃料。在这样的思想指导下，分守在各个小岛上的陆军士兵都已被视为潜在牺牲品，命运如何，完全取决于运气。

就像是为古贺的战略做注解，5月底，果然出现了一批"玉碎"的样本。5月11日，盟军在北线的反攻打响，美国第7步兵师1.1万人登陆阿留申群岛西端日军控制的阿图岛。岛上守军只有山崎保代大佐指挥的2600人，寡不敌众，此时东京方面早已无力顾及他们，北方军司令樋口季一郎电令：最后关头望勇敢舍身玉碎，以发挥帝国军人之精神。这条命令得到了山崎部的积极响应和彻底落实，他们拼死抵抗了18天之久。5月29日，被逼退到岛上一角的山崎率领千余人发起自杀冲锋，出击前，杀死了所有失去战斗力的伤员。这场冲锋最终除了28人受伤被俘，其余全部战死。天皇接到山崎发给大本营的最后一封电报十分欣慰，回电褒奖，但此时阿图岛的日军阵地上已没有活人。

"玉碎"是尚武传统的日本人常挂在嘴边的，但这种取胜无望时以全军性命为代价来消耗敌方的打法，可说开了战术意义上的先河。1941年初，东条英机颁布《战阵训》，鼓吹"勿受生擒为俘虏之辱，勿死而留下罪祸之污名"，这种洗脑教育已在日本军中根深蒂固。惨烈而低效的"玉碎战术"自阿图岛之后逐渐常态化，这也意味着日本人的战争愈发朝向非人性化方向发展。阿图岛战役确实给美军造成不小的损失，561人阵亡，1136人受伤，但这种单纯以杀伤为目的的陈旧战术对整个战争局势的影响甚微。

从4月中旬起，盟军开始谋划太平洋地区的大反攻。此前，在罗斯福协调下，盟军实施重组：尼米兹统率的以珍珠港为基地的太平洋舰队吸纳新服役的舰船，整编为第5舰队（8月正式变更番号，美军太平洋方面的舰队都以奇数命名）；麦克阿瑟辖下的西南太平洋战区海军得到加强，并改编为第7舰队；此前在南太平洋作战的哈尔西所辖舰队改编为第3舰队，配合麦克阿瑟。共同的目标是拉包尔，麦克阿瑟和哈尔西两个之前隔空吵过好几次的硬汉凑在一起，竟觉相见恨晚，配合十分融洽，他们共同制订了陆军和海军由新几内亚岛和所罗门群岛分两路进兵、钳形包围拉包尔的总攻略。根据该计划，截至1943年底，陆海军应配合在该地区完成至少13次登陆作战，计划因此被命名为"硬币"（传说中犹大出卖耶稣换得13枚硬币）。

5—6月，日军和盟军在新几内亚的战事仍难分胜负。所罗门群岛方面，则以互相空袭轰炸为主，少有短兵相接。不过此时，哈尔西已瞄准了新乔治亚群岛。这是所罗门群岛中的一组次级列岛，位于瓜岛以西，以3000余平方千米的新乔治亚岛为核心，包括周边的科隆班加拉、韦拉拉韦拉等岛屿。新乔治亚岛西南角的蒙达角机场是此前日军航空兵在该海域的重镇，虽然年初被盟军战舰重创，但仍能发挥作用，拉包尔方面空袭瓜岛的飞机往往在该岛停留加油，否则就难以完成往返。因此，夺取新乔治亚岛意味着给拉包尔的棺材钉上一颗钉子——盟军夺取该岛的行动代号就叫"钉子"。

6月21日，盟军出动战舰和瓜岛等地的陆基航空兵，袭击新乔治亚岛。次日，登上该岛南面无人防守的小岛图布莱恩德。此时日军在新乔治亚岛上有佐佐木登少将率领的5个营约1.1万兵力。但由于缺少空中和海面上的掩护，他们只能以蒙达角机场为核心重点布防，盟军对该岛外围的蚕食，他们无可奈何。哈尔西并不硬攻，他进一步占领新乔治亚岛周边。6月30日到7月1日凌晨，美军第43师攻占了新乔治亚岛以南的伦多瓦岛，该岛正对蒙达角，相隔不过五海里，美军在岛上部署了105毫米榴弹炮，蒙达角机场完全处于炮火覆盖下。猛轰了一天，盟军于7月2日在蒙达角机场附近登陆，同时占领了新乔治亚岛南面无人防守的万古努岛，以之为跳板，向日军防地步步逼近。

登陆阶段一切顺利，但接下来的攻坚战，盟军的麻烦才正式开始。新乔治亚岛条件之恶劣，比瓜岛有过之无不及，潮湿炎热的密林令许多初次接触丛林战的盟军士兵难以忍受。7月15日，拉包尔派出机群轰炸伦多瓦，损失45架飞机，这次惨败反倒让外援断绝的佐佐木更抱了"玉碎"觉悟，拼死抵抗，凭借地利优势给盟军造成极大杀伤。"玉碎"战蔓延到南太平洋。惨烈的拉锯战持续了整整一个月，许多重要阵地在两军之间几度易手，久攻不下的哈尔西也发怒了。29日，他撤换作战不利的第43师指挥官约翰·赫斯特，以参加过瓜岛战役的约翰·霍奇少将代之。又激战了一个星期，8月5日，盟军终于彻底夺下蒙达角机场。

虽然比原定进度延后了几乎一个月，但机场的易主标志着新乔治亚岛争夺战已见分晓。7日，6艘运送援兵的日军驱逐舰遇到盟军截击，3艘沉没，1210人葬身大海，拉包尔方面再无力增援。佐佐木所部的命运本来是为新乔治亚岛殉葬，但负责所罗门群岛防务的鲛岛重具中将希望他们发挥余热，于是他们撤到北面的科隆班加拉岛继续作战，进入下一个墓场。

新乔治亚岛战役盟军累计动用约3.5万人，1136人阵亡，耗时超过一个月，大大高出预期。这场惨胜让哈尔西高兴不起来，但有了新乔治亚岛作为支点，盟军接下来的战略选择就从容多了。8月中旬，岛上战斗基本结束，佐佐木的余部也已进驻一水之隔的科隆班加拉岛，加上岛上原有守军，总数达到1.5万人。在他们日以继夜的抢修下，工事比新乔治亚岛更加坚固，战事也势必更加惨烈。

但哈尔西却不愿再把时间和士兵的生命浪费在日本人的堑壕里。夺下新乔治亚岛正好为摆脱无谓缠斗而诞生的蛙跳战术提供了起跳点。8月15日，盟军占领了科隆班加拉岛身后防守薄弱的韦拉拉韦拉岛，一举抄了佐佐木的后路。科隆班加岛上精心准备的深沟高垒变得全无用场，佐佐木惊慌地请求上级助他解决后顾之忧。但拉包尔的今村均看出，在盟军控制制空权的情况下，夺回韦拉拉韦拉岛已无可能，最理想的局面也只能是将科隆班加拉守军撤到布干维尔岛，那里是拉包尔外围的最后一道屏障。成败所系，要拼，就在那里拼好了。

同一天的阿留申战线，美国与加拿大联军登上了日军最后的据点基斯卡岛。这次登陆战出动了战列舰和航母来掩护，冲到岛上的美军却发现日本人已经踪迹全无，原来他们趁这一天前的大雾，用驱逐舰接走了岛上的5000名守军，退往千岛群岛。这是一次成功的撤离行动，已封锁了基斯卡岛的盟军毫无察觉，以致这趟劳师动众的登陆行动成了"史上最具实战气氛的演习"。至此美国人完全收复了阿留申群岛，而日军在每况愈下的战局中能够成功逃命已经算是胜利，这样的胜利以后也将越来越少。

新几内亚岛上的苦斗也即将分出胜负。年初攻克布纳后，盟军从莫尔兹比港和澳洲大陆增援前线的海上通道打开，岛上攻守之势逆转，日军1万余名残兵收缩在萨拉莫阿到莱城一线，大约四成带伤，补给通道时断时续，局面异常艰苦。6月，盟军加大攻击力度，麦克阿瑟钦点的新任集团军司令沃尔特·克鲁格成功指挥在萨拉莫阿东南拿骚湾的登陆，另一支部队夺取了日军建在萨拉莫阿西侧矿业重镇瓦乌的机场。陆上和空中的最前线都推进到萨拉莫阿东南不足100千米处。7月末，盟军已修好瓦乌等地的机场，麦克阿瑟向拿骚湾一线大举增兵，制造陆上强攻萨拉莫阿的假象。莱城方面的日军只能派兵增援，盟军趁机调集舰船，从海上炮击莱城，并于8月18日出动第五航空队空袭日军位于新几内亚岛北部的航空兵基地威瓦克，将近200架日军飞机来不及升空就被击毁在跑道上，日军在新几内亚再无一架飞机可派。

无论是萨拉莫阿还是莱城，失守都只是时间问题。麦克阿瑟不打算给对手留一点机会，在断绝了日军从空中和海上逃走的一切可能之后，他打算将陆地上的退路也切断。9月5日，乔治·肯尼亲率300架飞机袭击日军在莱城东北的侧翼阵地，一轮轰炸过后，97架运输机投下1700名伞兵，麦克阿瑟坐在一架B-17轰炸机中，用望远镜欣赏着伞花漫天绽放的盛景，满怀欣喜。这是盟军在太平洋战场上首次实施空降作战，效果显著，日本人对天降敌兵毫无防备，伞兵迅速建立阵地，对莱城形成包围之势。8日，东京方面终于又一次做出撤退决定，萨拉莫阿守军分批退往莱城。19日，日军又弃莱城，中野英光亲率残余的8600名士兵突围。此时，唯一没有盟军拦截的只剩正北方，平均海拔接近4000米的萨拉瓦凯特山脉。那里密林丛生，根本没有路，日军需要从这里翻山越岭，穿过胡翁半岛退到马当港，再退向480千米以外的威瓦克。依据两地间的路况，他们此前估计一趟行程可能需要半年。艰难的山地行军，差不多每攀高几百米，就会有百十人倒毙在路上。同时，盟军从海上进攻胡翁半岛顶端的芬什哈芬港，于1943年10月攻克，控制了新几内亚岛东南半壁，剑指一水之隔的新不列颠岛。

11月，哈尔西的布干维尔岛攻势同步打响，这次行动的代号被意味深长地命名为"樱花"。此时，包括科隆班加拉岛撤下来的佐佐木所部，岛上集结了日军4万左右，但由于布干维尔岛地形复杂，陆上行动受制于地形，极不灵便，盟军仍能乘隙进攻防守不到的软肋。

11月1日，盟军突然在布干维尔岛西南侧的奥古斯塔皇后湾抢滩登陆，美国海军陆战队第3师和新西兰旅共1.4万人于当天顺利上岸，同时卸载了6000吨物资。盟军的登陆地正是狭长的布干维尔岛的腹部地带，岛上的日军被拦腰截断，首尾不能相顾，鲛岛立刻向拉包尔求援。今村均从拉包尔派来大森仙太郎少将率领的第五舰队阻击，但大森拙劣的指挥竟导致有两艘重巡洋舰压阵的舰队被只有轻巡洋舰和驱逐舰的美军击败。旗舰"羽黑"号遭重创，另一艘巡洋舰"川内"号和驱逐舰"初风"号沉没，大森狼狈逃走，舰队载来的1000名增援士兵也没能登陆。盟军方面，只损失了1艘驱逐舰，另有1艘巡洋舰和2艘驱逐舰受伤。

古贺愤而撤掉大森，准备集结该地区的全部海空兵力，借布干维尔岛之机寻求与美军的决战。栗田健男奉命率重巡洋舰6艘、轻巡洋舰2艘、驱逐舰11艘自特鲁克赶到拉包尔，准备再赴皇后湾。接到情报的哈尔西发现自己陷入了巨大的危局，由于重巡洋舰以上的舰只都被调回珍珠港整编，他手头没有足够的作战舰艇与日军对抗，若栗田舰队进入皇后湾，美军的海军和陆军将面临灾难。终于"公牛"决定兵行险招，冒着暴露航母位置的危险，先发制人，不等栗田行动，就把他的舰队打沉在拉包尔的港口里。

11月5日，"萨拉托加"号和"普林斯顿"号上的96架舰载机飞向拉包尔，日军反应过来时，敌机已到头顶。匆忙迎战的日军被击毁30余架飞机，有的还没来得及起飞就在跑道上中弹起火。栗田的舰队正在拉包尔的辛普森港集结，同样不及反应。盟军飞机瞄准大目标打，6艘重巡洋舰中4艘负伤，此外还打伤了轻巡洋舰和驱逐舰各两艘。栗田的舰队出发前就遭重创，计划只好取消。此次空袭的场面和战果都堪称珍珠港的翻版，只不过这一回哭的换成了日本人。

瓜岛战役之后一直没露面的美军航母忽然出现，日军第三航空舰队找到了久违的对手，接替南云后一直没有机会建功的小泽治三郎立刻向古贺请战。11月8日—11日，他的舰载机群先后三次出击寻找美军航母，前两次都没能找到，只打伤了一些美军驱逐舰甚至运输船，却谎报称"击沉巡洋舰"，最后一次正赶上哈尔西会合了驰援的"埃塞克斯"号、"邦克山"号、"独立"号三艘航母。哈尔西派出舰载机群，针锋相对去搜寻日军航母，在拉包尔击沉一艘驱逐舰，击伤2艘巡洋舰、3艘驱逐舰。

日军战果平平，但初来乍到的古贺还不适应战报与实际情况间的巨大落差，他真的以为代号"吕号作战"的几次空袭取得了巨大成功，并且由于自感损失严重（121架飞机坠毁，363名飞行员丧生），他叫停空袭行动，宣称取得了"所罗门群岛空战大捷"，然后带领剩下的不足1/3的舰载机和航母一起返回特鲁克休整。嘴上的胜利对布干维尔岛的守军毫无帮助，这座形状狭长的小岛，被无法翻越的山脉阻隔成若干独立区域，日军就守着他们控制的几个机场，坐待敌军来攻。然而几次接触后，盟军就不再强攻，后来日本人才发现，原来他们在修建自己的机场。到1943年11月底，盟军在布干维尔岛上的简易机场投入使用，此时岛上盟军兵力已达4.4万，日军却在此前战斗和疾病中损失近万人，此消彼长，盟军优势明显。但他们的志趣不在于将岛上的日军诛绝，而是将之封锁在自己的小区域里，以机场为依托，频繁空袭拉包尔。

拉包尔东南两侧都已门户洞开，12月15日，麦克阿瑟的先头部队，美国陆军112师登陆新不列颠岛西南角，此后一个月间，他们艰难但稳步地向北推进，日军防线被迫继续收缩。至此，盟军从两个方向、陆海空三面围困拉包尔，将其置于磨盘间碾压的战略初步得手。但盟军聪明地适可而止，没有去拉包尔硬拼。麦克阿瑟以新不列颠岛为跳板，跳向了新几内亚北岸，哈尔西也绕过新爱尔兰岛，向北面的埃米劳岛进发，准备与太平洋战区会合。

这个昔日至关重要的日军基地，虽仍有重兵守卫，但此时与外界的联系已被隔断，重要性大大下降。次年，日军不得不从岛上撤走了大部分的航空兵，以支援特鲁克等地，拉包尔终于成了一座被遗弃的要塞，直至战争最终结束。

53
从"电流"到"燧发枪"

1943年的人们虽然未必确知这场席卷全球的战争浩劫还将持续多久，但这一年中各大战场的走势已透出明显的信息：轴心国的败亡只是时间问题。

继1943年初太平洋和苏德战场相继结束了具有里程碑意义的瓜岛和斯大林格勒战役后，其他战场也渐次收官。5月，盟军征服突尼斯，超过25万德意军投降，北非战役结束；7月，美英两大王牌巴顿和蒙哥马利发起西西里战役，意大利本土岌岌可危，墨索里尼的反对者以国王的名义将他罢黜并软禁；8月中旬，盟军控制西西里全岛，9月初登陆亚平宁半岛，9月8日，意大利新政府向盟军投降；9月12日，墨索里尼被德国空军救出，并于23日在意北部组建德国控制下的伪政权，但气数已尽，无所作为。同时，东线的苏联红军也对德国发起反攻，7—8月的库尔斯克坦克大会战德军再败，丧失超过2300辆坦克、2000架飞机，以及75万兵力，之后占领的哈尔科夫（乌克兰）、斯摩棱斯克等战略要地在当年秋天被苏军一一夺回。

远在东方的日本，无暇顾及盟友的糟糕处境，在同一时间段里，从阿留申到所罗门群岛，他们不是"玉碎"就是弃守，南北两线都接连告急。9月初，大本营的敌情研判会上，日本人不得不十分痛苦地面对自己的分析结论：盟军在太平洋战场有飞机至少2500架，地面部队23个师，航母至少6艘，截至当年底，将增至飞机至少4000架，地面部队35个师，航母12艘，上述数字在明年（1944年）将进一步放大（服部卓四郎《大东亚战争全史》）。同时，1943年日本自己的飞机、舰船、兵员损耗数量更加骇人，后续生产环节与美国的差距显而易见。此时，要讨论的问题只能是如何尽量应付盟军的进攻。海军军令部次长伊藤隽吉少将提出了"绝对国防圈"：包括千岛群岛、小笠原群岛（位于日本东南，距东京约1000千米）、内南洋（马里亚纳、马绍尔、加罗林、吉尔伯特等群岛）

中西部、新几内亚岛西部、巽他群岛、缅甸西部。这个圈画得相当大，几乎涵盖了开战以来日本侵占的全部区域，可见虽然境况窘迫，野心仍未收敛。当时，东南的新几内亚岛、西南的缅甸两线的激战已让日军左支右绌，很快，"绝对国防圈"东端的吉尔伯特群岛和马绍尔群岛也不再平静，盟军将叩响这通往日本本土的第一道闸门。

由于新增舰船和人员需要整编，盟军在中太平洋一线的攻势进度慢于新几内亚和所罗门群岛。但好戏不怕晚，经过充分准备，截至1943年秋，尼米兹的第5舰队已集结了11艘快速航母、8艘护航航母、5艘新型高速战列舰、7艘旧式战列舰、8艘重巡洋舰、4艘轻巡洋舰、66艘驱逐舰、27艘用于登陆作战的运输船。尼米兹为这支强大舰队选择的司令，是在中途岛战役中立下奇功的雷蒙德·斯普鲁恩斯。就像同样脾气火暴的麦克阿瑟和哈尔西合得来一样，尼米兹和斯普鲁恩斯两人都心思缜密、善于统揽全局、冷静又有韧性，故而尼米兹对斯普鲁恩斯信赖有加。他们又共同选定了舰队指挥团队，因萨沃岛海战失败而被调回后方的里奇蒙·特纳被重新启用，委以两栖作战舰队司令的重任；收复阿留申群岛的猛将霍兰·史密斯任两栖登陆作战部队司令，这支部队中很多战士都是史密斯训练出来的，他对这一任命喜出望外。之后出于技术和平衡陆海军需要，又设立了海军航空兵司令、陆基航空兵司令等职务。班底全部就位已是1943年9月，攻击中太平洋诸群岛的计划细节已置于案头。

从地图上看去，正好跨过赤道的吉尔伯特群岛不过是一串小黑点，但日军在这里修建的机场仍能覆盖夏威夷到澳大利亚的航线。因此，尼米兹在参谋长联席会议上的力陈，中太平洋进军计划的第一个着力点应该锁定在那里，而非更靠近日本本土的马绍尔群岛。攻击定于11月19日，行动代号为"电流"。

自1941年12月，开战初期日军占领吉尔伯特群岛后，就在此构筑了机场和防御工事，最主要的两处分别位于群岛中最大的两组环礁——塔拉瓦和马金。塔拉瓦是一处总面积大约31平方千米的岛礁链，大致呈三角形，大小不等的珊瑚岛和礁石围出一片礁湖，西南侧底角处的贝蒂奥岛是其中最大的岛屿，面积为15平方千米，接近塔拉瓦的一半，地形狭长。日军以此为基地，在小岛上驻扎了4600人，负责防守塔拉瓦的日军防御工事专家柴崎惠次大佐在该岛主持防务。海岸线密布地雷和铁丝网，还有削尖的椰子树，依托地势设置了25处炮台，架设的是在新加坡缴获的英军203毫米口径岸防炮，掘地两三米修建地堡，用一米厚的混凝土灌注墙壁，波纹钢加固，又用沙土减震，用树枝隐蔽，或明或暗的百余座地堡与炮台构成交叉火力点。几道纵深防线后，是有三条跑道的机场，100门27毫米口径高射炮防空，也可平射支援滩头。背靠礁湖一侧建有码头和堤道，可与其他岛礁连接，十分灵活。更得天独厚的是，贝蒂奥岛北侧通向礁湖内部的入口暗礁密布，除非涨潮，大型舰船都无法通过。这个人工加先天的防御点确实易守难攻，柴崎得意地宣称，盟军想攻下塔拉瓦，要100万人花上100年才行。相比之下，马金环礁的战略地位和防守力量都较弱，只有日军700人驻守。

盟军方面，自然了解攻取贝蒂奥岛的难度，但为了尽早控制该岛上的日军机场，"电流行动"只能从这里开始。为此，第5舰队精锐尽出，由朱利安·史密斯少将率领参加过瓜岛战役的海军陆战队第二师担纲登陆作战，兵力1.8万人，动用了"埃塞克斯"号等7艘新型航母、"独立"号等9艘轻型航母和护航航母，以及修整一新的"企业"号和"萨拉托加"号，全部舰载机数量将近千架。但考虑到舰载机对坚固掩体下目标的打击力度有限，斯普鲁恩斯只是将航母作为支援力量。担任攻击主力的是6艘新型的科罗拉多级战列舰和6艘老式战列舰，它们将负责用巨炮轰平滩头，为登陆部队扫清障碍。此外参加行动的还有8艘重巡洋舰、21艘驱逐舰，加上各种辅助舰只，总数近百，编成第50特混舰队，以致第5舰队中有军官认为斯普鲁恩斯小题大做，牛刀杀鸡。而斯普鲁恩斯执意如此，多少也是效仿老对手山本五十六故技，打算万一日本联合舰队主力驰援，便在吉尔伯特群岛海域与之决战。

11月19日，从珍珠港、新赫布里底群岛、所罗门群岛等地赶来的美军在塔拉瓦以南海面的攻击点集结完毕，行动将于次日4时发动。这是美军首次在一场战役中投入如此大规模的兵力，指挥舰队作战的军官们都觉胜券在握，只有朱利安·史密斯例外，在瓜岛上，他已见识了日军的凶顽，告诫手下不可掉以轻心。

20日清晨5时，攻击舰队各就各位，舰载侦察机升空，准备对射击数据做最后的校正。飞机刚被弹射升空，岸上的大炮就轰鸣了起来，原来第50特混舰队目标庞大，贝蒂奥岛的日本守军早已发现，一直在注视其动向，见美军准备动手，立刻抢先出手。负责指挥攻击部队的希尔少将命其旗舰"马里兰"号还击，5艘战列舰和4艘巡洋舰、9艘驱逐舰相继开火。科罗拉多级战列舰主炮口径406毫米，五舰齐轰，声威震天，加上其他舰船的火力，小小贝蒂奥岛立即被笼罩在倾盆弹雨之中。炮击持续了半个多小时，岸上火力被压制，美军航母舰载机飞来助战，但岛上硝烟弥漫能见度极低，空中打击几无效果。

又过了两个多小时，登陆部队的两栖运兵车于8时42分出动。贝蒂奥岛呈西北东南走向，美军舰队正对着岛的西南边，该地不适于登陆，因此登陆部队需从岛西北侧与礁石的间隙处突破，进入礁湖内部从岛北侧地势相对平缓的红滩上岸。水路狭窄，两栖运兵车的前进速度低于预期，一次只能通过大约两个连的兵力。利用这段时间，柴崎指挥岛上的日军已做好准备，刚才的狂轰滥炸虽然使地面七零八落，但深藏于地下掩体的日军有生力量几无损伤。美军登陆部队进入射程，柴崎下令狠狠打，机枪火舌自暗堡喷出，猝不及防的美军被成批射倒在海水里。

美军前三批登陆部队都受阻于日军火力，当天的潮汐也不帮忙，礁石水域的水深无法行船，只有两艘驱逐舰能进入礁湖提供火力掩护，敌我混战的场面使战列舰的巨炮不敢轻动。激战进行到当天中午，美军登陆部队付出了伤亡1/3的代价，总算在柴崎修建的堤道下开辟出一块60米长的滩头阵地，但仍被日军的弹雨压制，躲在堤道下面无法抬头。20日整整一天，美军再无进展。入夜，柴崎准备转守为攻，杀进美军阵地将其分割消灭。但他的通信系统在早晨美军的炮击中全部损坏，指挥不畅，这次准备并不充分的冒险行动没能成功，只有一些狙击手挺进到被击毁的美军登陆车船残骸，占据了射击点。

21日再战，潮水仍不见涨，美军空有人数优势却无法发起大规模登陆。整个上午又重复了前一天的血腥战斗。到了午后，期盼的潮汛终于到来，海面高涨，持续3小时。美军的登陆艇、运兵车破浪而进，集中攻击贝蒂奥岛的腹部红3号海滩。柴崎所部两天来已拼到力竭，面对占有优势火力的敌军大举涌来，终于招架不住，只能在地堡死守。此时在特鲁克的古贺峰一接到急报，派出飞机和潜艇增援，但在之前的所罗门群岛作战中联合舰队损失了太多飞机，眼下只能派出16架，实在是杯水车薪。日机第一波攻击就被击落11架，无力再战，不过也击伤了美军轻型航母"独立"号，迫其撤出战斗。潜艇部队同样没能发挥作用。

外援无望的日军凭借坚固的工事又支撑了一夜，美军伤亡惨重，但胜局已定。贝蒂奥岛没能坚守100年，两天便大势已去，留给柴崎的路，仅剩"玉碎"一途。22日上午，陷入重围的柴崎拍发了诀别电报，率残部试图转到岛南侧再做最后一搏，途中被流弹打死。失去指挥官的日军残余只能蜷缩在掩体里各自为战，美军用坦克和火焰喷射器逐一清除。当天傍晚，柴崎的指挥部被炸毁，据守的300余人全部被埋，美军控制了贝蒂奥岛。经过当夜和23日的零星战斗，岛上日军全部肃清。24日，美军扫荡塔拉瓦其他岛屿，耗时一天，日军驻守环礁的5000名战斗人员仅有17人被生俘，此外还有百余名朝鲜劳工投降，其他全部葬身岛上。

美军的损失同样惨重。整个塔拉瓦战役阵亡1696人，包括57名各级军官，负伤者超过2000人，因此这场战役被称为"血腥塔拉瓦"。阵亡者中，还有一位特殊人物，多里斯·米勒。他是个没有军衔的黑人勤务兵，却也是美国家喻户晓的英雄。珍珠港事件中，在"西弗吉尼亚"号战列舰上担任厨师的米勒是第一个救助伤员并用从没操作过的高射机枪向日军飞机还击的人，据说他真的击落了一架，事后他被视为美国人勇敢和种族团结的象征。米勒此后一直留在太平洋舰队，1942年被尼米兹授予十字勋章。塔拉瓦战役中，米勒在"利斯康湾"号护航航母上服役，11月24日，该舰被日军潜艇击沉，米勒失踪，一年后被宣布死亡。

与塔拉瓦同时打响的马金战役相对顺利。也是在23日，马金环礁主岛布塔里塔里被攻克，700名日本守军只余一人，和塔拉瓦的情况一样，大势已去的日军选择的不是投降，而是切腹自杀，这令随军的美国媒体记者十分震撼。美军方面，阵亡64人，受伤152人。吉尔伯特群岛的其他岛屿，防守极弱，也尽落美军之手。

尽管代价不菲，也没能诱出联合舰队主力，但"电流行动"终告成功，美澳航线再无受阻之虞，夏威夷最后一丝理论上的危险也就此解除。同时，东条英机两个月前还信誓旦旦向天皇保证必能守住的"绝对国防圈"，一经交手就被击穿。拿下吉尔伯特群岛，尼米兹在中太平洋有了稳固的立足点，可以朝日本本土与东南亚之间的生命线继续挺进。美军的下一个目标是马绍尔群岛。

马绍尔群岛位于吉尔伯特群岛西北，由千余座小岛和珊瑚礁组成，主要分为东侧的日出群岛和西侧的日落群岛。"一战"后日本从德国手中接管此地，1935年之后，日本人封闭了群岛不许外国人接近，埋头修建军事基地。首要驻防点夸贾林环礁在日落群岛东南角上，是整个群岛的中心位置。这是马绍尔群岛中最大的一组环礁，东南端的夸贾林岛设有日军在马绍尔群岛的指挥部和潜艇基地，北边的罗伊－纳摩岛有该地区规模最大的机场，停有日军第四舰队下辖的第22、第24航空战队以及陆基航空部队共100架飞机，驻有战斗人员和工兵合计超过8000人。

攻克塔拉瓦的高昂代价让斯普鲁恩斯、特纳和霍兰·史密斯都对这样的攻坚战持怀疑态度，一度建议尼米兹放弃夸贾林，改从外围岛屿进兵，但尼米兹认定这是打破日军"绝对国防圈"的必由之路，力排众议，牵头制定了攻占马绍尔群岛的"燧发枪行动"，战略核心就在夸贾林环礁。同时，尼米兹接受了斯普鲁恩斯的参谋长穆尔的建议，决定在此之前攻取日出群岛中适宜修建机场的马朱罗岛，设立航空兵基地，为夺取夸贾林以及接下来的防御工作提供支援。在这段间歇期中，太平洋舰队还针对塔拉瓦的高伤亡，总结了战术和武器性能等方面的不足，开发了打击坚固掩体的大口径穿甲弹，同时决定让航母发挥更大的作用，撤换了"电流行动"中表现平平的航母舰队司令波纳尔，代之以中途岛战役中指挥"大黄蜂"号的马克·米切尔海军少将。尼米兹娴熟的人事工作手腕让一切有条不紊，几经修改，"燧发枪行动"最终定于1944年1月30日发动。

计划研讨期间，距离太平洋战场万里之遥的北非开罗亦有重大事件发生。1943年11月22日，美军浴血塔拉瓦的同时，总统罗斯福与丘吉尔、蒋介石，对日作战的美英中三大盟国首脑，在开罗会商下一步战略以及战后事宜。经过磋商，通过了《开罗宣言》，明确言及三国对日立场与要求：

> 我三大盟国决心以不松弛之压力从海陆空各方面加诸残暴之敌人……三国之宗旨，在剥夺日本自从一九一四年第一次世界大战开始后在太平洋上所夺得或占领之一切岛屿；在使日本所窃取于中国之领土，例如东北四省、台湾、澎湖群岛等，归还中华民国；其他日本以武力或贪欲所攫取之土地，亦务将日本驱逐出境；我三大盟国稔知朝鲜人民所受之奴隶待遇，决定在相当时期，使朝鲜自由与独立。根据以上所认定之各项目标……我三大盟国将坚忍进行其重大而长期之战争，以获得日本之无条件投降。

宣言于11月26日通过。在随后的德黑兰会议上，斯大林也表示认可（与日本签有互不侵犯协议的苏联领袖不便出现在主要商讨对日问题的开罗会议上）。12月1日，公告正式发布，这是同盟国首次一致发出对日本的最强音，日本及整个轴心国集团败亡的丧钟敲响。

1944年1月30日，"燧发枪"如期鸣响。米切尔指挥四个编队共12艘航母及辅助舰船组成的第58特混舰队逼近目标，舰队共携700架舰载机，准备执行登陆作战的部队总数5.4万人，有巨石压卵之势。经过不间断的轰炸，日军在马绍尔群岛的航空和防空力量在之前一个月已大大折损，驻守群岛的第四舰队司令小林仁又判断错误，以为美军不会越过马绍尔群岛南端，直接进攻处于心脏地带的夸贾林，以致交战全处被动。

美军从夸贾林环礁东南角的夸贾林岛和北部的罗伊-纳摩岛同时下手，铺天盖地的舰炮炮弹和飞机炸弹，将环礁上空罩住，日军完全抬不起头。区区十余平方千米的夸贾林岛，第一个上午就被投下了1.2万吨的炮弹和炸弹，着弹量四倍于塔拉瓦。2月1日，陆战队第四师的两个团乘坐300余辆两栖运兵车和坦克，冲上罗伊-纳摩岛，3600名日军被全歼，美军196人阵亡，机场被美军夺取。同日，马朱罗岛也被拿下，情况却轻松得出乎意料，日军在该岛上没有守军。

夸贾林岛的登陆作战被日军的拼死抵抗拖到了2月4日。日军的夜袭战让美军大尝苦头，但坦克的推进和飞机的低空轰炸，终于将抵抗粉碎。6日，夸贾林环礁全境战斗结束，整个战役中美军消耗了几乎十倍于塔拉瓦的弹药量，换来的是伤亡大大降低，372死，1592伤，阵亡数压缩到塔拉瓦的1/5，总算让"电流行动"后备受美军烈属指责的尼米兹和太平洋舰队缓了一口气。

夸贾林战役一举挖掉日军在马绍尔群岛的心脏，接下来的群岛扫尾阶段已用不上这么庞大的兵力。6日，飞临夸贾林岛的尼米兹与斯普鲁恩斯等人商议，不给日军喘息之机，立刻发动下一个战役，这回的打击目标是马绍尔群岛西北的埃尼威托克岛，原计划用于夸贾林的预备部队作为夺岛主力。2月17日，针对埃尼威托克岛的"法警行动"发起，截至22日，美军控制全岛，2000名驻岛日军全部"玉碎"。

此时马绍尔群岛中日出群岛的沃特杰、马洛埃拉普等环礁还有日军据守，但其海空力量不足以构成威胁，美军便依据蛙跳战术，切断其外围，围而不攻，使其失去作用。马绍尔群岛战役美军获胜，并且代价比以往低廉得多。

从"电流"到"燧发枪"，美军在太平洋上连连得手。日军损兵折将，大本营煞费苦心制订的"绝对国防圈"已被打得四下零落，东京的大本营和东条内阁都真切地感到了末日的迫近。但毕竟联合舰队尚有一搏之力，尤其是有过辉煌战绩的海军航空部队，决策层准备以航母为赌注，在美国人打进家门之前，一决生死。

54

命运对决

特鲁克，日本联合舰队的基地，美国人的攻击近在眼前。

1944年2月17日，就在埃尼威托克环礁战役打响的同日，美军的炸弹也在特鲁克当头落下。斯普鲁恩斯亲率第58特混舰队精锐出动，包括九艘航母和六艘战列舰。是夜，200架装备了最新夜间雷达的舰载机扑向特鲁克，猝不及防的日军第四舰队有2艘巡洋舰、4艘驱逐舰，以及30余艘运输船被炸沉，130架飞机在空战中被击落，另有72架飞机被击毁在跑道上，航空兵几乎全军覆没，地面的第52师团有600人死亡，美国人又一次翻拍了珍珠港的场面。

此后两天，美军又连续轰炸特鲁克，并在附近海域击沉两艘第52师团运兵船，葬身海底者过千。整个袭击过程中，美军损失25架飞机，"勇猛"号航母（USS Intrepid，舷号：CV-11）重创返修。

经营20余载的"东方直布罗陀"、太平洋最优质的天然军港、日本联合舰队大本营特鲁克，竟然不堪一击，此时身在帕劳的古贺峰一或许会庆幸自己的决策。从10日起，预感到马绍尔群岛行将不保，古贺相继将联合舰队司令部和大部分舰船撤出特鲁克，向东撤往菲律宾附近的帕劳群岛，幸运躲过了轰炸。空袭之后，美军没有对特鲁克发动登陆作战，日本联合舰队内部也极不甘心放弃地理位置绝佳的特鲁克，古贺只得拆东墙补西墙，将拉包尔的海军飞机全部调到特鲁克。拉包尔在1943年11月11日的大空袭中就损失了相当数量的飞机，此次调动更使基地的海军飞机一架不剩，日军在南太平洋的核心据点彻底瘫痪。

对于时下危局，日军大本营只能寄望于一次"兴废在此一举"的决战。为此，从2月下旬起，大本营对太平洋战场的日军进行了重组。

陆军整编为第31集团军，包含从侵华战场以及日本本土抽调的三个步兵师团，总兵力增至五个师团、八个旅团，由陆军中将小畑英良指挥。海军方面，重建第一航空舰队，以猛将角田觉治为司令，飞机增至1180架，但"舰队"之称，名不副实，因为编制里没有航母，航空兵以陆基为主，分为第66、22、26三个航空战队。根据决战思路，该舰队被南调至菲律宾一线。对联合舰队现有的主力第二、第三舰队，合并整编为第一机动舰队，由原第三舰队司令长官小泽治三郎指挥。这是日本海军当下的主要家底，包含三个航空战队9艘航母，除了"翔鹤""瑞鹤""飞鹰""隼鹰""瑞凤"这些熟面孔，还有被寄予厚望的新式航母，第一机动舰队的新任旗舰"大凤"号，这艘航母被设计得更加坚固，但舰载机也相应减少；另外3艘是轻型航母"千岁"号、"千代田"号、"龙凤"号，这是日本全部的航空母舰了。单从硬件方面看，勉强可与中途岛之前的全盛期相较，但软件方面就差得多了，当年的精英飞行员大半凋零，此时驾驶舰载机的多是新手。此外，第一机动舰队还有包括"大和""武藏"等巨舰在内的两个战队5艘战列舰，以及13艘巡洋舰、28艘驱逐舰。另外，设立中太平洋舰队，担任防御之责，重新启用被山本贬回国内的南云忠一任司令。该舰队总部设在马里亚纳群岛的塞班岛，以第4舰队为班底，不过此时已没有像样的舰船，但南云享有对第31集团军的指挥权。此外在后方，大本营也下令将飞机年产量由3.5万架增至5万架，但在现实条件下，这个计划难于登天，而即便完成了，在美国9万架飞机的年产量面前也只能望而兴叹。

在日本人忙着调兵遣将时，马绍尔群岛方面战事已歇，不难判断，美军下一个目标就是菲律宾。路线不外乎两条，一是从南线新几内亚岛进攻菲律宾南部棉兰老岛或帕劳等地，二是从中太平洋进攻马里亚纳群岛。上任之初就勾画了决战愿景的古贺，拿出经修正的新"Z号作战"计划，打算动用全部航母以及在马里亚纳、加罗林、帕劳的全部航空兵力量，与美军放手一搏。这个计划本身可说是日军当时唯一的选择，无所谓对错，但日本人经过无数教训之后还是低估了美国人的工程水平，认为他们发动马里亚纳或菲律宾作战的时间不会早于1944年冬季，因此，当美军3月就开始频繁空袭加罗林群岛和帕劳时，古贺颇感措手不及。此时的帕劳已不再安全，古贺只好为司令部另寻新址，他选定了菲律宾棉兰老岛的达沃。3月31日，古贺和参谋长福留繁中将各自乘水上飞机离开帕劳，却不想，这成了他的最后一趟旅行。

两地间的航程大约只需3小时，但两架飞机是从塞班岛调来的，抵达帕劳时已经很晚，再次起飞已是20时左右。当晚，太平洋上夜雾弥漫，飞近目的地时，天气更加恶劣，狂风大作，两架飞机都被吞没在风暴里，与基地失去联系。

次日，日军四出寻找，但乘坐一号机的古贺峰一毫无踪迹，最终只能推断他和同机的7名联合舰队要员坠机殉职。不到一年间，先后两任联合舰队司令长官因乘飞机而死，实在不祥，古贺之死被大本营称为"海军乙事件"（对应山本之死"海军甲事件"）。5月间，古贺也获得了山本的葬仪和追授元帅衔。在海军大学比古贺高一届的海军大将丰田副武十分不情愿地接手了联合舰队的烂摊子。大概是两位前任先后死于前线留下了阴影，丰田继任后，留在东京湾遥控指挥，并且一反联合舰队以最大战舰为旗舰的惯例，"低调"地将轻巡洋舰"大淀"号作为旗舰，这样的行事风格显然难以鼓舞联合舰队日益低迷的士气。

和山本相比，古贺对联合舰队的影响显然不能同日而语，却也不是全无痕迹，他的"Z号作战"计划被保留下来，后来更名为"阿号作战"（A-go），主基调却未改：待美舰队进攻时，在马里亚纳群岛和加罗林群岛西部一线，集中第一机动舰队和第一航空舰队，与之决战，以第一航空舰队的陆基飞机为先导，尽可能削弱美军力量，第一机动舰队的九艘航母舰载机群作为决战兵力。计划谈不上高明，却是当时联合舰队力量范围内的最上之选。不过，问题在于，这个计划一开始就被美国人获知了。

在古贺座机失踪的那个暴风雨夜，参谋长福留繁的二号机也出了状况，迫降在菲律宾宿务岛。机上13名乘客和机组人员，1人死亡，其他无恙，福留本打算天明后去找该岛的日本驻军求援，不想率先找来的却是菲律宾游击队。一群半裸的本土战士，将他们擒至指挥官美军中校库欣面前，福留等人身上的文件以及密码本被全部搜出。

福留繁等人很快被日方用盟军俘虏换回（这是库欣中校自作主张，麦克阿瑟对此十分恼火，将库欣撤职降为列兵），送回东京休养。尽管他在此后近30年的余生中都矢口否认美军从他身上获得了情报，但一个事实是，麦克阿瑟和尼米兹手上很快拿到了"Z号作战"计划及其修订版"阿号作战"计划的详细说明。

不过当时，日本方面并不知道计划已泄漏，5月的大本营会议上，仍将"阿号作战"计划作为决定帝国命运的策略。会上最大的失策在于，又犯了以己度人的毛病。当时日本本土的原油供给线经常被盟军潜艇袭扰，为了更方便地获得燃料，第一机动舰队不得不将锚泊地移往新加坡以南的林加。5月，又集中到菲律宾西南部靠近婆罗洲石油产区的小环礁塔威塔威。同样因为燃料，陆基航空兵的部署也以这一带为主。这样，日本迫切希望决战地在菲律宾南部，最好是雅浦—帕劳一线，以便最大限度集中陆海航空兵力。于是，修改后的"阿号作战"计划就全以在该地区决战为主基调，还计划将美军第58特混舰队主力吸引到这里，一厢情愿地认为美国人会按他们设想的节奏行进。

这样的构想虽是此时才成定议，但在福留繁那份文件里已露端倪，尼米兹和麦克阿瑟将计就计，制造盟军将以新几内亚为主攻方向的假象，同时，将更重的打击瞄准日本人无力兼顾的马里亚纳。和日本人一样，尼米兹也想把这场战役打成决定胜负的一战，尤其是听说日军出动了"翔鹤""瑞鹤"两艘航母，他更感兴奋。偷袭珍珠港的日本航母已六去其四，唯余"两鹤"，若能将它们也送下海底，珍珠港之仇才说得上真正洗雪。马里亚纳，这片世界上最深的海域，实在是合适的墓场。尼米兹勉励第58特混舰队的两栖作战司令霍兰·史密斯："我期待着在报纸上读到你们击沉'翔鹤''瑞鹤'的好消息。"此时的第58特混舰队辖有18艘大型航母、9艘轻型航母，其中"企业"号、"萨拉托加"号是"翔鹤""瑞鹤"的老对手。显然，这场战役不仅关乎两个国家的运势，也会是两支航母舰队了断宿怨的命运对决。

美军方面的调遣，日军情报系统也有察觉，连日来的动向似乎显示美军的大动作即将到来。5月20日，在联合舰队老基地濑户内海的柱岛，丰田副武电令小泽治三郎，准备实施"阿号作战"计划。接下来一星期中，小泽与参谋团队协商细则。5月27日，正是日本的海军节，忽有军情急报：麦克阿瑟麾下的第7舰队进攻比亚克岛，已经登陆了一个师。

情报中这座小岛位于新几内亚岛西北，不但位置险要，而且岛上有适合建机场的开阔地。美军进攻这里的消息让小泽亦喜亦忧，忧的自不必说，喜的却是，美军从这个方向进攻，看来很可能会如期入我彀中。比亚克岛的陆军向第一机动舰队求援，小泽纠结要不要救援，他自知兵力短缺，不可轻易分兵，但要是坐视美军夺占比亚克岛这样重要的航空兵基地，将意味着日军在菲律宾以南诸岛等预想中决战海域的航空兵基地都会被美军轰炸机覆盖，这势必极大威胁"阿号作战"计划的成败。终于，后方的丰田做出决策，命令第一机动舰队先全力救援比亚克岛。

根据该命令，海军方面制订了旨在夺回比亚克岛的"浑号作战"计划——接下来的情势将证明，这实在是个名副其实的昏着儿。

55

猎火鸡

6月6日，1944年。对"二战"历史略有所知的人都清楚这个日期意味着什么——诺曼底登陆，盟军杀回西欧，第二战场开辟，腹背受敌的纳粹德国开始灭亡倒计时。

同一天的太平洋战场发生着相比之下很不起眼，却同样影响深远的事情：依据"浑号作战"计划，日军空袭了比亚克岛，击伤两艘美军驱逐舰。争夺比亚克之战打响，日军的眼光也被吸引到南线，就在这一天，庞大的美军第58特混舰队各部，自马朱罗和珍珠港等处驶出，浩荡西行。目标，马里亚纳。

日军的空袭无法阻止美军于7日夺取比亚克岛的莫克梅尔机场。眼看岛屿控制权就要易手，不甘失败的日军8日向比亚克岛增兵，遇到拦截无功而返，还被击沉了"春雨"号驱逐舰。有些杀红眼的日本人决定继续加大力度，更多原本计划参加"阿号作战"的陆基飞机被调到新几内亚西部。10日，已调任第一机动舰队第一战队司令的原联合舰队参谋长宇垣缠，率领包括"大和""武藏"两巨舰在内的强大水面舰队开离塔威塔威基地，次日抵达新几内亚岛以西的巴漳岛基地，准备与攻击比亚克岛的美军第7舰队一决高下。正当此时，宇垣接到了小泽的急电：情况有变，美军第58特混舰队主力正在逼近马里亚纳群岛。

美国方面，也自春天起就开始谋划此次行动。3月，马绍尔群岛战役收尾阶段，参谋长联席会议确定了下一步的行动目标，尼米兹提出直捣特鲁克联合舰队大本营的激进构想，但在金将军的主张下，更务实的马里亚纳方案成为定议。从马绍尔群岛跳过特鲁克所在的加罗林群岛有一定风险，但马里亚纳群岛优异的地理位置值得为之冒险。此处四通八达，向西可以进攻吕宋岛，也可跳过吕宋指向台湾岛，西南可与麦克阿瑟计划的棉兰老岛战略相呼应，向南可以压制特鲁克，甚至还可以选择向北经硫磺群岛和小笠原群岛直通日本本土。可以说一旦拿下马里亚纳，盟军对日本就拥有了指哪打哪的战略主动。会议上，两个战区的进攻次序被捋顺：战役从西南太平洋和中太平洋两个方向发起，4月15日，麦克阿瑟的西南太平洋战区应完成对新几内亚北部荷兰迪亚港的占领，并封锁特鲁克，使其不能干扰马里亚纳战役；太平洋战区负责马里亚纳战役，时间被定在6月15日，目标是马里亚纳群岛中南端的关岛和北端的塞班岛、天宁岛，三个月后进行帕劳战役，夺取该地并建立前进基地；11月15日，麦克阿瑟部应发起棉兰老岛登陆作战，届时，由已在帕劳取得立足点的太平洋战区部队给予支持；再下一步是进攻吕宋还是台湾，留待拿下棉兰老岛后讨论，时间，初定在1945年2月。

上述计划制定于1944年3月，无论从时间上还是空间上，马里亚纳都处于计划的中心位置，为此，太平洋舰队筹划了一次规模空前的大进军。此时南太平洋方面战事已基本平息，哈尔西所辖第3舰队一部分划给麦克阿瑟，主力返回珍珠港，与斯普鲁恩斯的第5舰队重新整编。计划用于马里亚纳战役的第58特混舰队，下辖四个航空特混大队，共拥有15艘大小航母，以及7艘新型战列舰、21艘巡洋舰、58艘驱逐舰。第58特混舰队身后，是负责登陆作战的第5.1、5.2、5.3三个特混舰队，有运输船、油船等大小船舶500余艘，搭载海军陆战队3个师和1个暂编旅以及作为后备队的陆军1个师。相对生疏的陆军第77步兵师在夏威夷集结，作为总预备队。上述全部部队人员合计12.7万人。斯普鲁恩斯已于2月晋升海军上将，他乘"印第安纳波利斯"号重巡洋舰，随第三航空特混大队行动，但主要负责全局总揽，第58特混舰队的具体作战事宜由马克·米切尔指挥，里奇蒙·特纳负责登陆舰队的海上作战，登陆完成并建立指挥部之后，指挥权由霍兰·史密斯接手。

马里亚纳作战计划最终被定名为"征收者行动"。1944年的第二季度，美军为该计划制定细则，调配部队舰船，协调指挥关系，到了6月，万事俱备，舰队在马绍尔群岛的马朱罗环礁集结完毕。6日，第58特混舰队离港出征。

同一天打响的比亚克岛空袭战，由麦克阿瑟所辖的第7舰队司令金凯德中将指挥，旨在与"征收者行动"呼应。不过，斯普鲁恩斯并不希望敌军被分散，在完成马里亚纳计划之外，他也期待以一次决战彻底歼敌，可以说，这是一次美国人策划的中途岛计划，只是角色互换了。

在6月10—13日的空袭中，日军散布在西加罗林群岛、马里亚纳和帕劳三角区域诸多岛屿的机场频频遭袭，作为决战兵力的第一航空舰队损失惨重，三天内被击毁飞机超过200架。指挥第一航空舰队的角田觉治是日军出名的猛将，作风近乎鲁莽，但此时他也不得不收敛锋芒，命令残余飞机撤到特鲁克。小泽的第一机动舰队则由塔威塔威北上，在菲律宾群岛西南部的吉马拉斯岛重新集结。

另外，马里亚纳方面的打击出乎意料，小泽治三郎不得不重新制定应对计划。更要命的是，由于通信系统的损坏，他还不知道角田的具体损失，对其仍抱有期待。小泽手里的9艘航母舰载机满编450架，此时只有439架。截至6月15日，装备了雷达的日军侦察机也大致探明美军舰队有航母15艘。据此估算，美军舰载机很可能倍于己方，水面作战舰船也是美方占优，任务之艰巨可想而知。

是日清晨，身在东京湾的丰田副武发来电令，开始"阿号作战"，随令附言："皇国兴废在此一战，诸君务必奋力努力！"这是当年日俄战争对马海战中东乡平八郎著名的训令，经过几十年的灌输与神化，在日本海军中的崇高地位类乎神谕，人尽皆知。小泽治三郎的旗舰"大凤"号上挂出与之匹配的"Z"字旗，但此一时彼一时，强弱态势如此明显，作为美日两军公认的航空作战将才，小泽自然不能把宝押在精神武器上。对这场实力悬殊的决战他有自己的筹算，他所寄望的是日军的两款新型飞机——彗星式轰炸机（D41）和天山式舰载鱼雷机（B6N1），都是战争开始后才完成研发和装备的，前者的处子秀是作为侦察机参加中途岛战役，后者更是在1943年下半年才作为九七式鱼雷机的升级品种开始装备。两款机型的优点在于速度和航程，它们的续航能力都在750海里以上，这意味着可以进行350海里以上的折返航行，比美军舰载机长出1/3。小泽手上有彗星99架，天山108架，加上同样以航程见长的零式战斗机225架，他相信可以凭借打击半径的优势，在敌人力不能及处发动"超距突击"。而且交战海域的很多岛屿都建有日军机场，小泽更提出"穿梭轰炸"战术，飞机完成攻击任务后不返回航母，而是在关岛等航空基地加油装弹，再反向回归，途中再次轰炸敌舰队。不久前英国人曾在欧洲使用类似的战术，远程轰炸机从英国本土起飞，轰炸德意两国后，飞往北非的盟军基地加油，效果颇佳。小泽相信这种穿梭战术将令美军无所适从，如能配合角田的基地航空部队，也未尝没有胜算。

小泽的舰队自吉马拉斯岛东进，奉调赶回的宇垣所部经塔威塔威基地绕过棉兰老岛驶向东北，6月16日15时30分左右，两支舰队在帕劳以北海域会合。根据情报，小泽预计的决战地点在塞班岛以西250—300海里处，时间将是6月19日。

美军方面，斯普鲁恩斯也预感大战将至，但由于小泽精确入微地选择行进路线，始终处在美军阿德默勒尔蒂群岛（新几内亚岛以北、新不列颠岛以西）航空基地侦察半径之外，他们的确切行迹一直让斯普鲁恩斯头疼。为了不步敌人在中途岛之战的后尘，斯普鲁恩斯抓紧时间派出航母分别扫荡战场周围岛屿上的日军机场，但行动十分谨慎，白天西进，夜间再东撤到安全海域，唯恐日军趁夜突袭。6月18日，美军仍没有确切情报，一些侦察潜艇发回的零星信息不足以判断出日军主力的位置。斯普鲁恩斯又编组了以7艘新型战列舰为核心的第58.7特混大队，专司护航。当晚，忽然珍珠港方面传来了期待已久的消息：发现日本舰队！

一天前日军的侦察机已捕捉到第58特混舰队的位置，但小泽确知敌军的规模后没敢轻举妄动，经过一天的加油整兵，18日，他终于忍不住打破无线电静默，向在天宁岛的角田觉治询问战况进展。根据"阿号作战"计划，角田的第一航空舰队应该在航母出阵前消灭1/3的美军兵力，但这个如意算盘早已落空，角田的部队开战前就在美军突袭中损失大半，而小泽并不知情。此时的角田竟硬着头皮回复，已给敌军造成相当杀伤。虽然谎报战功在日军中早已成风，但小泽实在想不到这样事关生死的问题上，角田也敢夸大其词，这对他接下来的战略判断造成了致命影响。同时，这次通电被珍珠港的高频测向台听了个真切，第一机动舰队位置暴露：北纬13°，东经136°，关岛以西600海里。

此时的第58特混舰队位于日军东北大约355海里处，情况对美军十分不利，不但两军距离适合日军发挥航程优势，风向、日光等因素也全都有利于日本人。米切尔建议主动出击，靠近敌人，斯普鲁恩斯权衡之下还是决定稳健为上。五个特混大队各自列阵，彼此保持10—12海里的距离，排成便于防守的环形，以第58.7特混大队突前，第58.4航空特混大队在其北侧掩护，另外三队在二者身后，纵向一字排开，斯普鲁恩斯和米切尔所在的第58.3航空特混大队居中。庞大的舰队整好队形，严阵以待。

6月19日凌晨3时30分，距日出还有不到两个小时，日军飞行员已做好准备，小泽将舰队分成了三部分：前卫部队包括正对着美军舰队方向的"千代田""千岁""瑞凤"3艘轻型航母组成的第三航空战队，距敌大约300海里，护航的是栗田健男率领的四个战队，包括"大和""武藏"两艘超级战列舰；小泽亲率"大凤""翔鹤""瑞鹤"组成的第一航空战队及两个战队，编为甲部队；在前卫部队西南约100海里处，是城岛高次少将指挥的乙部队，有航母"飞鹰""隼鹰"和轻型航母"龙凤"，还有单独编队的战列舰"长门"号、重巡洋舰"最上"号和7艘驱逐舰。一场战役中投入9艘航空母舰，这创造了日军开战以来的新纪录。

两下都已准备停当，中途岛之后太平洋战场上最大的一场航母大战一触即发。

表4　美日马里亚纳战役兵力配置表

国别	番号		兵力	指挥官	任务
美军	第58特混舰队	第58.1航空特混大队	航母"约克城"号、"大黄蜂"号 轻型航母"贝劳伍德"号、"巴丹"号 巡洋舰4艘 驱逐舰14艘	约瑟夫·克拉克（少将）	掩护登陆部队，伺机消灭日军舰队主力
		第58.2航空特混大队	航母"邦克山"号、"黄蜂"号 轻型航母"卡伯特"号、"蒙特利"号 巡洋舰4艘 驱逐舰12艘	阿尔弗雷德·蒙哥马利（少将）	
		第58.3航空特混大队	航母"企业"号、"列克星敦"号 轻型航母"圣哈辛托"号、"普林斯顿"号 巡洋舰5艘 驱逐舰13艘	约翰·里夫斯（少将）	
		第58.4航空特混大队	航母"埃塞克斯"号 轻型航母"兰利"号、"考彭斯"号 巡洋舰4艘 驱逐舰14艘	威廉·哈瑞尔（少将）	
		第58.7特混大队	战列舰"华盛顿"号、"北卡罗来纳"号、"南达科他"号、"阿拉巴马"号、"印第安纳"号、"衣阿华"号、"新泽西"号 巡洋舰4艘 驱逐舰14艘	威利斯·李（中将）	防空掩护
	总计		航母7艘，轻型航母8艘，战列舰7艘，重巡洋舰8艘，轻巡洋舰13艘，驱逐舰58艘，航母舰载机891架，侦察机和水上飞机65架，潜艇28艘	斯普鲁恩斯（上将） 米切尔（中将）	——
	两栖作战舰队	第5.1特混舰队	第五两栖军 下辖海军陆战队第二师、第四师	哈里·施密特（中将）	登陆塞班岛、天宁岛
		第5.2特混舰队	第三两栖军 下辖海军陆战队第三师、第一暂编旅	罗伊·盖格（少将）	登陆关岛
		第5.3特混舰队	陆军第27步兵师	拉尔夫·史密斯（少将）	预备队

(续表)

国别	番号	兵力		指挥官	任务
	总计	海军陆战队3个师、1个暂编旅，陆军1个步兵师 运输护航船舶约500艘		里奇蒙·特纳 霍兰·史密斯	——
	夏威夷总预备队	陆军第77步兵师			预备队
日军	第一机动舰队	甲部队	第一航空战队 航母"大凤"号、"翔鹤"号、"瑞鹤"号	小泽治三郎（中将）直率	袭击敌军航母
			第五战队 重巡洋舰"妙高"号、"羽黑"号	桥本信太郎（少将）	
			第十战队 轻巡洋舰"能代"号 驱逐舰8艘	木村进（少将）	
		乙部队	第二航空战队 航母"隼鹰"号、"飞鹰"号 小型航母"龙凤"号 战列舰"长门"号 重巡洋舰"最上"号 驱逐舰7艘	城岛高次（少将）	
		前卫部队（丙部队）	第三航空战队 小型航母"瑞凤"号、"千岁"号、"千代田"号	大林末雄（少将）	
			第二舰队 第一战队 战列舰"大和"号、"武藏"号	宇垣缠（中将）	提供防空掩护
			第三战队 战列舰"金刚"号、"榛名"号	铃木义尾（中将）	
			第四战队 重巡洋舰"爱宕"号、"高雄"号、"鸟海"号、"摩耶"号	栗田健男（中将）直率	
			第七战队 重巡洋舰"熊野"号、"铃谷"号、"利根"号、"筑摩"号	白石万隆（少将）	
			第二水雷战队 轻巡洋舰"矢矧"号 驱逐舰15艘	早川干夫（少将）	
	第一航空舰队	第五基地航空部队 （各种飞机满编1464架，开战前637架）		角田觉治（中将）	作为先导兵力参战

日出之前，日军的侦察机已在天上发现了同样在搜寻他们的美国人。6时30分，最新情报传回：敌军航母编队东北距前卫部队300海里。这正是日军最理想的攻击距离，而且他们相信美军的侦察机尚未发现日军确切位置。

久候的战机终于闪现，机不可失。小泽颁令，7时25分开始，日军的舰载机群起飞，前卫部队的64架飞机率先出击，20分钟后，小泽亲率的第一航空战队也放飞128架飞机，一时间引擎如雷，银翼蔽天，这是日本舰队久违的盛况。小泽和他的参谋团队正为之踌躇满志，忽然间，变生不测。"大凤"号上一架已经升空的飞机猛地掉头俯冲，直扎进海里。众人惊诧的目光循着坠海的飞机看去，很快发现了水面下一道弹痕正激射而来——鱼雷！

原来，日本人盯着天上，美国人却盯着海底。一艘一直在跟踪日军的潜艇"大青花鱼"号此时发难，那位飞行员在空中发现了鱼雷航迹，驾机撞去，想舍身保护航母却未能如愿，潜艇射出的六枚鱼雷的最后一枚击中了"大凤"号舰艏。打击突如其来，好在伤势不重，升降机被炸坏，但经过抢修很快恢复，"大青花鱼"号也趁乱溜走，似乎这只是一个小插曲。但小泽不知道，这枚鱼雷就像传说中的剑道高手，已用"剑气"给他的旗舰留下内伤。

大约就在此时，前卫部队的首批机群已飞临美军舰队头顶，满心期待突袭建功的飞行员们此时才发现他们飞到了地狱的入口。航母上空密布的是日本飞行员的噩梦，F6F"地狱猫"战机。这是开发F4F"野猫"式的格鲁曼公司的最新力作，在珍珠港事件不久前才接到军方订单，因此研发并装备到位已是1943年初。该机型采用2000马力的大功率发动机，在速度、加速度、爬升，以及盘旋性能上都超过日本的零式战斗机；它拥有六挺12.7毫米勃朗宁机枪，火力也在零战之上；加上格鲁曼公司的设计理念一贯重视飞行员安全性，防护性能也更强，堪称零战克星。

"地狱猫"初次上阵是1943年9月1日空袭小笠原群岛南鸟岛的战役，与零战的首次过招则是该年10月6日的空袭威克岛之战。是役，日军飞行员惊恐地发现此前对"野猫"战机屡试不爽的急速爬升翻滚战术，在"地狱猫"面前全无作用。曾击落9架敌机的王牌飞行员末田利行死于初次驾驶"地狱猫"的飞行员邓肯之手。12架"地狱猫"击落日军出动的25架零战中的21架，自己只损失6架（飞行员全部跳伞生还）。此后在11月11日的拉包尔大空袭中，"地狱猫"再次发威，太平洋上横行一时的零战，自此威风不再。

此刻，死对头狭路相逢，面对来势汹汹的"地狱猫"，日军前卫机群的战斗机只能咬牙迎上去交手，但这批飞行员多是新手，从硬件到软件都处于下风，"地狱猫"大开杀戒。有几架攻击机在战斗机拼死掩护下，从空战缝隙间脱出，继续飞向目标舰船，而此时等待他们的是美国人的第二道死亡大餐——装有近炸引信的高射炮弹。这种炮弹会依据与目标的距离而判断是否引爆，被称为"VT"（Variable Time），主要依靠无线电感应。该技术发明前，对空防御基本是火炮和高射机枪朝着飞机行进路线射击，等着敌机自己撞在密集的火网上。据统计，每击落一架敌机，大约需要2000发炮弹。VT发明应用后，炮弹会"自行选择"在合适的位置爆炸，击落敌机所需炮弹数降到500发左右，命中率大增，配合雷达使用，效果更佳。日军机群袭击的正是处在前卫位置的第58.7特混大队，7艘战列舰领衔，全部25艘战舰众炮齐鸣，从没见识过"长眼睛炮弹"的日机瞬间被吞噬。在"地狱猫"和VT的双重打击下，转眼间第一波机群的64架飞机有41架被击毁，余者逃走，而它们甚至没有见到出击的目标美军航母。美军只有"南达科他"号被命中一弹，20余人死亡，飞机损失1架，其余各单位几无损伤。

大约10时，第二批日军机群也进入战场。这批飞机来自第一航空战队，是小泽的绝对主力，但运气实在欠佳，刚起飞就有一架投海挡鱼雷，飞越本方前卫舰队时又被当成敌机射落两架，尚未开战就损失了3架飞机。他们的目标是美军阵列东南角的第58.2航空特混大队，美军的400余架"地狱猫"又蜂拥而至，一番恶战后，日军折损八成，包括领队垂井明少佐的座机，只有26架返航（归途中又被己方舰队误射下两架），总算他们的战绩比之前一波稍稍可观，击落"地狱猫"12架，两枚近失弹炸坏了航母"邦克山"号的升降机，并造成大火。残存者来不及详察战果就急急逃回，向小泽拍发了"敌航母燃起大火"的报告。至于第二航空战队的机群，因为情报混乱和技术生疏，编队在途中就走散了，一无所获，分头返航。

头两次空战，战局完全一边倒，日军的到场更像是配合美国人的打靶演习，一名飞行员战到酣处，兴奋地在电台里欢呼："这就像是猎火鸡大赛啊！"马里亚纳海空战就此以"猎火鸡"（turkey shoot）之别名被铭记。

10时15分前后，第一、第二航空战队又各自派出了第二波机群，分别有18架和67架，后者又分为两个批次，包括10架彗星式组成的精英编队，由参加过空袭珍珠港的阿部善次大尉领队，算是整个第一机动舰队的精锐力量。

此时"大凤"号上的小泽对前方战况仍一无所知。不过他抱以乐观，毕竟这次他"超距突击"的计划近乎完美，也确实在美军发觉前就先发制人，第一波攻击中就有"敌航母起火"的捷报，此时想必已斩获更多，开战半日仍没有敌机赶来报复，大概就是这个原因。至于己方的飞机也没有返航，很可能是飞到附近岛屿的机场去了……他本是虑事周全之人，但这场绝地反击倾注了他太多心血，也是日本海军航空兵最后的豪赌，过于期待胜利的心理暗示让小泽不自觉地只往好处想。如意算盘拨得正起劲时，11时20分，忽然一声巨响，惊彻海天，"大凤"号不远处的"翔鹤"号黑烟滚滚，船体倾覆。原来，又有一艘美军潜艇"棘鳍"号偷偷潜近日军舰队发射了鱼雷，全无防备的"翔鹤"号身中四弹，受伤远比"大凤"号严重，眼见难救。

前方战果尚不明确，自己先损一艘主力舰，实是令人恼火，而不待小泽为"翔鹤"惋惜，两个多小时后同样的结局发生在"大凤"身上。这次没有新的潜艇来袭，致命伤口仍是清晨留下的，中雷后"大凤"号的油库受损。日本当时成品油紧缺，小泽舰队使用的是高纯度的加里曼丹原油，虽解了一时之急，却也埋下隐患。原油挥发性极强，油气混合体从破损处渗出，弥漫全船，遇到一丝火星便引爆全船。大凤级航母在抗打击能力方面下足了功夫，牺牲舰载机数量加装装甲，比日军其他航母坚固得多。但坚固的堡垒都容易从内部攻破，舱中爆炸，浓烟烈火喷涌而出，舰尾很快沉入水中，整个船体翘起来，如同一只插在水中的火炬。到16时许，"大凤"号沉没，舰上600余人葬身海底，小泽及时撤退到护航的重巡洋舰"羽黑"号上。

一个下午连失两舰，日军焦头烂额，捷报仍苦候不至，气氛已有些不对劲，坏消息倒是接踵传来。角田觉治接到小泽的决战电报后，派出特鲁克仅剩的百余架飞机参战，却在关岛上空遇阻，厮杀之中损失惨重；陆陆续续返回的舰载机，不是没到战场就中途迷路，就是带回糟糕的消息。第一航空战队的第一波机群没能找到目标，无功而返，第一航空战队的第二波机群同样如此，一部分准备降落到关岛，又被美军截击，损失46架，最精锐的彗星队9架战机从另一条路线去袭击第58.2航空特混大队，连同护航的6架零战，仅有阿部善次单机得脱，其余全被击落，战果仅仅是"邦克山"号和"黄蜂"号各近失一弹。

天近黄昏，海天相接处，日已西沉。小泽满怀期待的心也随之沉落，航母损失两艘，清晨开战时的439架飞机仅剩100架，算上侦察机和水上飞机之类凑数的，也只有127架。而敌军的损耗，大概只有弹药而已。此时的小泽和中途岛战役中的山口多闻一样，面临着孤军奋战还是撤兵止损的抉择。再打下去胜算微乎其微，但"阿号作战"要是就此失败，那即便逃掉了，又能逃到哪去呢？此时丰田的参谋长草鹿龙之介发来电令，要求小泽和角田继续作战。无路可退的小泽只能选择战到最后。

6月19日入夜，两军都各自后撤到安全海域。次日一早，日军最后的机群迫不及待地升空出击。直到20日16时，侦察机才发现目标，此时多数飞机已飞行了半天，考虑时间和油耗，不得不返航。

日军拼尽余力的行动仍没有收效，更糟糕的是，美军不再坐待他们，而是找上门来还以颜色。搜索了半日的美军侦察机几乎同一时间锁定了小泽的舰队，此时小泽已转移到"瑞鹤"号。时机已不适合再战，小泽只派出7架天山式尝试袭击敌军，撤走第三航空战队以及"龙凤"号、"隼鹰"号，只留"瑞鹤"号和"飞鹰"号两艘航母及护航舰船断后。小泽的最后一击又落空了，天山机群没找到目标，返航时接连失事，美国人却循踪而至。6时30分，145架美军飞机凌空扑下，日舰如同翻着水花的鲸鱼，扭动身体辗转闪躲。在场的"大和"号首次有了在实战中开炮的机会，但日本人没有"长眼睛的炮弹"，只能凭空乱射，460毫米口径巨炮徒具声势。混战中，"飞鹰"号被鱼雷击中，瘫在海上，随后又有凑热闹的潜艇赶来，给了它致命一击。但此时天已全黑，美军机群再难扩大战果，就此收手，返航庆功去了。待陆续返回己方航母上空已是21时后，米切尔冒着招来敌军潜艇的危险，下令航母打开探照灯，引导飞机降落，后来索性又发射照明弹，一时间夜空耀如白昼，凯旋的将士享受了尽兴的狂欢盛典。

随着这个电影画面般的华丽场景，历时两天的马里亚纳战役收场。日军3艘航母沉没，仅第一机动舰队就被击落了378架舰载机，算上迫降损失和失踪的，受损飞机超过400架，要是再加上前几日空战中十不余一的角田第一航空舰队，以及丰田副武从本土派来助战却未到战区就因一次低级失误折损过半返航的压箱底兵力"八幡航空队"，总损失无虑千数。美军方面，损失仅有123架飞机（有相当比例是晚间着舰时不慎坠毁的），再次大获全胜。

小泽的作战计划天时地利面面俱到，可惜为将者的庙算在技术和人员素质的鸿沟面前，实是无济于事。撤离战场时，他所在的"瑞鹤"号还剩了30余架飞机，几乎个个带伤，凄凄惨惨。胜利的希望，就此远去。

此时的"大和"号上，宇垣缠在日记中写下了一行俳句：
战虽毕／雨季的郁闷天空／仍在头上

按

地狱猫hellcat直译为"泼妇、女巫"，故也有书中将F6F战机译为"泼妇"，考虑到该机型与格鲁曼公司的系列前作"野猫"式之渊源，本书中译作"地狱猫"。

56

一弹解千愁

7月6日约10时，塞班岛北部的一处山洞，洞口前三个军官盘膝坐成一排，仪态庄严，各持指挥刀，对准自己的腹部，每人身后站着一个低级别的军官，用手枪对准他们的后脑——这是一场日本式的切腹仪式。

三名待死者，居中的是久违的南云忠一，左右分别是第31集团军第43师团师团长斋藤义次和集团军参谋长井桁敬治。此三人是日军在塞班岛上的最高指挥官，但现在他们能控制的地盘就只剩岛北一隅。美军登陆进攻至今已过了21天，守军精疲力竭，孤立无援，唯死而已。三位军官能做的，只有抓住最后的时机，为自己挣一个相对体面的死法。

这是他们无可避免的命运，因为他们统兵据守的塞班岛在美国人的进军路线图上太重要了。塞班岛是马里亚纳群岛的重中之重，这里有完备的机场，如果美国陆军的B-29远程轰炸机从这里起飞，向东北飞行2000多千米，就能把炸弹直接扔在日本本土。出于同样的考虑，日本大本营方面也将塞班岛定为"绝对国防圈"的重点。自1944年上半年起，日本陆续增兵塞班岛，以陆军第43师团为核心，海陆两军兵力最高时超过4万。南云忠一是名义上的最高指挥官，但作为海军，他不插手陆军具体事务，只负责海陆军的协调以及与大本营的沟通，实际指挥陆军的是小畑英良。大本营也对守住塞班岛信心十足，宣称要在此构建"太平洋防波堤"。

然而事情远不如他们想象的乐观。5月，被丰田副武选定为参谋长的原第一航空舰队参谋长草鹿龙之介，奉调从拉包尔返回东京。途经塞班岛时他看望了老上司南云，并参观岛上防务，他惊讶地发现岛上实情与宣传相去甚远，补给十分不力，人事关系混乱，防御工事进展缓慢，很多火力设施都没到位，即便已搭建好的碉堡，也完全经不住美军的舰炮和轰炸机。草鹿向南云指出这些问题，南云却抱以无所谓的态度，认为美军不会攻打塞班岛。从南云自珍珠港事件以来的历次表现来看，他虽不长于料敌决机，但绝非托大之人，因此，这番表态与其说是麻痹大意，不如说是对现实条件的无可奈何。返回东京后，草鹿向东条反映情况，东条却放话，愿以相印担保，塞班岛固若金汤。

从东条、丰田，到小泽、南云，包括草鹿，当时都认定美军的推进必将从新几内亚岛一线进行，因此帕劳群岛一线才是最有可能的决战地，"阿号作战"计划都建立在此基础上。美军自5月起一直对塞班岛实施轰炸，但日本认为这只是美国人的牵制和袭扰，并非登陆的前兆，就跟他们在拉包尔、特鲁克的所为一样。

情况并不按照日本人的预期发展，6月13日，塞班岛登陆战打响。这天凌晨，载着第五两栖军的第5.1特混舰队从北侧绕过塞班岛，转头轰击岛西侧的日军据点。塞班岛面积185平方千米，岛屿中脊是一道不高的山脉，南北走向，当时岛上居民主要聚居在山脉西侧沿海的加拉班和岛西南角的查兰卡诺阿，驻岛日军也多集中在此。美军舰队的炮击主要瞄准这两处，13日一天就发射了上万发炮弹。这天的炮击只是试探性的，没有造成太大伤害。15日，为了配合海上第58特混舰队的进程，登陆部队也加大了力度。凌晨4时40分，六艘战列舰在塞班岛外一字排开，层层巨炮指向查兰卡诺阿的滩头阵地。舰炮怒吼，山崩地裂，伏在掩体里的日军肝胆俱裂，通信员在给丰田的急报中称，一艘战列舰的火力就抵得上岛上日军火力总和，虽然后来丰田在回忆录里称这是夸大其词，但当时守军在恐怖的炮火面前确实毫无还手之力。

此时的南云在加拉班一处阵地的瞭望台上用望远镜注视着海上，比美军炮火更让他绝望的是，这批敌舰里有好几艘他的老相识："加利福尼亚"号、"西弗吉尼亚"号，当年自己的第一航空舰队明明已将它们送入珍珠港的海底；"宾夕法尼亚"号、"田纳西"号，这也是当时的手下败将，仅仅两年半，它们竟又重现战场，生龙活虎。成就自己一生功名的奇袭，现在看来其功已经归零。虽然深知美国惊人的生产与修复能力，但此刻的南云还是沮丧感慨，心如死灰。

两个小时的炮击之后继以轰炸，针对掩体的高爆弹过后又是一轮燃烧弹，查兰卡诺阿一片火海，地面上的目标尽成齑粉，美军则只有两艘舰艇被击伤。清场完毕，战舰身后的登陆舰艇压上来，美国海军陆战队第二师、第四师各出两个团，南北并进，日军在海岸线外珊瑚礁地带布下的水雷一天前已被清除干净，美军所到之处皆是坦途。不出半小时，在7千米的阵线上，8000多名乘两栖运兵车的先头部队从八处海滩登上塞班岛。

日军在塞班岛的守备部队共有3.1万余人，其中陆军2.5万余人，海军6000余人。陆军司令小畑英良开战前去了关岛视察未归，此时的最高指挥官是第43师团师团长斋藤义次中将。和南云不同，他之前没太吃过美国人的苦头，对击退美军登岛信心十足。他部署在滩头的岸炮和堡垒多已损毁，但此时仍有一支在地下掩体躲过轰炸的部队，美军登岸后，短兵相接的战斗很快打响。美军士兵登陆前在海岸线两海里外欣赏了战舰和轰炸机的表演，没想到这样的火力下还有敌人存活下来，一时猝不及防，被日军杀伤不少，但此时日军手里仅有机枪和迫击炮，火力远不是美军两栖坦克的对手，美军驱逐舰和炮艇也赶来支援，到当天下午，日军在查兰卡诺阿滩头的抵抗被粉碎。截至当天傍晚，陆战队第二师、第四师已有近2万名士兵登上塞班岛，建立了炮兵阵地，向内陆方向的推进最远超过1000米。不过两个师的阵地之间仍有日军嵌入，未能实现连片。

在白天的战斗中，斋藤的指挥部也遭到炮击，几名幕僚被炸死，他本人幸运地没有受伤。亲身领教了美军的强大火力，斋藤仍不甘心失败，打算在当夜发起反攻，将立足未稳的美国人赶回海里。第31集团军参谋长井桁敬治中将协助斋藤调兵遣将，从加拉班和岛北部调集部队和坦克，但由于岛上丘陵十分难行，加上通信设备损坏，15日夜间斋藤没能集结起足够的兵力，他的反攻部队很快被美军发现，人数和火力都处下风的日军被打退。次日，日军又组织了两次反攻，战事胶着，日军固然无法驱走美军，但美军的推进速度也被阻滞。残酷的拉锯战在尽成废墟的查兰卡诺阿镇持续到18日，这天，作为预备队的陆军第27步兵师也登上塞班岛，经过苦战，夺取了岛南部的阿斯利托机场，日军向内陆山岭地带退走。此后两天，马里亚纳海战爆发，小泽第一机动舰队的飞机被美国海军当火鸡打得七零八落，塞班岛制空制海权尽落美军之手，岛上的日军成了笼中之兽。

陷入绝境的日军反倒被逼出了超强的战斗力。他们依托山地丛林的复杂地形，顽抗到底，美军行动举步维艰。美军第27步兵师在岛上制高点达波乔山东侧的峡谷地带被日军一个步兵联队阻挡了两天，心力交瘁的指挥官拉尔夫·史密斯少将承认自己和部队已缺乏进攻精神，霍兰·史密斯愤怒地通过斯普鲁恩斯撤换了拉尔夫（他作为海军陆战队军官无权直接撤换陆军军官）。之后又过了一天，攻克了加拉班的陆战队第二师从侧翼来支援，日军才退走，这个让美国人伤亡惨重的山谷就此被称为"死亡谷"。25日，拼了十天的日军终于支撑不住了，井桁和斋藤分别向关岛和东京方面电告，直陈大势已去，同时表示，将战至最后一人，不惜全军"玉碎"。

残存的日军向岛北部节节败退，沿途寻找合适的地形组织防线，但持续减员和通信紊乱使他们已无法组织起能横贯全岛的有效防线。通常防线刚在一处建起，就在另一个地方被突破，只得再次撤走，空间被一点点压缩，抵抗的力度越来越微弱。被分割包围在岛上其他地区的小股部队也被逐一歼灭。7月2日，日军残余主力蜷缩在岛北端的马昆沙山，这是最后一个可供据守的山头高地。斋藤、井桁和南云将"司令部"设在一个山洞里，勉强支撑到7月5日，晚饭的时候，自知大限已至的井桁命令部下，来日清晨所有能动的人发动最后的冲锋。

经过20天的亡命作战，过程艰苦，结果又是必死无疑，活着的人都早觉了无生趣，自杀式的"最后冲锋"反倒不失为解脱。行尸走肉般的传令兵去"前线"下达命令，大家似乎都已漠然认命。一位军官问斋藤："三位长官是否也参加明天的冲锋？""我们三个会先自杀。"不待斋藤答话，一个声音抢先回答，说话的正是沉默了一路的南云忠一。

这位名义上的中太平洋最高指挥官，此前对作战事宜几乎不置一词，美军攻上塞班岛后依然如此。6月22日，他从加拉班撤出，此后跟斋藤等人一同辗转败退，这个57岁的矮小老头已经身心俱疲。三年间，他经历了太多的大起大落，从珍珠港建功举国称颂的飘然，到中途岛败绩力不从心的无奈，再到所罗门海战后的消沉无为，削权转职的尴尬落寞，几度沉浮，功名过眼，而为之效忠的帝国也终将如他的人生轨迹一样，爬得高，摔得狠，王霸雄图，终成尘土。与其苟活忍辱，眼看自己身名俱灭，不如临事一死，多少也算保全名节，从无尽的兵祸中寻一个解脱。此时回想一个多月前他与草鹿对答时的萧索，或许当时他已可预见今日。当5日斋藤征求他的意见是死是降，南云提出了自杀，希望自己的"望风刎颈"能为残兵败将们激发最后一丝士气，斋藤和井桁也加入进来。

7月6日10时左右，切腹仪式已经就绪。在旧时，日本武士切腹要有一番类似舞台剧的繁复程式，眼下当然来不及，南云三人就穿着军装替代武士服，每人身后选定了一位军官，充当介错人，待他们完成切腹后帮他们结束痛苦，只是因地制宜，传统的斩首改为枪击。三人席地坐定，一位军官看着几位长官满面尘土，想去取点水来让他们净面，走出不远便听得枪响，回头看时，南云、斋藤、井桁都已毙命当场。

随即，几百份油墨印刷的三指挥官遗书被散发给士兵：

……战友相继牺牲，尽管备尝战败之辛酸，我们势必"七生报国"……不论进攻还是守在这里，唯有一死，然而，死中有生，我们必须利用这一机会发扬帝国男儿精神，我将留下与残存者一起前进，再给鬼畜一次打击，然后把我们的尸骨埋在塞班岛作为太平洋的防波堤。如《战阵训》所云，"活着就不能接受被俘房囚禁的耻辱，理当以忠孝赤诚之心勇往直前，虽死犹生"。在此，共祝天皇圣寿，皇国昌盛。随我出战！

文中所谓"七生报国"，典出日本武人倍为推崇的"军神"楠木正成。他是13世纪镰仓幕府时代名将，一生效忠后醍醐天皇，兵败势竭后，与其弟一同自杀，临终相约"七生报国"，即轮回转世七次，效命国家。《战阵训》则是东条主持编撰的日本陆军操行手册，颁行全军，人人都须熟记，其中着重强调，为了个人和家族名誉，要宁可战死，不能投降。自发动侵华战争以来，不知多少日本士兵在这种狂热洗脑下当了炮灰。单看这封遗书，文辞间倒也不乏豪壮，但日本人实际的所作所为，只能让人齿冷鄙夷。当时，塞班岛上有日本平民约3万人，多数居住在查兰卡诺阿和加拉班，日军溃退时有许多人跟从或被裹胁，此后一直跟着日军士兵一起挤在山洞里躲避炮火。斋藤自杀前手下请他示下，如何处置这些人。斋藤回答，此时平民与军人已无分别，都有义务"为国死节"，让他们拿上竹矛，一起参加冲锋。

疯狂的"万岁冲锋"在塞班岛上再现。残存的2000多名士兵忽然高声怪吼着杀向美军阵地，他们面前是陆军第27师，这批美军没见识过这等疯狂之举，不及反应便被垂死拼命的日军杀伤不少，但当他们定下神来稳住阵脚，很快，日军就被枪炮冲刷干净。歇斯底里冲杀的队伍中还有挂着拐的伤员、拿着竹刀竹矛的百姓，都在美军火力下玉石俱焚了。

开战之前，日本军方就不停对国民灌输，欧美人都是"鬼畜"，暴虐成性，一旦消灭了日本军人，便会对平民烧杀淫掠，夷灭日本全族。终日被洗脑的国民信以为真，加上"忠君报国""宁为玉碎"之类的宣传，很多人就这样被哄骗冲上自杀的战场。更令人发指的是，一些日本残兵败将混迹在平民中，见大势已去，逼令平民跳海自杀，无论妇孺长幼。最终投海的平民超过8000人，算上之前死于战火或自杀的，塞班岛开战前的3万日本平民死亡2.2万，超过七成。

到7月9日，美军对残敌的清扫基本完毕，特纳宣布美军占领塞班岛。这场胜利让美军付出了相当大的代价，登陆作战中美军共动用了7.7万人，3000余人阵亡或失踪，受伤者过万，这个伤亡数字已经超过了"血腥塔拉瓦"。但毕竟至为理想的航空基地到手，"超级空中堡垒"B-29即将在这里起降，东京的天空敞开了。

> **按**
>
> 塞班岛战事结束后，第43师团第18大队大场荣大尉等47名日军在山中继续与美军游击作战，周旋到1945年底。确悉日本已投降后，大场荣才带残部出山向盟军缴械投降。其事迹于2011年被拍成电影《太平洋的奇迹》。

57
将军令

太平洋防波堤溃塌，接下来巨浪洪波将毫无阻挡地席卷日本，而第一个浪头竟是从日本内部涌起，直接拍向了首相东条英机。

拜相以来，除了初期短暂的风光，东条的执政成绩可谓江河日下，而每遇前线危机，他条件反射般的应对措施便是加强自己的权力，试图以集权应对危机。上台之初，他兼首相、陆相、内务大臣三位于一身，堪称是明治维新以来的至高权柄，此后阁员辞职或被免，东条都自己先兼任其差事，再物色新人选，最多时在首相之外兼任五大臣之职。更过分的是，1944年2月马绍尔群岛战役失败后，东条又借口情况紧急，兼任陆军参谋总长，不但可通过陆相身份执掌陆军行政事务，还可作为参谋总长对军事问题直接拍板，这样的集权程度已经近乎幕府将军。原参谋总长杉山元和裕仁天皇的胞弟秩父宫亲王都极力反对，但天皇确需倚重东条，最终还是让他如愿。

东条四处揽权，表现却志大才疏，前线连战连败，战略方针制定和后勤生产都十分糟糕。此时日本的窘迫已不是官方宣传机构虚报战功可以粉饰的了，日本国民都能清楚地感受到生计艰难日甚一日。周末的休息日被取消了，妇女、儿童都被赶进工厂，牛马般加班加点地辛苦劳作，收入却越来越微薄。能源、运输，甚至粮食都要优先军用，民间物资极度匮乏，连烤白薯都成了高档食品，十分紧俏。国民陷于如此境地，作为政府首脑的东条自然是第一责任人，朝野怨望归之。

东条的前任近卫文麿，下野以来一直关注时局，中途岛和瓜岛已让他看到日本的败象，马里亚纳海战和塞班岛战役后，美日胜败更是已无悬念，需要关注的只有战败的具体时间和善后事宜了。作为公爵，近卫是日本天皇制度的既得利益者，从侵华战争到太平洋战争，都是以天皇的名义发动的，近卫十分担心战败以后，受了太多苦的日本军民会把天皇当成战争罪魁，推翻天皇制，那他这个公爵自然也会一起落难。为此，当务之急是找一个替罪羊挡在天皇身前，未来作为民众的出气筒，对战争负有绝对责任又爱争权夺利的东条，自然是上上之选。

近卫暗中奔走，拉拢了三位曾担任首相的"重臣"平沼骐一郎（1939年任首相）、冈田启介（1934—1936年任首相）、若槻礼次郎（1926—1927年、1931年两度任首相），密谋推倒东条。几人很快达成一致立场，随后又有广田弘毅（1936年任首相）、阿部信行（1939—1940年任首相）、米内光政（1940年任首相）加入。"七重臣同盟"发起对东条的政治攻势。

此时的东条焦头烂额，几乎和塞班岛惨败同时，日军在缅甸也经历了沉重打击，英帕尔战役惨败，1944年3月开始的进攻印度的"乌号作战"计划随之告终。截至7月初，日军伤亡已超10万，西南战场的第15集团军不再有发动大规模战役的能力。

接连的军事失败让东条威信扫地，军政界对他的不满情绪集中爆发，每天都有匿名电话打给首相夫人胜子，质问她丈夫何时自杀谢罪，军中甚至有青年军官谋划暗杀东条。内外交困的东条自感末日将近，一面用宪兵缉捕、打压反对人士，一面施展政治手腕，试图自保。在"七重臣同盟"的压力下，他先辞去陆军参谋总长之职，又不得不让自己在内阁中最忠诚的追随者海相嶋田繁太郎辞职，但这仍无济于事。7月16日，内阁要员国务大臣岸信介、外相重光葵等人摊牌，他们拒绝遵照东条的指示辞职，而要求东条亲率内阁全体辞职。岸信介是东条在关东军时期共事并结交的老友，他也加入逼宫行列，东条明白自己众叛亲离，仕途已走到了终点。

7月18日，东条正式向天皇请辞，天皇对他也不再抱希望，礼节性地劝勉几句，接受了辞呈。权倾一时的战争狂人东条英机就此黯然下野。东条和他的内阁为了发动这场战争而生，他的生命也注定将随着战争的失败而陨落，现在是政治生命，未来还将是自然生命。

7月22日，陆军大将小矶国昭与重臣米内光政拜领天皇圣谕，"望卿等协力组织内阁，达成大东亚战争之目的"，联合组阁，后由小矶国昭出任首相，曾在第一次近卫内阁担任海相的米内重操旧业。第二次近卫内阁的海相及川古志郎担任海军军令部总长，侵华干将梅津美治郎任陆军参谋总长。

小矶一上台，头大如斗，因为需要面对前任留下的烂摊子。

7月19日，美军针对关岛的"搬运工作战"计划发动，舰队飞机轮番轰炸，21日，第三两栖军发起登陆战；7月24日，征服了塞班岛的第五两栖军进攻天宁岛，8月1日，美军控制全岛，被困岛上的角田觉治及其参谋团队集体自杀，驻岛日军9000人被全歼，该战役被霍兰·史密斯誉为太平洋中"最完美登陆战"；8月10日，美军苦战控制关岛，日军自第31集团军司令小畑英良以下，1.8万余人战死，400余人被俘，美军阵亡1747人，伤6000余人。至此，马里亚纳战役的登陆战部分也告终，几个主要岛屿都为美军占领。

缅甸方面，日军第15集团军残余在英印军队和中国远征军的打击下，龟缩缅北，朝不保夕。

更棘手的是日本国内，飞机、船舶、钢材、石油这几大命脉产业的实际产量都只有预计产量的一半左右，远不足以应对战争需要。而且不难预见，马里亚纳群岛失陷后，盟军将更加频繁有效地轰炸日本本土的工业基地，封锁本土与原料产地的联系，因此工业生产前景只会越来越糟。

再说此时的美国人。7月26日，珍珠港，"巴尔的摩"号重巡洋舰靠岸，仪仗队在码头列队相迎，战舰载来的贵宾正是罗斯福。他这次夏威夷之行，是为了听取太平洋和西南太平洋战区司令对未来作战方略的讨论。此时，罗斯福已经宣布将作为民主党候选人第四次竞选总统，可说空前绝后，但一上岸，罗斯福发现，迎候者中有一个人抢光了他的风头——麦克阿瑟。

一贯行事高调的麦克阿瑟，身着浅棕色军裤、飞行员式黑皮夹克，在一片衣冠胜雪的海军白当中格外扎眼。更引人注目的是他头上的卡其色大盖军帽，帽檐的橄榄枝纹饰以金线绣成，正中的帽徽是一只黑色的美国大鹰。这不是美军的服饰，这是他在菲律宾担任陆军元帅时菲律宾总统奎松赠予的"元帅帽"。看到这顶帽子就不难明白，麦克阿瑟特地穿戴这样一身行头绝非为了耍帅，而是暗含深意。

果然，仪式和晚宴后，在檀香山罗斯福下榻寓所的客厅里，大佬们围着地图，切入正题。新几内亚和马里亚纳两条战线都如期取得进展，根据3月时参谋长联席会议上的决定，下一步将是帕劳和菲律宾的棉兰老岛，再下一步，尚无定议，罗斯福此行主要就为此而来。这场讨论会，几乎成了麦克阿瑟一个人的演讲，演讲主题可以概括为——收复菲律宾。

麦克阿瑟滔滔不绝，还准备了具体执行方案：先进攻棉兰老岛西北的小岛莱特岛、民都洛岛，以之为跳板，进攻吕宋。除了军事角度，他着重强调解放菲律宾的政治意义，并暗示这将对罗斯福的竞选大有裨益。麦克阿瑟力推的菲律宾方案有为自己报仇雪耻的情结，也暗含与海军争夺主导权乃至战功的考虑。罗斯福自然看得出，他虽是海军出身，但更是政治人物，麦克阿瑟对解放菲律宾的政治效应的分析入情入理，他不能不动心，更何况此时所虑者已不仅是战争，更有战后世界格局的划分，作为美国在亚太的绝佳立脚点，菲律宾确实意义重大。不过，"血腥塔拉瓦"和刚刚结束的塞班岛战役中，美军的大量伤亡也引起国内舆论不满，如果攻打据称驻有50万日军的吕宋岛，代价能否承受得起？罗斯福也实在担心。

此前金将军一直以上述理由主张在菲律宾的作战仅限于棉兰老岛，不扩大到全境，与会的尼米兹、马歇尔，以及参谋长联席会议主席威廉·莱希上将大致认可金的意见，都对麦克阿瑟的计划持观望态度，罗斯福下不了决心。会议没能达成麦克阿瑟期待的共识，诸人各回各的大本营，不过，从罗斯福的态度里，麦克阿瑟预感到，总统已经被他说动了。

接下来进入帕劳战役的筹备阶段，根据太平洋舰队的轮换原则，第5舰队又转归哈尔西指挥，番号换成第3舰队。9月初，哈尔西亲率第38特混舰队（即第58特混舰队）攻击菲律宾中部岛屿的日军机场，轰炸目标包括麦克阿瑟计划中的支点，莱特岛。空袭非常成功，哈尔西更收获了一个出乎意料的好消息：原来整个菲律宾的航空兵力远比预想的薄弱，莱特岛是比帕劳群岛更理想的进攻目标。

哈尔西将他的新发现向尼米兹报告，尼米兹呈交正跟随罗斯福在加拿大魁北克与丘吉尔会商的参谋长联席会议。同在此时，斯普鲁恩斯也提出，拿下马里亚纳群岛之后，太平洋战区可以从硫磺岛—小笠原群岛一线攻击日本本土，西南太平洋战区也可从吕宋—琉球群岛一线呼应，不必再拘泥于原定的沿台湾岛和中国大陆东南沿海进军的方案。

帕劳战役进展顺利。9月15日战役开始当天，美军就拿下了群岛中最主要岛屿贝里琉岛的机场，该岛上的1万余名日军退入山里继续抵抗，但制空权已经到手，美军在用陆上兵力清剿的同时可以使用该岛基地进行航空作战。18日，另一大岛恩古卢岛也被美军控制。此前最坚持跳过吕宋进攻台湾的金将军被说服，不再反对麦克阿瑟的计划。10月3日，帕劳战役进入尾声阶段，众人意见趋于统一，参谋长联席会议终于做出决定。

两天后，麦克阿瑟接到了企盼已久的命令：进攻菲律宾，时间，1944年10月20日。

58
得胜归

此时的东京，好不容易赶走东条的新决策层自然是另一番心境。前线后方的糜烂窘迫已不需复述，但好歹也算新官上任，小矶国昭内阁还要尝试挣扎一番。"阿号作战"计划失败后，大本营方面的总结是，日军过多地将航空兵力消耗在与美军航母群的正面交锋中，显然这样占不到便宜，接下来的战术应调整为在美军的飞机和舰炮做先导性攻击时不再直撄其锋，而是避战自保，待美军发起登陆时，再出动航空兵和舰队主力，袭击其登陆部队和给养运输船队，使其即便登岛也难长久立足。

应该说，这个方略绝难扭转胜败之局，但确实可望延缓美军的攻势，争取时间谋求相对理想的终战方式。计划于7月底出炉，大本营寄予厚望，起了个彩头十足的名字，"捷号作战"计划。计划仍着眼于决战，根据可能的决战地点，具体分为"捷一号"至"捷四号"（目标战地分别为菲律宾，台湾与琉球等南部岛屿，本土的九州、四国与本州，北海道与千岛群岛）。其中，在菲律宾地区作战的"捷一号作战"计划被认为是最有可能成为现实的。为此，日军在该地区又实施重组，以菲南部的第35军（下辖4个师团和2个旅团）为基础，成立第14方面军，又从中国等战场调来5个师团和1个旅团，总兵力23万。

9月，美军两个战区都在向菲律宾推进，似乎正是发动"捷一号作战"计划的良机，大本营再次向吕宋增派王牌部队第1师团。这是日本新式陆军建制最早的单位，在日本历次战争中战功赫赫，有"玉师团"之誉。此外，还从关东军调来了被东条雪藏了两年多的山下奉文，希望"马来之虎"回到他成名的东南亚战场，再现辉煌。

日本人筹算着纸面上的胜利，美国人已在收获现实中的胜利。9月15日，帕劳群岛战役开始的同日，麦克阿瑟随金凯德的第7舰队一道出征莫罗泰岛。该处是新几内亚岛和棉兰老岛之间的跳板，但兵力枯竭的日军只能抽出500人守卫，在第7舰队摧枯拉朽的炮火下，美军没费力气就夺占该岛，首日超过2万士兵登陆，并抢修机场跑道。在旗舰"纳什维尔"号轻巡洋舰上，手持望远镜的麦克阿瑟全程观赏了夺岛盛况，十分欣慰，因为踩着这块跳板不但可以跳向棉兰老岛，更可从这座面积虽大战略价值却一般的大岛上飞掠而过，直接扑向莱特、吕宋。

同时，帕劳群岛方面也连战连捷。进入10月，哈尔西率第3舰队为莱特岛和吕宋之战清扫外围，美军频繁出动舰载机，轰炸吕宋北部至台湾、琉球一线的日军机场。此时，丰田副武正在台北，准备以台湾为基地重建航空部队，手中以第二航空舰队为主，共有四五百架飞机，包括银河式轰炸机、陆军四式重型轰炸机等先进机型，但规模仍不足与美军相抗，飞行员素质更处于绝对劣势，多数是突击培训的新手。虽然"捷号作战"规定不与美军的优势航空兵力硬拼，可丰田仍按耐不住，试图以手头的飞机"一举歼敌"。

于是，太平洋战争中最黑色幽默的一幕上演了。10月12日起，日军的飞机在黄昏起飞，顶着在海上肆虐的台风去搜寻美军舰队，绝大多数有去无还。返航的幸存者每次都会带回令人惊喜无限的战报：第一天，"击沉类似航母的舰艇4艘"；第二天，"击沉航母2艘，烧毁1艘"；第三天，"击沉航母2艘，烧毁2艘"；10月15日，马尼拉方面的第一航空舰队也报告称击沉航母1艘，击伤2艘……

这份辉煌的成绩单最终定稿如下："击沉美军航母11艘、战列舰2艘、不详舰种1艘，击伤航母8艘、战列舰2艘、不详舰种1艘、运输船等13艘。日军312架飞机未返航。"最有趣的是，一共只有17艘航母的第38特混舰队（还有几艘在途中尚未赶到），竟被日军"击沉、击伤"了19艘。难怪听到东京电台播发的消息，哈尔西对部下笑言，舰队被东京电台击沉了。真实情况是，美军的"休斯顿"号轻巡洋舰、"堪培拉"号重巡洋舰受伤被拖离战场，"富兰克林"号航母（USS Franklin，舷号CV-13）中弹起火，但火很快被扑灭，受损甚微。美军损失89架飞机，仅相当于日军报告的自身损失312架的1/3。稍有起色的第二航空舰队经此一役，又丧失作战能力。更荒唐的是，从小矶国昭到丰田副武，竟都对这份明显掺水的战报信以为真，不仅大张旗鼓地庆祝不说，接下来的很多作战部署也真的以此为依据。随后真相浮现，大本营方面却碍于情面不公开实情，甚至对菲律宾前线也缄口不言。

10月16日，就在台湾航空战（日方称台湾冲海空战）闹剧落幕的次日，麦克阿瑟的大军已经起航，驶向莱特岛。他志在必得，调集了第六集团军20万士兵，第7舰队出动700艘舰船负责运输和护航，哈尔西也配合空袭莱特岛，并准备待日本联合舰队主力出现后伺机消灭之。

17日，第7舰队控制了莱特湾东侧的门户苏禄安岛。18日，舰队进抵莱特岛海域，海面风雨交加，莱特岛守军直到美军舰队贴近海岸线时才察觉出他们的意图，急忙上报。大本营指示立即发动"捷一号作战"计划，将决战地点由吕宋临时改到莱特岛。已到吕宋的山下奉文认为准备不足，无力在莱特岛进行决战，但上峰严令执行，其中一条重要理由就是，"敌军航母已在台湾空战中损失惨重，因此可以放心地从吕宋向莱特岛运兵"（此时大本营尚未获知实情）。由于事关重大，海军军令部总长及川古志郎和陆军参谋总长梅津美治郎把军情上奏天皇，裕仁敕令陆海军"真正成为一体，向歼灭敌军目标迈进"。山下只得奉命，19日，他电告负责防守菲律宾群岛南部的第35军司令铃木宗作中将，"力求歼灭在莱特岛登陆之敌"。

不管日军准备得如何，海面上，麦克阿瑟要开始他的决战了。10月20日清晨，美军的炮弹伴随晨光落在莱特岛上，滩头尽成火海，三个多小时的狂轰滥炸之后，上千艘登陆艇下水，一个骑兵师和三个步兵师分头杀向莱特岛东北的四个机场。登陆比较顺利，在强大的火力下，滩头阻击阵地已不复存在，中午时分，四路部队都顺利登陆，6万多名士兵占据了20千米宽的阵地，伤亡不到200人。但早有经验的日军一开战就退入岛上山地，躲进掩体，等待与登陆的美军拼命。指挥千军万马的统帅本该不动如山，但这一次，麦克阿瑟难掩心中的激动，13时，他迫不及待地下令备船，要亲自踏上暌别两年的菲律宾土地。

登陆艇从"纳什维尔"号放下，载着麦克阿瑟一行人驶向战火未熄的莱特岛。此时海面上细雨蒙蒙，麦克阿瑟透过雨丝凝望着越来越近的海岸线，许是近乡情怯，身经百战的老将竟也有些不能自持，口中叨叨念念，连称"上帝保佑"。前方景物依稀，正是第1骑兵师攻打的塔克洛班机场，40余年前麦克阿瑟首次驻菲时很熟悉那里。海岸堤防风物无改，故地重游，感慨万千。继续前行，船距岸边还有不到50米，远处枪炮声愈发清晰，海风扑面，硝烟可闻。麦克阿瑟再也按捺不住，下令停船，待船头的斜板一放下，麦克阿瑟立刻跃入齐膝的海水中，踏浪而行。勤务兵赶忙跟上，试图搀扶，被他一把甩开，身后，乔治·肯尼、萨瑟兰等人紧紧跟随，新任的菲律宾总统塞尔吉奥·奥斯梅纳也在队伍中，三个月前他接替了在美国病故的前总统奎松。

麦克阿瑟年过花甲，身形已有些发福，从现存的影像资料上看，微微猫腰缩肩的姿态也不复年轻时的矫捷，但依旧步履稳健。多年后，麦克阿瑟在回忆录提及此事，仍激动不已，"这几十步是我有生以来意义最深长的步伐，当我走完这几步，站在沙滩上，我知道，我又回来了"。他的私人摄影师加塔诺·菲莱斯，则用镜头将这一刻永远定格在历史中。

岸上，日军尸骸倒卧一地，从军服徽章上看，正是两年多前将麦克阿瑟赶出菲律宾的本间雅晴所部第16师团。远处，被炮火摧毁的棕榈树仍在燃烧，噼啪作响，更不时传来枪炮声。此时滩头的战斗其实已相当微弱，不用主帅亲自督战。过了一会儿，接通了电台的通信兵跑来，麦克阿瑟发表了广播讲话，向菲律宾乃至举世宣告：I have return！

接着，奥斯梅纳总统也发表讲话。麦克阿瑟和他一起四处巡视，向他保证，将助他成立新的菲律宾文职官员政府，并将行政权移交给他。奥斯梅纳则以主人身份欢迎麦克阿瑟和美军重返菲律宾。简短的会商很快结束，下午，志得意满的麦克阿瑟返回船上。此时他心中畅快已极，一路上无论流弹擦身而过，还是头顶飞来日军轰炸机，全都视若无睹，幸运的是日军的飞行员没认出他那身个性十足的装扮。

10月20日当天的登陆行动非常成功，一天之中有超过6万人和10万吨物资上岸，宽约20千米的战线建立起来了，日军在岛上的全部四座机场都被美军控制。更理想的是，行动中仅有49人阵亡，伤者也不到200人。当晚，麦克阿瑟得意地发了一封长电报向罗斯福告捷，"血腥塔拉瓦"以来饱受阵亡士兵家属指责的美国总统总算长出一口气，回复贺电"由衷感谢"。

麦克阿瑟得胜归来，另一边，已将莱特岛纳入"捷一号作战"计划的日本海军也准备将计就计，就在莱特岛，与美军做最后的了结。

59

驶向莱特湾

莱特岛炮声方隆，距离战区东南1000余海里处，一支舰队正在全速行进。这是日本海军的第一游击部队。新编组的番号，成员却多是老面孔，由原第二舰队改组而成，包括5艘战列舰"大和""武藏""长门""金刚""榛名"，10艘重巡洋舰，2艘轻巡洋舰，15艘驱逐舰。规模与三个月前马里亚纳战役时相比，单薄寒酸了许多，并且没有航母随行，但这已是日军手中的全部精锐，最后一丝希望所系。

舰队两天前从新加坡东南的林加锚地起航，正驶向婆罗洲西北岸的前进基地文莱。就在10月20日这天，舰队的司令栗田健男在途中接到了丰田副武的命令，执行"捷一号作战"计划，地点，莱特湾。这支舰队专为"捷号作战"准备，不过说服舰队的军官们接受该计划很费了一番周折。虽然巨舰大炮主义已被证明过时，但"战列舰是最后决战兵器"的惯性思维和情结仍根深蒂固，自命有荣誉感的军官们不能接受用战列舰去对付敌军运输舰队的打法，视之为牛刀割鸡。况且，美军航空兵历来都会配合登陆和运输行动，日军的战舰接近目标之前就会被美军的航母舰载机群摧毁。

时间回到10月16日。丰田下达实施"捷号作战"计划的命令，此时，台湾航空战"大胜"的真相已渐明朗，敌军受损甚微，反倒是日军本就不多的航空兵几乎打光了，此时再实施"捷号作战"只能让战舰部队贴上去硬拼，危险性可想而知。在东京，连向来关系紧张的陆军方面都建议海军重新考虑，不要为了几艘运输船而拿仅剩的家底冒险。但海军的考虑是，如果此时不拼，坐视菲律宾失守，燃料运输将被彻底掐断，届时即便再想拼命也没有机会了。战败时，舰队即便幸存，也会被敌方收缴，正所谓"伸头一刀，缩头也一刀"。因此，在18日的最后一次作战会议上，海军方面谢绝陆军恳切的劝告，坚持要"给第一游击部队一个机会"。

很明显，着眼于水面舰船短兵相接的"捷号作战"计划想要奏效，重要的先决条件是将美军的航母从战区引开。然而，如何让美国人有枪不用，陪着自己拼刺刀呢？此前，日军在海战中曾数度使用饵兵，而这一次想钓的大鱼是整个第38特混舰队，日本人不得不抛出敌人最难抗拒的诱饵——残存的所有航母。马里亚纳海战之后，小泽治三郎的第一机动舰队已经丧失战斗力，根据计划，他们将充当诱饵，将美军的航母引开，为第一游击部队制造战机——叱咤一时的海军航空兵此时只能扮演这样的角色，实在是可悲。

军令如山，已无商量的余地。18日舰队启航后，途中栗田健男接到进攻莱特湾美军登陆部队的具体指令，20日起第一游击部队的舰船陆续进抵文莱湾，次日聚齐，栗田召开作战会议。

文莱湾是日军最后的前进基地，去往东面的指定战区需要经过美军潜艇出没的险恶水域，因此行进路线是首先要讨论的。安全起见，栗田决定舰队主力沿巴拉望岛西北行进，在民都洛岛以南转东过锡布延海，穿过吕宋与萨马岛之间的圣贝纳迪诺海峡，绕过萨马岛转向南进入莱特湾北部，指向莱特岛东北的塔克洛班一带停泊的美军运输船队。航线预计1200海里左右，兼顾经济与安全，是最佳之选。

栗田将第一游击部队编成第一、第二攻击部队，分别以"大和"号和"金刚"号为核心。舰队中另有本土派来支援的两艘老式战列舰"山城"号、"扶桑"号，因航速太慢无法跟上主力舰队，栗田安排两舰及巡洋舰"最上"号、四艘驱逐舰编成第三攻击部队，由西村祥治海军中将指挥，走南路经苏禄海，过棉兰老岛以北的保和海，穿过莱特岛南部的苏里高海峡，由南向北进入莱特湾，与主力舰队两路夹击。这条航线较前述路线短160海里，从而两支舰队可望同时抵达。但航行水域开阔，容易被美军侦察机发现，风险也更高，因此以偏师从这里进兵，也隐含着诱敌、为主力部队提供掩护的考虑。

此外，原第五舰队志摩清英少将所辖的舰队也被改编为第二游击部队，从菲律宾北部海域来助战，预计在苏里高海峡与西村舰队会合。

表5 日军"捷一号作战"兵力配备表

番号	兵力	指挥官	任务	路线
第一游击部队（第二舰队）	**第一部队** 第一战队 司令：宇垣缠中将 战列舰"大和"号、"武藏"号、"长门"号 第四战队 司令官栗田健男亲率 重巡洋舰"爱宕"号、"高雄"号、"摩耶"号、"鸟海"号 第五战队 司令：桥本信太郎少将 重巡洋舰"妙高"号、"羽黑"号 第二水雷战队 司令：早川干夫少将 轻巡洋舰"能代"号 第二驱逐队 司令：白石长义大佐 驱逐舰"早霜"号、"秋霜"号 第三十一驱逐队 司令：福冈德治郎大佐 驱逐舰"岸波"号、"冲波"号、"朝霜"号、"长波"号 第三十二驱逐队 司令：大岛一太郎大佐 驱逐舰"浜波"号、"藤波"号、"岛风"号	栗田健男（中将） 参谋长小柳富次（少将）	攻击塔克洛班的美军登陆部队和运输船队。	文莱—巴拉望岛西北海域—民都洛岛—锡布延海—圣贝纳迪诺海峡—萨马岛—莱特湾
	第二部队 第三战队 司令：铃木义尾中将 战列舰"金刚"号、"榛名"号 第七战队 司令：白石万隆少将 重巡洋舰"铃谷"号、"熊野"号、"利根"号、"筑摩"号 第十战队 司令：木村进少将 轻巡洋舰"矢矧"号 第十七驱逐队 司令：谷井保大佐 驱逐舰"浦风"号、"矶风"号、"雪风"号、"浜风"号、"清霜"号、"野分"号 第一、二部队合计32艘，旗舰"爱宕"号	铃木义尾（中将）		
	第三部队 第二战队 战列舰"山城"号、"扶桑"号 重巡洋舰"最上"号 第四驱逐队 驱逐舰"山云"号、"满潮"号、"朝云"号 第二十七驱逐队 驱逐舰"时雨"号 共7艘，旗舰"山城"号	西村祥治（中将）	从南路策应第一部队。	文莱—苏禄海—保和海—苏里高海峡—莱特湾
第二游击部队	重巡洋舰"那智"号、"足柄"号 轻巡洋舰"阿武隈"号 驱逐舰"曙"号、"潮"号、"不知火"号、"霞"号 共7艘，旗舰"那智"号	志摩清英（中将）	配合第一部队行动	台湾海域—苏里高海峡—莱特湾

59 驶向莱特湾

(续表)

番号	兵力	指挥官	任务	路线
第三舰队	第三航空舰队 航母"瑞鹤"号 轻型航母"千代田"号、"千岁"号、"瑞凤"号 第四航空舰队 司令：松田千秋少将 航空战列舰"伊势"号、"日向"号 巡洋舰舰队 司令：山本岩多大佐 轻巡洋舰"多摩"号、"五十铃"号 第一驱逐队 司令：江户兵太郎少将 轻巡洋舰"大淀"号 驱逐舰"槇"号、"杉"号、"桐"号、"桑"号 第二驱逐队 第六十一驱逐分队："初月"号、"若月"号、"秋月"号 第四十一驱逐分队"霜月"号 共17艘，旗舰"瑞鹤"号	小泽治三郎 （中将） 参谋长 大林末雄 （少将）	将美军第38特混舰队的航母诱离战区。	
其他	第二航空舰队（台湾）、特别攻击队（南九州、西南各岛）、第三航空舰队（本土）、第一航空舰队（菲律宾）共出动飞机400余架次			

　　根据大本营的指令，10月22日栗田舰队出击，25日进抵战区消灭美军运输船队。时间紧迫，21日的讨论会结束后，次日就要起航出征，此行的危险人人皆知，因此21日白天的作战会议结束后，当晚舰队军官聚饮为念，彼此举杯相嘱。指挥第三攻击部队的海军中将西村祥治已经55岁，几天前他的独生子西村祯治在吕宋死于美军空袭，因此他已抱了死志，对风险表现得毫不在意，谈笑自若，与每个人道别。在欢谑的气氛之下，既有"武士道"的视死如归，又隐含着今朝有酒今朝醉的末日心态。散席后，诸人各回船上，默默筹备很可能是人生中最后一次的航行。

　　次日8时，第一、第二攻击部队依次起航，为尽可能同步抵达莱特湾，西村的第三部队定于当天下午出发。栗田乘坐旗舰重巡洋舰"爱宕"号行驶在队列左前方，舰队在当夜接近了此行的第一个要害地点：巴拉望水道。此处的地势狭窄，非常适合潜艇埋伏，美军的潜艇已在菲律宾南部海域给日军造成过不小的损失，栗田舰队在当天下午曾捕捉到前方美军潜艇的电报信号，这让日本人的神经高度紧张。

　　抵达水道入口已是23时左右，美军并没出现，但一个下午的杯弓蛇影实在煎熬，栗田下令，抓紧时间闯过水道。舰队排成单列，停止了躲避鱼雷的Z形移动，全速驶进狭长的海峡。就在此时，他们担心的事情终于发生了。

确有两艘美军潜艇"海鲫"号和"鲦鱼"号隐匿在巴拉望水道。一年多来，美军潜艇频繁出没于中国南海，轻车熟路地袭击日本运输船。莱特岛登陆战役打响后，美军不难预测，日军的主力舰队将从新加坡方向赶来驰援，因此，在日军可能选择的每条南海和菲律宾海域路线上，美军都有潜艇和侦察机昼夜监视。这一日当值的正是"海鲫"和"鲦鱼"，两艘潜艇当天中午就通过雷达察觉到敌军舰队的大举行动，严密监视。总算功夫不负有心人，10月23日凌晨1时许，两艘潜艇捕捉到了日军舰队的动向。潜艇没有急于开火，而是加速潜行，从水下超车，赶往前方最合适的伏击地点。

6时30分，天色已明，紧张了一夜的栗田正稍稍放松，忽然船身剧震，水下的"海鲫"号已经发难。"海鲫"号耐心地看着头顶日军舰队鱼贯而过，知道前面几艘是开道的驱逐舰，接连放过四艘，第五艘吨位明显变大，料想是日军的战列舰，"海鲫"号的艇长麦克林托克少校当即下令施放鱼雷，潜艇的六具鱼雷发射管火力全开，四发命中，目标虽不是战列舰，价值却不遑多让，因为"海鲫"瞄准的正是栗田的旗舰"爱宕"号。毫无准备的巡洋舰结结实实挨了四下，动力损坏，船体倾斜，眼见已无救，栗田不得不转移到紧邻的驱逐舰"岸波"号上，情势紧迫，来不及放下救生艇，他和参谋团队只能跳海游泳过去，狼狈不堪，登上"岸波"号回头再看，"爱宕"号已快要平躺在海面上了。

水面下，得手的"海鲫"不肯罢休，几分钟后，又命中"高雄"号重巡洋舰两弹，导致其动力失灵，无法继续前进。另一边，"鲦鱼"号也加入战团，虽然也认错了目标，但他们攻击效果显著，四枚鱼雷当场将栗田舰队中防空性能最优的"摩耶"号重巡洋舰炸沉。

接连遭袭，栗田舰队阵脚大乱。栗田在"岸波"号上升起帅旗，但该舰通信系统效果很差，他已不能有效传达命令，宇垣缠在"大和"号上代行指挥权，率舰队提速驶离危险海域。中雷的"爱宕"号带着600余名来不及逃生的官兵沉入海底，"高雄"号经过抢救总算扶正了倾斜，但航速大降，已跟不上大部队，栗田只好命令"长波"号驱逐舰掩护其返航文莱湾。归途中，"海鲫"号试图击沉带伤的"高雄"号，但这次运气不站在美国人一边，"长波"号和赶来接应的日军飞机击沉了"海鲫"号。美军一艘潜艇换了日军两艘重巡洋舰，"海鲫"也算死得其所。

再说栗田舰队，全速逃出巴拉望水道，23日16时许，总算暂告安全，栗田移驻"大和"号指挥。出发前虽然预料到了此行的风险，但刚走了不到一半航程就损失3艘重巡洋舰，这样的打击还是让舰队士气大衰。此时，前方是锡布延海，距离美军势力范围更近，更惨烈的战斗想必即将到来。

60
火海

锡布延海位于菲律宾列岛中部，吕宋岛西南，一片支离破碎的岛屿环绕周围，水路四通八达，也是日军去往莱特岛的必由之路，栗田舰队出发前就料到这里不可能是坦途。

果然，和锡布延海相比，巴拉望水道只是小前奏。哈尔西已接到潜艇战报，奉他之命，第38特混舰队的三个航母特混大队共11艘大小航母，自北向南分为三路，正迎面赶来搜寻进犯之敌。10月24日8时，三支特混大队分别派出侦察机。飞行员很快搜索到海面上排成两个环形防空队列行进的日本舰队。接到报告的哈尔西十分兴奋，向三支特混大队下达了著名的"公牛"风格电令：

Attack！Repeat，Attack！（攻击！重复一遍，攻击！）

此时的栗田健男已在"大和"号上，以该舰为中心，两艘战列舰"武藏""长门"和重巡洋舰"羽黑""妙高""鸟海"、轻巡洋舰"能代"，共六艘战舰排成半径两千米的圆环，在外围1.5千米处还有六艘驱逐舰排成的第二圈，这是日本海军的轮形阵，是在缺乏航空兵力掩护的情况下最有效的防空阵型。当然，所谓有效也是相对而言。以"大和"号为中心的第一轮形阵身后12千米处是以"金刚"号为核心的第二轮形阵，两阵舰船数量相同，但后者火力略逊。美军侦察机出动后不久，栗田也从雷达上察觉美机，因此舰队加速行进，同时做好战斗准备。

美军很快锁定目标，各部机群如蜜蜂一般从四面聚拢而来，大约两小时后，第38.2特混大队航母"勇猛"号和轻型航母"卡伯特"号的机群已在日军第一轮形阵上空做好准备，包括TBF"复仇者"式鱼雷机和SB2C俯冲轰炸机各12

架,以及护航的"地狱猫"战机21架,由于没有日机升空与之作战,它们可以在高空从容编队。10时26分,栗田决定先发制人,"大和"号的巨炮向空中开火,一时间舰队众炮齐鸣,战斗打响。美军机群从弹幕的缝隙间飞扑而下,展开攻击,轮形阵中体积超群的两艘大和级战列舰最吸引火力,位于阵中的"大和"号防守严密,其西南侧的"武藏"号就成了美军飞行员的首选目标,编成三队的机群有两队扑向"武藏"号。

防空火力阻挡不了无孔不入的飞机。开战仅一分钟,"武藏"号身侧就有两枚炸弹近失,巨大的战舰一面开炮一面扭动身躯闪躲,但就在下一分钟,一枚鱼雷击中了"武藏"号右舷,船体一阵震颤。对装备有410毫米超强装甲的"武藏"号来说,这一下并不严重,损管人员很快扶正了船体倾斜,航速只下降了两节,但这一弹引起的爆炸炸坏了主炮方位盘,使之无法瞄准和齐射,防空能力大打折扣。美军的第一波攻击,栗田舰队勉强撑住,除了"武藏"号,"妙高"号重巡洋舰也被重创,不得不返航文莱湾。

栗田舰队已完全暴露在美军的视野之下,第二波攻击接踵而至。12时03分,第38.2特混大队的机群再次飞临上空,数量与第一波相同,仍是集中火力对付负伤的"武藏"号。这一回巨舰又中三弹,甲板和左舷也挂了彩。随后又有三颗鱼雷击中舰身,并造成舰内弹药爆炸,船舱里烧成一片,几处漏水,不得不大量注水恢复平衡,但航速也降了下来。

"武藏"号的舰长是以炮术著称的海军少将猪口敏平,也是巨舰大炮主义的忠实拥趸。"武藏"号上有一种对空利器——三式弹,这种弹内含3000枚霰弹,可在空中开花,对付空袭有一定效果,"大和"号和"长门"号已经发射该弹御敌,但猪口不许使用三式弹,因为发射该弹对舰炮的内膛损害较大,猪口更想把主炮留到与敌军舰队的决战时使用。

显然他已没有机会。第二轮攻击后,"武藏"号航速下降,由于船舱过度注水,吃水变得更深,运转迟缓。"武藏"号是大和级战列舰的二号舰,在"大和"号基础上又有改进,造价也更高昂,从栗田到猪口,谁都不忍言弃,同时他们也想在随后的战斗中继续借重"武藏"号460毫米巨炮的威力,不希望它提前返航。几经权衡,栗田下令舰队整体减速,迁就步履蹒跚的"武藏"号。

13时17分,美军机群去而复返,第三波攻击开始。这次是"埃塞克斯"号、"列克星敦"号等第38.3特混大队的机群,它们同样重点关照了"武藏"号。三批次袭击过后，再中三弹四雷，这次的伤势使它再也跟不上主力部队，这意味着它无法托庇于轮形阵整体的防空火力圈，只能单独作战。

大约一个小时后，第38.4特混大队的舰载机群也投入战斗，它们选择的目标是"大和"号和"长门"号，一轮空袭过后，这两艘战列舰都挂了彩。栗田已经无暇照顾重伤的"武藏"号，此时他终于下令，由"清霜"号驱逐舰掩护"武藏"号撤离。然而为时已晚，第38.2特混大队机群第三度赶来，准备给重伤的猎物致命一击。猪口敏平终于使用了三式弹，但舰炮已失准星，漫天开花的炮弹徒具声势，而"武藏"号引以为傲的装甲和巨大体型此时成了负累和灾难，美军的飞机向它投掷更多的鱼雷和炸弹。成串的炸弹在甲板和舰桥上肆虐，到处火焰升腾，全身起火的船员四处奔逃；更致命的创伤来自水下，这一回，几乎动弹不得的战舰挨了11颗鱼雷，船身倾斜，舰首已沉入水中，航速降到六节，眼见无救。

除了"武藏"号，其他几艘战列舰也各有损伤。栗田舰队对空火力全开，却只击落了不到20架飞机，大约相当于当日美军出动飞机总架次的1/20。原来的旗舰"爱宕"号在巴拉望水道沉没时，栗田就损失了不少通信人员，以致舰队和其他几路友军沟通不畅，栗田不禁怀疑自己是在孤军作战，出征前他已抱了必死之念，却不甘没到战地就窝囊地死在途中。16时17分，再也撑不住的栗田下令舰队掉头折返，暂避锋芒，同时将该决定电告后方的丰田副武。

海的另一端，哈尔西仍有余力，虽然已近黄昏，但经过三年锤炼的美军航空兵早已不是害怕夜战的新人，尤其是对付没有空中护航的栗田舰队，美军完全有能力让它们见不到明天的太阳。然而一贯猛冲猛打的哈尔西放弃了扩大战果的机会，因为他更感兴趣的目标忽然出现了——日军的航母编队。

遵照指令，小泽治三郎的机动部队于10月20日下午自本土南下，舰队此时有了一个新名称"囮舰队"。"囮者，诱禽鸟也。"这是旧时捕鸟者放出用以吸引同类的鸟，这个命名形象概括了小泽舰队的使命：诱出它们的同类，美国航母。但马里亚纳海战后日军航母三沉两伤，仅剩下"瑞鹤""瑞凤""千岁""千代田"，后三艘都是轻型航母，虽然补充了战列舰中途改造的半吊子航母"日向""伊势"，但整个舰队的各种舰载机加起来仅有可怜的116架，这样的钓饵，只有被生吞的份儿，因此，舰队自小泽以下人人清楚，他们将执行的是自杀式行动。一片悲切中，舰队向南驶来。24日，进抵菲律宾以东海面，南距美军舰队据守的圣贝纳迪诺海峡约300海里。以往的航母决战，双方都会竭力隐藏自己，这一回却不同，担负着吸引火力任务的小泽要想方设法让哈尔西发现自己。16时30分，发现日军航母的情报交到哈尔西手上，果然，"公牛"双眼放光。

美军对航空兵重要性的认识强于日军，就在这天上午，新任第一航空舰队司令大西泷治郎从吕宋方面派来的飞机还击沉了第38.3特混大队的"普林斯顿"号轻型航母——这是自1942年圣克鲁斯海战后日军击沉的唯一一艘美军航母。因此，对来自空中的威胁，哈尔西不敢大意，他更不知道"拥有六艘航母"的小泽舰队事实上几乎是空壳，"航母重于战列舰"的固定思维起效。哈尔西指向航海地图上小泽舰队所在的位置，"这就是我们要去的地方"，随后要参谋长卡尼传令，第38特混舰队全体北上。

圣贝纳迪诺海峡处三支特混大队的指挥官接到命令后都提醒哈尔西和卡尼慎重，他们比后方的舰队司令更清楚，日军虽受重创，却仍有战斗力，但哈尔西认准了应该集中兵力优先消灭日军航母，至于残存的水面舰队，便留给莱特湾金凯德的第7舰队。恰好此时锡布延海上栗田舰队退避，这让哈尔西认为日军已经要撤出战斗，信心十足的公牛催促全军出动，连一天前刚从三支大队中抽调编组的以战列舰为主力的第34特混舰队也一并调走，并亲自督率舰队，扑向日本人为他备好的诱饵。

再说向西遁走的栗田健男。他们航行了半个多小时后压力渐轻，不再有穷追猛打的美军飞机，虽然并不确知，但不难判断，八成是小泽舰队的诱敌之计奏效了。逃了大约一小时，17时14分，锡布延海已经风平浪静，栗田更加确信危险已解除，下令再次掉头，驶向圣贝纳迪诺海峡。这一回栗田真的抱了必死的觉悟，电令中要求舰队"不惜赌上全军覆没的代价"。

途中，栗田舰队驶过刚才就已掉队的"武藏"号，巨舰仍笼罩在浓烟烈火中，仅仅一天前，它还是帝国海军的骄傲，全世界最大的战列舰，号称"不沉之舟"，此刻却瘫在海上，几成废铜烂铁。美军16颗鱼雷和17枚炸弹的洗礼让它体无完肤，半截入水，损管人员还在徒劳地抢救，沉舟侧畔，无限凄凉。"武藏"号所属的第一部队司令宇垣缠最为痛惜，他在"大和"号上命信号兵用旗语探问"武藏"号是否还能航行，得到的答复是"尚可"，宇垣也只能给予无意义的勉励，请"尽可能保全战舰"。

舰队主力无暇哀悼"武藏"号，继续赶路，弥留的巨舰被他们抛在身后，苟延残喘到24日19时35分，沉入锡布延海。出航时舰上人员约2200名，此时只有一半被"清霜"号驱逐舰救起，其他不是死于空袭，就是落海溺毙。重伤的舰长猪口敏平拒绝转移，随舰同沉，这之前他匆匆草就一封遗书交给副舰长加藤。他在信中指出了大和级战列舰的设计缺陷，并提出改进建议，但这显然已无意义，日本海军和他本人一样，没有机会重来。

重返圣贝纳迪诺海峡途中，栗田于18时55分接到了丰田副武措辞强硬的电令，"确信天佑，全军突入！"这是对他之前提出的暂时向西退避的答复，寄望于"天佑"，正说明人已无计可施，更不用说电报晚了近两小时，已无实际价值。栗田将己方的进度告知南路策应的西村祥治，请他放缓速度，将原计划的会合时间由25日凌晨4时延后到9时，以便与自己一同杀入莱特湾。此时行进在苏禄海上的西村接到了讯息，不过他并没遵照栗田的要求，仍然全速驶向前方，苏里高海峡。

西村的决定不难理解，毕竟他的舰队主力是两艘舰龄接近30年的扶桑级老式战列舰，最大航速仅有22.5节，是美军飞机的理想靶标。并且美军当天已发觉西村舰队，只是因为哈尔西判断出了他们与栗田舰队的主次关系，将打击重点放在北路，西村才没遭受太大损失。栗田的要求意味着西村要在危险海域多逗留五小时，并且是在白天，西村不能接受。因此，22时许接到栗田命令时，西村未予理会，继续全速前进。23时，舰队中担任前导的"时雨"号驱逐舰已接近苏里高海峡南部入口。

此时夜空中飘着大雨，海上漆黑一片，忽然前方发现几艘舰艇，体型不大，看起来似乎是美军的鱼雷艇。"时雨"号舰长西野繁立刻下令开火，美军三艘舰艇一沉两逃，但这也将西村舰队的行踪暴露给了莱特湾里的金凯德第七舰队。

在苏里高海峡，金凯德早为日本人准备了盛大的"欢迎仪式"。杰西·奥尔登多夫少将奉命率领6艘战列舰、8艘巡洋舰（轻重型各半，含澳大利亚海军的"澳大利亚"号）、28艘驱逐舰，以及39艘鱼雷艇，这样的兵力配备对总共只有7艘船的西村舰队来说是压倒性的优势。奥尔登多夫更凭借地利之便将舰队排成三层，构筑了足够的防御纵深，每艘战舰都横过身子以侧舷对准敌军来路，占住海战中最理想的T形横位，只待日舰撞进火力网。

小有斩获的西村舰队加速前进，大约25日凌晨1时30分抵达苏里高海峡南端入口，水道狭窄，西村命舰队排成一字，以三艘驱逐舰"满潮""朝云""山云"

为先导，两艘战列舰居中，重巡洋舰"最上"号和已消耗了一部分弹药的"时雨"号殿后。舰队以20节的航速向北突进，航行了一个多小时，并未遇阻，照这个速度，再有一两个小时，莱特湾里的美军运输舰队甚至麦克阿瑟本人，就将进入舰炮射程。就在此时，墨黑的海面上忽然泛起一道道潜流，27枚美军鱼雷激射而出，前面开路的三艘驱逐舰猝不及防，"满潮"号和"山云"号都受了致命打击，旋即沉没，"朝云"号也遭重创，丧失战斗力。这是奥尔登多夫三道防线中的第一道驱逐舰编队，该队另一分队也从左侧发动进攻，"扶桑"号遭重创，航速降到5节，"山城"号也受了轻伤，西村祥治在"山城"号立马下令开炮还击。既然已经暴露，日军此时也无顾忌，发射照明弹，夜空瞬间变成白昼，巨炮向露出身形的美舰猛轰，但美军并不缠斗，打光了鱼雷便迅速撤入海峡深处，航速吃亏的西村舰队不及追赶。

战场暂时恢复平静。西村舰队清点损失，发现已折兵过半，并且行踪暴露，已无发动奇袭之可能，突入莱特湾的计划事实上已经失败。但此时想跑也已晚了，两艘受伤的战列舰会被美军轻易追上。权衡之后，西村于3时30分下令，继续前进。

舰队踉跄前行，不出半小时，忽然炮声大作，惊天动地，狂风骤雨般的炮弹劈面砸来，火光闪现处，日本人看见了令他们魂飞胆丧的景象：美军的6艘战列舰和8艘巡洋舰横排在面前，正以侧舷相向，炮口密密层层，曳光弹横飞，光迹交织成铺天盖地的网。这正是久候多时的奥尔登多夫主力舰队，太平洋战争中的最后一次战列舰对决就此打响。不过胜负毫无悬念，美军以逸待劳，以众击寡，短短十余分钟内，超过4000发各种口径的炮弹射出，包括近300发恐怖的406毫米口径主炮炮弹，西村舰队仅剩的一艘战列舰"山城"号根本无力对抗。更要命的是，美军已装备了雷达火控系统，几乎弹无虚发，"山城"号笼罩在火海之中。先前退走的美军驱逐舰也掉头杀回，发射鱼雷，"山城"号再中两枚，燃起大火。随后的"最上"号巡洋舰也成为目标，舰船上层建筑很快被扫光，无法还手，只能掉头逃跑。同时，重伤无救的"山城"号弹药库被引燃，船体炸成两截，沉入海中，舰上西村祥治以下，几无生还。此时是10月25日凌晨4时20分，距战斗打响仅过了不到半小时。

西村舰队仅剩的一艘相对完好的舰船是"时雨"号驱逐舰，这是一艘有着奇迹般好运的战舰，此前参加过珊瑚海、萨沃岛、瓜岛、马里亚纳等数次大战，屡屡死里逃生，在日本海军中被视为"祥瑞"。这一回好运再次眷顾，因为有"山城"和"最上"两艘巨舰吸引火力，"时雨"号又得以逃脱，仅受轻伤。"时雨"和"最上"一前一后仓皇南逃，刚到苏里高海峡南段入口处，忽然竟有一支友军出现在面前。

这是海军少将志摩清英率领的第二游击部队，有两艘重巡洋舰、一艘轻巡洋舰和四艘驱逐舰（本来还有三艘驱逐舰，途中被美军飞机击沉或击伤返航）。这支舰队不在栗田舰队的编制内，是从菲律宾海域的原第五舰队临时抽调助战的。之前就是这支舰队率先发现了"台湾航空战大捷"的真相。志摩舰队的出动几乎可说是丰田副武拍脑袋的结果，任务全不明确，因为不相统属，志摩清英与栗田和西村也没有联系，以致虽然他与西村舰队同走苏里高海峡路线，并且最近时相距仅有40海里，却全无协调呼应，西村似乎也没想过联系志摩（志摩清英还是通过截获电报才知道西村的确切动向）。或许是由于两人素常不睦，但更可能是早就明知必死的西村祥治懒得考虑太多。总之，西村舰队遭痛歼覆灭后，志摩舰队刚好赶到战区。

志摩看到之前双方交战的火光，加紧赶来增援，在海峡入口遇到"时雨"号，"时雨"号一心逃命，报名之后没来得及多交代前方战况就接着跑了。看到他们的窘态，志摩也猜到必定是己方打了败仗，但他没想到的是，竟然败得这么惨，否则他一定不会做出错误的决断：进入海峡。

很快，志摩舰队看见了"扶桑"号断成两截的残骸，随后美军鱼雷艇出现，与志摩舰队交手，"阿武隈"号轻巡洋舰被重创。就在这时，遍体鳞伤的"最上"号漂了过来，不可思议的是，这艘摇摇晃晃的破船居然和志摩所在的旗舰"那智"号撞在一起，导致"那智"号重伤。最具戏剧性的是，中途岛之战结束撤退时，"最上"号就曾撞上了本方的"三隈"号巡洋舰，这一次又伤了自己人。

志摩清英怒不可遏，但此时他也已看出，拥有两艘战列舰的西村舰队都遭遇如此惨败，以自己的兵力继续前进索战只能是找死，再不跑就来不及了。志摩舰队掉头撤离战区，奥尔登多夫乘胜追击，不久天亮后，第7舰队的护航航母也出动舰载机，击沉了重伤被弃的"最上"号、"满潮"号、"阿武隈"号，以及志摩舰队的驱逐舰"不知火"号。苏里高海峡战役告终，日军两支舰队全部14艘舰船有8艘沉没，2艘带伤，4000余人阵亡，美军仅损失一艘鱼雷艇。值得一提的是，"阿武隈"号和"不知火"号都参加过袭击珍珠港行动，而奥尔登

60 火海　333

多夫的6艘战列舰，有5艘是从珍珠港海里捞出来修好的，这次仇人见面一雪前耻，相当解恨。但就在美军欣喜大胜的时候，忽然有急报传来：日军舰队突破圣贝纳迪诺海峡，正在逼近莱特湾北部。

61
惊世一战

栗田健男传令冒死掉头后，舰队一路疾驶，果然这一回沿途无阻，适才杀得天昏地暗的圣贝纳迪诺海峡出奇地平静，不见美军一机一舰。10月25日凌晨1时前，舰队顺利通过海峡。栗田不敢大意，以轮形阵缓缓前进。2时30分，西村舰队的电报传来，起初是好消息，"进入海峡"，但一个多小时后情况急转直下，遇敌、交战，接着声息中断。5时10分，志摩清英通报，第三部队被全歼。此时栗田自己的舰队剩下23艘，比出发时少了9艘，两支友军都已失败，未抵战区已在途中损兵过半，日本人满心盘算的"递减战"竟在自己身上应验了，实在令人欲哭无泪，但事已至此，舰队只能继续前进。大约6时，晨雾里透出萨马岛的轮廓，绕过这个岛，就可以进入莱特湾，直指塔克洛班。直到此时，还没有美军的飞机或潜艇出现，甚至连水雷都没碰到，莫非，这一程终于要时来运转了？忽然，"大和"号上的观察员惊呼：前方发现敌舰！果然，透过薄雾望去，东南方向有几根桅杆隐约可见，再仔细看去，上空还有飞机盘旋——航空母舰！

栗田健男一阵狂喜，几乎不敢相信这样的好运！远程作战，战列舰敌不过航母，视距范围内的交火可就另当别论了，大和级的九门冠于当世的460毫米口径巨炮将足以把美军的航母撕碎。仔细辨别，前方"航母"有6艘之多，必是美军第38特混舰队的主力，甚至有可能是哈尔西本人。更理想的是，美军似乎还没发现自己，这正是奇袭的绝佳机会。念叨了好几年的"天佑神助"终于应验了，栗田的参谋长小柳富次少将激动得快要落泪，极力主张立刻消灭。不需他说，栗田也是这个打算，本来联合舰队的军官们就对"以战列舰攻击运输船"的牛刀割鸡之举很不以为然，现在良机在握，他们都毫不犹豫地认为应该不拘泥于计划。随着栗田令下，舰队换成攻击阵型，全速逼近前方的"航母"。

此时是10月25日6时30分左右，十几分钟后，前方的美舰似有察觉，喷出烟幕退避，但栗田舰队已追到距目标不足20海里处。6时59分，"大和"号率先动手，重达1.5吨的九一式改型穿甲弹呼啸出膛，随后三分钟内"金刚""长门""榛名"三舰相继开火，一时间海面被炮弹携带的染色剂染得姹紫嫣红，海水翻涌如沸。

被笼罩在炮火中的美军舰队却并不是真正的航空母舰，更不是哈尔西。这是金凯德第7舰队第77特混舰队下辖的第四大队，代号"塔菲"（Taffy）。第7舰队的主力前一夜都在苏里高海峡迎击敌人，本来圣贝纳迪诺海峡应由哈尔西的第38特混舰队镇守，但锡布延海战后哈尔西判断日军已撤退，率领全体北上追击日军航母编队，圣贝纳迪诺海峡门户大开，塔菲舰队就成了美军在萨马岛海域仅有的力量。塔菲舰队又分为三组，各有6艘卡萨布兰卡级护航航母，这种舰船标准排水量只有6500吨，不及埃塞克斯级的1/4，只能搭载28架舰载机，防空力量也薄弱，航速18节，只能用于护航和运输，战斗力完全无法与真正的航母相比，更不是战列舰的对手。

被栗田舰队撞见的是塔菲3号舰队，由克利夫顿·斯普拉格少将率领。舰队正在萨马岛以北海域执行警戒，6时45分，忽然发现了如同天降的大批日本舰船，斯普拉格想不明白它们是如何无声无息地通过圣贝纳迪诺海峡，第38特混舰队去哪儿了？但时间也不允许他多想，只能全速向东南方逃离。日舰开炮，斯普拉格试图还击，但在猛烈的炮火压制下舰载机很难起飞，有些成功升空，但携带的非穿甲炸弹也伤不了周身装甲的战列舰。塔菲3号舰队边打边逃，10分钟后斯普拉格支撑不住，向金凯德急电求救。

闻报的金凯德也懵了，北面门户大开，这完全出乎他的意料。其实哈尔西率舰队出发前已经电告金凯德，"三个特混大队将在黎明时攻击敌航母"，这条精确到数字的电报反而造成了误解。因为金凯德知道24日下午哈尔西在他的三个特混大队之外又新编组了战列舰为主的第34特混舰队，那么想必其不在"三个"之列，因此金凯德一直认为哈尔西将第34特混舰队留下助守圣贝纳迪诺海峡，也并没复电确认。多年后，耿耿于怀的金凯德还以此为反面教材，提出重要的军事通信必须表述清楚。

这个沟通失误是致命的，因为金凯德已将第7舰队主力交给奥尔登多夫去苏里高海峡阻敌，谁知告捷的喜悦未及消化，那边又出了大麻烦，奥尔登多夫现在距交战的萨马岛海域有近200海里，就算立刻掉头驰援，也需六小时以上的航程，更不用说还要补充燃油和炮弹，第7舰队又没有足够的航空兵力，眼见塔菲3号遇险，却束手无策。

塔菲3号舰队只能奋力自救。舰队中有3艘驱逐舰，虽然在日军的巨舰面前就像"小狗对大卡车"，但勇敢的小狗仍是奋不顾身地扑上去撕咬，掩护护航航母撤退。忙于追敌的栗田舰队一开始就没排好阵型，结果真的被情急拼命的驱逐舰乘隙得手，重巡洋舰"熊野"号中雷，"大和"号因躲避鱼雷一度被逼退，整个战局一片混乱。

毕竟力量悬殊，美军的三艘驱逐舰也有两艘沉没，一艘重创。斯普拉格连海战火力更弱的护航驱逐舰都用上了，但也无济于事，三艘护航驱逐舰也是一沉两伤。至于他们拼死保护的护航航母也好不了多少。截至25日9时，塔菲3号舰队的6艘护航航母已有4艘被重创，受伤最重的"甘比尔湾"号已开始下沉。此时，塔菲1号和2号以及塔克洛班机场方面派来支援的飞机赶到投入战斗，猛打了两个小时的栗田舰队也显出疲态，攻势放缓，美军稍获喘息之机。

从萨马岛的斯普拉格到莱特湾的金凯德，甚至直到珍珠港的尼米兹和斯普鲁恩斯，此时美国海军关注的焦点都只有一个：哈尔西，他究竟在干什么？！

这便是小泽治三郎的功劳。

10月24日中午，小泽舰队的侦察机先发现了位于己方西南不到200海里处的第38特混舰队。不知小泽治三郎接到情报作何感想，在理想距离上率先发现敌踪，这本是以往数次航母决战中求之不得的战机，而这一回当机会送到眼前，他却已无力把握。他的舰队，只有"瑞鹤"号还携带着勉强说得出口的69架飞机，另外三艘小型航母的飞行甲板空空荡荡，只有不到20架舰载机，飞行员也都是新手。对面美军航母舰队的实力小泽心里清楚，早一刻发现敌人，仅仅意味着他的飞行员们要早一刻去送死而已。

但他还是不得不聊尽人事。11时45分，出击的命令下达了，50架飞机稀稀落落升上天空，飞向目标，这令目睹过日本海军航空兵全盛时期军威的人喟叹今不如昔。机群飞远，它们身后，Z字旗无精打采地飘在"瑞鹤"号上空，这面旗帜已经再难激起海军官兵的激昂之情。

这一轮出动的舰载机仅有4架返回，其他的约20架飞去了吕宋等地的日军机场，更多的则被美军击落，葬身海底。本就不抱胜利希望的小泽对此应该并不意外，但让他无语的是，这一轮袭击连吸引敌人注意的目的都没达到——他的舰载机群飞抵美军上空时，正赶上大西泷治郎派来的规模更大的基地航空兵也杀到，激战中美军好像将这两拨敌机当成了一路，小泽的部下们拼了命却死得毫无存在感。

此时小泽已没有再次发动空袭的力量。于是，24日下午，他派出为数不多的侦察机去美军所在海域招摇，又是命两艘航空战列舰前出，又是频发明码电报，逗引哈尔西，唯恐敌人不知自己到来，但一向耳目灵敏的美军偏偏这天直待他折腾了一下午才发现，于是就有了前文说的哈尔西率全军北上追敌。

发现哈尔西上钩，小泽命舰队中仅剩的6架轰炸机和4架鱼雷机飞往日军在菲律宾的机场，减少无谓损失。这一来，舰队只剩了18架零式战斗机，几乎相当于裸呈在美军的飞机面前。

经过一夜的航行，10月25日天亮前，哈尔西锁定了目标，不过他并不知道敌人的虚实，丝毫不敢怠慢，考虑到日军两款远程舰载机的航程优势，哈尔西决定不待天亮就发动进攻。25日7时30分，美军三个航空特混大队的180架舰载机已经接近小泽舰队，并被小泽的雷达发现，几乎同时，金凯德的紧急求援电报也发到了哈尔西所在的"新泽西"号战列舰上——截至当时，萨马岛海域的激战已经打了半个小时。

哈尔西也不免吃了一惊，塔菲3号的险境他不会不明白，但哈尔西并不认为救援他们比消灭眼前的日军航母舰队更重要。作为侥幸躲过珍珠港一劫的人，哈尔西对日本人和日军航母的憎恨超出一般人的理解，在马里亚纳海战中斯普鲁恩斯获胜却没能全歼日本航母，哈尔西大为扼腕，此时他决不会允许同样的机会在自己眼皮下溜走。

最终，哈尔西派约翰·麦凯恩中将率"大黄蜂"号等三艘航母为主力的第38.1特混大队去救援斯普拉格，但该大队也参加了空袭，回收飞机需要时间，一时也赶不过去。至于萨马岛海域此时最急需的战列舰为主的第34特混舰队，哈尔西没有放人，他所乘坐的"新泽西"号就在第34特混舰队中。

8时30分，美军机群出现在小泽舰队上空，小泽的舰队已排成两个防空轮形阵，严阵以待，18架零式战斗机也冲上应敌。这是太平洋战争中日本航母舰载机的最后一次起飞，18∶180，真正的以一当十，但这种顽抗毫无意义，迅速被潮水般的美军机群冲刷得不知去向。接下来的空袭中，"瑞鹤"号和"瑞凤"

号都被击伤,另一个轮形阵中的航母"千岁"号被七枚炸弹击中,一小时后沉没。驱逐舰"秋月"号也在这一轮空袭中被击沉。小泽舰队向东南方向撤走,这意味着哈尔西如继续追击,就将离栗田舰队正在赶往的莱特湾更远(由于通信不畅,此时小泽并不知道萨马岛海域的战事)。10时,哈尔西舰队的第二波空袭开始,这次击中了又一艘航母"千代田"号,使其失去了动力。

几乎同一时间,"新泽西"号上的哈尔西挨了一记同样沉重的打击,来自夏威夷,尼米兹。

心急如焚的金凯德除了电告哈尔西,也向尼米兹直接求救,尼米兹一直关注着菲律宾海域的一系列战斗,至关重要的哈尔西第34特混舰队究竟在哪儿?能否及时支援萨马岛并回防莱特湾?这也是他最关心的问题,但他同样找不出答案。在助理参谋奥斯汀上校的建议下,尼米兹决定打破一直坚持的不干涉前线指挥的惯例,直接致电哈尔西询问。

根据保密需要,美军的电报总会加入一些只有己方能看懂的无关主旨的题外话,用以迷惑敌人,结果,这次奥斯汀的电报员偏巧添加的一句是:The World Wonders!——全世界都想知道!尽管在这句和正文之间有两个字母R做间隔,但上下文连起来似乎读得通,"新泽西"号的译电员将去掉间隔符的电文呈送哈尔西,于是哈尔西看到了这样一句:

全世界都想知道,第34特混舰队在哪儿?

读到电文的哈尔西瞬间血气上涌,将军帽一把摔在地上,伴随一连串国骂。由于不熟悉电报插入语,哈尔西从这句话中读出的无疑是指责和质问,语气更透着强烈的不满,甚至揶揄,性如烈火的"公牛"无法忍受,即便电报来自顶头上司。但愤怒的"公牛"发了一通脾气后还是意识到莱特湾不容有失,于是下令重新编组舰队并收回舰载机,11时45分,他率领第34特混舰队和第38.2航空特混大队掉头南下。

本来按照这个进度,哈尔西来不及救援萨马岛,甚至莱特湾,顶多只能追上已经血洗莱特湾的栗田舰队报仇。但这场意外连连的系列战中,剧情再次上演大逆转。9时左右,美军机群围殴小泽舰队的同时,萨马岛海域的炮火渐渐停了下来。截至当时,栗田舰队已打了快两个小时,尽管自信"战果累累",但栗田也觉出了对面"只是美军第三舰队的一个特混大队",另外两个尚未露面,随时可能对自己造成毁灭性打击。由于"爱宕"号沉没,栗田损失了很多电报收发人员,此时与小泽的联系基本陷于停顿,栗田并不知道美军的全部航母都被诱到远处,而混乱的观测工作把塔菲1号、2号的援军误判为航母编队,这似乎更坐实了栗田的担忧,他觉得两方在战斗中都已受损不轻,再缠斗没有意义(栗田此时仍以为美军的护航航母是正规航母,航速在己方战列舰之上,再追也追不上)。9时15分,栗田下令停止射击重新编队,10时整,舰队以轮形阵排列,掉头驶向西南,莱特湾。

塔菲3号绝处逢生,惊喜之余更让人摸不着头脑的还在后面。10月25日12时26分,在距目标塔克洛班不足四小时路程时,栗田健男忽然再颁新命令:舰队折回北方。

他究竟为何放弃莱特湾十拿九稳的猎物,从当时到后世,一直众说纷纭。栗田向丰田副武解释,他当时接到情报,在北方发现了美军的"航母主力",于是赶去与之决战。这是个很合理的解释,航母确实是比运输船更有价值的攻击对象,而"先攻击敌军舰队还是岸上目标"这个从中途岛开始就一直困扰日本海军的难题从未有过真正的定论,此次出征前大本营方面也对此含糊其词,只能实战时便宜行事。

不过栗田返程时并没找到所谓的"航母主力"——因为根本就没有。在空耗了几乎一个下午后,栗田等来了赶回的麦凯恩的第38.1特混舰队。15时15分栗田舰队遭受空袭,"早霜"号驱逐舰被击沉,"大和"号也再受轻伤,虽无大碍,但这次空袭似乎炸掉了栗田的胆子。从22日离开文莱湾算起,他的舰队此时已航行了四天三夜,仗打了两天两夜,舰队损失近半,燃料告急,友军全部覆没,栗田舰队的残余舰船也都遍体鳞伤。美军飞机的再度出现尤其令人担心,"武藏"号的命运让他心有余悸,此时想再寻找贴近敌军航母的战机已不可能,而如果再次掉头去袭击莱特湾,则很可能被从南北两面赶回来的第7、第3舰队合围,势必片甲无归。

此时的栗田真正进退维谷,不到24小时前,他曾抱着必死信念下令冲过圣贝纳迪诺海峡。但此一时彼一时,自知没有余力的栗田身心俱疲,更不甘为了几艘运输船,赌上日本海军这点仅剩的家底。终于,10月25日16时12分,栗田下令,停止搜索美军舰队,掉头通过圣贝纳迪诺海峡撤离。

随着这一声令下，为期数日的鏖战落幕，莱特湾的美军运输舰队就这样躲过一劫，当时麦克阿瑟所在的"纳什维尔"号就停在塔克洛班附近。撤退途中的栗田越逃越心慌，全速驶出圣贝纳迪诺海峡时已是21时35分，无暇顾及因受伤跟不上航速的舰船，命令己方的驱逐舰瞄准其中损伤严重的，用鱼雷击沉。

另一边，怒气冲天的哈尔西赶到圣贝纳迪诺海峡东侧入口时已过了10月26日零时，他派出追击的舰载机给遁逃的栗田舰队造成了一点损伤，但无法将之击沉。此时没逃出海峡的日军舰艇就只剩下"野分"号驱逐舰，它充当了"公牛"愤怒的靶子，被乱炮轰沉。这是日军中十分传奇的一艘船，中途岛海战后，参与击沉了重伤无救的"赤城"号，此后又多次扮演着这一角色，几乎是联合舰队的处刑人，被视为不祥。这一次之所以落后于大部队，就是因为刚刚处分了重伤的"筑摩"号巡洋舰，不想旋即就迎来了自己的死刑。

另一块战场上，被过于进入状态的哈尔西搞到失业的第38特混舰队司令米切尔此时才有了用武之地。10月25日，他走出睡了一天的船舱，指挥留下的航母于13时、14时45分、17时、17时10分发动四波空袭，其中13时的空袭击沉了"瑞鹤"号，"瑞凤"号也受了致命伤，于15时26分完全沉没，最后两次空袭的主攻目标是航空战列舰"伊势"号，但此时战斗一天的美军飞行员也没了准头，未能造成有效伤害。

马里亚纳海战中"大凤"号被击沉时，作为舰队司令的小泽激动地要以身殉舰，但这一回角色不同，他也没了这样的心境，"瑞鹤"号被重创，他旋即收拾东西转移到"大淀"号上。当晚，小泽聚拢残部，向北撤往菲律宾甲米地基地。四艘航母全部报废（"千代田"号被美军驱逐舰击沉，其他3舰都被飞机击沉），外加两艘驱逐舰，本就凄凄惨惨的舰队更显落魄。途中，又在26日凌晨被赶来的美军潜艇击沉了"多摩"号轻巡洋舰。

尽管场面严重一边倒，但这毕竟是太平洋战争美日航母舰队的终极对决，甚至也是截至今日的最后一次航母之战。由于战事主要发生在吕宋岛东北的恩加诺海角，故而被称为恩加诺角战役。有意思的是，"恩加诺"（Engano）一词在西班牙语中有欺诈、诳骗之意，这倒是于此战的实质十分契合。小泽舰队旨在以身为饵，钓出哈尔西，哈尔西也确实中招——尽管他本人至死不肯承认上当，但这条大鱼咬了钩，吃了饵，却又挣脱而去，蚀本的还是日本人。

从10月24日—26日的锡布延海战、苏里高海峡夜战、萨马岛海战、恩加诺角海战，这一系列战役被统称为"莱特湾战役"。战役中双方投入兵力为：日军四支舰队，含航母4艘、航空战列舰2艘、战列舰7艘、巡洋舰19艘、驱逐舰31艘，飞机约600架；美军方面，第3、第7舰队，动用航母16艘、护航航母18艘、战列舰12艘、巡洋舰共26艘、驱逐舰144艘、护航驱逐舰25艘、飞机约2000架。这个规模超过了人类历史上的任何一次海战，并且这个纪录保持到今天仍没被打破。从巴拉望水道的潜艇战，到锡布延的海空对话，到苏里高海峡的战舰正面炮战，到萨马岛战列舰与护航航母的近身肉搏，再到恩加诺角的航母编队对决，以及后续的日军"特种作战"，甚至情报战、心理战。当时海战中的一切作战形态都依次上演，大戏连台，像是人类两千余年间海战史的一次精华汇演，震惊世界。

清点双方损失：美军方面，1艘轻型航母、2艘护航航母、2艘驱逐舰、1艘护航驱逐舰、1艘鱼雷艇、1艘潜艇被击沉，4艘护航航母、2艘驱逐舰、3艘护航驱逐舰受重创，162架飞机被击落，阵亡约3000人；日军方面，4艘航母全军覆没，战列舰沉没3艘，包含最大的"武藏"号，另有6艘重巡洋舰、2艘轻巡洋舰、12艘驱逐舰沉没，飞机损失288架，阵亡人员过万。就损失总数来说，同样是史上第一。

双方司令哈尔西和栗田健男在此役的表现都颇受争议。哈尔西误判了敌军力量，被调虎离山，也没做好与第7舰队的沟通，一定程度上要为塔菲3号的损失和莱特湾危局负责。但毕竟他斩获颇丰，并且莱特湾有惊无险，因此哈尔西对非议很是不忿。后来他向尼米兹解释自己的决定，始终坚持优先消灭日军航母的决断是正确的，即便再来一次，还会这样选择。这个说法他在回忆录中也曾重申。不过，哈尔西对莱特湾之战也不无反思，他曾说，"如果指挥菲律宾海战（马里亚纳海战）的是我，而指挥莱特湾战役的是斯普鲁恩斯，或许结果会更好"（波特《蛮牛哈尔西》）。

至于栗田健男，巨大的代价仅换来微不足道的战果，无论战略还是战术层面都堪称完败。尤其是接近莱特湾时栗田不战而走，更被诟病为胆怯，甚至可说就此葬送了以攻击美军运输舰队为核心的"捷号作战"计划。但反过来想，若非栗田的撤离命令，或许他的残部就会撞上回援的哈尔西，十有八九会全军覆没。

10月29日，弹痕累累的"大和"号驶进文莱湾，随后其他舰船渐次入港——归途中它们又受到了美军飞机的热烈欢送——莱特湾战役此时才算最终落幕。再度落败的日本海军，承受能力也到了极限，"大和"号等主力舰返回本土修理，再也无力发起有效的作战。明治以来，海军一直是日本侵略海外之剑。海军折剑，日本帝国的败亡之日也就为期不远了。

62

妖风

菲律宾吕宋岛西部克拉克的日军航空兵基地。时过午夜，四下静谧，一间宿舍里，三名日本军官对坐不语，气氛凝重。

低头冥思的是第一航空舰队司令大西泷治郎中将，脑中忽然闪过一组画面：一群矮小的日本武士紧握着刀把，伏在海岸边一堵石墙背后，窥视着远处海面，汗出如浆。海上，艨艟斗舰，舳舻千里，旌旗蔽空，向着日本的海岸线推进，忽然间狂风大作，卷向海面，所过之处，一艘艘大船被撕成碎片，木屑绳索满天乱飞。那些被粉碎的大船从13世纪的木头帆船幻化成了美军的钢铁战舰，同样被不可阻挡的飓风吹得无影无踪。大西眼前放亮，激动地开口："好！就叫作'神风特攻队'吧！"

这是10月20日，也就是莱特湾战役爆发前四天，当时美军已在莱特岛大举登陆，驻岛的8000名日军绝非对手，虽然大本营已经下达了发动"捷一号作战"的命令，但作为日本海军中鼓吹航空兵的第一人，大西泷治郎十分清楚，在美军16艘航母的压倒性航空优势面前，无论是拥有巨舰大炮的栗田舰队还是已无航空作战能力的小泽舰队，都是往枪口上撞。他统率的第一航空舰队受命为栗田提供支援，但经过台湾航空战，大西明白，就算再搭上他手里剩下的几百架飞机也于事无补，若想绝地反击，只能采用打破常规的非常战术：自杀袭击。

日本人在战场上为了达到目的，向来不惜以人命为代价，如《菊与刀》中总结的日本与欧美军人显著的观念差异：

> 任何西方军队如在尽了最大努力后发现他们仍陷于绝境，就会向敌人投降。这时他们依然会认为自己仍保持了军人的荣誉……无论作为一名军

人，还是一个公民，抑或一个家庭成员，他们都不会蒙受耻辱。但是日本人在这种情况下采取了完全不同的态度，战斗至死才能保全名誉。面临绝境时日本军人应该用最后一颗手榴弹自杀，或赤手空拳冲向敌阵，实行集体自杀，他决不会投降。万一因受伤或失去知觉成了俘虏，那么他"在日本就再也抬不起头来"……

应该说，崇尚荣誉与气节是东方文化的一大亮点，但不可避免的副作用是，这种道德观容易导致对生命与人性的漠视。有这样的文化基础，日本军国主义对士兵个体的洗脑工作进展十分顺利。早在日俄战争期间，日军就不乏以自杀手段攻敌的案例，经过《战阵训》的反复灌输，"二战"中日本士兵的狂热更是强烈，以致在太平洋战场节节败退时，日军想到的反败为胜之计就是"肉弹"。为此，武器研发部门设计了"樱花飞弹"（可加挂在飞机上，并带动力系统、可做短途自主飞行的小型载人滑翔机）、"回天鱼雷"（可由潜艇携带的载人鱼类，驾驶员可操控方向）等武器，其特点都是由人操控方向，以期在缺乏制导技术的条件下提高命中率。为了尽量多地杀伤敌人，这些武器都携有巨量炸药（超过总重量50%），这也就意味着操控人员势必会与之俱亡。然而，这些恐怖武器的使用效果并不理想，战局日益严峻，一些更激进的主张被提出，比如由飞行员驾驶满载炸药的飞机去撞击敌军舰船。

袭击珍珠港时就有负伤的日军飞机撞向目标的记录，在实战中，至晚于1942年1月，马绍尔群岛战役中也有日军飞行员驾驶受伤的飞机撞击美舰，此后类似情况屡有发生，不过都属于个案。1943年下半年战局恶化，军方有人提出组织大规模的自杀式"特攻队"，黑岛龟人就是倡导者之一，但这种一开始就将己方士兵置于必死之境的做法，即便对日本人来说也显得太没人性，该提议一直被搁置。到了1944年6月，已经输红眼的军方高层不再顾忌，开始严肃讨论如何将这种疯狂之举作为战术有组织地实施。7月，军令部下令批量生产"特攻兵器"。8月，"回天鱼雷"被采用，"樱花飞弹"也试制成功。9月，以"樱花飞弹"为主要武器的"樱花特攻队"获准成立。可美军的推进速度更快，新武器来不及装备到位，菲律宾前线的航空兵军官索性提议，就以零式战斗机改装为载人飞弹，并特别提出，用年轻飞行员去实施"特攻"——反正以他们的技术水平，飞上天也是给人当靶子的。

当时刚到任菲律宾的大西泷治郎一度下不了决心，这位"日本海军航空兵之父"、奇袭珍珠港的主谋之一实在不想以这种方式使用飞机。"特攻论"的狂热提倡者干脆用亲身实践来推销，10月15日，第26航空战队司令有马正文少将在吕宋以东海面的战斗中，驾机撞向美军航母，虽然未遂，但此举给大西造成了很大触动。10月19日，在第一航空舰队的作战会议上，他宣布为了配合当时刚发起的"捷一号作战计划"，必须进行"特种作战"。

有幸获此"殊荣"的是第201航空战队。19日会后，该队的负责人副司令玉井浅一中佐（司令重伤住院）与大西及其参谋猪口力平（"武藏"号舰长猪口敏平之弟）商议细节，玉井和第201航空战队飞行长指宿正信大尉都希望队中的王牌飞行员关行男大尉担任特攻队队长。此时已是19日深夜，大西让玉井连夜请来关行男，以相当温和的口气征求他的意见。面对这样的"组织信任"，关其实已无选择余地，思考几秒后便接受了任命。

大西等人都已听说，这位年仅23岁的飞行员在中途岛以来的数次大战中出生入死，现新婚未久就要求他去赴死，大家实有不忍，却又势在必行。他们唯一能做的，就是为即将进行的自杀行动取一个鼓舞人心的名字，以为壮行。猪口力平提议"神风"，大西眼前一亮。13世纪，元朝皇帝忽必烈两度派兵征伐日本（1274年、1281年），但都遭遇台风而惨败，自此日本人将庇佑他们免遭灭国厄运的台风奉为"神风"。眼下，正向日本本土挺进的美军远比当年的"元寇"强大，败中取胜的万一之机，只能寄望于用血肉刮起的新的"神风"。

以第201航空战队为最初基干的神风特攻队就此诞生，队中仅剩的不足50架飞机编组为敷岛、山樱、大和、朝日四个小队（名字都出自日本古诗词）。受命参加"特攻"的多是年轻飞行员，通常只有几十小时的飞行训练经验，技术生疏，也因此被视为可以承受的损失。神风队使用的特攻机由零战改装而成，填装250千克的炸药（常规情况下零战携带两枚60千克炸弹），并且机舱密封，起飞后起落架也会脱落，这意味着飞行员一旦登机，就必然有去无还。

10月22日起，神风队连续三天出击，未见敌踪，白白损失好几架飞机。25日，是"捷一号作战"计划规定的栗田舰队突入莱特湾之日，大西按照原计划派出神风队主力。此次行动就由关行男领衔的敷岛队担纲，关和他的队员们都被破格晋升了军衔。大西率一众军官为之饯行，连日的鼓动使这些年轻人的情绪被调动到最高，饮过壮行酒，头上缠好象征必死的白布，几乎是带着兴奋钻进机舱，发动引擎绝尘而去。

当天10时50分，敷岛队发现了在栗田舰队炮口下逃生的塔菲3号，五架特攻机立刻全速撞向目标，四架被击落，最后一架扎在"圣洛"号护航航母的甲板上，本就带伤的"圣洛"号当场炸沉。由于没有飞机返航，此役确切情况无从查证，但日军普遍相信，撞沉"圣洛"号的就是关行男本人。同一天，其他几个小队的自杀飞机又造成了塔菲1号和3号的几艘护航航母负伤。虽然并没能影响莱特湾战役的最终结果，但日本人的疯狂战术还是给美军造成了极大的心理震慑，甚至恐慌。

本来大西等人对神风队战果的预期仅是撞毁美军航母的飞行甲板，使其无法进行舰载机起降，暂时丧失作用，但特攻机竟能超额完成任务，直接将航母撞沉，这实属意外之喜。尝到甜头后，如获至宝的日本军方抛却了道德压力，铁了心发展自杀式特攻战术。官方对关行男以及先驱有马正文等实施"特攻"者大加旌表，树为典型（11月3日联合舰队发布的有马正文的讣告中谎称他"炸沉敌航空母舰一艘"）。半是煽动半是胁迫下，神风队迅速扩充。莱特湾战役之后，日军的自杀飞机在菲律宾海域频繁出没，一星期内先后重创第3舰队的3艘航母（包括第38.4特混大队旗舰埃塞克斯级航母"勇猛"号）、第7舰队3艘驱逐舰，并撞沉1艘。11月25日，神风队"满月"这天，第三分队吉野队以14架飞机的代价一举撞伤美军4艘航母，再次受伤的"勇猛"号被迫返回珍珠港修理。

这是日军航空兵近几年来罕有的战绩，尤其难得的是水分掺杂较少，仿佛间回到了开战之初的全盛期。作为神风队创始人，大西泷治郎极力推广"一人、一机、一弹换一舰""必死必中"的疯狂战术。

然而，现代战争早已不是比谁更勇于送死，克服了初期的不适应之后，美军开始研究破解神风之策。作为应对，美军加大了对日军机场的打击和监控力度，整合特混大队具备火力、防空优势的驱逐舰，前出以保护航母。此外，为加强辨识，还要求执行任务的美军飞机返航时必须在防空舰队上空盘旋一周表明身份。在战术层面，美军以及进入太平洋的英军潜艇部队加大了对日军的攻击力度。11月21日，美军潜艇"海狮"号在台湾海峡击沉了久经沙场的战列舰"金刚"号。11月29日，另一艘潜艇"射水鱼"号又在日本家门口击沉了超级新航母"信浓"号，该舰由第三艘大和级战列舰改建而成，标准排量6.2万吨，预计满载排量7.18万吨,为"二战"中最大的航母,并载有50枚樱花飞弹,被日军寄予厚望,结果服役仅仅九天就被击沉,这对日军的战略部署乃至心理都是致命打击。

更重要的是,美国战略层面的优势很快让日军的亡命战术变得徒劳。根据美军在1944年12月时的统计,该年度美国生产飞机近10万架,同期的日本生产了不足1.9万架(战斗机13811架,轰炸机5100架),这个数字还是日本军工业使尽解数拼出来的,比1943年的1.1万架提高了约70%,已再无潜力;更要命的是,日本飞机的损耗速度远远快过美国,仅1944年8—11月,日军就被击落、击毁飞机2594架,美军则不到300架。这些数字清楚表明,在工业水平的巨大差距面前,神风特攻队的肉弹战不过是杯水车薪,对美军伤害甚至不如一场自然界真正的"神风"。1944年12月18日,美军第3舰队在菲律宾以东海域遭遇台风,3艘驱逐舰沉没,包括4艘航母在内的19艘舰船不同程度受伤,146架舰载机损失,700余名士兵坠海遇难,这个数据远超过整个菲律宾海空作战中日军的成绩。

因此,日军不计人命的自杀式特攻,还是无法扭转战争大局。神风队妖风肆虐的同时,莱特岛的地面战也见分晓。从登陆之日起,两军都不断投入兵力,战事异常惨烈,日军因为大本营方面的固执,在不具备运输和补给条件的情况下强行增兵,损耗尤巨。截至1944年圣诞节,苦战两个月后美军基本控制该岛,日军伤亡7万人,美军伤亡1.55万人,驻守莱特岛的日本陆军精锐损失殆尽,铃木宗作率第35军残部退缩在岛北部山区中,已难再有作为。同时,美军还于12月15日占领了适合作为航空兵基地的民都洛岛,岛上仅有的1000名日军被消灭,日军西南舰队拼尽最后的力量试图袭击登陆美军,却收效甚微,再没有什么能阻挡美军重返吕宋。

1945年1月9日,美军登陆林加延湾,不久前晋升为美国历史上首批五星上将的麦克阿瑟意气风发,再次涉水上岸,真正回到了菲律宾的心脏地带吕宋岛。日军对菲律宾战役的信心也在动摇。莱特岛激战之际,南方军总司令寺内寿一大将将他的司令部从吕宋迁往新加坡,菲律宾完全交给了山下奉文。慑于美军掩护登陆的舰炮威力,山下基本放弃了滩头抵抗,但他在吕宋全岛集结了约28万兵力,编为尚武、振武、建武三个集团,收缩于内陆,沿途阻击。沃尔特·克鲁格中将的第六集团军经过苦战,于1945年1月31日打败建武集团,攻陷了神风队的诞生之地——克拉克航空兵基地。麦克阿瑟从莱特岛调来的罗伯特·艾克尔伯格中将的第八集团军也顶着猛烈的炮火，向马尼拉艰难而稳步地推进，2月3日，兵临城下。

此时，欧洲战场上纳粹德国的败亡已指日可待，曙光在前的同盟国巨头们打算坐下来商讨战争的收尾，并绘制一幅战后世界的势力版图。

63
新图纸

1944年冬天，欧洲战场演绎着与菲律宾类似的局势。6月的诺曼底登陆之后，美英盟军自西向东、苏联红军自东向西，将纳粹德国夹在铁钳之中。1944年12月，希特勒下令在比利时与法国边境的阿登高地一线发动大反攻，是为"阿登战役"。与日本的"捷号作战"计划类似，阿登战役也是孤注一掷之举，试图重创美英，迫使其接受单独媾和。是役德军动用近30万兵力，经过一个半月的搏杀，虽然给盟军制造了9.1万伤亡（8.9万来自美军），但己方损失更重，10万人阵亡或被俘，外加约800辆各类装甲车和超过千架的飞机，仅剩的家底一战而空，再也无力发动大规模进攻。此期间内，东线的苏军也围困东普鲁士，挺进匈牙利，攻克华沙，解放奥斯维辛集中营，一路向柏林逼近。

至此，德意日轴心国的必败之局已是人尽皆知，是时候商议战后的分蛋糕问题了。1945年2月4日，美军在菲律宾发动马尼拉攻坚战的次日，盟军美英苏三大巨头罗斯福、丘吉尔、斯大林在苏联黑海克里米亚半岛的雅尔塔，再次聚首。

时局如时节，残冬将尽，三巨头兴致都不错，每日会后的晚宴上频频相互祝酒致贺，彼此大送高帽。这是一次胜利的大会，却不算是团结的大会，为对抗轴心国集团，美英与苏联被迫联手，而强敌覆灭之日也就将是两方的意识形态鸿沟重新凸现之时。因此，在这个事关战后势力范围划分的会议上，三巨头为了各自国家的利益彼此讨价还价，寸土必争，激烈程度不下于前线，尤其是作为东道主的"约瑟夫大叔"苏联，三年来在对德作战中苏联的牺牲人数以百万甚至千万计，如今总算是反败为胜，讲话也可以拔高嗓门了。

主要的争论仍围绕欧洲，包括战后的德国、波兰、中欧、巴尔干半岛等问题，会议尾声阶段，远东的局势作为一个次级话题也被谈及。日本在菲律宾、缅甸连遭重创，顽固派仍扬言"本土决战"，毫无投降的迹象。这样的表态让罗斯福深感忧虑，日军的凶顽他已深有领教，并且他知道日本人放狠话的底气就来自他们仍基本完好的陆军精锐——关东军。若日本真的将其调回国内做困兽之斗，即便美军最终仍将获胜，但也必会增加无谓的伤亡，因此，罗斯福十分希望能借重苏联的力量。由于美英和苏联的合作仅限于对付德国，此期间苏联和日本的中立条约仍然有效，因此罗斯福需要抛出一些好处引斯大林入局。对斯大林来说，这是个好机会，现在是美国有求于他，苏联统帅不失时机，大开条件。最终，在关于蒙古、中国的南满铁路、旅顺军港（在美英要求下，协议注明了涉及中国的部分需征得蒋介石同意），以及日本在日俄战争中割占的库页岛南部、千岛群岛等要求都获满足后，斯大林承诺，将在对德国作战结束后的两三个月内参加对日作战。

　　2月11日，历时八天的雅尔塔会议落幕，战后新世界的蓝图初步绘就，未来半个世纪中的历史和无数人的命运就在这八天中定下基调。

　　同在此期间，菲律宾的鏖战仍在继续。马尼拉战役几乎与雅尔塔会议同步，当年美国为免涂炭，宣布马尼拉不设防，日军兵不血刃进城，此时山下奉文也已将司令部和主力部队撤往道路险峻的山城碧瑶，准备依托地利打持久战，放弃马尼拉，但他对同在城里的日本海军系统人员没有指挥权，他们不愿白白让出这座具有重要政治影响力的城市，更不在乎它会不会就此变成焦土。此前驻守马尼拉湾的日本海军基地部队指挥官岩渊三次少将聚集了近2万名海军人员，拆毁城市，构建街垒，准备以巷战和美军周旋到底。在他们的顽抗下，战事异常激烈，第六集团军第一骑兵师的机械化部队2月4日就从南部突入马尼拉城区，但岩渊的部队在每一条街道都设置路障和地雷，每一栋建筑里埋伏狙击手，美军举步维艰。

　　对马尼拉很有感情的麦克阿瑟顾惜城中的居民和历史建筑，一直不同意派飞机用燃烧弹大面积轰炸，但后来迫于形势，他终于批准使用155毫米口径榴弹炮，这种巨炮将使整座马尼拉城化为废墟。直至2月26日，眼见大势已去的岩渊自杀，次日，战斗基本结束，日军1.9万人被全歼，美军也有1000余人阵亡，6000余人受伤，马尼拉几乎被夷为平地，城中居民死亡超过10万。

　　山下奉文似乎没有好好借鉴两年前麦克阿瑟的经验，对可起到重要作用的巴丹半岛和科雷希多岛并未投入重兵，美军不太费力地收复两处，解救出了战俘营中的盟军士兵。两年多来，他们已被饥饿和虐待折磨得不成人形，麦克阿瑟看见这些老部下的惨状，不免垂泪。而这些被解救者还算运气好，在其他一些战俘营，日军在撤离之前对俘虏实施了系统屠杀。此后美军向躲在山区的山下奉文推进，日军不断被挤压到交通条件更恶劣的深山老林之中，人数一路降到不足10万，但一直负隅顽抗，直至战争结束。

在日本本土，形势也在恶化。2月15日，雅尔塔会议结束的次日，日本政府和大本营、海军军令部也召开紧急会议，研判时局。雅尔塔会议上美苏关于日本的协议虽然秘而不宣，但日本已有所察觉。之前一年苏联例行的十月革命纪念会上，斯大林就一反常态将签有中立协议的日本与德国相提并论，一并指斥为"侵略者"，日本人闻言不禁心惊肉跳，现在德日败象已明，苏联跟美国交头接耳，很可能会"趁火打劫"；同时，中国显然也受到世界反法西斯战争胜局的鼓舞，加强了活动；在东南亚，被强拉进"共荣圈"的一干傀儡政权也都有见风转舵的迹象。总之，形势糟糕，不是一般的糟糕。

但日本人仍不甘就此认输，此次会议上再次坚定了一贯的判断：要尽可能多地杀伤美军，使其承受不了人员损失，从而在国内压力下同意媾和。(服部卓四郎《大东亚战争全史》)

为此，日本人选择了两个最理想的杀人战场——硫磺岛（位于日本正南方，隶属小笠原群岛）、冲绳岛（位于日本西南方，隶属琉球群岛）。

硫磺岛几乎位于塞班岛和日本九州岛中点上，是丢掉塞班岛后日本人最后的本土屏障，而琉球群岛19世纪末被日本巧取豪夺，此时已归属日本。随着塞班岛失守，菲律宾告急，这两处岛屿一直被忽略的战略价值便显现出来了。日军向两地大量增派守军，希望这两个小岛能绊住美军推进的势头。

与此同时，夏威夷珍珠港，尼米兹的作战题图上也标出了两个醒目的红色箭头，指向的正是：硫磺岛、冲绳岛。

64
地狱硫磺岛

半年前的马里亚纳群岛战役后，美军打开了通往东京的空中通道，此时这条航线上一个原本不被重视的小黑点凸现出来了，这便是硫磺岛。

这片开阔的海域上，散落着一小片岛屿，上古以来，荒无人烟，直到16世纪末被日本人发现，将其命名为小笠原群岛。又过了近百年，小笠原群岛被正式收入日本版图，但直到19世纪末明治维新初成，始有移民并实施有效统治，置于东京都直属之下。硫磺岛位于小笠原群岛南端，由海底火山喷发形成，因此，与邻近的几处岛礁并称为"火山列岛"。硫磺岛大致呈三角形，自东北向西南，地形一路收窄，中北部是一片不高的丘陵，称为"元山"，西南端点上的折钵山是全岛制高点，海拔仅有168米。这座死火山可能是该岛的塑造者，虽然"已死"，直至20世纪，火山口仍时有烟雾缭绕，含有硫磺的气体从中冒出，弥漫群岛。历久经年，岛上更积了一层含有硫磺的黑色火山灰，这便是岛名的由来。而笼罩在黑烟与硫磺气味中的小岛风致，也十分符合西方人对地狱的想象。

小笠原群岛是日本国境线的最南端，不同于19世纪后攫取的太平洋诸岛，这里是日本保有了几百年的领土，在日本神道教中尤具重要意义，也是日本列岛南部的最后屏障，真正意义的国门。尤其硫磺岛，南距关岛约1200千米，北距东京1080千米，几乎也算是"中途岛"，至为显要。"绝对国防圈"划定后，日军在该岛增兵，修筑工事，陆续迁走原住居民。马里亚纳群岛战役后，日军更加大力度，力图将硫磺岛要塞化。截至1945年2月，岛上驻有海陆军共2.1万人，并建有三个机场（一个尚未完工）。

美军也是在1944年下半年才认识到硫磺岛的重要性。从塞班岛等处飞往日本本土的飞机，必经过硫磺岛上空，往往因此遭到阻击，或至少提前暴露目标；而B-29等远程轰炸机虽可从塞班岛直飞日本，但护航的战斗机无此续航能力，如能拿下硫磺岛，轰炸日本的航程将缩短一半，战斗机就可参与行动。综上，攻克硫磺岛成了美军必然的选择。这块面积只有21平方千米的弹丸之地，即将变成最惨烈的战场。

1944年8月马里亚纳战役收尾阶段，美军开始首次空袭硫磺岛在内的火山列岛。12月8日，为扫清通往东京的障碍，美军自是日起，连续68天不间断轰炸硫磺岛。1945年1月31日至2月15日，作为登陆战的前奏，更将轰炸频率增至一天数次，不分昼夜，累计投弹量6800吨，折算起来硫磺岛每平方千米土地上挨的炸弹有324吨，为整个第二次世界大战之最。

2月15日，硫磺岛上空的炸弹雨终于止歇，这是美军登陆部队自塞班岛启程的日子，接下来该轮到他们一显身手了。一位飞行员自信地告诉将执行登陆任务的陆战队兄弟，上岸之后打扫战场就行了，因为"在我们这样的轰炸下是不会有人幸存的"。

受命出征的是海军陆战队第三师、第四师、第五师，总兵力6.1万，其中有不少新兵，对即将到来的实战尚无概念，对这种能让他们放松心态的好消息，宁可信其有。但指挥战斗的长官却丝毫不认为战事会有任何轻松可言，此人便是霍兰·史密斯。从收复阿留申群岛的阿图岛和基斯卡岛到塔拉瓦、塞班岛，史密斯几乎参与了美军在太平洋的历次登陆战，堪称专家。但在塞班岛之战中，这位脾气暴躁的"海军版巴顿"惹了麻烦，他撤换了进攻不力的陆军第27步兵师拉尔夫·史密斯少将，引起美军内部军种之争，加之他本人也年高多病，调回后方疗养去了。硫磺岛登陆战之前，罗斯福将他调回前线，但更多的是借重他的经验与威名，并没给他实际作战的指挥权。与日军交手多次，史密斯十分清楚对手的凶顽，当航空兵自夸已将硫磺岛地面炸得千疮百孔寸草不生时，史密斯不以为然，他清楚他的敌人本就不在地面上，而是深藏在隐蔽的地堡里，幽深的洞穴里，甚至每一道砂石的缝隙里。

史密斯所料不错，此时的硫磺岛地下23米处，正坐着他的对手，栗林忠道。这是一位那个时代具有样板意义的日本陆军军官：出身武士世家，门第高贵，陆军大学优秀毕业生（第35期第二名），获得过天皇御赐的军刀，兼具现代军事素养和忠孝节义的传统道德观，一米七五的身高更让同侪仰视。虽然分属陆海两军，栗林和山本五十六却颇有相似之处，他们都有过在哈佛留学和在驻美使馆任职的经历，因此他们有着相同的结论：绝不可与美国开战。可是当战争已是既成事实时，栗林也就只能用生命为国家的野心献祭。1944年6月，栗林被任命为小笠原群岛兵团司令，赴任硫磺岛，出发前，天皇亲自召见壮行，这样的殊荣更让深知日美实力差距、不抱胜利希望的栗林坚定了死在硫磺岛的念头，他留书妻子，说自己此去不会再回来了。

栗林上岛之初正逢盟军在诺曼底登陆成功后不久，眼见希特勒精心部署的大西洋防线一击即溃，栗林决定吸取教训。当时他的兵力仅有陆军1.3万余人，栗林深知自己的人力与装备都不足以阻挡美军，便不再设置徒劳的海岸防守阵地，而是将防线回缩，转入地下，尽可能拖缓敌人行动的速度。在他主持下，整个硫磺岛被挖得如同一块奶酪，指挥部深埋于地下，天然地和人工的洞穴纵横交错，构成四通八达的网络；滩头地雷密布，重武器隐蔽在掩体中，连防空的高射炮都改为平射，经过精确设计，几乎全岛每一寸土地都处在交叉火力覆盖下。更重要的是，栗林将岛上的日军士兵都洗脑成了不计生死的战争机器，他们被告知已无生还可能，因此，尽可能多地杀伤敌军成了他们余生的唯一目的。截至1945年2月，硫磺岛的驻军共计约2.2万人（含海军7300余人），个个都是心中只剩杀戮的活死人。这便是美军将要面对的敌人。

2月19日凌晨，美军两批220架次轰炸机再次夜袭硫磺岛。6时，舰炮开火，六艘老式战列舰领衔的百余艘舰船射出成千上万枚炮弹。随同美军轰炸机编队行动的记者威廉·泰利在空中看到这一幕，兴奋地写道，"硫磺岛如同一块牛排在煎锅里被炸得嗞嗞作响"。

8时57分，登陆部队乘坐的运兵船已在硫磺岛东南海岸的预定登陆点就位。此前三天的航程多是在大雨中度过，辛苦而焦躁，史密斯要求的登陆前战舰炮击三天，因为天气原因也只进行了一天，前期进展可说很不顺利。此时海风将岛上的硫磺气息阵阵送来，刺鼻的气味和小岛丑恶的形状让人心中生厌，只想立刻结束这场战斗。

硫磺岛东南侧的海滩是唯一合适的登陆点，美军将之划分为七段，由海军陆战队第四师的第25、24、23团，第三师的第21团，第五师的第27、26、28团，自北向南各自进攻一段。9时整，护航舰队停止射击，7分钟后，首批两栖运兵车的履带压上了硫磺岛松软的黑色沙滩。

根据经验，登陆战中最艰险的就是跳出运兵车船冲上海岸的一刻，敌人从不会放弃这个可以扫射立足未稳的登陆者的机会。但这一次情况不同，美军的登陆没受到一枪一弹的阻击，他们小心翼翼地从滩头向内陆推进，仍然什么也没发生，似乎日本人真的如他们期盼的那样，已被消灭干净。更多士兵和车辆登上硫磺岛，一个小时之内，500艘登陆艇载来了9000名士兵和近百辆坦克、汽车。他们正前方不远，就是要攻占的第一个目标，元山一号机场。正当美军从惶惑中渐渐定下心神，放大胆子和步子前进时，忽然，这座岛屿向他们发起了反击。

依旧看不见一个敌人的踪影，但一挺挺机枪从隐蔽的暗堡中伸出枪管，折钵山深藏于山腹中的火炮也从砂石伪装的洞口探出头来，一切悄无声息，忽然同时发难，四面八方的交叉火力，几无死角，一张火网当头罩下，美军如网中的鱼挤在一起，惊慌失措地扭动挣扎，想还手，却找不到敌人在哪里。这正是栗林追求的效果，他完全放弃滩头抵抗，将美军引入内陆，待其足够密集，再突然出手，以求用有限的弹药最大限度杀伤敌人。

不同于瓜岛等热带雨林密布的岛屿，硫磺岛本就植被稀疏，此前的持续轰炸更将之变成了不毛之地，一览无余，哪里都不像能藏住人的样子。而此时，从海面的舰船上望去，就像是这座岛本身在向美国人开火，片刻间死伤者满地，鲜血渗进乌黑的砂土，场面触目惊心，如同人间地狱。

虽然早有苦战的心理准备，但这样的惨状还是让霍兰·史密斯怒从心头起，深恨海军方面没有提供他要求的火力支持。掩护的战舰总算亡羊补牢，岸上士兵的牺牲，让他们判明了折钵山和元山上的火力点位置，下午的炮击终于有的放矢。在强大的舰炮火力下，日军被压制住。许多暗堡被巨炮击毁，隐匿者只好冲出洞窟，与美军面对面搏杀。此时日军的重火力尚可周旋一阵，两个速射炮大队与美军坦克正面交锋，双方都损失惨重，直到最后，全军覆没的日军队长抱着炸药冲向坦克，没到近前就被机枪扫倒。

傍晚时分，战斗渐渐停止。首日美军登陆3万人，总算在滩头站稳脚跟，拉起一条长约3.6千米的防线，但纵深方向，只推进了不到一千米。付出的代价却是2420人伤亡（其中519人死亡），比塔拉瓦之后的历次太平洋登陆战都惨重，直追诺曼底登陆战中最惨烈的奥马哈海滩战役。可以说，硫磺岛首日战斗中，以弱对强的栗林忠道给美军狠狠来了一记下马威，但在人员与装备的巨大差距面前，他处心积虑的诡诈也就只能奏效这一次。

入夜后日军组织了几次奇袭，但离开掩体后他们威力大减。20日再战，美军的舰炮集中火力轰击折钵山，将山头都炸飞了一块，日军躲在山洞里被震得晕头转向，没有还手之力。美军的装甲部队登陆首日由于不熟悉地形，许多车辆陷进松软的沙土中，成为日军射击目标，损失惨重。但第二天起，逐渐适应了战场的坦克兵开始发威，性能卓越的M4谢尔曼坦克轻易摧毁了日军可笑的轻装甲坦克。第28陆战团沿着折钵山脚下挺进，此处是硫磺岛最窄的地段，只有不足1千米，将之切断，就可将作为制高点的折钵山与指挥部所在的元山地区分离。第28团顶住日军的拼死抵抗，是日如期完成任务。同时，第27团与第四师第23团协力，夺取了元山一号机场。

虽然此时距离拿下硫磺岛还差得很远，但这一天的切割之战极具战略价值，日军首尾被切断，最重要的阵地折钵山被包围。接下来，对这个硫磺岛制高点的争夺，将决定整场战事的成败。

65

旗帜飞扬

2月21日，硫磺岛战役的第三天，试探期已经结束，双方都已充分领教了对手的厉害之后，要开始的将是真正的勇气较量。

7时30分，下了一夜的冷雨渐渐收住，海面上的60余艘美军大小战舰再次火力全开，铺天盖地的炮弹笼罩折钵山，8000余发炮弹炸得地动山摇。但战舰的开炮更像是壮行，今天的主角不是这些声势骇人的大家伙，要挖出扎根在山体内部与环境融为一体的敌人，只能靠地面部队在近距离逐一清除。炮击在一小时后停下，陆战队第五师第28团的战士们排成散兵线，向折钵山推进，短兵相接的厮杀开始了。

日军集中仅剩的火力，猛击折钵山前美军必经的一小块开阔地；美军方面，负责支援的坦克部队因燃料问题没能到位，第28陆战团团长"魔鬼"哈里·利沃塞吉只能下令士兵独立发起进攻。这是对军人勇气与意志的真正考验，枪炮呼啸擦身而过，老兵也无法淡定，但英雄与庸人就是在这种场合分野。士兵们端着来复枪，直面炮火，冲上山坡，倾泻而下的枪弹像一道道山洪，不幸处在"泄洪道"上的人瞬间被冲倒在地，非死即伤，但更多无畏的士兵顶住压力，攻上了山坡。这座山已被掏空，交战双方其实只隔着一层土石，彼此声音可闻，这比面对面的白刃战更加惊心。每找到一处碉堡入口，陆战队员就迅速将手雷投入，或使用专门对付暗堡的火焰喷射器，一个个日军藏身的洞穴被烧成火窟，满身着火的士兵鬼哭狼嚎，钻出暗堡满地打滚，但丙烷和天然气的液态混合物燃烧性极强，着火的人扑腾几下就倒毙不动，焦肉的气味令人作呕。美军的伤亡同样惨重，狭促的地形增加了日军的命中率，不时传来中弹者的惨呼，身背医药箱的救护兵飞跑奔忙，这需要比战斗人员更大的勇气。虽然国际默认的战争规则是不能攻击对方医护人员，日本人却专门有狙击手瞄准攻击佩戴医护标志的人，因为他们认为击毙一个敌军军医会导致好多受伤者不治身亡。

第28团稳步推进，中午时分，坦克和炮兵部队赶到投入战斗。经过一上午的血拼，日军再也招架不住美军的重武器，纷纷向山洞深处退避。又是一天胶着的厮杀，美军付出了比前两日更惨重的代价：死亡644人，受伤4108人，失踪560人——要知道在这座弹丸小岛上，"失踪"其实往往意味着在炮火中尸骨无存。

祸不单行的是，美军的后援舰队在附近海域被日军从九州千叶基地派出的神风队"第二御盾队"的32架飞机袭击了，护航航母"俾斯麦"号被"特攻机"直接撞沉，牺牲350余人，多灾多难的航母"萨拉托加"号再遭重创，300余人伤亡，被迫回国返修，这一击令该舰直接从"二战"战场出局，待其修好，战争已经结束。

不过，隐性的战果其实比看上去要乐观一些。这一天，日军又遭到极大杀伤和损耗，作为后备部队的美海军陆战队第三师也顺利登陆，更重要的是，这一天的激战让陆战队的新兵们迅速被锤炼成了真正的勇士，局势已不可逆地偏向美军。

22日，风雨大作，经历了太大损耗的两军暂歇干戈，这一天交战的激烈程度大降，各自无甚进展。而经过蓄力，2月23日，历史性的时刻即将到来。

这是登陆的第五天，也是硫磺岛计划中原定的结束战斗之日；现在看来，已不可能赶上既定日程，但美军需要一个节点性的战果作为交代。美国人称为"热岩"的折钵山在经过几天激战后逐渐冷却下来，美军要做的是在这一天彻底扑灭它的抗拒之火。受命夺取山头的是第28团第二营营长钱德勒·约翰逊上校。9时舰队和飞机停火，约翰逊派出两个小组各4名士兵，前去探路。

此时战场上处于停火状态，但惨烈的战斗让人心有余悸，从军官到士兵都深信"邪恶的化身"折钵山仍死而未僵，藏匿在山洞里的日军残兵随时会发起搏命的反扑。山脚到山头不过区区百来米，探路的士兵却丝毫不敢大意，走S形路线以躲避流弹，小心地留神石块后、草丛里可能潜伏的敌人。一番临渊履薄，一个小队中途无功而返，另一队则找到路径，攀上了山顶。一直捏着冷汗的约翰逊见手下安然无恙，兴奋地下令加派一个排的兵力，占领折钵山顶。已经不满编的第二排和第三排共40名士兵，全副武装，在中尉施里尔的带领下出发。约翰逊命副官交给希勒一面叠好的星条旗，"如果你们爬上山顶，就展开它"。

65 旗帜飞扬

这是一道带着附加前提的命令,可见约翰逊此时仍不敢确信,折钵山已经是他的战利品。

又是一番绷紧神经的跋涉,未遇阻击,23日10时左右,小队攀上峰顶。

山包并不高,站在上边却可以俯瞰全岛。日军此前设在山顶的雷达站早成瓦砾,远处,整座小岛的土地都像被翻过了一遍,四下景象狼藉,但也许是征服折钵山让人心生快慰,此时看去,破败的小岛竟显出一番别样之美。一名内急的士兵提议就地解决,余者哄然响应,众人站在山头迎风而尿,尽抒豪情。

畅快已毕,施里尔下令插上国旗。士兵罗泽拾了一根竹竿,上面的弹孔刚好可以用来穿绳——美国人一定想象不到,日军屯了大量竹竿是打算必要时削成竹矛来拼命。星条旗被绑紧在竹竿上,施里尔和中士托马斯、汉森,下士林德伯格四人协力,将之插在折钵山头。摄影师路易斯·洛厄里用相机拍下了这个场景。

山下,约翰逊一直用望远镜注视着部下们的行动,心悬在嗓子眼儿,直到此刻才感如释重负。岛外海面上连樯接舰,停的都是美军船只,每艘船的甲板都聚满了观望者,也盯着远处的山头,此刻虽然只能隐约看见一个小色块在随风摆动,但他们都清楚,那是他们的国旗,象征征服折钵山的旗帜。众人都忍不住纵声欢呼,一时海天之间彩声雷动。

1945年2月23日10时20分,星条旗第一次插上日本本土,这也是日本自古至今千年以降,第一次被外国人在本土竖旗立威。无疑,这是一个历史性的时刻,可是,历史似乎更乐意铭记接下来的另一个瞬间。

美国海军部长詹姆斯·弗雷斯特尔(1944年5月上任)一天前来到硫磺岛前线督战,这天上午,他和霍兰·史密斯一同登上海滩,亲眼见证了折钵山升旗。和士兵们一样激动不能自已的部长向史密斯道贺,"这将一举奠定海军陆战队在今后500年里的荣誉",同时,部长认为该把这面承载辉煌的旗帜永久收藏起来。根据部长指示,约翰逊只好命令再更换一面旗。19岁的传令兵雷内·加依等五人奉命携带新的国旗以及通信器材登上折钵山。一位名叫乔·罗森塔尔的美联社摄影师敏锐地意识到一个绝佳的镜头在等着自己,也向山顶赶去。

施里尔的小队遵照命令,更换国旗,这次的旗帜尺寸几乎是第一面的四倍,因此他们也寻了一根更粗更长的钢管当旗杆,这大概是先前连接雷达站与山体内部的输水管,重达40千克,几名战士不得不合力将其竖起。守在一旁的罗森塔尔连按快门，连他自己都没意识到，一幅旷世之作就此诞生。

当这卷胶卷被寄到关岛，在美联社的一间暗室里被冲洗出来时，第一个目睹图片的编辑惊呆了：

画面上，一名陆战队士兵低着头，弓步探身，正紧握旗杆将之插入石缝，身后的几名战友或肩扛或手扶，抓住旗杆帮他保持平衡，仔细辨认，是四个人，末尾还有一位，翘首展臂也想去扶，但还没触到。旗杆斜插，顶端的星条旗猎猎当风。人物处在照片中心，画面还有很大的留白，从中可见正午阳光穿过暮冬的彤云抛洒在山头，远处海天相接，士兵们踏足之处，是破烂不堪的砂土和废墟，硝烟的味道仿佛透过照片扑面而来。

苍莽豪壮的战地景象让人过目难忘。从2月25日起，这张照片飞速占领了全美各大报刊头版，势不可挡。此前关于硫磺岛的报道都是高涨的伤亡数字，超过塔拉瓦，超过塞班岛，直至三天之间超过瓜岛的半年血战，美国公众的心理承受也正接近极限，而这张在他们看来昭示着胜利的升旗照，正如阳光驱散乌云，让人顿生振奋。照片上的六名士兵，虽无一人露出正脸，他们的形象却瞬间传遍美国，成为大众偶像。一些媒体顺势凭着想象，对照片大加演绎博取眼球，以致种种与真相相去甚远的故事广为流传。正为军费吃紧而焦急的政府也视之为绝佳的宣传材料，特命将照片上升旗的士兵们召回国内巡回演出，为战争国债促销。

但美国人高兴得太早了，硫磺岛的惨烈战斗还远未结束，日军在岛上其他地区的抵抗并没停止。一个更说明问题的情况是，当征调令传到前线，照片上的六名士兵中有三人牺牲了，他们分别是迈可·史达兰克、富兰克林·苏斯利、哈伦·布洛克（都是原属第28团第二排，当天被临时补充编入第三排，于3月的战斗中相继阵亡）。幸存的三人分别是印第安裔的艾拉·海耶斯、第三排军医约翰·布拉德利，以及那位幸运的传令兵雷内·加侬。回国后他们风靡全美，但在官方的不求甚解之下，两次升旗的事实被略过不提，照片上原本最当先的哈伦·布洛克也被错当成了另一位曾参与第一次升旗的士兵亨利·汉森（也在不久后牺牲）。因为这些差错，罗森塔尔的照片真伪也一度被质疑，直至1950年代，当事人之一艾拉·海耶斯讲出真相，而那时，这几位过气英雄已被大众遗忘，晚景惨淡。约翰·布拉德利余生避谈折钵山，直到1994年过世后，其子詹姆斯·布拉德利才根据遗留资料，逐一探访其他几位旗手的遗属，打捞他们与硫磺岛的尘封往事，最终成书《父辈的旗帜》，因史料史笔俱佳而一时纸贵。这段故事在21世纪初被导演克林特·伊斯特伍德搬上银幕。

再说回硫磺岛。实际上，据硫磺岛战役的日本幸存者回忆，23日当夜，折钵山的残余守军就悄悄将那面星条旗扯下，重新换回太阳旗，次日美军登山再度易帜，晚上日本人又换回来。就这样，白天是星星，夜里出太阳，如是者三，残存的日军终于接受了丢失折钵山的现实。有的人收拾辎重，从地道逃到北部元山等地的其他防区，更多人选择自杀，手段惨烈，把拉开保险环的手雷抱在胸前，整个身躯炸得血肉模糊（伊斯特伍德的另一部日军视角的硫磺岛电影《硫磺岛家书》精准还原了上述镜头），美军见其遗骸都不免恻然。

在折钵山之外，日军被驱赶到岛的东部和北部，并逐步被分割包围。2月24日起，美军向位于元山北部的第二机场推进，此间的防线由一位传奇人物主持，这便是日军的第26战车联队指挥官西竹一大佐。他是享有男爵封号的贵族，更醒目的身份是1932年洛杉矶奥运会马术冠军，不但享誉全日本，在美国也小有名气。可惜生逢这个非理性的时代，优雅的骑手也被绑上末路的战车。西竹一和栗林同样"知美"，甚至"亲美"。到任硫磺岛后他将麾下大部分坦克拆解，改造成隐蔽的固定炮台，此举变废为宝，让完全无法与敌正面相抗的九七式、九五式轻型坦克成了堡垒，果然有效迟滞了美军的进攻。西竹一在残酷的战争中也保持着骑士精神，俘获带伤的美军士兵后，他曾命军医用为数不多的药品诊治，由此，美国人也知道了与自己对垒的是当年的奥运冠军。但他的努力坚守也无法持续太久，26日，第二机场失守，西竹一所部继续北撤，此时全岛的日军数量已降至开战前的一半。

3月5日，美军将之前夺下的机场修复完毕，轰炸东京的飞机直接从硫磺岛起降，对残敌的空中打击更便利。栗林很快被赶出了元山的地下指挥部。3月8日，日军重要阵地玉名山被攻克，驻防的千田贞季少将率残部800余人发动自杀式冲锋，全军覆没。到3月11日，岛东部和北部的几处日军主要据点被分割包围，美军除了用火焰喷射器拔除日军暗堡，还出动大型推土机直接封闭掩体入口，活埋地下的顽抗者，同时施放催泪瓦斯等武器将敌军赶出坑道。出于道义，罗斯福和尼米兹始终没有批准使用毒气。3月14日，尼米兹发布公告，宣称占领硫磺岛。

虽然此时日军已绝无翻盘可能，但尼米兹仍然言之过早，他的对手栗林忠道还没有放弃。栗林打定主意要尽可能多地消耗美军，一直严格阻止手下军官发动志在求死的"万岁冲锋"，硬是又苦守了十几天。和在瓜岛等地一样，饥饿成了日本人更无法抗拒的敌人，美军的进军速度越来越快，他们来不及转移给养，很快陷入粮荒。2005年，硫磺岛之战60年后，几位耄耋之年的幸存者对日本NHK电视台讲述当年：

> ……在发动总攻前，电报室里在烧毁文件和通信器材，我们找到了烧这些东西的遗迹，吃掉那些尚未完全燃烧的木炭。木炭能吃吗，还是不能吃？在考虑清这些问题之前，我已经把木炭吃完了，因为除了木炭，实在找不到可以放进嘴里的东西。

这是通信兵秋草的回忆，他说吃木炭时会想小时候吃烤白薯，"有时火大烤焦了，就跟炭一样黑，不也都吃了吗？"更严重的是硫磺岛上没有淡水，这更严重，另一位幸存老兵大越回忆，当时只能吸食地沟里的泥水，甚至连水里的蛆虫也一并吞下，这是难得的营养补充。（NHK取材班编著《最残酷的战斗：硫磺岛战役生还者讲述》）

比断水断粮还要让人绝望的是，硫磺岛上的日军逐渐明白自己成了大本营的弃卒。在硫磺岛战役开始前美军数度空袭东京，已成惊弓之鸟的大本营顾不得外围防线士兵的生死，命令将所剩不多的飞机和舰船都召回保护日本列岛，硫磺岛的孤军只能自生自灭。2月21日袭击美军舰队的"神风队"是硫磺岛最后一次获得增援，事实上，那次也是"第二御盾队"方面擅作主张，而如果他们出击前请示上级，这次有悖大本营保存实力思想的行动是否会被批准还很成问题。

战场的另一端，美军的心态竟也有些相似。出征前霍兰·史密斯抱怨支持不够，称海军都赶着去日本列岛参加最后的庆功会，硫磺岛被抛弃了。但战争没有同病相怜，如此态势下，战事只能以最残酷的方式继续。到了3月16日，栗林终于坚持不住，电告东京大本营，痛陈美国人"难以想象的物质优势"，准备亲自指挥全军"玉碎"，以谢失地之罪，电报结尾附绝命诗一首：

> 为国肩重任，今朝终得完。

弹尽粮亦绝,饮恨在九泉。
敌仇终未报,此身弃野原,
但愿生七度,执戈再当先。
犹念一芥草,蓬生岛上时,
皇国将何在,此心不胜思。

(服部卓四郎《大东亚战争全史》)

原定的"玉碎"日期是17日,后推迟到19日,栗林烧毁军旗,命余部发起冲锋,飞蛾扑火,结果自不待言。21日,日本的报纸提前发布了"硫磺岛全体玉碎"的讣闻,栗林绝笔电文中分析成败的字句都被删去,生命验证的教训变成了廉价的宣传煽情。

硫磺岛战局大定,最后的余波发生在25日夜里。仅剩的数百名日军突入美军航空兵营地,熟睡无备的美军伤亡近200人,日军全军覆没。这次袭击被认为是栗林和市丸利之助少将亲自指挥,市丸的尸体被找到,栗林撕去了军服徽章,因此尸身一直没有确认。关于他的死因,也流传着多种说法。西竹一被认为死于3月22日的战斗,传言美军曾用高音广播对他劝降,但这一说法不见诸正式记载,他死于自杀还是他杀也无定论。

3月26日,硫磺岛战役结束,此时距离折钵山升旗已过了一月有余,距战役开始前美军"5天夺岛"的预判更是悬殊。2.3万余名日军只有200余人被俘,其他全部战死。美军方面,6821人死亡,21865人受伤,不但刷新太平洋战场伤亡纪录,更留下了"胜利方伤亡总数超过失败方"的惨痛一笔。许多战斗英雄也在此役中丧生,飞行员乔治·布什的座机被击落,跳伞死里逃生,后来成为美国第41任总统。

尼米兹等人都对美日两军在战役中的勇敢精神做出赞许,对栗林等日方将领也给予很高的评价。不过从战略上看,美国人是无可争议的胜利者,拿下硫磺岛,意味着美军的一只手已经掐住了日本的脖子,而另一只,也伸向了琉球群岛,日本仅剩的屏障。

66
进击的巨人

硫磺岛战役后期，不但栗林忠道陷入无援的苦战，连美军也抱怨得不到足够的支持与关注，这是因为交战双方的目光已从这片荒蛮小岛转移向下一个焦点，琉球。

琉球群岛位于通向日本的另一条路径上，处在台湾岛东北，日本四国岛西南，是连接日本与东南亚链条的最后一环。

群岛总共包括琉球（今冲绳岛）、宫古、八重山三组主要群岛，约140个大小岛屿，陆地与海域总面积3000余平方千米。不同于小笠原群岛的荒蛮，这里经历了1000多年的开发。琉球的历史最早可以追溯到6—7世纪，即中国的隋唐时代，居民来自亚洲大陆、日本、南太平洋诸岛。14世纪起，琉球接受明朝册封，与中国明清两代关系紧密。明末，日本西南雄藩萨摩入侵，自此琉球国同时向中日两国朝贡，文化上趋近于中国，但相对于传统的陆权国家中国，同为岛国的日本对琉球的政治控制更为有效。自17世纪起，琉球群岛北部的奄美大岛等地已处在日本的实际控制下，明治维新之前包括西乡隆盛在内的许多倒幕志士都曾被流放到该岛。1871年，作为明治维新开拓海外的第一步，日本正式吞并琉球，废其王号。1879年，日本于琉球国故地置冲绳县。自顾不暇的宗主大清只能眼看"海表恭藩"（嘉庆帝题赐琉球王尚温）成了强邻的新领地。

日本吞并琉球后，以之为跳板，向东南亚伸展势力，太平洋战争开始后，琉球群岛和台湾岛更成为联系日本本土与东南亚新征服之地的脐带。战争初期，日军的战线拓展到万里之外，作为后方的冲绳还是一片太平景象。1943年下半年以来，战局不断恶化，日本加大了在此地的驻军，截至1945年初，琉球群岛中最首要的冲绳岛，驻有日军第32军2个师团、1个旅团，以及在当地强征的9.4万名民兵，统帅是在侵华战场上罪行累累的陆军中将牛岛满。

琉球群岛的显要位置也吸引了美军注意。1944年的研讨中，进攻台湾岛的计划被否决后，这里成了进军日本列岛的必由之路，并且比起小笠原群岛，冲绳被定为更重要的路径。这是美国人超前眼光的体现，此时与轴心国战争的胜负已无悬念，是时候考虑如何尽可能多地收取战争红利、确保自己在战后世界中的优势地位了。若能掌控可以连接辐射日本列岛、中国大陆和南太平洋的琉球群岛，自然是非常理想的。

进攻冲绳岛的作战计划原定1945年3月1日发起，因故推迟一个月，对岛上的日军来说，这一个月的喘息之机的代价是，他们将面对开战以来美军在太平洋上集结起的最强大力量：以第5舰队为基干的15艘航母、14艘护航航母，外加助阵的英军5艘航母，全部舰载机2500架；20艘战列舰、32艘巡洋舰、200艘驱逐舰、430艘大小运输舰艇，搭载用于登陆作战的地面部队18万人，以第10集团军为主，陆海军投入全部兵力45万人，此外还有陆基的战略轰炸机支持。比数字更可怕的是此次行动的代号：冰山——庞大、冷酷、不可阻挡，同时水面下隐藏着更深不可测的惊人力量。确如这个代号昭示的，随着欧洲战事的尾声，美军随时可以调动更强大的兵力投向太平洋。

4月1日，美军发起夺取冲绳之役，牛岛的战术构想与栗林忠道如出一辙，他也放弃了滩头抵抗，将大军收缩到冲绳岛南段布防，美军登陆十分顺利，但向日据地区推进中遇到殊死抵抗，战事逐渐激烈。

冰山压顶，寒意逼人，东京的日本决策层无不为之战栗。此前，大本营硬撑着制订了"天号作战"计划，其主旨是以飞机"特攻作战"阻止美军，为此一切在建的舰船都停工，优先生产飞机。但决策层中但凡稍微清醒的都知道这不过是聊尽人事，效果如何，没有谁敢乐观，因此备战的同时，外交也在努力。小矶国昭内阁一直竭力试图通过苏联调停，实现停战，但雅尔塔会议上已和美英达成默契的斯大林自然不会扮演日本救星。4月5日，苏方告知日本，中止两国间的"中立条约"，这几乎已是宣战的前兆，绝望的小矶国昭只好辞职。烫手的相位无人肯接，最终已退役的海军大将铃木贯太郎男爵作为战和两派都能接受的折中人选，被推上前台。此时铃木已是77岁高龄，在1936年的"二二六事件"中，时任天皇侍从长的铃木身中叛乱者三枪，最终竟死里逃生，被称为"不死身之鬼贯"，其后淡出一线。他已值暮年，本不愿再蹚浑水，在裕仁天皇的劝勉之下才勉强同意接手。

就在4月6日，小矶下野次日而铃木尚未组阁的当口，濑户内海西部的德山锚地有10艘军舰拔锚起航，其中最引人瞩目的正是日本海军乃至整个国家的象征，超级战列舰"大和"号。目的地是冲绳，这是一次单程之旅。

莱特湾战败后，无人再抱整场战争可以取胜的幻想，而残余的联合舰队接下来何以自处，成了一个问题。1945年春季，战争已经无以为继，这点人人心知肚明，谁也不敢冒着严重政治不正确的危险宣之于口。在这样的背景下，大本营制订了根本无从实施的"决战本土"计划，代号"决号"，具体手段只能是目前最行之有效的自杀式特攻。就这样，理性的战略考量让位于"拼一个够本"的亡命徒心态，而这样的思路在海军当中尤其有市场，因为对他们来说，无论是战是降，舰队都必将不复存在，因此很多人渴望"光荣战死"，以博身后之名。

4月1日，美军登陆冲绳，丰田副武在接连的挫折下已陷入麻木，一筹莫展，此时，以狂热著称的联合舰队先任参谋神重德提出，以"大和"号等全部残存战舰运载士兵驶往冲绳，抵达后全力攻击美军运输船队，然后舰船就地搁浅，作为固定炮台，士兵则登陆参加地面作战。这是真正的砸锅卖铁，在任何理性的决策氛围中都会被分分钟否决，但山穷水尽又不想坐以待毙的海军实在想不出其他将战舰派上用场的方法，最终这个疯狂的提议竟获得了越来越多的支持。

4月2—4日，"天号作战"发动，飞蛾投火般的特攻机猛扎向冲绳海面的美军舰船。三天的激战，击沉美军3艘驱逐舰和1艘坦克登陆艇、1艘运输船，重创十余艘舰船，这点损失于美军是九牛一毛，但日军又祭出一贯的精神胜利法，宣称击沉、击伤美舰百余艘。感觉受到鼓舞的海军方面更坐不住，顺应局势提出"菊水作战"计划，出动战列舰赴冲绳实施"特攻"。所谓菊水，也是来自偶像级武士楠木正成，此人封神之后，其家纹"水上的菊花"也备受后世之崇拜，这个悲壮的名称也预示了计划的前景。

莱特湾余生的战列舰，此时只剩了三艘，但"长门"和"榛名"都在修理，能动的只有"大和"号，这艘当世第一巨舰，也就成了祭台上最新的牺牲品。4月5日，对"菊水作战"十分不认同的参谋长草鹿龙之介不得不亲赴"大和"号所在的第一游击部队传达命令，司令伊藤整一中将也提出过派舰队驰援冲绳，不过前提是保证空中护航，而此时显然不具备这样的条件，因此，此次出击实是九死一生。草鹿把话挑明后，别无选择的伊藤反倒释然，保证将不辱使命。当晚，舰队大宴，军官们彼此道别，狂歌滥饮一番后，只待来日踏上最后的征程。

4月6日16时，舰队起航，最终的阵容除了"大和"，还有轻巡洋舰"矢矧"号，驱逐舰"雪风""浜风""矶风""冬月""凉月""朝霜""初霜""霞"，一共十艘，组成第一游击部队。除了"大和"号装填了2/3的燃料，其他诸舰都只携带了单程燃油，已不抱生还之念，舰上兵将人人心下凄切冷清，一如这些透着寒意的舰名。

伊藤等人能期待的，唯有尽量晚些暴露行踪。舰队保持无线电静默，又命舰队频繁改换路径，试图躲过美国人耳目。但这些努力根本是徒劳，莱特湾之战后，联合舰队中美军唯一忌惮的就是这艘超级战列舰"大和"号，一直密切留意其行踪。起航大约五个小时后，舰队被美军的潜艇"红鱼"号盯上。同时，"红鱼"号向上峰报告的信号也被日军截获，并告知伊藤，危险临近的信号让人更加紧张。

同一时间的美军第5舰队，斯普鲁恩斯和米切尔已获悉敌踪，尤其米切尔，两眼放光，"击沉世界最大战舰"的殊荣在向他招手。虽然海军航空兵此前干掉过同样级别的"武藏"号，但那次战斗在整个莱特湾战役的一大堆辉煌战果中并不特别突出，因此米切尔不愿放弃这次为航空兵建功正名的最佳时机。斯普鲁恩斯正在踌躇如何调派兵力迎敌时，米切尔已急不可待地来电请战，斯普鲁恩斯便成全了他，条件是"必须干得漂亮"。

4月7日，伊藤整一的第一游击部队接近琉球群岛北部的奄美诸岛。在昨夜的航程中，驱逐舰"朝霜"号发生故障返航（不久后被美军潜艇击沉），为此行蒙上不祥之兆，此时，远处的海平线上夜幕正一点点褪去，天光渐亮，最后的一点保护也消失了。7时整，九州岛鹿屋基地派出的最后一批护航零战按照计划返航，这20架飞机是伊藤的好友宇垣缠派来的，但由于燃料有限，只能短短地送上一程。当然，就算它们全程护航，也不过是在美军的功劳簿上再添一笔，丝毫无补于战局。伊藤整一在船舱中举目望天，目送飞机返航，他不知道，这些飞行员中就有他的儿子伊藤睿，而伊藤睿也不知道，他将以这种方式与父亲诀别。此时乌云密布，大雨倾盆，舰队头顶完全开放，一任风雨吹打，一个多小时后，比雨点更大的麻烦也当头落下——美国人的炸弹。

米切尔为"大和"号准备了盛大的欢迎礼，他调动了手头第58.1、第58.3

两个航空大队的11艘航母,总计超过900架舰载机。8时40分,仿佛宣告死亡的使者,美军的先导侦察机出现在伊藤舰队上空。"大和"号摆动硕大的身躯,以22节的速度走Z字向南方疾进,但无论舰队怎么拼命也跑不赢飞机。随后一两个小时内,飞机越聚越多。12时27分,大部队杀到,两个航空大队的280架舰载机麇集上空,第一轮的狩猎开始了。

"大和"号的巨炮当空怒放,但和之前几次与飞机交手时的情形一样,杀伤十分有限,面对铺天盖地的飞机,舰队应接不暇。大约持续一个小时的第一轮空袭过后,"矢矧"号和"浜风"号沉没,"矶风"号和"霞"号两舰动力失灵,"初霜"号重创,加上此前的"朝霜"号,损失过半,战斗力已经瓦解。

"大和"号是重点关注对象,410毫米的侧舷钢板总算起了作用,身中一枚鱼雷、两颗炸弹,但仍能航行作战,只是航速降到了15节。第一波的攻击机群弹药用尽返航,第二波接踵而至,13时37分,第二批的110架飞机发起进攻。虽然比上一批次少了一半,但此时日军对空火力的损耗更多,头顶的火网处处漏风。美军的第一波攻击清扫了外围舰船,机群可以更有效地将火力集中到"大和"号上,又是三枚鱼雷命中,三个锅炉室被击穿,海水狂灌,"大和"号的舰体发生倾斜。此时的"大和"几乎成了固定靶,任美军做投弹练习,又接连挨了数弹,甲板的钢板被炸得扭曲变形,对空火力点大半失效,舰上尸骸枕藉,无线电系统也损坏了,指挥陷入瘫痪。致命的打击终于降临,105架SB2C俯冲轰炸机用三颗炸弹和四枚鱼雷终结了弥留的巨人。最后一颗鱼雷,于14时15分命中左舷,此时"大和"号已身中10枚鱼雷、24颗炸弹,航速降至7节,一侧动力系统损毁,为保持平衡,船舱注水过多,已经失控。舰长有贺幸作向伊藤整一报告,准备弃舰。万念俱灰的伊藤木然无语,虽然出发前已有心理准备,但海军最后家底,也是海军甚至整个国家的象征"大和"号就这样葬送在自己手上,巨大的打击还是让他难以承受。最终,伊藤命令全员逃生,他自己怀抱天皇画像走进内仓,饮弹自尽。有贺幸作也命手下将自己缚在罗盘仪上,他对自己的水性太有信心,担心不这样做可能不会淹死。

形势恶化越来越快,幸存者来不及组织有序撤退,更无暇按惯例呼喊"万岁",一个个仓皇跳海,各自逃命。但多数人还没来得及逃出,半截入水的巨舰忽然炸起一声巨响,声震海天,原来是武器库中的重磅炮弹因船身倾覆而摔落,引发爆炸,周围的海水被炸出一个巨大的旋涡,水花冲天,高达数百米,旋涡像一张巨口,而此时巨舰的残骸显得如此渺小,直接向太平洋深不见底的喉咙里滑落,真如沧海一粟。多数船员不及躲避,被大海吞没,舰长以下2498人阵亡,幸存者仅269人,十不余一。算上其他舰船,6艘沉没,1艘重创,阵亡总数3721人,残余舰只逃回日本列岛,其中包括历经数次大战而无损的著名幸运儿"雪风"号驱逐舰。美军则只损失7架飞机。

至此,超级战列舰"大和"号沉没,时间是1945年4月7日14时23分,地点在琉球群岛以北海域,东经128°4″,北纬30°22″。这是具有划时代意义的一战,不但对太平洋战局,对整个世界海战史而言同样如此。海天对决中,天空再获完胜,大航海时代以来五百年间的巨舰大炮主旋律以一曲挽歌告终。

"大和"号被日本媒体悲情渲染,以之为"一亿总特攻"的先驱,但这些宣传完全抵消不了"民族化身"被击沉对日本民心士气的摧折。"大和"号被视为日本举国之骄傲,从某种意义上说,大和级战列舰可以理解为日本人自被西洋列强打开国门后恐惧心理的外在投射,从佩里的黑船到北洋水师的"镇远""定远",强大的外国军舰给日本人留下了太深的心理阴影,要想击碎恐惧,唯一的方法在于掌握和敌人一样的强大力量。在这样的背景下,日本人变法图强伊始就努力学习造舰技术,直至可以自主建造不逊欧美的巨舰,而自知资源不足的日本人放弃数量,转而在个体型号下功夫,追求在单舰环节的压倒性优势。在这样的背景下,6.5万吨、各项指标都凌驾于当时欧美主力舰、单艘造价2.8亿日元(约合今2800亿日元)的大和级诞生了,名之以"大和",实以种族社稷之运厚寄之。

可惜巨舰生不逢时,先是被山本五十六作为决战兵力而雪藏,在日本武功最盛的战争前期留在后方毫无表现,更因其奢华与安闲,被讥为"'大和'号旅馆"。后来临危受命,在马里亚纳战役才首次获得实战机会,却又失去了有效的空中支援,独木难支,从那时到莱特湾再到最后的自杀之旅,战果皆寥寥(总共击沉2艘护航驱逐舰,击伤1艘护航航母,击落8架飞机,都是在莱特湾战役中取得)。终于奋勇做挺身之击,却无力回天,出师未捷身先死,最后一战中甚至没能击落一架美军飞机。

有刻薄的评论家在战前就将日本人建造"大和"号称为"人类历史上最劳而无功的三大蠢事之一"。从"大和"及"武藏"两舰的实战表现来看,或许这也不算太毒舌。

除了外界，日本海军内部对大和级战列舰也颇多非议，比如大西泷治郎，这位最早看见航空兵曙光的海军军官早就曾抱怨，造"大和"号的钱可以造3000架飞机，而要是有这3000架飞机，他早就可以纵横太平洋了。

但这些事后之论都言之无益，现实是，"大和"号沉没预示着大和之国陆沉之日，为期不远矣。

67

黎明前的诀别

"大和"号的毁灭宣告了日本海军就此瓦解，以之为柱石的帝国也行将倾覆。另一块战场上，德意轴心的境况比日本更加不堪，灭亡指日可待。为此苦战三年多的美国人，终于即将收获胜利，但他们中有一个人已看不到这一天——美利坚的三军统帅，富兰克林·罗斯福。

自雅尔塔归来时，罗斯福绕道中东，会晤沙特阿拉伯、埃及、约旦等国首脑，在这片即将成为下一个国际角逐焦点的土地提前布局。归国后，他致力于战争的收尾阶段，殚精竭虑为美国谋求战后世界的主导地位。此时他的身体状况已大不如前，这一年华盛顿高温干燥的夏天来得格外早，3月底就酷热难耐。4月初，罗斯福离开白宫，到佐治亚州的温泉休养，他患脊髓灰质炎瘫痪后曾在这里接受康复治疗，此时这个惬意的度假小村给了他这些年里难得的片刻闲适。陪伴他的是医生、生活助理和他早年的情人露西·拉瑟弗德女士，这些人的关照给了罗斯福极大的慰藉。

4月12日，美军在太平洋击沉"大和"号后继续围攻外援断绝的冲绳岛，在缅甸逼近仰光，在欧洲兵临易北河西岸，沿途望风而降。虽然战事仍艰苦，但迈向胜利的每一个脚步都坚实有力，梦想中的未来世界蓝图正一点点清晰成像，罗斯福情绪也很不错。这一天午间，罗斯福穿戴整齐坐在轮椅上，在总统别墅与露西及几位来访的家族亲眷叙谈，由一旁的女画家舒马托夫夫人为他画肖像。安逸的午休时间飞快流逝，助理已将新的文件递到罗斯福手上，他开始阅读，同时点起一支烟。不一会儿，他以手加额，似是在思考，忽然手臂垂下，指尖微微抽搐，紧闭双眼，面露痛苦。旁边的人近前询问，罗斯福低声回答"头痛"，有气无力，紧接着头向左侧一歪，整个上身瘫软在轮椅上，陷入晕厥，此时是13时15分。经过医护人员的急救，罗斯福被诊断为突发脑出血，最好的医生也无力抢救他操劳过度的大脑。13时35分，医生宣布罗斯福死亡。

秘书人员立刻通知正在华盛顿出席慈善活动的总统夫人，随后各方安排后事，虽然是战时非常时期，但总统死亡这样的大事无法对公众隐瞒。当晚，国际新闻社首发了这则大新闻，两分钟后合众社、美联社也发出电报，随后是广播、电视，瞬间消息传遍全国。次日，各报头条都被这则消息占据，其中《纽约邮报》的报道别出心裁：

陆海军阵亡将士公告
（4月13日于华盛顿）

下列为最近阵亡之服役人员及其直系亲属：

陆军及海军死亡人员
白宫最高统帅 富兰克林·罗斯福（妻 安娜·埃莉诺·罗斯福）

这是美国军方公布前线伤亡情况的例行格式，对罗斯福的后半段政治生命而言，也确属贴切。1944年底，他第四度当选美国总统，此时他的第四个任期才开始73天，而成全他创纪录公职生涯的，正是这场战争。自第三个任期开始，他便将绝大部分精力投入战争。他的最后一次"炉边谈话"是在1944年6月12日，诺曼底登陆一星期之后，其中谈到日本，"的确，打到东京还有很长的路要走，但是，执行我们最初制定的战略计划……然后全力以赴转向太平洋战场，我们就能比预期更快地迫使日本无条件投降。如果拒不投降，他们将遭受毁灭性的打击"。该期谈话的主要内容是向民众发起新一轮战争筹款，这诚然是美国被罗斯福带进战争后所承受代价的写照，但正是通过这场战争，美国彻底走出了大萧条余波，并就此奠定其后半个多世纪的世界头号国家的地位。在人类尝试向各个方向探索未来福祉而前途未明的20世纪上半叶，罗斯福及丘吉尔主导的民主自由政治模式通过打败极权主义的纳粹模式（至少在客观意义上）为后世指明了一些方向。正如一生对政治人物持审慎态度的美国新闻界泰斗沃尔特·李普曼评价："他领导了全国，不仅躲过来自外方的致命危险，而且度过了可能因分歧而产生于内部的、目的未定的慌张。"

因此，多数美国人对罗斯福的逝世抱以哀悼。在夫人主持下，专列载着罗斯福的灵柩于次日启程赶回华盛顿，这一天正是象征不祥的13日星期五——黑色星期五。棺椁停在列车最后一节车厢，那里原本是罗斯福乘坐时的办公场所，覆盖星条旗的棺盖半敞着，露出罗斯福的遗容，车厢的窗帘拉开，点上灯，使车外来送别的公众能够看到。人们踮起脚往里看，以无言的瞩目作为最后的送别，沿途各站，莫不如此。

埃莉诺·罗斯福在紧邻的倒数第二节车厢里，透过窗纱看着车外，"我彻夜躺在铺上，窗帘拉开，眺着他过去热爱的田园，观察那些在车站上甚至交叉路口上的人群的脸孔。他们都是彻夜不眠，特地来向他告别的……使我感到惊讶，我完全没有预料到这一切"（威廉·曼彻斯特《光荣与梦想》）。显然，丈夫所受之爱戴让她得到宽慰。14日10时20分，列车驶进华盛顿车站，陆海军的全副仪仗已在迎候，三军的骑兵、步兵、战车兵一路扶持，护送灵柩，归冢于罗斯福的庄园。

……沿途每隔两米，就排列着士兵，枪上上了刺刀，其中一名士兵晕厥，跌伤了下巴。挤在拉法耶特广场上的成千上万的人，越过了宾夕法尼亚大道，但他们都鸦雀无声，庄严得连白宫边松鼠掠过树枝的沙沙声和小鸟的啁啾声，都听得清楚。（当日美联社报道，记者汤姆·瑞奇）

简单而肃穆的葬礼上，牧师吟诵圣诗："劳累的一生已经终止，战斗的时刻已成往事，生命的航船靠拢彼岸，航海的人终于上岸永息。"弄潮太平洋的一代美国领袖，就此安眠。

此时的轴心国，正是另一派景象。已经山穷水尽蜷缩在地下暗堡里的希特勒与戈培尔弹冠相庆，戈培尔借机给因绝望而有些精神失常的元首猛打鸡血，搬出怪力乱神之说，自称夜观星象，本年中轴心国集团将重新迎来转机，罗斯福之死正是上应天象云云，彼此自我麻醉。在日本，罗斯福的离世让决策层看到了一丝"有条件地体面结束战争"的希望，冲绳前线，牛岛满更向美军阵地大撒传单，以名将派头向罗斯福致祭，接着笔锋一转，向美军士兵保证"将很快把你们全体都送去见他"。

但他们显然高兴得太早了。诚然，罗斯福的死亡来得早了些，如果他再多活两个星期，就会看到"二战"元凶之一、法西斯鼻祖墨索里尼逃亡途中被意大利游击队俘获并枪决，曝尸米兰广场；如果他再多活一个月，就会看到第三帝国最终覆灭，希特勒死无全尸；而如果他再多活半年，则有望迎来战争的最终胜利。率领美国乃至世界反法西斯阵营熬过长夜，却在黎明将至时离世，这是令人扼腕的遗憾，但罗斯福后继有人，况且在美国的体制下，领袖个人的生死并不对国策构成决定性影响。

  罗斯福身后，61岁的原副总统哈里·杜鲁门紧急继任，成为美国第33任总统。和罗斯福一样，杜鲁门也有过军旅经历，参加过"一战"，"二战"期间也曾以参议员身份署理国防事务。1944年他作为罗斯福的搭档参加竞选，罗斯福连任后他成为副总统。若论魅力与建树，杜鲁门无法比肩前任，但他坚韧到有些偏执的性格，对已近终盘的战争来说正是最需要的，已经瓜熟蒂落的胜利果实，正等着他伸手去摘取。

68

"一亿总玉碎"

1945年5月8日，历时九天的柏林会战落幕，在苏联红军震天的"乌拉"声中，勃兰登堡门上红旗漫卷。第三帝国的首都已成瓦砾焦土，希特勒被认为在围城开始的4月30日在地下暗堡里用手枪自杀，据信他遗命手下焚毁了遗骸，所以死不见尸。关于他结局的细节一直众说纷纭，但无须疑虑的是，盟军已在欧洲取得彻底胜利，曾被轴心国践踏的欧罗巴即将浴火重生。

物伤其类，此时仍在负隅顽抗的日本人难免为盟友的遭遇和自己已经注定的相同命运而伤神，尤其是冲绳岛上的牛岛满。美军登陆冲绳后，日本大本营提出口号，要将冲绳变成"美国人的瓜达尔卡纳尔"，前线的牛岛却清楚，美军在瓜岛得胜所依仗的制空权、制海权、物资补给和施工能力他都不具备，要想复制美军的瓜岛模式还施彼身，纯属痴人说梦，倒是栗林忠道的硫磺岛模式更值得借鉴。牛岛同样放弃了滩头防守，更进一步将冲绳岛北部的守军撤出，集中兵力在岛东南部的琉球故都首里到冲绳首府那霸一线，深挖洞，广积粮，依托地势，密集布防。

4月1日登陆以来，美军在海上虽饱受特攻机袭扰，在岛上的地面部队反倒推进顺利，直到4月8日才触及第一道防线。该防线设在冲绳岛中南部，牧港—嘉数—西原—棚原—和宇庆，横贯全岛，纵深在2000米以上，由第62师团的第63、第64旅团驻守，火力和给养都很充足。突然撞上来的美军措手不及，8日的交火中挨了迎头一棒。随后，战事激烈起来。日军在这一局部战区的火力并不吃亏，地形和掩体也能很大程度抵消美军的海陆空立体打击，美军数次试图夺取敌人占据的高地，都因伤亡太重而失败。4月9—12日，陆军第96师伤亡已逾4000人，战事胶着。

随后双方各自休整，补充人员和弹药。19日，再次开战，美方换上的生力军第27师以坦克掩护步兵推进，日军化整为零，出动抱着炸药包的"人肉神风队"与坦克同归于尽。在如此搏命的打法下，美军攻势又被迟滞数日。最后，美军几乎凭着消耗战，迫使后劲不足的日军疲惫，4月24日，半个月的血战终于在牧港防线中段的支点嘉数高地打开缺口，日军被迫弃守，向南撤走。

牧港防线瓦解后，日军仍有实力建立起至少两道同样坚固的防线，这让美国人无比头疼，虽然最终必胜不必怀疑，但这么打下去，战役的血腥程度势必又将超过了一个月前的硫磺岛，没有谁敢确信自己一定是能坚持到胜利的幸运儿。此时，他们的敌人牛岛帮了他们。

进入1945年，日本列岛越来越频繁地遭受美军空袭，其中3月9—10日的东京大轰炸中美军出动B-29重型轰炸机333架，投下燃烧弹2000吨，造成东京伤亡8.3万人，被毁房屋逾27万栋，超过东京建筑总数1/4，天皇本人都不得不出面慰问。依靠虚报战果和隐瞒损失的宣传显然已经糊弄不过去了，平日里"玉碎"不离口的大本营此刻也坐立难安，不光是害怕炸弹落到自己头上，更担心已为战争倾尽所有的日本民众被炸醒，不再为他们充当炮灰。正是在这样慌不择路的心态下，出台了"菊水作战"计划，同时，大本营更盼望太平洋外围战线上实力最强的牛岛满能在冲绳御敌于国门之外。因此，牛岛以最大限度杀伤美军为主旨的死守战术令大本营不满，尤其是牛岛主动放弃冲绳的机场，在他们看来这等于坐视东京被轰炸，简直罪无可恕。4月中旬起，大本营的急电不断发往冲绳，要求牛岛停止消极的防守战术，发动反攻，赶走敌人。

这种出于恐慌和操切的命令明显有悖于冲绳战局的客观形势，但毕竟事关首都和天皇安危，牛岛明知不妥，终究不敢"将在外君命有所不受"，当前形势下他的"大流血持久战"在军事上正确，政治上却不正确，他也不敢冒此风险。4月29日，牛岛召集作战会议，研讨上峰命令，令他有些意外的是，以参谋长长勇为首的军官们竟多数赞同大本营明显冒进的反攻命令，理由与海军的神重德如出一辙：日军力量在消耗战中逐渐减弱，若不趁还有能力时发动反攻，则以后纵想反攻也没机会。至于胜算，显然这些人都没考虑概率问题，而是将理论上的一点获胜可能当成了指望。

其实也难怪，冲绳的艰苦更甚于东京，残酷的环境让人失去理智思考的能力，胜也好，败也好，早一刻解脱便好。属下们的表态反倒让牛岛放下了包袱，依据会上的决议，命长勇和先任参谋八原博通着手布置反攻，八原博通坚持反对意见，但无济于事。

反攻定在5月4日，之前一天牛岛手书"全员特攻，忠则尽命"以将率三军。当晚在地下掩体深处的指挥部中诸将聚饮，牛岛逐个敬酒嘉勉，大概此时他也知道，这就是最后的晚餐。

4日清晨，日军反攻准时打响，士兵冲出堑壕，原本秘藏的决战武器320毫米口径臼炮也被推出，集中火力轰击美军阵地。没料到日军会主动出击的美国人一度被动，但他们很快惊喜地发现歼敌良机已到，日本人的进攻正可免了己方没完没了拔除堡垒掩体的辛劳。很快海面上的舰船也发现这个良机，舰炮、飞机、地面部队共同构成立体打击，日军火力被压制，暴露在掩体之外的士兵死伤无数。撞向枪口的无谓攻势持续了一整天，牛岛和八原的担心变成现实，非但没能取得战果，反而损兵折将，想撤退重新组织防线也已不可能。

5日起，美军重整部队，海军陆战队第三军被投入战场。日本人十分忌惮的"瓜岛屠夫"陆战队第一师也被派上前线，自11日起，向首里推进。眼看守不住，牛岛一边拼死抵抗，一边将兵员和物资转移往冲绳岛南部的喜屋武半岛地区，准备继续组织游击战。时值梅雨季节，道路泥泞难行，尤其不适合美军的车辆和坦克，这为日军转移提供了便利。5月31日，美军终于攻进首里，才发现牛岛的指挥部和城中守军已经撤离，城中断壁残垣，尸骸遍地，看得出许多日军士兵死于自杀，他们都是此前作战中的重伤号，根据命令，在主力部队撤离后自行了断。

虽然牛岛逃出后继续组织游击作战，但日军在岛上的活动空间越来越小，美军动用大批机械化部队，例如坦克、自行炮，以及加装火焰喷射器专门针对日军藏身洞窟的喷火坦克，犁庭扫穴，势如破竹。美军在追剿之余，也适时发动攻心战，对牛岛在内的日军上下展开劝降。虽然牛岛等死硬分子不为所动，但日军中被强征来的琉球、台湾、朝鲜等地区的士兵越来越不想卖命，军心涣散。

6月18日，指挥第10集团军的美军中将西蒙·巴克纳赴前线视察，来到陆战队第二师刚刚攻取的南部城市真荣里，不想遭遇日军炮击，巴克纳前胸被弹片击穿，当场殒命，不幸成为美军在太平洋战争中阵亡的军衔最高者。但对日本人来说，这样的意外之喜无补于整个局势，也是在这一天，自知时穷力竭的牛岛满向大本营拍发了诀别电报。残喘到23日凌晨，他与长勇一同切腹自杀。

或许是不愿遗体被美国人找到，牛岛命令担任介错人的副官坂口在自己死后将首级砍去藏起，所以美军始终没能确定牛岛满的尸身。协助牛岛和长勇切腹的几名副官，在处理完他们尸体后也都开枪自尽。

截至6月30日，日军在冲绳的大规模抵抗都被敉平，又经过两天对零星残敌的清剿，7月2日，美军宣布占领冲绳岛。"冰山行动"胜利结束，总计投入18万兵力的盟军，1.2万人阵亡及失踪，另有7万余人受伤，1000多辆坦克和军用车辆损毁，消灭日军9.5万人，伤1.7万人，生俘约7500人，其中包括相当数量的投降者，这是以往战役中极为罕见的；海面上，日军自4月6日至6月22日，先后发动10次"菊水作战"，出动飞机3267架，接近半数是自杀性质的特攻机，后来连"一战"期间的古董货双翼木制飞机也被拉出来，添满炸药加入自杀大军。其中2300架有去无还，算上其他行动中的损失，以及被美军击毁在机场上的，总损耗超过7000架。相应地，日军也击沉美军舰艇30余艘，伤368艘，其中半数伤势严重，退出战斗。最猛烈的一次是5月11日的"菊水6号作战"，是役重创航母"邦克山"号，迫使其返修，这也是美军被重创的最后一艘航母，斯普鲁恩斯的旗舰"新墨西哥"号战列舰也在这次袭击中被撞伤（5月12日），死伤近200人，斯普鲁恩斯本人幸免于难。另外，美军损失海军舰载机800架，海军伤亡近万人。

对双方来说，以上都是一组用血写成的数字，主场作战的日本，损失尤其惨痛。除了士兵，冲绳的平民是更大的牺牲品。日本人把他们的世居之地变成战场，很多从未打过仗的冲绳人被强征入伍，充作炮灰，在不曾想象到的残酷战争中煎熬，一位被征召的平民伊地昭义留下战地感受：

洞中蜗居七旬余，昼夜炮声冲耳底。

儿病垂危日无几，缺医少药难为继。

知友安全得逃避，吾留壕中空叹息。

（伊地昭义《壕中叹》系列之一，作于6月1日美军占领首里次日）

这首打油诗正是被无辜卷入战争的冲绳人的悲苦心声，而当战事接近结束时，他们更大的灾难才刚到来。和塞班岛的情形一样，失败的日军不想留给胜利者任何东西，包括岛民的生命，在他们的逼迫和蛊惑下，大批冲绳平民集体自杀，连同此前战事中的伤亡，冲绳平民损失的总人口达到10万。据信，集体自杀事件中有很多人是出于日军的强迫，战后从皇民化洗脑教育中清醒过来的冲绳人，痛思往事，深恨军国主义之害，以致一度爆发琉球独立运动。1970年代，当时的皇太子明仁到访冲绳，还险遭独立运动组织刺杀。

冲绳战役结束同期，日军在其一度广阔的占领区里节节败退，在吕宋、中国、缅甸都遭到了战略意义上的挫败，日本列岛被袭也愈发频繁。虽然6月上旬的台风频发期真的有几次"神风"袭击了美军舰队，还差点吹掉了哈尔西的司令军帽，但又如何能真正指望这些不可控的自然力量？联合舰队已经名存实亡，"长门"号等残余战舰都因燃料匮乏，停在港口内，形同废铜烂铁，除了吸引美军火力，发挥不了什么作用。这个过程中，日本军民的死伤数字节节飙升，这场战争正在以最残酷的方式接近尾声。

旷日持久的冲绳战役举世瞩目，美军获胜后，丘吉尔向杜鲁门发来贺电，称颂美军打赢了最艰苦、最光荣的战役。这位战略大家此时确信，盟国的胜利已是板上钉钉，是时候商讨对日本的最终处分了。1945年7月16日，德国柏林西南的波茨坦，欧洲战场上的胜利者斯大林、丘吉尔、杜鲁门再次聚首会商，此时纳粹德国已经败亡，盟国的战略目标自然转向了仍和几乎全世界做着困兽之斗的日本。17日，美英以包括中国在内的三国政府领袖名义对日本发布公告如下——

美、英、中三国政府领袖公告：

（一）余等：美国总统、中国国民政府总统及英国首相代表余等亿万国民，业经会商，并同意对日本应予以一机会，以结束此次战事。

（二）美国、英帝国及中国之庞大陆、海、军部队，业已增强多倍，其由西方调来之军队及空军，即将予日本以最后之打击，彼等之武力受所有联合国之决心之支持及鼓励，对日作战，不至其停止抵抗不止。

（三）德国无效果及无意识抵抗全世界激起之自由人之力量，所得之结果，彰彰在前，可为日本人民之殷鉴。此种力量当其对付抵抗之纳粹时不得不将德国人民全体之土地、工业及其生活方式摧残殆尽。但集中对待日本之星则较之更为庞大，不可衡量。吾等之军力，加以吾人之坚决意志为后盾，若予以全部实施，必将使日本军队完全毁灭，无可逃避，而日本之本土亦必终归全部残毁。

（四）现时业已到来，日本必须决定一途，其将继续受其一意孤行计算错误，使日本帝国已陷于完全毁灭之境之军人之统制，抑或走向理智之路。

（五）以下为吾人之条件，吾人决不更改，亦无其他另一方式。犹豫迁延，更为吾人所不容许。

（六）欺骗及错误领导日本人民使其妄欲征服世界者之威权及势力，必须永久剔除。盖吾人坚持非将负责之穷兵黩武主义驱出世界，则和平安全及正义之新秩序势不可能。

（七）直至如此之新秩序成立时，及直至日本制造战争之力量业已毁灭，有确定可信之证据时，日本领土经盟国之指定，必须占领，俾吾人在此陈述之基本目的得以完成。

（八）开罗宣言之条件必将实施，而日本之主权必将限于本州、北海道、九州、四国及吾人所决定其他小岛之内。

（九）日本军队在完全解除武装以后，将被允许返其家乡，得有和平及生产生活之机会。

（十）吾人无意奴役日本民族或消灭其国家，但对于战罪人犯，包括虐待吾人俘虏在内，将处以法律之裁判，日本政府必将阻止日本人民民主趋势之复兴及增强之所有障碍予以消除，言论、宗教及思想自由以及对于基本人权之重视必须成立。

（十一）日本将被允许维持其经济所必须及可以偿付货物赔款之工业，但可以使其获得原料，以别于统制原料，日本最后参加国际贸易关系当可准许。

（十二）上述目的达到及依据日本人民自由表示之意志成立一倾向和平及负责之政府后，同盟国占领军队当撤退。

（十三）吾人通告日本政府立即宣布所有日本武装部队无条件投降，并以此种行动诚意实行予以适当之各项保证，除此一途，日本即将迅速完全毁灭。

这份著名文件以《波茨坦公告》之名传世，中国虽未与会，但事先已知悉并认可了公告内容。这是盟国对已陷必败之局的日本最后的宽待，只要他们停止抵抗。

可惜日本依旧以冥顽姿态置若罔闻。虽然必败无疑，但日本高层的强硬派仍幻想通过顽抗，争取更为主动的投降条件，叫嚣本土决战，"一亿总玉碎"，不惜以亡国灭种为注。在战和两派的争执倾轧下，以终战为使命的铃木贯太郎内阁选择继续观望，在他们看来，《波茨坦公告》比之之前的《开罗宣言》等，似乎并无新意，第十三款"日本即将迅速完全毁灭"云云，无非又是挟战略优势而虚言恫吓，不必当真——这是一个致命的判断错误。

69
"我就是死亡"

在波茨坦会议召开的同一天，1945年7月16日，一件当时并不轰动甚至知者寥寥，对人类的历史进程却更加重要的事，在美国西部新墨西哥州荒莽无人的洛斯阿拉莫斯沙漠中发生。它既悄无声息，又惊天动地——人类历史上的第一颗原子弹爆炸了。

公元前四五世纪的古希腊，哲人德谟克利特观测世界，将构成世间万物的最基本单位称为"原子"。2000多年后，现代科学证实了哲人早慧的构想，从道尔顿到居里夫妇，从伦琴到卢瑟福，一代代最聪慧的大脑穷极心智，发现原子并非如德谟克利特想象的那样"不可再分"，原子内部存在有体积只占原子亿万分之一、质量却占99%以上的原子核。到了1930年代，德国化学家哈恩、迈特纳等人更发现，原子核裂变会释放出惊人的巨大能量，即核能。

这个窥破天机的发现是人类科学领域又一次划时代的飞跃。可惜，科学家探索原子核奥秘的时段正赶上法西斯主义集权政治上台，世界处在战争边缘，核能研究不可避免地被率先用于军事领域。

"二战"开始前，德国、苏联、英国都尝试过研发核能武器，所幸，在这个领域同盟国集团走在了轴心国前面。在纳粹德国不可理喻的排犹主义政策逼迫下，一批出身德国、奥地利、意大利的顶级科学家远走美国，包括阿尔伯特·爱因斯坦（原籍德国，犹太人）、尼尔斯·玻尔（原籍丹麦，犹太血统）、恩里科·费米（原籍意大利，妻子是犹太人）、利奥·西拉德（原籍匈牙利，犹太血统）等，正是这些巨擘帮助美国率先研制出了最终消灭轴心国集团的核武器，这真是一段让人不知如何评说的历史。

1939年，德国占领捷克斯洛伐克全境，并向波兰提出领土要求，欧洲大战一触即发。情报显示，纳粹德国在尝试利用核能开发大规模杀伤性武器，于是在西拉德等人推动下，移居美国七年的"德国叛国者"、60岁的爱因斯坦于该年8月致信罗斯福，建议美国研发核武器，以防被德国抢先。虽然当时美国仍受着大萧条余波影响，但罗斯福还是洞悉了此中战略价值，在他主持下，内阁会议批准启动该项研究。

一项惊天动地的科研工程就在此绝密状态下展开，这项工程被命名为"曼哈顿计划"，从1939年10月开始筹备，后续直到战后的1946年，全程动用超过13万人力，耗资20亿美元，由美国陆军工程兵团建设部副主任莱斯利·格罗夫斯少将主持，科研团队由来自加州伯克利大学的物理学家罗伯特·奥本海默（犹太人）领衔，费米、玻尔、费曼，以及未来的"氢弹之父"爱德华·泰勒等殿堂级科学家参与其中。经过一系列复杂精微的试验，1945年7月，第一批三颗原子弹被试制出来。就任总统后才被告知"曼哈顿计划"详情的杜鲁门要求尽快试爆。

虽然此时尚无人确知其威力，但科学家们都预见到原子弹爆炸将造成的巨大破坏和污染，因此后期的实验都在新墨西哥州无人区的洛斯阿拉莫斯空军基地进行，核爆炸试验地点也被选在基地200千米外的沙漠中。用于试爆的是一枚钚弹，长达六米，昵称"瘦子"，是三颗原子弹中最后问世的，但因为长度不适合通过飞机投掷，于是成了实验弹。7月15日，"瘦子"被安放在发射架上，试爆时间定在7月16日凌晨4时。常年干旱的沙漠竟在夜里飘起小雨，午夜时分一度电闪雷鸣，试验不得不延迟，不寻常的天气也让科学家们更觉提心吊胆。大约3时后，雨势渐渐收住，云开月明，奥本海默等人决定于5时30分进行试爆。转眼时限已至，引爆器启动，瞬间，荡涤一切的能量喷薄而出。

作为极少数获准现场见证核爆炸的媒体人，记者威廉·劳伦斯在汽车里目睹了这场面，后来他的所见刊发在《纽约时报》：

> 它就像人们前所未见的一次日出，一轮巨大的绿色超级太阳，在不到一秒钟里，就升到八千多英尺的高度，越升越高，直抵云层，光亮刺目，把大地与周围天空照得通明。一个直径大于一英里的巨大火球向上升去……这是一种被禁锢了千万年的自然力从桎梏中被解放出来……仿佛地球张开了口，苍天裂开来，人们感觉到似乎亲眼得见开天辟地时上帝说：要有光。（威廉·曼彻斯特《光荣与梦想》）

世界末日般的慑人景象令观测的科学家们震惊,已经隐隐有人意识到,自己很可能释放出了一个恶魔。博览群书的奥本海默,此时想起了他最钟爱的古印度史诗《摩诃婆罗多》,大神毗湿奴伸出手臂向人宣示,"我定夺世间一切,我就是死亡!"

随后的观察发现,爆炸范围内的生物都被杀死,连砂石都被熔化。17日,核爆的各项评估数据被测出,爆炸当量相当于1.5万—2万吨TNT炸药,比之前的估算强大近十倍。这令很多科学家心情复杂,虽然取得了物理学上的伟大成功,但他们的成果很可能将被用在战场上。尽管这种前所未有的毁灭性力量的打击对象是凶顽的敌人,但毕竟都属人类同胞,相煎何太急。作为曼哈顿计划的核心人物,奥本海默为核弹研发劳心焦思,并坚信他们的研究将有助于尽早结束战争,然而此刻目睹核弹威力后,他情绪低落。据秘书回忆,核试验成功后他表情凝重,抽着烟斗来回踱步,不停地喃喃自语:"那些可怜的平民,那些可怜的平民……"

核试验成功的消息被严格封锁,官方对新墨西哥、得克萨斯等州看到了爆炸闪光的公众解释,是军火库发生了爆炸。但同时,这一消息当天就被上报了在波茨坦的杜鲁门。美国的新总统对此十分兴奋,军方也多是这样的态度,他们无暇体会科学家们的多愁善感,眼前的现实是,已经有太多美国子弟兵血洒太平洋,而困兽犹斗的日军还在制造着更多的杀伤,毫无投降的意思。若是像在硫磺岛和冲绳那样,在日本列岛发起登陆作战,固然最终必能攻而克之,但美军恐怕还要付出两三年的时间、几十万甚至上百万的伤亡代价。为此,波茨坦会议上的杜鲁门很快决定:授权使用原子弹。但出于人道主义考虑,美方决定在投弹之前给日本充分的警告和最后的投降机会。

此时的日本人还并不知道死神已向他们张开了臂膀。1944年11月24日,111架B-29"超级空中堡垒"飞临东京,这是两年半之前杜立特率机群造访之后,东京上空首次出现敌机。投弹声和防空警报响成一片,东京人惊恐万状,他们几乎是第一次感受到战争的切肤之痛,尽管这次空袭只有24架飞机击中目标,但这是一个可怕的开端。此后,美军的空袭隔三岔五,尤其是1945年初,柯蒂斯·李梅少将调任负责中缅印战场的第二十轰炸机联队司令后,针对日本气候特点采用燃烧弹火攻战术,平日繁华的帝都一步步沦为充斥瓦砾与焦尸的修罗场。1945年随着硫磺岛和冲绳的相继失陷,整个日本领空门户大开,美军几乎可以把炸弹投到他们想投的任何地方，密集轰炸，国土促狭的日本每次都有平民在空袭中丧生。5月25日深夜，东京遭遇了史无前例的大轰炸，502架B-29投下3262吨燃烧弹，这次的影响比3月大轰炸更为严重，明治皇宫的一部分也被大火波及。而此时，躲在掩体里的高层顽固派仍咬定拒绝投降，除非盟军答应他们的三个条件：1. 保留日本的天皇制政体；2. 战犯由日本自行审判；3. 盟军对日本实施有限度的占领。这些条件完全有违正义原则，而且不足以抵偿日本十余年侵略战争对受害国家和地区及自身造成的戕害。这种不切实际的幻想和不惜以本国平民为肉盾的颟顸暴虐，终于招来灭顶之灾。

此时，一份死亡名单已经开列出来：京都、广岛、小仓、横滨、新潟、长崎。在核爆实验进行前，军方已开始考虑将这种新武器投向哪里。选择标准是，要有足够多的兵工厂和驻军，以便削弱日军抵抗能力；要有足够大的城市，以评估核弹的实战威力，并震慑敌人，顺便警示未来的潜在敌人苏联；要尽量选择没有盟军战俘营的城市，以免伤及自己人；最后，要避开美国自己已经选定在战后占领的战略要地。本来京都最符合条件，但美国人还是留了余地，在美国国防部长史汀生干预下，这座古都从初始名单上被划掉，以免毁灭日本宝贵的文化遗产。最终经过周密考量，目标被锁定在广岛、小仓、长崎，三选一。

7月26日，《波茨坦公告》被正式递交日本政府，日本政府不出所料地置之不理，铃木贯太郎表示以"默杀"（不予回应）作为应答，最后的自救机会就此溜走。同一天，马里亚纳群岛的天宁岛美军基地，"印第安纳波利斯"号重巡洋舰到港，携带了一批致命的绝密物资——足够填装一枚核弹的铀-235。令人无比后怕的是，7月30日，"印第安纳波利斯"号返航途中被日军潜艇击沉，事发海域有鲨鱼出没，1200名船上人员3/4葬身鱼腹。这场灾难很大原因在于"印第安纳波利斯"号型号老旧，缺乏反潜能力，用这样的船只运送核原料实在是致命的疏忽。不幸中的万幸是，此时该舰已完成了运载任务，否则后果更加不堪设想。

"印第安纳波利斯"号没有白白牺牲。天宁岛上，被选定负责投弹的509混合大队已秘密集训半年，飞行员每天都要做令人费解的科目训练，除了指挥官保罗·蒂贝茨上校，大队成员无一清楚自己将要肩负的使命。团队中特别编入了参与曼哈顿计划的科学家，他们的任务也属绝密，接到原料后，核武器的最后拼装工作由他们负责。

8月2日，杜鲁门自波茨坦返国途中下达了投弹命令。此时，两枚核弹拼装工作已在天宁岛就绪，它们是此前逞威新墨西哥的"瘦子"的同胞兄弟，钚弹"胖子"和铀弹"小男孩"。但考虑到起飞时可能出现故障，负责参与投弹的科学家帕森斯提出待飞机升空后在机上完成最后的组装。4日，终于到了揭晓使命的时刻，蒂贝茨召集千挑万选的机组成员，告诉他们将于6日飞往日本，投下一枚"超级炸弹"。

紧张和期待中，时间到了8月5日15时30分，投弹团队整装待发。蒂贝茨亲自坐镇编号为82号的B-29，他用自己母亲的名字"伊诺拉·盖伊"给该飞机命名，名字就喷在机头。"小男孩"已被搬进贮弹舱，并用钢缆固定，引爆装置还没安装，但小男孩身上已透出弹如其名的生气，外壳上满是俚语涂鸦，内容是预祝投弹成功，以及"问候"裕仁天皇。经过最后的检查、进餐、祷告，6日凌晨1时许，"伊诺拉·盖伊"号的成员们登机就位，连同蒂贝茨和帕森斯在内，共计11人。事涉绝密，一旦有闪失，这些人不能被日军生俘，因此每人都配发了紧急情况下用于自杀的手枪和氰化钾胶囊。

当地时间6日凌晨2时45分，"伊诺拉·盖伊"号冲上飞行跑道。载着重达4吨的"小男孩"，起飞过程险象环生，一直滑行到跑道尽头才成功起飞，机上成员和机场地勤无不一身冷汗。升空后，待情况稳定，帕森斯开始组装炸弹引爆装置。一个多小时后，飞机已接近日本领空。与"伊诺拉·盖伊"号一同出动的还有6架飞机，其中一架负责先导，其余负责护航和记录爆炸效果，此时先导机发来信号，目标城市中，首选的广岛天气晴好。大约8时，"伊诺拉·盖伊"号领衔的机群出现在广岛上空，这座拥有34万人口、2.5万驻军的日本第八大城市此时已丧失了防空能力，没有一架飞机升空拦截，稀稀落落的高射炮绵软无力地发射，一切都注定了它在劫难逃。

东京时间1945年8月6日8时15分17秒，历史性的时刻，"伊诺拉·盖伊"号的炸弹舱门打开，"小男孩"飞身而下。

蒂贝茨命令机组全速掉头逃生，大约20秒后，忽觉一片浩瀚无际的光芒从身后蔓延过来，机身被笼罩其间，灼烧的感觉透过机舱和防护服，直向身上攒刺，剧烈的震荡波摇撼机身，背后传来爆炸巨响。回望投弹之处，光华映天，不同于此前在录像中看到的"瘦子"爆炸场面，腾空而起的不是蘑菇云，而是一道墨黑的烟柱，远望就如一根细绳，隐约可见烟柱内部耀目的白光透出缝隙。

以上是2002年时87岁的蒂贝茨的回忆，当时壮观又恐怖的景象让他余生不忘。

原子弹在广岛市中心岛川医院的上空约570米处爆炸。此前广岛不是美军轰炸的主要目标，因此居民们对空袭并不太敏感，这一天，生活一如往常，没有人注意到当头落下的死神。随着原子弹内部链式反应的促发，核裂变释放出的巨大能量瞬间充盈天地，火球光柱狂飙突进，撄其锋芒者，无论人畜鸟兽都立时被烧作灰烬凭空蒸发，就像从不曾存在过，能量波所及之处地崩石裂，房倒屋塌，来不及反应的人被烧成黑炭。随着烟柱升空，其内部的真空形成了一个旋涡，吸引周围的空气聚拢，很快变成狂风，风助火势，燃起的烈焰势不可当，吞噬了整个广岛市中心，城市变成了十足的炼狱。

根据美军后来的测算，广岛原子弹爆炸瞬间释放的热量超过了太阳表面温度，爆炸当量约等于1.25万吨TNT炸药，虽略低于"瘦子"，但爆炸地是人口稠密的城市，危害自然远有过之。据估算，有8万人被"小男孩"直接杀死，算上受伤和辐射引发疾病死亡的，截至1945年底达到14万人以上，受害于核污染遗毒的更不计其数。

可怕的数字再一次印证了奥本海默的忧叹——

"我就是死亡。"

"极大震慑敌人"的战略意图完美贯彻，但同时骇人的平民伤亡数字也严酷拷问了美国人的良知，尤其是参与研发原子弹的科学家们，连军方都不免为广岛的遭遇叹息，很少有人能像冷面将军李梅那样直言不讳，"我不在乎死多少日本人"。

战后随着历史陈迹渐远，日本学界和民间都不乏声音以广岛及长崎悲剧为由，试图将日本在"二战"中的角色洗白为单纯的"原子弹受害者"，进而掩饰其侵略罪行，甚至否定反法西斯战争正义性。对此，1995年原子弹爆炸50年之际，曾参与广岛及长崎两次投放原子弹的退役空军少将查尔斯·斯韦尼在美国国会发表演讲：

> 日本的命运掌握在日本人的手中，而美国不是。数以万计的美军部队焦急地在大洋中等待着进攻——他们的命运取决于日本下一步怎么走。日本可以选择在任何时刻投降，但他们选择了等待。而就是日本"无所作为"的时候，随着战事的进行，美军每天伤亡900多人。我曾听到另一种说法，

称我们应该与日本谈判，达到一个日本可以接受的有条件投降。……这是一个疯狂的念头，与这样一个邪恶的法西斯魔鬼谈判，就是承认其合法性，即使是已经在事实上打败了它。这并不是那个时代空洞的哲学上的原则，而是人类的正义要求，必须彻底、干净地铲除法西斯恶魔的势力，必须粉碎这些邪恶的力量。

确实，冤有头债有主，遭原子弹戕害的日本平民其情可悯，但追本溯源，这无不是军国主义毒藤结出的恶果。日本知识界也不乏摆脱悲情叙事的反思者，如诺奖作家大江健三郎在《广岛札记》序言中所言：

> 的确，不能否认，我们的人生，因为原子弹轰炸而扭曲变形、苦不堪言。然而，即便没有原子弹轰炸，只要是那些经历过战争的人，他们在不同程度上也都承受着同样的苦难。我经常告诫自己，对广岛受害者所独有的"原子弹轰炸受害者意识"，不能有一种偏袒的感情。

8月9日，广岛的灾难重演，这一次轮到了长崎，本来排名靠前的小仓因多云能见度低而被放弃，糟糕的天气拯救了小仓——蓝天并不总是好事。"胖子"发威，释放出相当于2.1万吨TNT的能量，成绩比它的两个兄弟都可观，但由于长崎多山，爆炸的破坏力被限制，即便如此，也有约4万人死亡，2.5万人受伤，其余的惨状与广岛相似。

美国人用光了手头仅有的两枚核弹，短时间内也造不出第三颗，如果广岛和长崎两座城市的死亡仍不能使日本的主战派屈服，那毫无疑问，战争将以更残酷的方式继续下去，直到彻底的毁灭。

此时，生存还是死亡，选择权再次回到日本手里，整个世界也为之瞩目。

70

鹤唳残阳

在两次核爆之间，日本还遭受了一记同样沉重的打击：8月8日，广岛核爆两天后，长崎核爆一天前，苏联外长莫洛托夫在莫斯科照会日本临时大使佐藤尚武，向佐藤递交了宣战书。佐藤万念俱灰，在此之前，苏联的调停一直是他们渴盼的救命稻草。次日起，160万苏军带着5500辆坦克杀进日本关东军盘踞的中国东北及朝鲜，行动代号"八月风暴"。当时的关东军规模约100万，拥有坦克、装甲车和自行火炮约1200辆，这些家底是死硬分子赖以顽抗的最后依仗，但在苏联红军压倒性的优势面前，"日本陆军第一重镇"不堪一击，开战未几，败象已显露无遗。

此时的东京，强硬派代表人物陆相阿南惟几气急败坏地电告全国，宣称"苏联终于入寇皇国……事已至此，夫复何言，只有毅然决然将护持神州之圣战战斗到底。纵食草啖泥，潜伏野外，断然作战，深信死中有生……"但这也只能是放狠话撑门面，"食草啖泥"的战斗事实上已在太平洋战场上进行好几年，结局无一例外，死中无生。

除了阿南，参谋总长梅津美治郎、海军军令部总长兼联合舰队司令丰田副武也是主张死扛的顽固派，但在铃木内阁中，此时认输求和的理性意见已渐占上风。争执不下之际，能做出最终裁决的只有裕仁一人，举国目光都注视着深宫里的昭和天皇。这位被宣传为"神之后裔"的统治者，此时终于做出了理智的决定。8月10日凌晨的紧急御前会议上，已和铃木首相达成默契的裕仁告知日本政府，他愿意接受《波茨坦公告》，并且他愿意亲自将这个决定晓谕国人。

以阿南为领袖的激进派军官如遭晴天霹雳，在接下来几天中，日本上演了惊心动魄程度不亚于前线的激烈斗争。一群失意的主战派军官接受不了投降的挫败感，试图发动兵变挽回局面，幸而此时日本朝野多已在惨痛的打击下恢复清醒，厌倦了无谓的牺牲，阴谋未得其逞。到了8月14日中午，日本外务省将对《波茨坦公告》的正式答复通过中立的瑞士、瑞典两国转呈盟军，表示同意接受公告，唯一的附加条件是保全天皇、皇室以及天皇制度。

获悉后，杜鲁门的决策团队几经斟酌，同意了日方的附加条件，随后苏联、英国、中国也赞成美国的决定，澳大利亚要求追惩天皇本人，但在英国的劝说下最终妥协。日本在形式上完全接受《波茨坦公告》，其实概念被偷换了，政治上的"无条件投降"只体现在军事层面。

8月15日一早，日本广播协会发布预告，称天皇陛下将在中午对全国发表重要讲话。这天上午，最后的主战派陆军少佐畑中健二率兵包围广播电台，试图劫夺天皇的《终战诏书》录音，煽动民众继续战争。但此时人心背向已明，畑中的垂死挣扎完全无济于事，眼看大势已去，畑中等军官在东京大街上自杀。

12时整，广播声在半城废墟的东京上空响起，并经由电台传遍日本全境，无论在街上还是家中，闻声者都肃立静听。一曲《君之代》奏毕，电台里传来裕仁天皇的声音：

> 惟天下之大势，睹本朝之现状，欲取非常之措施，收拾时局。兹布告天下：朕已谕令廷臣通告美、英、支、苏四国，愿受诺其共同宣言。
>
> 朕缵承洪绪，锡福生民。曩者，本朝传檄四方、战与英美，本求社稷于亿万斯年之举，兼定东亚安宁平和之意。至如毁别国之宗社、夺领邦之故土，悉非朕意。今征伐已历四载，虽我将兵骁勇善战，百官有司励精图治，一亿众庶奉公体国，然时局每况愈下，失势之征已现。及今，夷军弹石之残虐，频杀无辜，惨害生灵，实难逆料。如若征伐相续，则我生民不存于世，被发左衽之期重现；如此，则朕何以保全亿兆赤子、何面目复见列祖列宗乎？此朕所以敕令廷臣接受联军之诺者也。
>
> 至若同事业之盟邦，朕遗余恨也。然念及臣工黔首曝尸于沙场，忠志之士殉国于内外，遗属之状恸天，朕五脏为之俱裂。而残喘之生民，或负战伤、祸难，或失家业、生计，朕所视之，深为轸念。故日后国朝所受之苦非常，臣民衷情之表胜往；虽时运之所趋，然朕欲忍所难忍、耐所难耐，以开太平于万世。
>
> 朕于兹得护国体，赖尔等忠良之精诚，并与臣民之同在。若夫为情

所激、妄滋事端，或同胞相煎、扰乱时局，何至迷途于大道、失信于天下哉？斯之谬误，朕当深鉴。今诚宜举国一家，子孙相传，信神州之不沉，保家国于不灭，念任重而道远，倾全力于建设，笃守道义，巩固志操，誓必扬国体之精华，期同步天下之进化。于戏，咨尔多方，宜悉朕意。

这便是日本昭和天皇裕仁的《终战诏书》，在针对天皇的神化塑造中，天皇的御音被称为"仙鹤之音"，其实从现存录音资料来看，裕仁的声线殊无美感可言，诏书行文古雅，但咬文嚼字，让人似懂非懂，不过，各种文化层次的听众都不难听出主旨——

战争就这样结束了。

打输了，血快流干了，"八纮一宇"的野望破灭了，日本人却也有一阵劫后余生的轻松之感自心底泛起，不再有更多的死亡，不再有"一亿总玉碎"，不需再担心广岛、长崎的命运落在自己身上，不需再把身边的稚子送去充当撞向敌舰的人肉炮弹。就这样结束，虽然不是想要的方式，或许也好于惨烈的"完全毁灭"。就如大诗人托马斯·艾略特1926年的诗作《空心人》："世界就是这样告终，不是嘭的一响，而是嘘的一声。"

诏书通过广播，也同步地在世界其他地方回响，伴随而来的是张扬尽兴的欢腾，美国街头，素不相识的男女忘情拥吻。

唯一失落的人群，大概是日本军方残存的主战分子。8月15日当天，听了《终战诏书》后，阿南惟几切腹，他的妻弟、此前曾强烈要求他"一旦投降须自杀谢罪"的竹下正彦中佐在为他介错后，也在旁自杀。军中还有很多步阿南后尘者，包括"神风队"的创始人大西泷治郎，他于16日切腹，临终留书称，为命令士兵自杀攻敌而追悔。宇垣缠则在15日下午《终战诏书》公布后，率领残存的11架彗星式战斗机飞向冲绳，要发起"最后的特攻"。当晚，包括宇垣座机在内的8架战机在冲绳以北的伊平屋岛，在美英士兵面前撞地自毁。

16日，裕仁又诏谕海外的日军各部，命其放下武器，停止抵抗。随后，日军曾占领的广大地域里，一杆杆张牙舞爪的日章旗黯然坠地，代之以象征投降的白旗，最先是马绍尔群岛（8月21日），随后是缅甸、中国、新加坡、菲律宾、新几内亚……8月28日，首批美军士兵在东京湾登陆，盟军已知会日方，受降仪式将在9月2日举行，地点在东京湾，美军战列舰"密苏里"号上。

是日，东京湾黑云压顶，胜利者难免觉得有欠畅快，失败者心中更添抑郁。作为日方的投降代表，梅津美治郎和外相重光葵等一行11人早早到场，眼见不远处海中泊着的"密苏里"号，不觉百味杂陈。再看"密苏里"号，这艘服役不到一年的全新战舰旗幡招展，船尾高悬两面星条旗，一新一旧，旧的那面，旗上仅有31颗白星，正是1853年佩里黑船叩关时船上所用，美国人特地从博物馆翻出，象征"第二次征服日本"，这令梅津和重光十分难堪。更尴尬的还在后面，登舰后，只见受降的各国武官济济一堂，戎装严整，唯独美军，所有兵将都仅着军款衬衫，不佩戴徽章，似乎故示闲逸，更让日本人觉得胜利者完全没将自己放在眼里。9时整，舰上管乐大作，奏响《星条旗永不落》，作为盟军方面代表的麦克阿瑟在掌声中排众而出，当天早上登舰观礼的尼米兹也走上前与他并肩而立，梅津和重光讪讪行礼，麦克阿瑟冷颜傲立，视若无睹。

随后麦克阿瑟代表盟军命令日方投降，重光葵依照指示，在投降书上签字，他在此前的空袭中伤了腿，尚未痊愈，落座签字之际险些跌倒，更增狼狈，接着梅津美治郎代表军方签字。轮到麦克阿瑟了。他特地邀请了两位嘉宾，分别是他逃出菲律宾后独撑局面的战友温赖特和在新加坡向日军投降的英国珀西瓦尔中将。这两人都在日军战俘营里饱受摧残，尤其是珀西瓦尔，身高近两米的大个子此时形销骨立，如同骷髅，麦克阿瑟请这两位曾向日军投降的将领到场，一雪前耻。麦克阿瑟的签字笔也别出心裁，先后用了6支，几乎每写一个字母就换一支笔，然后将其中两支当场赠予温赖特和珀西瓦尔，其余收藏，后分别捐赠母校西点军校等处。

接下来其他盟国代表逐一落款纳降，中国国民政府军事委员会军令部长徐永昌上将第二个在日本的投降书上签字。笔墨落卷，中国自1931年"九一八事变"起捐躯抗日的万千英灵得以告慰，一度神州陆沉的国耻也就此一朝洗雪。之后依次是英国布鲁斯·弗雷泽海军上将、苏联德里维昂柯·普尔卡耶夫陆军中将、澳大利亚托马斯·布莱梅上将、加拿大摩尔·科斯格来夫上校、法国雅各斯·列克雷克上将、荷兰康拉德·赫尔弗里希上将和新西兰昂纳德·伊西德少将等。

随着最后一位签字代表落笔，投降仪式结束，第二次世界大战也随之落幕，麦克阿瑟再次上前发表演讲。此时头顶忽然云开雾散，一束阳光当头照下，美军安排的示威节目几乎同时上演：2000架各种型号的飞机在"密苏里"号上空飞掠而过，引擎轰鸣，震天动地。日方代表被这个场面震慑了，虽然知道这些飞机不会再向自己的国土投掷炸弹，仍不免心有余悸，不解当初是怎样的疯狂，竟驱使自己与此等敌人交战。

上苍与人力交相助兴，更显麦克阿瑟凛然有威。

> 今天枪炮沉默了。一出大悲剧结束了。一次伟大胜利赢得了。天空不再下降死亡之雨了。海洋只通过交往贸易了。人们在阳光底下到处挺胸行走了。全世界安宁地处于和平状态了。神圣使命已告结束。在向你们向人民报告此事时，我代表成千上万沉默无言的嘴唇说话，他们在丛林中、海滩上和太平洋的深水中永远地寂静无声了。我代表千百万返回家园接受未来挑战的无名勇士说话，他们为把未来从灾难的边缘拯救出来而作出了很大的贡献。
>
> 自从巴丹和科雷希多那些严酷的日子以来，全世界生活在恐怖之中，民主政治处处居于守势，现代文明处在危险的紧急关头，我一回想到这段漫长曲折的崎岖道路，我就感谢仁慈的上帝，他给我们以铸成胜利的信仰、勇气和力量。我们体验了失败的痛苦和胜利的喜悦，并从中悟到不能走回头路。我们必须前进，在和平中维护用战争赢得的东西。
>
> 一个新的时代来到我们这里了。甚至胜利本身的教益也带来了对我们未来的安全和文明的继续生存的深度关切。由于科学发展日新月异，战争潜力的破坏性事实上已经到达要修改传统战争观念的时刻了。
>
> 人类一开始就开始寻求和平。多少世纪以来，他们用种种方法企图设想一种国际作用来防止或解决国与国之间的争端。最初就一个个公民而言，从一开始就找到了一些切实可行的方法，但是更大范围的工具的构成从未取得成效。军事同盟、权力平衡、国际联盟都一一归于失败，留下的唯一的途径是经过战争这个熔炉。
>
> 我们有过一次最后的机会，如果我们现在不设想出某种较大的、较公平的制度，那么最后的生死大决战就会来到我们的门口。这问题主要是神学问题，而且涉及到过去两千年来我们在科学、艺术、文学以及一切物质和文化发展等方面几乎无与伦比的突飞猛进同时发生的精神复兴和人类品德改进的问题。如果我们要使肉体得救，就必须是在精神方面。

……

　　如果得到正当的引导，日本民族的活力将能向纵的方向而不是向横的方面发展。如果这个民族的才智转到建设渠道，国家就能从当前这样可悲的情景提高到受人尊敬的地位。

　　一个新的解放了的世界的前景已来到了太平洋盆地。今天自由处于守势，民主政治正在前进。今天，在亚洲也同在欧洲一样，那些摆脱了枷锁的人正在品尝自由的充分乐趣，就是免于恐惧的宽慰。

尽管言辞仍带着几许自得，但此时的麦克阿瑟已放下胜利者的骄矜，他和美国为日本规划的未来前景在这篇演讲词中已现端倪。不只是战胜国赢得了公理与荣光，战败的日本也有机会就此走向新生。

后记

末日审判

　　历时三年半的太平洋战争，仅美军就付出了近15万人阵亡（含失踪和伤病死亡）的代价，物资耗费不计其数，若将统计范围扩大到全部日本侵略战争造成的死亡人数，更是令人心惊。中国的抗日军民死亡总数超过3500万，日本自己在太平洋和中国战场总阵亡人数也接近200万。

　　罪孽罄竹难书，每个参与侵略战争的士兵都难推说自己无辜，但更应负首要责任的，是将国家拖进战争的日本高层决策者们。1945年9月11日，驻日盟军公布首批嫌犯名单，东条等人都在其列。1946年1月19日至1948年11月12日，盟军成立远东国际军事法庭，在东京审判日本在"二战"中的首要战犯。美国、中国、英国、苏联、法国、澳大利亚、加拿大、新西兰、荷兰、印度和菲律宾11国各出代表参加审理，最终，28人被定为甲级战犯，分别获刑：

　　死刑（绞刑）：东条英机、板垣征四郎、木村兵太郎、土肥原贤二、广田弘毅、松井石根、武藤章。共7人；

　　终身监禁：荒木贞夫、梅津美治郎、大岛浩、冈敬纯、贺屋兴宣、木户幸一、小矶国昭、佐藤贤了、嶋田繁太郎、白鸟敏夫、铃木贞一、南次郎、桥本欣五郎、畑俊六、平沼骐一郎、星野直树。共16人；

　　有期徒刑：重光葵（7年）、东乡茂德（20年），共2人。

　　偷袭珍珠港时的海军军令部总长永野修身、参与决策同德意结盟及对美英开战的外相松冈洋右在判决下达前病死，自1920年代起宣扬极权与侵略的学者大川周明（甲级战犯中唯一非官方人士），因患精神病被免于起诉。

　　作为侵华战争时期的陆相和太平洋战争开战前的参谋总长，杉山元躲过了首批拘捕，但自量终难免责，于1945年9月12日，东条等人被捕次日，草草用手枪自杀，他的夫人见状后按照传统仪式在自家佛堂切腹。罪责不下于前述诸人的近卫文麿，自日本投降以来积极表示"自新"，但内心时刻担心被清算，1945年12月16日，逮捕令下达前，他仓皇服毒自尽。

1948年12月23日，东条等七人被押上绞架。东条英机被捕前试图自杀，用手枪对准胸口开枪，居然"未能命中"，这位编写《战阵训》要求士兵自杀以避免被俘的陆军大将，自己却连临事一死的勇气都没有，色厉内荏暴露无遗。

除了上述28名甲级战犯，其他战胜国也分别审判战争罪人。在菲律宾，作为新加坡大屠杀的主凶，"马来之虎"山下奉文被判处绞刑（1946年2月），本间雅晴作为巴丹死亡行军的责任人，也被枪决（1946年4月）；日军在太平洋的重镇拉包尔，今村均携14万人投降，庞大的数量一度吓到了受降的澳大利亚军队，他本人被判处9年徒刑（1949年），后转回日本国内服刑，1954年提前出狱；在新加坡，南方军总司令寺内寿一投降后被就地收监，本来他也名列甲级战犯，但1946年6月受审前病死狱中；在中国，南京大屠杀主凶谷寿夫在铁证面前认罪，于1947年在南京伏法；作为日本最晚放弃抵抗的战场之一，新几内亚方面的第18军司令安达二十三投降后为手下开脱，将所有罪名揽在身上，并于判决前在看守所自杀（1947年）。

但也不乏罪大恶极者，得益于随后的冷战局势，苟全性命。比如731细菌部队的头目石井四郎中将就被美国出于私利保护起来，而侵华战场总司令冈村宁次也出于复杂的政治原因，被中国国民政府无罪释放（1949年2月）。

裕仁天皇，很可能是最大的漏网之鱼。"二战"前日本的政体不同于欧洲君主立宪，天皇不负责实际政务，但也不同于君宪制意义中的虚君，更不用说战争自始至终就是以他的名义进行的。据说裕仁初次面见麦克阿瑟时曾对他说，"我是来请你审判我的"。2005年读卖新闻战争责任检证委员会编撰的《检证战争责任》一书为裕仁辩称，在"二二六事件"之后天皇已不能完全掌握军部，若是在最后关头否决开战，天皇本人的地位乃至生命都可能受到威胁，但这样的说辞不足以令人信服。

作为投降前的默契，美国方面保留了天皇的存在，虽然通过民主政体建构和否定国家交战权的"和平宪法"使日本的侵略威胁降到最低，但"二战"责任清算的不彻底也为军国主义留下了一丝伏笔。1952年，盟军结束对日本的军事占领，1978年，战前曾作为国家宗教场所的靖国神社将东条英机等14名东京审判定罪的甲级战犯灵位迎入神社供奉，便是这种妥协的遗毒。

表6　1978年来被移祀靖国神社的甲级战犯一览表

姓名	战时职务	被控罪行	量刑	结局
东条英机	首相（1941.10—1944.7）、陆相、内务大臣、参谋总长等	发动战争罪；侵略罪等	死刑（绞刑）	1948年12月23日处决于东京巢鸭拘留所，终年64岁
板垣征四郎	陆军大将，日本陆军大臣、前关东军参谋长、前中国派遣军参谋长	侵略中国等10项战争罪行	死刑（绞刑）	1948年12月23日处决于东京巢鸭拘留所，终年63岁
土肥原贤二	陆军大将，特务，日本陆军参谋本部军官	"破坏和平""违反战争法规惯例及反人道"等	死刑（绞刑）	1948年12月23日处决于东京巢鸭拘留所，终年65岁
木村兵太郎	陆军大将，前驻缅甸日军总司令	"共同谋议侵略战争罪"（反和平）；对中、美、英、荷的侵略战争罪；"违反国际法的战争犯罪"（包括授权、命令、允许违法行为，无视违法行为的责任）等7项罪名	死刑（绞刑）	1948年12月23日处决于东京巢鸭拘留所，终年60岁
松井石根	陆军大将，日本前华中派遣军总司令	在南京大屠杀中未善尽指挥官职责阻止非人道暴行的进行	死刑（绞刑）	1948年12月23日处决于东京巢鸭拘留所，终年70岁
武藤章	陆军中将，日本前第十四师团参谋长、前陆军省军务局局长	虐待俘虏罪（对南京大屠杀和在苏门答腊、菲律宾杀害平民和战俘负有责任）	死刑（绞刑）	1948年12月23日处决于东京巢鸭拘留所，终年56岁
广田弘毅	首相（1936.3—1937.2）	"破坏和平"（对中国不宣而战）；"违反战争法规惯例及反人道"；阻止战争未尽责	死刑（绞刑）	1948年12月23日处决于东京巢鸭拘留所，终年71岁
平沼骐一郎	国务大臣	"共同谋议侵略战争罪"（侵略中美英荷及参与发动诺门坎事件）。	终身监禁	1951年被保释，次年病故，终年84岁
小矶国昭	陆军大将，前朝鲜总督，首相（1944.7—1945.4）	"共同谋议侵略战争罪"（侵略中美英荷）；"违反战争法规惯例及反人道"等6项罪名	终身监禁	1950年病故于东京巢鸭拘留所，终年70岁
梅津美治郎	陆军大将，关东军总司令，参谋本部参谋总长	战争罪、反和平罪和反人道罪等	终身监禁	1949年病故于东京巢鸭拘留所，终年67岁
白鸟敏夫	外务省情报部长、驻意大利大使	"共同谋议侵略战争罪"	终身监禁	1949年病故于东京巢鸭拘留所，终年62岁
东乡茂德	外相（1941.10—1943.11）	"共同谋议侵略战争罪"；对中、美、英、荷的侵略战争罪	有期徒刑（20年）	1950年病故于驻日美军医院
永野修身	海军军令部总长（1941.4—1944.2）	参与制定侵略国策；批准并参与制定袭击珍珠港计划	——	判决前病故（1947年），终年67岁
松冈洋右	外相（1940.7—1941.7）	参与制定侵略国策；参与日本与德意结盟	——	判决前病故（1946年），终年66岁

虽然余毒难以肃清，但日本再度军国化的可能性已微乎其微，不仅是慑于美国等国的威力和世界政治格局，更因为经历"二战"惨败的日本从内部萌发了决定性的嬗变。

与其将第二次世界大战中日本与美国的角逐视为东方对阵西方，并败于西方，倒不如将之看作现代文明打败了"前现代文明"，日本自明治维新以来逐渐在物质甚至技术层面追平西方，但其政治生态与文化生态中仍残留着诸多与时代脱节的糟粕。适逢20世纪的上半叶，物质文明超出人们以往经验的大发展使整个人类社会尝试朝各个方向改组。两次世界大战和大萧条，乃至之后的两大意识形态阵营的对抗，都可视为这种困厄所致。不同的制度以各种方式彼此竞争，也可以说是文明间的冲突，而若将"制度""文明"这些抽象的词汇置换为更简单的概括，结论可以说是过得更好的一方赢了。

这是风云激荡的20世纪留给后世的结论，这样的总结或许失之简单，却是符合人类天性的——呼吸过自由空气的人还会拥护一个整天鼓动你去为了某种崇高而虚幻的目标"玉碎""献身"的制度和文化吗？帝国雄图的梦想或许让人激动，但毕竟时过境迁，愈加文明化的人类也应该走出丛林哲学几千年来的桎梏了。

所以，这套小书也可以看作上述结论的一个小小注脚，所谓洲际争霸，其实也是不同文化与制度的竞争，给人更多自由的世界观与生活方式，纵使不是百战百胜，却总是历史前进的大方向。这一点，古今无不同。

几乎可以断言的是，未来也将如此——从上古到现代，跨越两千多年时空的故事，到这里，就讲完了。

附表1

第二次世界大战简要进程表

时间		1919—1935
地区	亚洲	1919 日本借一战战胜德国之机,试图吞并原德国在华殖民地山东半岛,引发中国"五四运动",图谋未逞; 1926.12.25 日本大正天皇病逝,已摄政五年的太子裕仁即位,次年改元"昭和"; 1927 日本召开东方会议,图谋侵略中国,称霸亚洲; 1928.6.4 日本关东军制造"皇姑屯事件",炸死了奉系军阀张作霖; 1931.9.18 日本关东军发动"九一八事变",攻打中国沈阳,进而侵占中国东北,至次年2月,占领东北大部; 1932.1.28 日本发起入侵中国上海的"一·二八事变"。3月停战; 1932.3 日本扶植清逊帝溥仪,在东北建立傀儡政权伪满洲国; 1932.5.15 日本发生"五一五事件",激进青年军官刺杀首相犬养毅; 1933—1935 日本屡次侵犯中国华北等地,并于1935年策划"华北五省自治"。
	欧洲	1919.6.28《凡尔赛和约》缔结,"一战"结束,战败的德国受严厉制裁,民生痛苦,不满情绪郁积; 1920.4.1 生于奥地利的德国政客阿道夫·希特勒改组"国家社会主义德意志工人党"(纳粹党),组建武装,并逐渐成为党领袖; 1922.10.27—29 意大利法西斯组织黑衫军"进军罗马"得逞,党魁墨索里尼获意国相位,成为独裁者; 1923.11.8—9 希特勒在慕尼黑发动"啤酒馆政变",事败,希特勒入狱,狱中创作《我的奋斗》; 1925—1932 希特勒出狱后发展纳粹党,至1932年,成为德国议会第一大党; 1933.1.30 希特勒被任命为德国总理,"一战"后的"魏玛共和国"终结; 1933.3.23 希特勒通过《特别授权法》,攫取立法权,随即取缔其他政党解散议会; 1934.8 德国总统兴登堡去世,希特勒继任,合并总理、总统职务,成德国独裁者,称"元首",德国就此成为"德意志第三帝国"; 1935 德国突破《凡尔赛和约》限制大规模扩军,并通过《纽伦堡法案》,开始以立法手段迫害犹太人。
	美洲	1922.2.6 华盛顿会议通过《五国关于限制海军军备条约》,即《华盛顿海军条约》,根据条约美国海军规模与英国持平,与日本保持5:3比例; 1929.10.24 美国股市开始崩盘,截至11月中旬,市值跌掉一半; 1930.12 银行出现挤兑风潮,经济大萧条时代开始,影响波及全世界; 1933.3.4 民主党人富兰克林·罗斯福就任美国总统,开始实行新政,美国经济形势逐渐好转。 1934.12.19《华盛顿海军条约》到期废止。
	非洲	1935 意大利不宣而战入侵埃塞俄比亚,次年5月5日,埃首都亚的斯亚贝巴沦陷,9日,墨索里尼宣布吞并埃塞俄比亚。埃国皇帝海尔·塞拉西一世流亡并组织游击抗战。
时间		1936—1938
地区	亚洲	1936.2.26 日本发生"二二六事件",日本陆军"皇道派"军官攻打首相官邸,袭杀多位要员,天皇裕仁震怒,处置肇事者,但日本军国化势头已然加速。

(续表)

地区		
地区	亚洲	1936.11.25 日本代表在柏林与德国签订《反共产国际协定》，次年意大利加入； 1937.7.7 日本发动"七七事变"，开始全面侵华；7月底，北平、天津沦陷； 1937.8.13 日本发动"八一三事变"，入侵上海，淞沪会战开始，截至11月12日，上海沦陷； 1937.9 八路军林彪、聂荣臻部平型关战役胜，日军死伤逾三千； 1937.11 中国国民政府移驻重庆； 1937.12.8 日军进攻南京，13日南京沦陷，日军进城后烧杀抢掠，30万中国军民遇害，史称"南京大屠杀"； 1938.3—5 李宗仁所辖第五战区在山东台儿庄血战得胜，日军死伤1.19万；但徐州会战最终失利，第五战区主力撤往皖豫等省，5月，徐州沦陷； 1938.6 日军进犯河南，蒋介石下令掘开花园口堤道"洪水抗战"，稍阻日军攻势，但民间损失惨重； 1938.7—8 日军在中苏边境张鼓峰与苏军冲突，日军败退，双方随即停战； 1938.6—10 武汉会战中方失利，10月25日弃守，两天后日军占领武汉三镇全境； 1938.10.23 日军占领广州； 1938.11.13 长沙"焦土抗战"，3万余人死于火灾； 1938.12 国民党元老汪兆铭（汪精卫）倒向日本，并公开通电劝蒋介石"和谈"。
	欧洲	1936.7 西班牙内战爆发，希特勒、墨索里尼共同干涉，同年10月，柏林—罗马轴心确立； 1937.5 主张对德意实行绥靖政策的保守党政治家亚瑟·张伯伦出任英国首相； 1937.9.5 纳粹党在纽伦堡召开大集会，希特勒主持，60万人游行，规模空前绝后，墨索里尼到访观礼； 1938.3.12 德军越境进入奥地利，3天后德国宣布吞并奥地利； 1938.9.29《慕尼黑协定》签署，德国吞并捷克斯洛伐克的苏台德地区，墨索里尼相助，英法默许，捷克斯洛伐克代表被排除在外，史称"慕尼黑阴谋"，事后希特勒宣称苏台德是他在欧洲最后的领土要求； 1938.10 德国军队进入斯洛伐克； 1938.11.9—10 纳粹党发动"水晶之夜"，对国内犹太裔平民发起打砸抢，随后大批犹太人被送进集中营，对犹太人的有组织屠杀开始。
	美洲	1936 富兰克林·罗斯福以超60%的创纪录得票率，蝉联美国总统； 1937.5.1 罗斯福签署新修订的《中立法案》，禁止向处在战争状态的国家出售武器。
时间	1939	
地区	亚洲	3.17 日军攻陷南昌； 5.3 日军大规模轰炸中国战时陪都重庆； 5.12 日本关东军在中苏边境诺门坎地区与苏军爆发冲突； 8.30 山本五十六出任日本联合舰队司令长官； 9.10—10.13 第一次长沙会战，中日两军在湘赣鄂三省大会战，中方伤亡惨重，但日军最终退走； 9.15 鉴于诺门坎战事不利，苏联已与德国签约互不侵犯，自感无望的日本向苏联求和，驻苏大使东乡茂德在莫斯科与苏联外长莫洛托夫签订停战协定； 12.17 日军进攻广西南宁附近重镇昆仑关，昆仑关战役爆发。
	欧洲	3.15 德军进入布拉格，吞并捷克斯洛伐克； 3.27 希特勒对到访的波兰外交人员提出要求，要波兰将德国本土与东普鲁士之间的但泽"归还"德国，遭拒后，希特勒酝酿入侵波兰； 4.8 意大利入侵阿尔巴尼亚； 5.27 希特勒与墨索里尼签订"钢铁条约"，结成军事性质的同盟； 8.23 德国与苏联签订《苏德互不侵犯条约》； 9.1 德国发动"白色方案"，动用53个师、1600架飞机对波兰发起"闪击战"，第二次世界大战就此爆发； 9.3 法国和英国政府履行与波兰的盟约，对德宣战； 9.16 德军围困波兰首都华沙，27日华沙投降； 9.17 苏联以保护侨民为名，占领波兰东半部，截至30日，波兰全境被德苏分别占领； 9.17 德国U型潜艇在冰岛海域击沉英国航母"皇家方舟"号，自此德国U艇战术令盟国损失惨重。
	美洲	9.5 美国宣布对欧战保持中立； 11.4 美国修改《中立法案》，允许交战国以"现款自运"方式通过私人渠道购买美国武器，法案有利于盟国； 12.13 德国袖珍战列舰"施佩伯爵"号，被英国舰队击伤后围堵在乌拉圭蒙得维的亚，被迫自沉。

（续表）

时间	1940	
地区	亚洲	3.30 汪精卫在南京建立伪政权； 5.20 枣宜会战爆发，中日战于湖北枣阳—宜昌一线，截至6月中，宜昌失守； 7.22 近卫文麿第二次担任日本首相，26日，近卫内阁提出"大东亚共荣圈"； 8.19 日本海军零式舰载机首次投入实战； 8.20 八路军副总司令彭德怀在华北对日伪军发起"百团大战"，持续至12月。
	欧洲	4月 苏联在加里宁附近的卡廷森林等地秘密地批量处决俘虏的波兰军官，死者四千余人，史称"卡廷事件"； 4.9 德军入侵丹麦和挪威，丹麦当日被占领，次日德军登陆挪威； 5.10 英国首相张伯伦辞职，海军大臣温斯顿·丘吉尔继任；同日，德军入侵荷兰、比利时、卢森堡； 5.12 德军取道比利时和卢森堡，进攻法国墨兹河一线，次日突破防线进入法国，绕到了法军重兵把守的德法边境马奇诺防线背后； 5.15 荷兰宣布投降； 5.26 被围困在法国敦刻尔克的英法比等国盟军开始撤离大陆，退往英国，截至6月4日撤退完毕，33万人撤出，但4万法军和大批物资落入德军之手； 5.28 比利时宣布投降； 6.9 挪威宣布投降； 6.10 意大利向英法宣战； 6.14 德军进入不设防的法国首都巴黎；同日，英法海军和空军轰炸意大利本土及其非洲殖民地； 6.16 以贝当元帅为首的傀儡政权"维希法国"谋求对德媾和，国防部副部长夏尔·戴高乐流亡英国，18日在伦敦发表宣号召继续抵抗； 6.22 法德停战，法国2/3领土被德国占领； 7.10 不列颠空战爆发，德国空军轰炸伦敦等重要城市，英国还击之余也轰炸柏林等地，战役持续到次年6月，英国损失惨重，但此期间希特勒酝酿的登陆英国的"海狮计划"一直不得施展，最终失败； 9.20 德国U艇在大西洋以"群狼战术"围猎英国舰艇及商船； 9.27 日本加入德意轴心，三国代表在罗马签约，约定一国受到攻击，其他缔约国要参战； 10.28 意大利入侵希腊； 11.11—12 英国航母"光辉"号袭击意大利塔兰托港，舰载机击沉击伤3艘意大利战列舰，开航母空袭大型舰船战术先河，后为日本所借鉴； 11.14 希腊组织对意大反攻，在英国协助下，一周内将大部入侵意军逐出境外； 11.20—23 匈牙利、罗马尼亚被拉入轴心集团； 12.18 希特勒密谋的入侵苏联的巴巴罗萨计划出台。
	美洲	11.5 富兰克林·罗斯福第三次当选为美国总统，打破美国立国以来总统连任两届的惯例； 12.29 罗斯福在"炉边谈话"中宣称，要做"民主国家的兵工厂"，立场倾向同盟国。
	非洲	9.13 意大利元帅格拉齐亚尼率25万意军自利比亚入侵埃及； 9.16 英国航母"光荣"号在利比亚海域击沉意大利两艘驱逐舰； 9.23 英国与戴高乐领导的"自由法国"试图夺取维希政权控制下的法国在西非的殖民地达喀尔，被挫败； 12.9—11 驻北非英军对侵入埃及的意军发动进攻，意军撤退，3.4万人被俘。
时间	1941	
地区	亚洲（含太平洋战场）	1.6 中国"皖南事变"爆发； 3.3 日本公布《国家动员修改法》，政务权限大增； 3.24—4.1 日本外相松冈洋右相继出访苏、德、意，会晤三国领导人，4.13在莫斯科与苏联签订《日苏中立条约》，有效期5年； 4.1—5.30 伊拉克政变，亲英政权被颠覆，英国派兵占领伊石油产区，至5月中，伊政变集团被打败，30日英伊停战，伊拉克新政府又倒向盟国； 5.7 日军进犯晋南，中条山战役爆发（日方称"中原会战"），历时月余，中方战败，国军多名将领殉国； 6.8—21 英军与自由法国驱逐听命于维希法国的驻叙利亚军队，7月维希法军投降，英法占领叙利亚； 7.28 日军入侵法属印度支那，三天后美国宣布对日实施石油禁运； 8.25 英国与苏联军队占领伊朗； 9.6 日本御前会议，确定不排除对美英荷兰开战；

(续表)

地区		
	亚洲（含太平洋战场）	9.18 中日第二次长沙会战开始，战事持续到10月9日，中国军人伤亡约10万，十倍于日军，但日军终于不逞而退； 10.16 东条英机出任日本首相，18日组阁完毕，新内阁倾向对美开战； 11.26 南云忠一奉山本五十六之命，率第一航空舰队自择捉岛出发，从北太平洋航线驶往珍珠港； 12.1 日本御前会议，决定对美英荷兰开战；次日向南云舰队拍发电报"攀登新高山1208"，意即攻击计划不可撤销； 12.8 日本第一航空舰队分两批次空袭珍珠港，击沉击伤港中全部8艘战列舰，造成约5000人伤亡；同日稍后，日驻美使节递交宣战书； 12.8 日军袭击马来亚、香港、菲律宾、关岛、威克岛等地，其中马来亚哥打巴鲁战役为事实上的太平洋战争第一枪； 12.10 英军主力战列舰"威尔士亲王"号及"反击"号在马来海域被日军飞机击沉； 12.16 日本海军超级战列舰"大和"号竣工； 12.24 侵华日军发起第三次长沙会战； 12.25 英国驻香港总督投降，香港沦陷。
	欧洲	2.14 德国一战时的盟国保加利亚被迫向德国开放边境，后被拉入轴心国集团； 3.9 入侵希腊的意大利军发起春季攻势，墨索里尼亲赴阿尔巴尼亚督战，但意军战事不顺； 4.6 德国率意大利、匈牙利等仆从军入侵南斯拉夫，至月中，占领贝尔格莱德、萨拉热窝、萨格勒布等主要城市，克罗地亚亲纳粹的"乌斯塔沙"政权上台，宣布"独立"，4月17日南斯拉夫签订停战协议，同时德军进入希腊协助意军； 4.18—27 希腊节节败退，24日支援希腊的英军弃守温泉关，27日雅典沦陷，希腊政府流亡克里特岛； 5.10—11 2月起德国空军恢复轰炸英国，5月达到高潮，除伦敦外，利物浦、布里斯托尔以及北爱尔兰的贝尔法斯特等城市遭轰炸； 5.20 德军入侵克里特岛，30日占领该岛； 5.26 英国皇家海军在冰岛与格陵兰之间海域击沉德国王牌战列舰"俾斯麦"号，此前3日英舰"胡德"号亦被"俾斯麦"号在该海域击沉； 6.22 德国实施巴巴罗萨行动，调集300万兵力分三路全线入侵苏联； 6.26 芬兰对苏联宣战，试图夺回一年前苏芬战争中失去的土地； 7.4 克罗地亚人铁托组织南斯拉夫抵抗运动； 7.12 苏联与英国签订互助协议，同日，德军开始轰炸莫斯科； 7.16 苏联重镇斯摩棱斯克陷落； 7.31 德国秘密警察首脑海因里希受命策划对第三帝国占领区的犹太人实施大屠杀，计划名为"最终解决"； 8.5 德军包围苏联南部重要城市敖德萨； 9.1 德军开始围困列宁格勒（圣彼得堡），围城持续到1944年； 9.3 纳粹在波兰奥斯维辛集中营用毒气屠杀犹太人； 9.17 苏军从苏联第三大城市基辅撤出，19日德军占领全城。基辅战役历时四十余天，苏军阵亡和被俘66.5万，占领基辅后纳粹搜捕屠杀乌克兰犹太人3万余； 9.30 德军发动围困莫斯科的"台风行动"，遭遇苏联军民殊死抵抗，截至10月底由于天气及后勤原因，战事陷入停顿； 10.24 德军占领乌克兰工业重镇哈尔科夫； 11.13 英国航母"皇家方舟"号在返回直布罗陀基地途中被德国U艇击沉； 12.6 英国向站在德国一边作战的罗马尼亚、匈牙利、芬兰宣战； 12.8 希特勒被迫下令中止向莫斯科的进军； 12.11 美日开战后，德意根据盟约对美国宣战。
	美洲	2.1 美国海军整编为大西洋、太平洋、亚洲三支舰队； 3.11 罗斯福签署《租借法案》，允许英国先获得美国军事物资后付款，该法案有利于盟国； 4.10 美军进驻格陵兰岛； 4.16 美国国务卿赫尔与日驻美大使野村吉三郎开始谈判，但始终无果，美日关系恶化； 7.25 美国宣布冻结日本在美资产，日本很快以同样举措报复； 8.14 丘吉尔与罗斯福会晤，签署《大西洋宪章》； 9.4 德国U艇在大西洋上误伤美军驱逐舰"格里尔"号，美方自此加大护航力度，授权护航舰艇主动攻击发现的德国U艇； 11.6 美国向苏联提供10亿美元贷款； 11.26 美国提出《赫尔备忘录》，作为对日本的最终答复； 12.8 珍珠港事件后，美国及英国、澳大利亚、新西兰、荷兰等国对日宣战； 12.31 新任太平洋舰队司令切斯特·尼米兹到任珍珠港。

（续表）

时间		
	非洲	1.15 澳大利亚士兵为主的英军第六师在埃及利比亚边境大败意大利军，夺取边境城市拜尔迪耶，俘意军7万； 1.22 利比亚重要港口托布鲁克意军向英军投降，3万人被俘，英军进围班加西，德意谋划重夺该地； 2.7 班加西意军投降； 2.14 德国支援北非战场意军，隆美尔抵的黎波里； 3.24 隆美尔首战击败英军，进逼托布鲁克，此后托布鲁克被围，英国在地中海南岸从埃及到直布罗陀的重要航线被掐断； 5.3—19 英军在埃塞俄比亚打败意军，控制红海通道，意大利东非殖民系统瓦解，埃国皇帝海尔·塞拉西返国； 6.15—17 英军发起旨在解围托布鲁克的战斧行动，失败； 11.18—26 英军在利比亚发动旨在支援托布鲁克的昔兰尼加战役，被隆美尔击退，但德军损失亦重，隆美尔率德军撤退； 11.27—28 在埃塞俄比亚的最后一批意军2万人投降，埃塞全境解放； 12.8 隆美尔放弃围困托布鲁克，撤军休整，但该地英军已无力再坚守，英国海军将其救出。
时间	1942	
地区	太平洋战场	1.2 日军开进不设防的菲律宾首都马尼拉； 1.9 巴丹半岛战役开始； 1.11 日军占领马来亚首府吉隆坡； 1.12 日军夺取婆罗洲石油产地打拉根； 1.24 日军在婆罗洲巴厘巴板登陆； 1.23—24 望加锡海峡战役，盟军惨败； 1.31 日军兵抵马来半岛南端的柔佛海峡，马来英军全部退守新加坡； 2.14 新加坡英军司令珀西瓦尔被迫投降； 2.19 龙目海峡战役，盟军再败； 2.27—3.1 巴厘岛海战，盟军舰队被击溃； 3.11 麦克阿瑟奉命撤离科雷希多岛，辗转逃到澳大利亚，20日在去往墨尔本途中发表讲话"I shall return."； 3.12 爪哇投降，整个荷属东印度群岛被日军占领； 4.9 巴丹半岛美菲军投降，10日—22日，被日军解往集中营，沿途虐待至死者2.2万人，史称"巴丹死亡行军"； 4.18 杜立特空袭东京，这是日本本土首次遭受攻击； 5.4 中途岛作战计划出炉； 5.6 珊瑚海战役爆发，三天战事中美日各沉没航母一艘，日军击沉单位占优，但此役后攻击新几内亚岛莫尔兹比港计划搁浅； 5.7 科雷希多岛上的驻菲美军最高指挥官温赖特投降，10日棉兰老岛美军投降，18日菲律宾全境停止抵抗； 5.25 美军情报部门破解日军中途岛作战计划； 5.26 尼米兹任命斯普鲁恩斯海军少将暂代第16特混舰队司令，并于两天后率舰队赴中途岛准备迎敌； 6.4 中途岛战役爆发，日军损失全部4艘参战航母，以寡敌众的美军只损失1艘航母，获得战略性胜利； 6.7—8 日军占领美国领土阿留申群岛中的基斯卡岛和阿图岛； 6.21 日军潜艇及飞机袭击美国本土俄勒冈州沿海，未造成伤亡； 7.16 日军开始在南太平洋所罗门群岛中的瓜达尔卡纳尔岛修建机场； 7.25 新几内亚日军堀井富太郎所部试图翻越欧文斯坦利山脉，进攻莫尔兹比港，于29日夺取途中要道科科达； 8.7 美国海军陆战队第一师登陆瓜岛； 8.8 萨沃岛海战，日军获胜，同日美军占领图拉吉岛，驻岛日军全军覆没； 8.18 旨在夺回瓜岛的日军一木支队登陆，21日被全歼； 8.24 东所罗门海战（第二次所罗门海战）爆发，双方各有损失，日军夺取制海权战略意图失败； 8.25—26 日军占领新几内亚岛米恩湾； 8.29—31 日军后续部队川口支队登陆瓜岛； 8.31 日军潜艇击伤美军航母"萨拉托加"号，迫使其返修珍珠港； 9.3 日军占领吉尔伯特群岛塔拉瓦环礁；同日，东条英机兼任外相；

(续表)

地区	太平洋战场	9.3—7 美澳军队收复米恩湾； 9.12—14 川口支队攻击瓜岛亨德森机场惨败，战役被称为"血岭之战"； 9.14—15 新几内亚日军通过科科达小径，距莫尔兹比港仅50千米，但无力再进； 9.15 美航母"黄蜂"号被日军潜艇击沉； 9月起 日军以驱逐舰向瓜岛运兵，被称为"鼠式运输"； 10.11—12 埃斯佩兰萨斯海战，日军失败； 10.14 日军战列舰"金刚""榛名"炮击亨德森机场； 10.18 哈尔西接任南太平洋战区总司令； 10.23—26 亨德森机场争夺战，日军再败； 10.25—26 圣克鲁斯海战，日军击沉美军航母"大黄蜂"号，但己方两艘航母同样遭受重创，损失148名精英飞行员，航母也无力再战，此战后南云忠一被山本五十六解职，小泽治三郎接任； 11.14 美澳军自莫尔兹比港出发，追击从科科达小径撤退的日军堀井部，收复科科达； 11.11—15 瓜达尔卡纳尔海战，日军战列舰"雾岛"号被击沉，增援瓜岛计划失败； 11.30 塔萨法隆加海战，瓜岛最后一次大规模海战结束，日军运输给养计划再次受挫； 12.3 美军航空兵摧毁日军蒙达角机场； 12.9 美军在瓜岛换防，海军陆战队第一师载誉离岛； 12.25 美军对瓜岛残余日军发起圣诞战役； 12.31 日军大本营决定撤离瓜岛。
	亚洲	1.3 根据华盛顿"阿卡迪亚"会议决议，蒋介石就任中国战区盟军司令； 1.15 第三次长沙会战结束，阿南惟几指挥的日军进攻长沙被击退，中国军队伤亡惨重； 2.25 是日起，中国远征军进入缅甸作战，至月底，因战事不利，分别撤回国内和印度。 5.1 是日起，侵华日军在华北发动"五一大扫荡"； 5.15 在缅甸败退的英军撤到印度； 5.28 日军通过滇缅公路进犯昆明，未果； 5月起 作为对中国支援杜立特空袭东京的回应，侵华日军发动浙赣战役，战事持续到9月； 6.2 中美签订租借条约，美国通过印度港口向中国提供军需物资； 6.24 是日起，日军驱使盟军战俘修建缅泰铁路，因条件恶劣和非人道待遇，酿成惨案； 7.30 撤到印度的中国远征军改编为中国驻印军，司令部于是日在印度兰姆伽成立。 12.17 是日起，驻印英军对缅甸西海岸发动进攻。
	欧洲	1.5 斯大林命令从列宁格勒、莫斯科、乌克兰、克里米亚半岛四线全面反攻； 3.28—29 英军空袭德国名城吕贝克，造成重大平民伤亡； 4.24 德军轰炸英国埃克塞特，并重点攻击历史文化目标； 5.15 德军占领苏联克里米亚的刻赤半岛； 5.27 灭绝犹太人计划设计者海因里希被捷克游击队刺杀，重伤； 5.30 英国空军动用近千架次飞机轰炸德国科隆； 6.1 英国再次出动大规模机群轰炸德国鲁尔矿区； 6.10 海因里希伤重身亡； 6.25 美国少将艾森豪威尔就任美军驻欧部队司令； 7.4—10 德军攻克克里米亚塞瓦斯托波尔要塞，俘获苏军9万人； 7.13 希特勒命令在苏德战场南线发起斯大林格勒战役； 8.12 丘吉尔会见斯大林，商讨在欧洲大陆开辟第二战场； 9.2起 纳粹驱赶波兰华沙犹太人入集中营，以毒气屠杀之，遇难者超过5万； 9.12 德国潜艇击沉盟军后勤船，船上载有意大利战俘，德军试图救援时遭美军空袭，自此德军潜艇不再救援被击沉船只人员； 10.22 英国空军轰炸意大利都灵、米兰等工业区； 11.11 德意出兵占领已投降的维希法国； 12.19 德军元帅曼施坦因加入斯大林格勒解围战役，但由于气温和燃料不足，战事无进展； 12.30—31 巴伦支海峡战役德军失败。
	非洲	1.17 英军攻克德意士兵驻守的利比亚哈勒法耶要塞； 1.21—29 隆美尔发动第二次攻势，进攻艾季达比耶； 5.26—31 隆美尔东进攻击加扎拉，并与意军协同攻击沿海的盟军阵地比尔哈希姆； 6.10—13 被围困在比尔哈希姆的盟军战事不利，开始撤退； 6.21 盟军撤入埃及，隆美尔追击，攻占托布鲁克，随后受阻于阿拉曼一线； 8.13 英国中将蒙哥马利接任中东司令； 10.23 阿拉曼战役爆发，蒙哥马利进攻德意军阵地，初战告捷； 11.2 隆美尔久攻不下后决定自阿拉曼一线后撤，月底退回利比亚，轴心国军阵亡被俘5.9万人，蒙哥马利赢得"英军对德军首次重大胜利"。

附表1　第二次世界大战简要进程表　405

(续表)

	非洲	11.8—11 乔治·巴顿率美国远征军在摩洛哥登陆； 12.6—9 盟军与德军在突尼斯东北部会战。
时间	1943	
地区	太平洋战场	1.1 日军大本营下令撤离瓜岛； 1.2 美军在新几内亚攻取日军据点布纳； 1.5起 美军向瓜岛奥斯汀山残余日军发起进攻，至23日，拿下日军据守重要阵地海马山、奔腾小马山； 1.2—13 美澳军在新几内亚岛完全收复科科达小径及沿线各地； 1.23起 日军组织秘密撤离瓜岛，至2月7日，约1.3万残兵被撤到布干维尔岛； 2.12起 日军向新几内亚岛增兵； 2月起 美军实施"蛙跳战术"； 3.2—5 美军在丹皮尔海峡空袭日军运输船队，3000余人被打死； 4.2 根据山本五十六提出的"伊号作战"计划，日军海军航空兵飞机进驻拉包尔，准备与陆军飞机一同集中使用； 4.7—12 日军实施"伊号作战"，战报浮夸，但实际效果不明显； 4.18 山本出巡途中被早截获情报的美军飞机狙杀于布干维尔岛上空； 4.21 古贺峰一海军大将接替山本出任联合舰队司令长官； 5.11 美军在日本占领的阿留申群岛阿图岛登陆； 5.29 阿图岛驻防日军全部"玉碎"； 6月起 古贺峰一停止了损耗巨大的"伊号作战"计划； 6.21 美军实施旨在夺取新乔治亚岛的"钉子"行动； 7.2 美军登陆新乔治亚岛战略要地蒙达角机场，自此开始历时一个月的新乔治亚岛争夺战； 8.2 美军控制蒙达角机场； 8.15 美军夺取韦拉拉维拉岛，日军新乔治亚岛残兵被困于科隆班加拉岛；同日，美军占领日军弃守的阿留申群岛基斯卡岛，收复阿留申全境； 8.18 美军第五航空队空袭日军位于新几内亚岛北部的航空兵基地威瓦克，击毁日军飞机两百余架，使日军在新几内亚岛航空兵力量瓦解； 9.5 美军在新几内亚岛日军据点莱城东北投放1700名伞兵，构成对莱城的包围，这是盟军在太平洋战场首次实施空降作战； 9.8 日军弃守新几内亚岛萨拉莫阿； 9.19 日军弃守莱城，从北方山区撤往新几内亚岛北部据点威瓦克； 9.18—19 美军空袭吉尔伯特群岛日军主要据点塔拉瓦； 10.22 美军空袭日军西南太平洋地区基地拉包尔，击毁123架飞机； 11.1 美军实施夺取布干维尔岛的"樱花"计划，于当日在该岛西侧的奥古斯塔皇后湾登陆； 11.8—11 小泽治三郎发起对美军航母编队的"吕号作战"，损失惨重，但日方谎称大胜； 11.20 美军实施夺取吉尔伯特群岛塔拉瓦和马金环礁的"电流行动"，塔拉瓦战役持续到23日，全歼驻岛日军约5000人，本方伤亡近3000人，被称为"血腥塔拉瓦"，马金战役同日结束，伤亡轻微； 12.15 美军登陆拉包尔所在的新不列颠岛。
	亚洲	1.9 中国汪伪政权在日本胁迫下对美英宣战； 2.8起 英国中将温盖特组织"狮龙兽"游击队，于18日首次进入缅甸袭击日军补给线； 2.10—11 印度领袖甘地绝食示威，后被逮捕； 2.28 滇缅公路完工； 3.10 陈纳德美军第14航空队成立，驻扎中国； 4.8 河边正三继任日本驻缅甸军总司令； 5.1 "中美合作所"在重庆设立； 5.5起 侵华日军第11军新任司令长官横山勇发起鄂西会战，至月底攻陷长阳、枝江、黄梅等地； 8.17—24 根据魁北克会议决议，英国海军中将蒙巴顿勋爵出任东南亚盟军司令，美国史迪威中将任其副手； 8.23 日军轰炸重庆； 9.20 昆明空战，美机击落日机12架； 9.21 澳大利亚突击队乘独木舟潜入新加坡港，炸沉两艘日本运输船； 10.23 太岳军区八路军第一二九师在临(汾)屯(留)公路的韩略村伏击日军"军官观战团"180多人，除3人逃脱外，全部被歼灭；

(续表)

亚洲	11.1 中国远征军由印度进入缅北，掩护修筑雷多公路； 11.2 常德会战开始。横山勇亲至沙市指挥，以第一一六师团全部进攻常德，另进攻桃源、德山、汉寿等地，以为策应； 11.15 中国远征军开始缅北会战； 11.28 美英苏三国首脑在伊朗德黑兰签署旨在战胜纳粹德国的《德黑兰协议》； 12.3 湖南常德沦陷。
欧洲	1.3起 南部高加索一带的德军撤离； 1.10起 苏军在斯大林格勒一线开始对德军实施反包围； 1.30 英军第一次在昼间轰炸柏林； 2.2 斯大林格勒战役结束，德军元帅保卢斯率9.3万士兵向苏军投降； 2.12—14 高加索方面的苏军占领克拉斯诺达尔，向罗斯托夫进军； 2.18—27 德军元帅曼施坦因指挥装甲部队在乌克兰第聂伯河击退苏军攻势； 3.5 英军持续四个月轰炸德国鲁尔矿区，是日空袭埃森克虏伯兵工厂； 3.14 曼施坦因在乌克兰顿涅茨克河消灭苏联第3装甲军，次日重新占领哈尔科夫； 4.19 德军在波兰华沙镇压犹太人起义，至5月，屠杀抓捕超过5.5万人； 4.30 盟军为迷惑德军，故意将一份假文件通过伪造的"英国海难遇难军官尸体"让西班牙得到，并传递给德国，诱使德军做出错误部署； 5.22 因损耗严重，德国海军司令邓尼茨终止大西洋潜艇作战； 5.26 德意军组织12万人进攻铁托领导的南斯拉夫共产党游击队； 6.1起 盟军空袭意大利潘泰莱利亚岛，准备为登陆西西里扫清障碍； 7.6 德军向库尔斯克集结兵力，准备对苏军发起大规模进攻； 7.9 盟军空袭西西里，并投放伞兵，次日，巴顿和蒙哥马利分率美英军在西西里登陆； 7.12 库尔斯克坦克大战爆发，截至此日，德军大败，损失550辆坦克； 7.15起 美英军分别进攻西西里各主要城市，23日占领首府巴勒莫，至30日基本控制全岛； 7.25 墨索里尼被意大利国王解职并逮捕，巴多里奥元帅组建新政府，声称将与盟军合作，阻止德军占领意大利； 8.4起 苏军相继收复奥廖尔、别尔哥罗德等城市，逼近哈尔科夫； 8.8—17 英美将残余德军赶出西西里岛； 8.23 苏军收复哈尔科夫，26日西进第聂伯河，准备渡河发起对德国的反击； 9.3 蒙哥马利率英军从西西里出发登陆意大利本土； 9.8 盟军宣布意大利投降，德军出兵占领意大利北部； 9.10起 德军撤出科西嘉和撒丁岛，盟军占领； 9.12 德军特种部队救出墨索里尼，后者在意大利北部成立傀儡政权，听命于德国； 9.15 英军占领土耳其东部沿海群岛，切断德国获得中东能源的通道，并迫使土耳其倾向盟国； 9.22 英军潜艇在北海击伤德国战列舰"提尔皮茨"号； 9.25 苏军在北线夺回斯摩棱斯克港； 10.9 苏军到达黑海刻赤海峡，德军被逐出高加索地区； 10.13 巴多里奥元帅领导的意大利政府对德国宣战； 10.30 苏军解放克里米亚半岛全境； 11.6 苏军收复基辅； 11.18 英国空军开始轰炸柏林，空袭持续五个月； 12.24 盟军宣布欧洲战区司令，美国陆军上将艾森豪威尔担任总司令； 12.26 英军飞机在北海击沉德国战列巡洋舰"沙恩霍斯特"号。
非洲	1.14—23 丘吉尔与罗斯福在摩洛哥卡萨布兰卡会晤，讨论登陆西西里； 1.15—22 英进隆美尔所在的布埃拉特，后者向突尼斯撤退，于22日弃守利比亚的黎波里； 3.6—9 蒙哥马利在突尼斯德意军防线南端的梅德宁再败德军，隆美尔离开北非； 4.10起 德意军退守突尼斯最后的防线； 4.18 突尼斯空战，德军超过100架运输机被击毁，北非德军给养紧张； 4.22起 盟军进攻德军在突尼斯据守的高地； 5.5—7 通过反复争夺，英军控制突尼斯布奥卡兹山高地； 5.13 北非的25万德意军投降，北非战役结束，盟军获胜； 11.22 开罗会议，美英中三国领袖发布《开罗宣言》，要求日本投降。

时间	1944
战场 太平洋	1.6—9 美军占领新不列颠岛北端奥戈瑞山脉； 1.30 夺取马绍尔群岛的"燧发枪"行动开始，美军集中轰炸日军在该地区主要据点夸贾林环礁，次日起在夸贾林、马朱罗岛登陆，2月6日夺取夸贾林；

(续表)

地区		
	太平洋战场	2.17 美军空袭日联合舰队基地克鲁特，击毁日机近300架，这是盟军首次实施夜袭； 2.19起 日军将残余飞机撤出拉包尔，至此拉包尔要塞瘫痪，直至战后投降； 2.23 美军空袭马里亚纳群岛，为登陆战做准备； 3.31 联合舰队司令长官古贺峰一飞机失事，参谋长福留繁被俘，作战计划被美军获得； 4.24 盟军统帅部决定占领日本本土，迫使其投降； 5.5 丰田副武海军大将继任联合舰队司令长官； 5.18 美军占领阿德默勒尔蒂群岛，完成对拉包尔的封锁； 6.12—14 美军发起塞班岛登陆战，并袭击天宁岛； 6.10起 日军实施集中海陆航空兵与美航母舰队决战的"阿号作战"计划，但开战几天陆基航空兵损失惨重； 6.19 马里亚纳海空战爆发，至20日，日军被击沉三艘航母，损失约400架飞机，美军只损失123架飞机，战役被称为"马里亚纳猎火鸡"，日军"阿号作战"失败，作战损失飞机总数近千架； 7.6 败退到塞班岛北部的日军驻岛首脑斋藤义次和南云忠一等切腹自杀，遗命残余日军发起自杀冲锋； 7.7—9 塞班岛绝大多数顽抗日军被歼； 7.11 罗斯福宣布将第四次竞选美国总统； 7.18 东条英机在反对派压力下辞职，22日小矶国昭大将继任首相； 7.19 美军袭击关岛，两天后登陆； 7.26 罗斯福到访珍珠港，麦克阿瑟提出解放菲律宾计划； 7月底 日本大本营制定旨在决战的"捷号作战"计划； 8.1 美军占领天宁岛，在岛上的第一航空舰队司令角田觉治自杀； 8.10 美军占领关岛，岛上日军第31集团军司令小畑英良以下1.8万人战死； 9.15 美军登陆帕劳群岛主要岛屿贝里琉岛； 10.8 被从关东军调回的山下奉文在马尼拉就任负责南太平洋的日本第14方面军司令； 10.12—15 台湾航空战，日军谎称击沉击伤美军航母十余艘，错误情报直接影响后续判断； 10.19 由于美军逼近莱特岛，日军大本营要求在该岛发动"捷一号作战"； 10.20 美军攻上莱特岛，麦克阿瑟涉水登岸； 10.22 栗田健男率日本联合舰队主力从文莱湾分路驶向莱特湾，准备攻击美军运输船； 10.23 栗田舰队在巴拉望水道被美军潜艇伏击，损失旗舰"爱宕"号； 10.24 日军最大战列舰"武藏"号在锡布延海被美军飞机击沉，当晚，西村祥治率领的分舰队在苏里高海峡被美军全歼； 10.25 栗田舰队在萨马岛海域袭击美军护航航母，击沉1艘护航航母；同日，日本首次发动"神风特攻"，撞沉1艘护航航母； 10.26 哈尔西率美军舰队主力击沉作为饵兵的日军4艘航母，同时栗田放弃进攻莱特湾，莱特湾战役结束； 11.24 美军首次对东京实施大轰炸； 11.25 神风队在菲律宾海域击伤美军航母4艘； 12.2起 美军轰炸小笠原群岛的硫磺岛，自是日起持续68天； 12.15起 为对付神风队，美军加紧轰炸菲律宾日据机场； 12.16 麦克阿瑟被晋升为五星上将； 12.19 美军潜艇在中国东海击沉载有自杀式武器的日军航母"云龙"号； 12.25 美军占领莱特岛。
	亚洲	1.7 缅北中国远征军肃清更的宛河、大龙河合流处日军。 1.8 缅北中国远征军在于邦附近渡过大龙河；22日渡过布朗布拉姆河；30日攻克泰洛； 1.24 缅境中国远征军攻占敏格鲁加； 2.1 远征军由胡康河谷深入缅境达百余里，并占领太白家； 2.2—24 日军在缅甸实施"荷戈"计划，试图将盟军逼退回印度，失败； 2.10 晋冀鲁豫八路军刘伯承部解放朝城，继克沙河、武乡等； 3.5 苏中新四军主力发起车桥战役，歼灭日军大佐以下460余人，伪军近500人，攻克车桥等敌重要据点13处，解放了淮安、宝应以东地区； 3.7 日军在缅甸发动旨在进攻英帕尔的"乌号作战"计划； 3.16 史迪威受任东南亚盟军副总司令； 3.25 温盖特中将在缅甸死于飞机失事； 3.29 缅北中国远征军攻占班卡； 4.13 英帕尔战役第一阶段结束，日军未能突破盟军防线，孟拱河谷中国远征军攻占瓦康丁林，次日又攻占孟古加拉。同日，第二支中国远征军强渡怒江入缅；

(续表)

地区		
亚洲		4.16 日军为摧毁美军在华东、华南的空军基地，调集5至6万兵力，首先对平汉路郑州—信阳段发动进攻（即"打通大陆交通线作战"）； 4.21 豫东日军兵分三路进犯郑州、密县、新郑。次日，郑州失陷； 4.23 新四军彭雪枫师在津浦至津浦路300里外线出击，解放10余万同胞，攻克敌据点16处； 4.29 国民党空军炸毁黄河铁桥； 5.6 襄阳沦陷； 5.9 日军开始以打通大陆交通线为目标的河南作战。同日，日军侵占驻马店； 5.14 日机首次袭击昆明； 5.15 中国远征军与美军共同占领密支那日军飞机场。同日，缅北中国远征军三路攻入蛮宾，与美军会师； 5.26 洛阳失陷； 5.27 湘北日军分三路南犯，开始以打通大陆交通线为目标的湘桂作战。 6.7 日军迫近衡阳，国民党军奉命破坏衡阳湘江大桥； 6.18 长沙失陷； 6.29 日军大规模进攻衢阳，使用芥子毒气攻城。次日，日军占领衡阳飞机场； 7.1起 日军中止在缅甸的英帕尔作战。 7.12 滇西国民党军合围腾冲。同日，缅境加迈、孟拱间中国远征军会师； 9.3 日军沿湘桂线继续西犯； 9.25 蒋介石以备忘录致罗斯福，谓："史迪威在华任职两年，对于中美合作做少贡献，拒绝给予史迪威以指挥全部华军之要职，并要求另派富于友谊合作精神之任何美国将领，接替史迪威职务。" 9.27 日本陆军第六十二独立混成旅团和伪军各约5000人，在福建闽江口北岸登陆。至10月5日，福州沦陷； 10.14 蒋介石发动"十万知识青年从军运动"，并编组青年远征军10个师。同日，蒋介石致电罗斯福建议帕资、魏德迈、顾律格三名美籍将领中选一人为中国战区参谋长； 10.18 蒋介石接罗斯福复电，同意召回史迪威，并任魏德迈将军为中国战区参谋长。同时将中缅印战区分为两个战区：中国为一方面，由魏德迈任美军司令，另一方面为索尔登指挥下之印缅战区。 11.5 日军使用化学毒气，突破桂林七星岩阵地； 11.10 桂林沦陷。同日，汪精卫病死于日本名古屋。陈公博就任伪南京政府主席； 11.15 缅北中国远征军攻克八莫； 11.19 日本调冈村宁次继畑俊六为中国派遣军总司令； 11.21 日军主力沿黔桂路进犯。次日南宁、武鸣沦陷； 12.30 缅北中国远征军攻克彭坎。
欧洲		1.17起 盟军进攻德军部署在意北部的古斯塔夫防线； 1.27 包围列宁格勒的德军撤退，列宁格勒战役结束； 2.12—19 盟军在意大利卡西诺击退德军的反攻； 2.26 苏军在波罗的海沿岸击溃德军北方集团军群； 3.15起 盟军以各种方法攻击卡西诺山上德军据守的修道院，久攻不下； 3.30 因乌克兰方面战事不利，陆军元帅曼施坦因和克莱斯特被希特勒解职； 4.3 盟军在挪威海域再次重创德军战列舰"提尔皮茨"号； 5.11—18 盟军攻克卡西诺山； 5.23 盟军开始从意大利安齐奥滩头阵地向包围的德军反攻，25日，突破通向罗马的最后防线瓦尔蒙托内防线； 6.3—4 德军放弃罗马撤退，盟军开进不设防的罗马； 6.6 盟军在法国诺曼底发起登陆作战，这是史上规模最大的两栖作战； 6.9 苏军再次进入芬兰，芬兰曼纳海姆元帅后退； 6.23 苏军发动白俄罗斯攻势； 7.18—22 美军攻占法国圣洛，盟军以巨大代价将德军赶出卡昂； 7.20 德国军官施陶芬贝格等人计划刺杀希特勒，失败； 7.25 盟军组织从诺曼底向德占区纵深推进的突击行动； 8.1 华沙起义开始； 8.2 苏军进抵华沙南部维斯瓦河对岸； 8.4 曼纳海姆元帅继任芬兰总统，芬兰开始脱离轴心国阵营； 8.8 参与刺杀希特勒的8名德国军官被处决； 8.23 罗马尼亚与盟军停火，退出战争，两天后向德国宣战； 8.23 艾森豪威尔命巴顿自安特卫普向德国萨尔进军；

附表1　第二次世界大战简要进程表

(续表)

地区	欧洲	9.2 芬兰与苏联停战； 9.3 盟军解放比利时布鲁塞尔； 9.5 苏军进入保加利亚，次日保向德国宣战； 9.10—14 华沙起义被镇压，苏军拒绝援助； 9.15 苏军进攻华沙； 9.17 蒙哥马利指挥发起"城市花园"行动，取道荷兰向德国挺进； 9.21 铁托与斯大林就"苏军进入南斯拉夫"达成协议，同日，英军经过激战攻占意大利里米尼； 10.11 苏军进军南斯拉夫首都贝尔格莱德，19日迫使德军弃城退走； 10.14 涉嫌参与刺杀希特勒的隆美尔被迫服毒自杀； 10.21 德军在本土亚琛向包围的盟军投降； 11.9 巴顿率美国第3军渡过摩泽尔河，进入德国内部开阔地带； 11.12 英军飞机在挪威海域击沉"提尔皮茨"号； 12.12—16 希特勒组织在比利时阿登地区发起反攻，试图将在西欧登陆的盟军赶下海，切断其补给线； 12.26起 盟军在阿登攻击德军阵线凸出部。
时间	1945	
地区	欧洲	1.1起 德军在法国的边境阿尔萨斯-洛林一线再对盟军发动进攻； 1.3—16 在美军第1军和第3军南北夹击下，阿登阵线凸出部的德军被迫东撤； 1.15起 美军布莱德雷和英军蒙哥马利分别从南北两线进攻德军，缓解阿登压力； 1.19 经过3个月激战，苏军解放华沙； 1.27 苏军解放波兰奥斯维辛集中营； 1.28 阿登凸出部战役结束，德军损失800辆坦克、1000架飞机和超过10万人员； 2.4 雅尔塔会议举行，罗斯福、丘吉尔、斯大林达成协议，欧洲战事结束后苏联对日本宣战； 2.9 德军元帅龙德施泰特说服希特勒，批准德军撤到莱茵河东岸； 2.14起 苏军进攻东普鲁士，被包围的德军溃逃； 3.1 苏军元帅朱可夫率白俄罗斯第1方面军对德军第3装甲军发起总攻； 3.3 巴顿率美军第3集团军群渡过凯尔河，向莱茵河防线进军； 3.10 蒙哥马利夺取莱茵河西岸地区； 3.14 巴顿突破德军齐格菲防线； 3.22—31 盟军发起渡过莱茵河作战； 4.4起 蒙哥马利率英军解放荷兰； 4.9—10 美英军夺取意大利北部波河平园，切断德国C集团军群，意大利战役结束； 4.13 苏军占领维也纳； 4.16 苏军开始进攻柏林； 4.18 盟军占领德国鲁尔矿区； 4.20 美军攻占纳粹党圣地纽伦堡； 4.25—27 苏军朱可夫和科涅夫所部完成对柏林的包围； 4.28 墨索里尼逃亡途中被意大利游击队抓获并枪决； 5.2 苏军以30万伤亡代价攻克柏林，希特勒被认为在围攻开始不久后自杀； 5.7 德国投降，至8日，欧洲各处的德军相继停止抵抗，"二战"欧洲部分战事结束。
地区	亚洲	2.26 粤北韶关沦陷，粤汉路被日军打通； 2.26起 叙利亚、沙特等阿拉伯国家对德国宣战； 2.27 中印公路完全通车，该路命名为"史迪威公路"； 3.7 桂境柳城被收复。同日，东南亚盟军总司令蒙巴顿偕夫人飞抵重庆，次日，与蒋介石商谈和中国战区军事合作问题； 3.21 日军7万余人、战车百余辆，由襄阳等地出动，分路向南阳、老河口、襄樊、西峡口进犯； 4.10 魏德迈自美返重庆，发表谈话，谓此行已彻底研讨反攻日军计划； 4.25 制定《联合国宪章》会议在旧金山召开。中国成为联合国安全理事会的五个常任理事国之一； 7.30 蒋介石以陈纳德八年来协助中国抗战，功绩显著，授予其国民政府最高荣誉之青天白日勋章； 8.2 国民党军收复广西灵川、湖南新宁、江西上高。4日，收复吉水； 8.4 缅甸的日军第28师团最后残部被歼灭； 8.9 毛泽东发表《对日寇的最后一战》，号召举行全国规模的反攻； 8.10 国民党军收复广西全境；

(续表)

地区		
	亚洲	8.17 蒋介石接冈村宁次复电，内称："遵令派员接洽投降。" 8.21 日本乞降使节冈村宁次的代表今井武夫一行8人飞抵芷江，向国民党陆军总司令部参谋长萧毅肃接洽投降事宜。尔后，国民党将中国战区划为15个受降区，以何应钦为全权代表；同日，日本关东军在哈尔滨正式向苏联红军投降，驻菲日军向美军投降，日军占领诸地自此依次投降。
	太平洋战场	1月 富兰克林·罗斯福第四度出任美国总统； 1.9起 美军在菲律宾吕宋岛仁牙因海湾登陆； 2.3起 美军进攻菲律宾首都马尼拉； 2.16—17 美军空袭东京，击毁日机近500架； 2.19 美军登陆硫磺岛； 2.23 美军攻上硫磺岛日军阵地折钵山，在山顶升起星条旗； 3.1起 美军轰炸琉球群岛； 3.3 美军攻克马尼拉； 3.8—10 美军登陆菲律宾棉兰老岛； 3.9—10 美军用燃烧弹轰炸东京，造成东京1/4建筑被毁和重大伤亡； 3.26 硫磺岛2万余日全部被消灭，美军控制全岛，伤亡超过2万； 4.1起 美军登陆琉球群岛中的冲绳岛； 4.5 小矶国昭内阁辞职，两日后铃木贯太郎出任首相； 4.7 准备增援冲绳的日本最大战列舰"大和"号被击沉； 4.12 美国总统罗斯福病故，副总统哈里·杜鲁门继任； 4.24 美军攻克日军冲绳岛牧港防线； 5.4起 冲绳岛守将牛岛满迫于大本营压力发动反攻，损失惨重； 5.11 日军神风队重创美军航母"邦克山"号； 5.25 美军再次轰炸东京，投放超过3000吨燃烧弹； 5.31 美军攻克冲绳岛首府首里； 6.8起 美英军炮击婆罗洲，10日起发起登陆作战； 6.23 牛岛满等冲绳主要军官自杀； 6.28 麦克阿瑟宣布收复吕宋岛； 6.30 冲绳战役以来日军先后发起10次自杀性质的"菊水作战"，损失飞机近3000架，击沉美军舰船30余艘，击伤300余艘； 7.2起 美军占领冲绳岛； 7.16 波茨坦会议，美英中联合公告要求日本投降；同日，美国新墨西哥州沙漠中第一颗原子弹试爆成功； 26日，《波茨坦公告》被递交日本政府，日方不予回应。 8.2 杜鲁门签字授权使用原子弹； 8.6 美军在日本广岛投下原子弹"小男孩"，造成8万余人死亡； 8.8 苏联对日本宣战； 8.9 美军在长崎投下第二颗原子弹，造成4万余人死亡，同日，苏军进入中国东北，攻击日本关东军； 8.10 裕仁天皇在御前会议决定接受《波茨坦公告》，并将照会托由瑞士政府转达美、苏、英、中，请求投降； 8.15 日本电台公布裕仁天皇的《终战诏书》，向盟国投降； 8.28 首批占领日本的美军在东京湾登陆； 9.2 日本投降仪式在东京湾的美军"密苏里"号战列舰上举行，日本签字向美、中、英、苏、澳等盟国投降，"二战"结束。
时间	1945.10—	
		1945.11.20—1946.10.1 盟国在德国纽伦堡审判纳粹战犯，戈林、里宾特洛甫等21人被判决为"主要战争犯"； 1946.1.19—1948.11.12 盟军远东军事法庭审判日本战犯，东条英机等28人被判决为甲级战犯，东条等7人被处绞刑； 1951.9.8 日本与同盟国签署《旧金山和约》，并于1952年4月28日生效，盟军结束对日本的占领。

笔者按：关于第二次世界大战的起始日期有多种说法，一般将1939年9月1日德国入侵波兰算作开始，因为自彼时起，英法两个世界性大国卷入战争（苏联以保护侨民为名占领波兰西部，事实上也已参与了），战事开始升级为"世界大战"，也有美国历史学家将1941年12月16日美国对日宣战视为真正意义的"世界大战"开始。而在此之前，1931年日本入侵中国东北、1935年意大利入侵埃塞俄比亚、1937年日本全面侵略中国等战事，也可视为"二战"的先导，1939年之前中埃等国军民的反侵略斗争，同样是世界反法西斯战争的重要部分。

附表2
太平洋战争主要舰船性能表

国别	日本	美国
航空母舰	赤城级 代表舰："赤城"号 标准排水量：3.65万吨；全长：260米； 航速：31.2节；续航：8200海里/16节； 舰载机：66架+候补25架；定员1630人	列克星敦级 代表舰："列克星敦"号、"萨拉托加"号 标准排水量：3.87万吨；全长：259米； 航速：33.2节；续航：10000海里/10节； 舰载机：91架+候补9架；定员2122人
	苍龙级 代表舰："苍龙"号、"飞龙"号 标准排水量：1.59万吨；全长：227.5米； 航速：34.5节；续航：7680海里/18节； 舰载机：57架+候补16架；定员1100人	约克城级 代表舰："约克城"号、"企业"号、"大黄蜂"号 标准排水量：2.01万吨；全长：246.8米； 航速：32.5节；续航：7900海里/20节； 舰载机：91架+候补9架；定员2217人
	翔鹤级 代表舰："翔鹤"号、"瑞鹤"号 标准排水量：2.56万吨；全长：257.5米； 航速：34.2节；续航：9700海里/18节； 舰载机：72架+候补12架；定员1660人	黄蜂级 代表舰："黄蜂"号 标准排水量：1.47万吨；全长：225.9米； 航速：29.5节；续航：12000海里/15节； 舰载机：74架+候补9架；定员2000人
	飞鹰级 代表舰："飞鹰"号、"隼鹰"号 标准排水量：2.41万吨；全长：219米； 航速：25.5节；续航：12251海里/18节； 舰载机：48架+候补10架；定员1330人	埃塞克斯级 代表舰："埃塞克斯"号、"大黄蜂"号（II）、"约克城"号（II）、"邦克山"号、"富兰克林"号 标准排水量：2.72万吨；全长：265米； 航速：33节；续航：15000海里/15节； 舰载机：103架；定员：3448人
	大凤级 代表舰："大凤"号 标准排水量：2.93万吨；全长：260米； 航速：33.3节；续航：10000海里/18节； 舰载机：60架；定员：1751人	长舰体埃塞克斯级（提康德罗加级） 代表舰："提康德罗加"号、"汉考克"号 标准排水量：2.84万吨；全长：273米； 航速：30节；续航：15000海里/15节； 舰载机：80架；定员：2900人
	祥凤级 代表舰："祥凤"号、"瑞凤"号 标准排水量：1.12万吨；全长：205米； 航速：28.0节；续航：7800海里/18节； 舰载机：27架+候补3架；定员：785人	独立级（轻型） 代表舰："独立"号、"普林斯顿"号 标准排水量：1.1万吨；全长：189.7米； 航速：31.5节；续航：12500海里/15节； 舰载机：34架；定员：1569人
	千岁级 代表舰："千岁"号、"千代田"号 标准排水量：1.2万吨；全长：192.5米； 航速：29.0节；续航：11810海里/18节； 舰载机：30架；定员：967人	卡萨布兰卡级（护航航母） 代表舰："卡萨布兰卡"号、"圣洛"号 标准排水量：8200吨；全长：156米； 航速：20节；续航：10000海里/15节； 舰载机：28架；定员：860人

（续表）

国别	日本	美国
战列舰	大和级 代表舰:"大和"号、"武藏"号 标准排水量: 6.39万吨，全长: 263米； 航速: 27.0节，续航: 7200海里/16节； 装甲: 主装甲410毫米，水平装甲200毫米； 武装: 460毫米主炮9门，全部舰炮207门； 定员: 2200人	衣阿华级 代表舰:"密苏里"号 标准排水量: 4.50万吨，全长: 270.4米； 航速: 35.0节，续航: 16600海里/15节； 装甲: 主装甲307毫米，水平装甲222毫米； 武装: 406毫米主炮9门，全部舰炮158门； 定员: 2700人
	长门级 代表舰:"长门"号 标准排水量: 3.38万吨，全长: 213米； 航速: 25.0节，续航: 10600海里/16节； 装甲: 主装甲305毫米，水平装甲41—76毫米； 武装: 410毫米主炮8门，全部舰炮154门； 定员: 1333人	宾夕法尼亚级 代表舰:"亚利桑那"号 标准排水量: 3.24万吨，全长: 185.3米； 航速: 21.0节，续航: 7310海里/18节； 装甲: 主装甲342.9毫米，水平装甲228毫米； 武装: 356毫米主炮12门，全部舰炮123门； 定员: 1358人
	金刚级 代表舰:"金刚"号、"榛名"号、"比叡"号、"雾岛"号 标准排水量: 3.18万吨，全长: 222.7米； 航速: 29.8节，续航: 9850海里/18节； 装甲: 主装甲203毫米，水平装甲42—70毫米； 武装: 356毫米主炮8门，全部舰炮137门； 定员: 1437人	北卡罗来纳级 代表舰:"北卡罗来纳"号、"华盛顿"号 标准排水量: 3.50万吨，全长: 222米； 航速: 25.0节，续航: 16320海里/15节； 装甲: 主装甲304.8毫米，水平装甲179毫米； 武装: 406毫米主炮9门，全部舰炮125门； 定员: 1880人
	扶桑级 代表舰:"扶桑"号、"山城"号 标准排水量: 3.47万吨，全长: 212米； 航速: 24.7节，续航: 11800海里/16节； 装甲: 主装甲305毫米，水平装甲33—76毫米； 武装: 356毫米主炮12门，全部舰炮118门； 定员: 1396人	南达科他级 代表舰:"南达科他"号、"印第安纳"号 标准排水量: 3.50万吨，全长: 207.3米； 航速: 27.0节，续航: 17000海里/15节； 装甲: 主装甲241.3毫米，水平装甲134.6毫米； 武装: 406毫米主炮9门，全部舰炮136门； 定员: 2346人
	伊势级 代表舰:"伊势"号、"日向"号 标准排水量: 3.53万吨，全长: 219.6米； 航速: 25.3节，续航: 11000海里/16节； 装甲: 主装甲305毫米，水平装甲33—76毫米； 武装: 356毫米主炮12门，全部舰炮85门；改装为航空战列舰后增加舰载机22架； 定员: 1643人	新墨西哥级 代表舰:"新墨西哥"号 标准排水量: 3.50万吨，全长: 190.3米； 航速: 22.0节，续航: 12750海里/18节； 装甲: 主装甲342.9毫米，水平装甲152.4毫米； 武装: 406毫米主炮9门，全部舰炮142门； 定员: 1930人
舰载机	九九式舰载轰炸机（D3A） 机长: 10米；翼展: 14.4米； 最大时速: 432千米/小时；航程: 1366千米； 武器: 7.7毫米机枪×2、7.7毫米回旋式机枪×1，可加挂250千克炸弹×1、60千克炸弹×4	TBD"毁灭者"鱼雷机 机长: 10.69米；翼展: 15.24米； 最大时速: 331千米/小时；航程: 1152千米； 武器: 7.7毫米机枪×2，可加挂450千克炸弹×1、230千克炸弹×2或鱼雷
	九七式舰载鱼雷机 机长: 10.3米；翼展: 15.8米； 最大时速: 378千米/小时；航程: 780—980千米； 武器: 7.7毫米机枪×2，可加挂800千克炸弹×1或457毫米鱼雷	TBF"复仇者"鱼雷机 机长: 12.48米；翼展: 16.51米； 最大时速: 442千米/小时；航程: 1610千米； 武器: 7.62毫米机枪×2、12.7毫米机枪×1，可加挂907千克炸弹×1或鱼雷
	零式战斗机（A6M） 机长: 9.06米；翼展: 12米； 爬升率: 13.3米/秒；最大时速: 533.4千米/小时； 航程: 3350千米； 武器: 20毫米机炮×2、7.7毫米机枪×2	SBD无畏俯冲轰炸机 机长: 10.09米；翼展: 12.66米； 最大时速: 410千米/小时；航程: 1795千米； 武器: 7.62毫米机枪×2、12.7毫米机枪×2，可加挂726千克炸弹×1、45千克炸弹×2

（续表）

国别	日本	美国
陆基飞机	彗星式舰载俯冲轰炸机（D41）	F4F"野猫"战斗机
	机长：10.22米；翼展：11.5米； 最大时速：546千米/小时；航程：1200千米； 武器：7.7毫米机枪×3，可加挂500千克炸弹×1、30千克炸弹×2	机长：8.76米；翼展：11.58米； 爬升率：9.9米/秒；最大时速：512千米/小时；航程：1239千米； 武器：12.7毫米机枪×6，可加挂45千克炸弹×2
	天山式舰载鱼雷机（B6N1）	F6F"地狱猫"战斗机
	机长：10.37米；翼展：14.89米； 最大时速：451千米/小时；航程：1460千米； 武器：7.7毫米回旋式机枪×1、7.7毫米机枪×2，可加挂800千克炸弹×1或鱼雷	机长：10.31米；翼展：13.05米； 爬升率：16.5米/秒；最大时速：612千米/小时；航程：2462千米； 武器：12.7毫米机枪×6
	"月光"夜间战斗机（J1N1）	P38"闪电"战斗机
	机长：12.13米；翼展：17米； 爬升率：8.7米/秒；最大时速：507千米/小时；航程：2547千米； 武器：20毫米机炮×4	机长：13.53米；翼展：15.85米； 爬升率：24.1米/秒；最大时速：667千米/小时；航程：1770千米； 武器：20毫米机炮×1、12.7毫米机枪×4
	"疾风"战斗机（Ki-84）	B-17"空中堡垒"重型轰炸机
	机长：9.94米；翼展：11.3米； 爬升率：13.1米/秒；最大时速：624千米/小时；航程：1745千米； 武器：20毫米机炮×2、13.2毫米机枪×2	机长：22.66米；翼展：31.62米； 最大时速：462千米/小时；航程：3219千米； 武器：12.7毫米机枪×13，可携7900千克炸弹
	一式中型轰炸机（G4M）	B-29"超级空中堡垒"重型轰炸机
	机长：19.9米；翼展：24.88米； 最大时速：454千米/小时；航程：3640千米； 武器：可加挂800千克炸弹×1或250千克炸弹×4、60千克炸弹×12	机长：30.2米；翼展：43.1米； 最大时速：574千米/小时；航程：6000千米； 武器：20毫米机炮×1、12.7毫米机枪×12，可携9072千克炸弹

参考书目

日记回忆录及资料汇编：

Eugene Sledge：*With the Old Breed*, Ebury Press,2010.

Robert Leckie：*Helmet for My Pillow: From Parris Island to the Pacific*，Bantam Books, 2010.

池步洲、霍实子著：《密码战》，北京：中国文史出版社，2012年。

道格拉斯·麦克阿瑟著，陈宇飞译：《麦克阿瑟回忆录》，上海：上海社会科学院出版社，2017年。

服部卓四郎著，张玉祥等译：《大东亚战争全史》，北京：商务印书馆，1984年。

富兰克林·罗斯福著，张爱民、刘立丹译：《向前看·在路上》，武汉：华中科技大学出版社，2011年。

富兰克林·罗斯福著，张爱民、马飞译：《罗斯福炉边谈话》，北京：中国社会科学出版社，2009年。

列斯特·坦尼著，范国平、史雪莲译：《活着回家：巴丹死亡行军亲历记》，北京：世界知识出版社，2009年。

路易斯·L.辛德编，黄文范译：《伟大的时刻——战地记者眼中的第二次世界大战》，南宁：广西人民出版社，2006年。

梅汝璈著：《东京大审判：远东国际军事法庭中国法官梅汝璈日记》，南昌：江西教育出版社，2015年。

NHK取材班编，兴远译：《最残酷的战斗——硫磺岛战役生还者讲述》，北京：金城出版社，2011年。

尼米兹、波特著，赵振愚等译：《大海战——第二次世界大战海战史》，北京：海洋出版社。

泰德·威廉·罗森著，朱沉之译：《东京上空三十秒》，北京：法律出版社，2011年。

温斯顿·丘吉尔著，康文凯等译：《丘吉尔文集——二战回忆录（上、下册）》，南京：江苏人民出版社，2000年。

渊田美津雄、奥宫正武著，孟宪楷译：《机动部队》，北京：海洋出版社，1987年。

渊田美津雄、奥宫正武著，许秋明译：《中途岛海战》，北京：商务印书馆，1979年。

渊田美津雄著，许秋明译：《袭击珍珠港》，北京：商务印书馆，1979年。

苏荷编：《第二次世界大战演说精编》，北京：中国文史出版社，2012年。

当代研究：

阿川弘之著，朱金、王凤芝译：《山本五十六》，北京：解放军出版社，1987年。

阿诺德·汤因比主编：《国际事务概览·第二次世界大战》，上海：译文出版社，2007年。

半藤一利著，杨庆庆等译：《日本最漫长的一天——决定命运的八月十五日》，重庆：重庆出版社，2009年。

波特著，蒋恺等译：《尼米兹》，北京：解放军出版社，2005年。

波特著，欧阳志元译：《蛮牛哈尔西》，北京：海潮出版社，2013年。

程永明著：《裕仁天皇传》，天津：天津社会科学院出版社，2011年。

大隈重信著：《日本开国五十年史》，上海：上海社会科学院出版社，2007年。

戴维·贝尔加米尼著，张震久译：《日本天皇的阴谋》，北京：商务印书馆，1984年。

儿岛襄著，天津市政协编译组译：《马来之虎——山下奉文》，天津：天津人民出版社，1981年。

福泽谕吉著，北京编译社译：《文明论概略》，北京：商务印书馆，1960年。

富勒著，钮先钟译：《西洋世界军事史》，桂林：广西师范大学出版社，2004年。

高桥哲哉著，徐曼译：《国家与牺牲》，北京：社会科学文献出版社，2008年。

郭丽著：《近代日本的对外认识》，北京：北京大学出版社，2011年。

赫尔曼·沃克著，陈良廷等译：《战争与回忆（上下）》，西安：陕西师范大学出版社，2008年。

赫尔曼·沃克著，施咸荣等译：《战争风云（上下）》，西安：陕西师范大学出版社，2004年。

鹤见俊辅著，邱振瑞译：《战争时期日本精神史：1931—1945》，成都：四川教育出版社，2013年。

黄自进著：《北一辉的革命情结：在中日两国从事革命的历程》，台北：中央研究院近代史研究所，2001年。

吉田茂著，李杜译：《激荡的百年史》，西安：陕西师范大学出版社，2005年。

杰克·墨菲著，蔡晓惠、米琳译：《美国海军陆战队史》，长沙：湖南人民出版社，2010年。

卡尔著，徐蓝译：《两次世界大战之间的国际关系：1919-1939》，北京：商务印书馆，2010年。

凯·伯德、马丁·J.舍温著，李霄垅译：《奥本海默传——"原子弹之父"的美国悲剧》，南京：译林出版社，2009年。

李德·哈特著，钮先钟译：《第二次世界大战战史》，上海：上海人民出版社，2009年。

理查·罗兹著，江向东、廖湘彧译：《原子弹秘史——历史上最致命武器的孕育》，上海：上海科技教育出版社，2010年。

刘怡、阎京生著：《菊花与锚》，武汉：武汉大学出版社，2011年。

刘怡、阎京生著：《逆天而行》，武汉：武汉大学出版社，2011年。

刘怡著：《联合舰队》，武汉：武汉大学出版社，2010年。

刘宗和、高金虎主编：《第二次世界大战情报史》，北京：解放军出版社，2009年。

鲁思·本尼迪克特著，吕万和、熊达云、王智新译：《菊与刀——日本文化诸模式》，北京：商务印书馆，2012年。

陆伟著：《日本对外决策的政治学——昭和前期决策机制与过程的考察》，北京：人民出版社，2010年。

罗兹·墨菲著，黄磷译：《亚洲史》，北京：人民出版社，2010年。

米尔顿·弗里德曼、安娜·J.施瓦茨著，巴曙松、王劲松等译：《美国货币史（1867—1960）》，北京：北京大学出版社，2009年。

内田树著，郭勇译：《日本边境论》，上海：上海文化出版社，2012年。

诺曼·赫伯特著，姚曾廙译：《日本维新史》，长春：吉林出版集团有限责任公司，2007年。

齐锡生著：《剑拔弩张的盟友——太平洋战争时期的中美军事合作》，北京：社会科学文献出版社，2020年。

乔治·布隆德著，梁贵和、姚根林译：《大洋余生——"企业号"征战史》，北京：新华出版社，1983年。

日本读卖新闻战争责任检证委员会撰稿，郑钧等译：《检证战争责任：从九一八事变到太平洋战争》，北京：新华出版社，2007年。

日本历史学研究会编，金锋等译：《太平洋战争史》，北京：商务印书馆，1962年。

汤重南等主编：《日本帝国的兴亡》，北京：世界知识出版社，1996年。

汪公纪著：《日本史话》，北京：中国书籍出版社，2011年。

威廉·J.本内特著，刘军等译：《美国通史》，南昌：江西人民出版社，2009年。

威廉·曼彻斯特著，朱协译：《光荣与梦想》，海口：海南出版社、三环出版社，2004年。

威廉·夏伊勒著，董乐山等译：《第三帝国的兴亡》，北京：世界知识出版社，2015年。

小泉八云著，胡山源译：《日本与日本人》，北京：中国社会科学出版社，2008年。

小森阳一著，陈多友译：《天皇的玉音放送》，北京：生活·读书·新知三联书店，2004年。

新渡户稻造著，张俊彦译：《武士道》，北京：商务印书馆，1993年。

一ノ瀬俊也著，刘凤健译：《飘扬在战场上的传单：用传单重读太平洋战争》，北京：军事科学出版社，2010年。

伊藤正德著，蔡茂丰译：《日军东南亚战史》，昆明：昆明军区司令部二部，1980年。

伊藤正德著，刘宏多译：《联合舰队的覆灭》，北京：海洋出版社，1991年。

俞天任著：《浩瀚大洋是赌场》，北京：语文出版社，2010年。

约翰·戴维森著，孟广林译：《天下海战——铁血太平洋》，南京：江苏人民出版社，2009年。

约翰·科斯特洛著，王伟、夏海涛等译：《太平洋战争1941—1945》，北京：东方出版社，1985年。

约翰·托兰著，郭伟强译：《日本帝国的衰亡（1936—1945）》，北京：新星出版社，2008年。

约翰·托兰著，李殿昌等译：《美国的耻辱——珍珠港事件内幕》，北京：中国社会科学出版社，2012年。

詹姆斯·M.莫里斯著，符金宇译：《美国军队及其战争》，北京：世界图书出版公司，2013年。

詹姆斯·M.莫里斯著，靳绮雯等译：《美国海军史》，长沙：湖南人民出版社，2010年。

郑彭年著：《日本崛起的历史考察》，北京：人民出版社，2008年。

子安宣邦著，陈玮芬译：《福泽谕吉＜文明论概略＞精读》，北京：清华大学出版社，2010年。

文学作品：

大江健三郎著，翁家慧译：《广岛札记》，北京：中国广播电视出版社，2009年。

山冈庄八著，金哲译：《太平洋战争 第三卷》，北京：金城出版社，2013年。

山冈庄八著，兴远译：《太平洋战争 第二卷》，北京：金城出版社，2011年。

山冈庄八著，兴远译：《太平洋战争 第一卷》，北京：金城出版社，2011年。

詹姆斯·布拉德利、罗恩·鲍尔著，张永椿等译：《父辈的旗帜》，北京：世界知识出版社，2006年。

詹姆斯·琼斯著，姚乃强、武军、高骏译：《细细的红线》，南京：译林出版社，2015年。

工具书：

戴峰著：《从零到零——旧日本海军航空兵战斗机装备发展史》，汕头：汕头大学出版社，2011年。

海人社编：《世界航空母舰全史图鉴》，青岛：青岛出版社，2009年。

海人社编：《世界近代战列舰史》，青岛：青岛出版社，2010年。

刘怡著：《二战航母全览》，武汉：武汉大学出版社，2009年。

刘怡著:《日本海军联合舰队舰艇全览》,武汉:武汉大学出版社,2010年。

马克斯·布特著,石祥译:《战争改变历史——1500年以来的军事技术、战争及历史进程》,上海:上海科学技术文献出版社,2011年。

诺曼·波尔马著,王华等译:《航空母舰·1909~1945》,上海:上海科学技术文献出版社,2013年。

沼风、陈叔阳著:《旧日本海军舰船1870—1945》,重庆:电脑报电子音像出版社,2010年。

出版后记

近年来，随着中国与世界的接触愈加密切，中国读者对世界史的需求也随之增大，市面上越来越多介绍世界历史的著作被引进，经翻译后出版。然而我们注意到，这些引进作品虽力图兼顾学术性与大众性，具有相当的研究与普及价值，但究竟不是专为中国读者而作，同时译著始终存在难以周全的文化与语言隔膜，无论是从内容上，还是从结构到行文，都与中国读者的阅读习惯有一定差距，形成较高的阅读门槛。

在这股"世界史热"的浪潮中，本土历史作家曲飞另辟一种新的写法，以从容大气的笔调、典雅考究的文风，深入浅出，亦庄亦谐，撰写了一套适合中国读者阅读习惯的世界史通俗读物。《逐陆记》共四卷，以时间为经，地域为纬，讲述了从公元前5世纪到公元20世纪，发生在亚洲、欧洲、非洲、美洲几块大陆间的七次跨越洲际的争霸战争，分别是：

1. 上古卷：希波战争（亚洲VS欧洲）、迦太基兴亡记（欧洲VS非洲）；
2. 中古卷：十字军东征（欧洲VS亚洲）、蒙古人西征（亚洲VS欧洲）；
3. 近代卷：西班牙征服美洲（欧洲VS美洲）、美国独立战争（美洲VS欧洲）；
4. 现代卷：美日太平洋战争（亚洲VS美洲）。

"人类的历史，本质就是一部战争史。"《逐陆记》并不对世界历史做面面俱到的记述，而是择取了这七次影响世界版图与文明进程的洲际战争，洋洋洒洒一百六十余万字，将悠悠两千五百年历史娓娓道来，浓墨重彩间，清晰地勾勒出大陆的历史脉络、文明的演进历程，并指点读者在酣畅淋漓的阅读中对战争背后的博弈、历史发展的动因、当今世界格局之形成等问题进行深入思考。这也是本书有别于其他世界史通俗读物之处。

历史学家克罗齐曾提出，一切历史都是当代史。遥远的故事与人物在历史长河的冲刷下早已变得模糊不清，历史学家对于同一历史问题可能会作出不同的解释。本书并不纠缠于辨证史实之真伪，而是在查阅、参考大量史料与研究著作后，从细微处出发，着力为史书中一笔带过的传奇故事填充细节，为在漫长历史中短暂耀眼过的枭雄豪杰勾勒出轮廓，带领读者感受最真实的战争现场，体悟历史人物的苦乐忧喜、愁怨嗔怒。至于是非功过如何评说，就留与读者判断思考。

这部书虽然篇幅浩大，但作者文笔流畅，行文活泼，另外，我们还配合内容绘制了相关历史地图，书后附有参考文献、大事年表，及中西方对照年表等，以方便读者阅读。希望这套世界史普及读物，能够帮助中国读者更好地了解世界历史，理解当下。

服务热线：133-6631-2326　188-1142-1266

读者信箱：reader@hinabook.com

后浪出版公司
2022年8月

© 民主与建设出版社，2022

图书在版编目（CIP）数据

逐陆记 . 4，美日太平洋战争与帝国时代的落幕 / 曲飞著 . -- 北京：民主与建设出版社，2022.10
ISBN 978-7-5139-3866-2

Ⅰ . ①逐… Ⅱ . ①曲… Ⅲ . ①战争史－世界－现代－通俗读物 Ⅳ . ① E19-49

中国版本图书馆 CIP 数据核字（2022）第 096230 号

审图号：GS（2022）5261

逐陆记 4：美日太平洋战争与帝国时代的落幕
ZHULUJI 4 MEIRI TAIPINGYANG ZHANZHENG YU DIGUO SHIDAI DE LUOMU

著　　者	曲　飞
责任编辑	王　颂
特约编辑	张宇帆　林立扬
封面设计	墨白空间・杨和唐
出版发行	民主与建设出版社有限责任公司
电　　话	（010）59417747　59419778
社　　址	北京市海淀区西三环中路 10 号望海楼 E 座 7 层
邮　　编	100142
印　　刷	嘉业印刷（天津）有限公司
版　　次	2022 年 10 月第 1 版
印　　次	2023 年 1 月第 1 次印刷
开　　本	720 毫米 ×1000 毫米　1/16
印　　张	27　插页 20
字　　数	441 千字
书　　号	ISBN 978-7-5139-3866-2
定　　价	75.00 元

注：如有印、装质量问题，请与出版社联系。